사주풀이 Z엔진

中

사주풀이 Z엔진 中

지은이 • 박청화
펴낸곳 • 신지평
펴낸이 • 김종현
표지 디자인 • 아이샤
삽화 그림 • 황기홍
초판 1쇄 발행 • 2010년 12월 30일
인쇄 • 대원문화사
제본 • 천일제책
등록 • 1995년 9월 22일 (제1-1932호)
주소 • 일산동구 장항동 778 보보카운티 428
전화 • (02) 338~4168, 팩스 • (02) 6442~4168
E-mail • kj9694@hanmail.net

각권 정가 35,000원
ISBN 13 • 978-89-85535-35-9 03150
978-89-85535-37-3 (전 3권)

사주풀이 Z엔진

박 청 화

신 지 평

책을 열며

사주 명리에 입문한 지 어언 30 여년의 세월이 흘렀으니 참으로 감회가 새롭다. 너무 어린 나이에 고민했던 삶의 이유나 구조에 대해 모든 것을 다 정리하지는 못하였지만 음양학만큼 세상과 삶의 구조를 정리해 준 학문은 드물었다.

서구식 학제에 따라 이루어진 사고의 틀을 벗어나 만물을 시간적으로 분석하고 생명 있는 것들에 대하여 운동으로 파악하는 방식은 세상을 새롭게 이해하는 방법이 되었다. 만물의 流轉을 단계별로 정리한 옛사람들의 뛰어난 지혜에 감탄하면서 고전 이론들을 마르고 닳도록 읽었다.

하지만 기존의 여러 이론들이 현대 사회에 그대로 적용되기 어려운 면을 발견하면서 개인적으로 학문적 회의감이나 좌절감도 가끔씩 따랐었다. 이를 극복하기 위하여 다양한 정리와 새로운 정립을 시도하여 보았다. 물론 공부의 초기 시절, 강의 청탁이 들어올 때면 고전 명리의 소개를 통하여 클래식에 대한 종합적인 정리, 이해, 소견을 피력하였지만 현대에 제대로 적용하여 해석할 수 있는 체계의 필요성을 절박하게 느끼고 있었다. 이후 오랜 연구와 고뇌의 밤 끝에 자연학으로서 '춘하추동 신사주학' 체계를 만들었고 새로운 개념 전달을 위해 많은 노력을 기울였다.

음양과 오행의 강약에 따른 中和가 매우 중요하다는 대전제 하에서 새로운 '춘하추동 신사주학' 의 개념을 전달하는 것은 쉬운 일이 아니었다. 그래서 가능한 한 자연의 이치를 위주로 설명하기도 하였고 간지끼리의 구조주의적 해석과 이해를 유도하여 보기도 하였다.

고전 명리를 중심으로 접근하는 방식에 젖어 있는 이들에게 새로운 개념 정립을 시키는 것이 쉬운 일은 아니었다. 씨줄, 날줄 방식으로 이론과 주제를 다양한 형태로 강의하였으나 그 이해가 제 각각이라 새로운 방식에 대한 필요가 절실하였다. 이에 간지끼리의 관계와 해석에 새로운 방안을 가장 간단하게 제시한 것이 'Z엔진 강의' 다. 또 배우는 즉시 케이스에 해당하는 해석 능력을 갖추게 함으로써 이론과 실전을 한꺼번에 해결할 수 있는 형식의 책을 고안하게 된 것이다.

고전적인 해석에 익숙한 이들이 방대한 이론을 새로 정립해야 하는 불편을 덜고 실전에 바로 응용하여 쓸 수 있는 원리와 논리를 제시함으로써 그 유용성에 더 치중하였다. 고전 이론들을 과감히 버리기 어려운 사람들도 이 책에 나오는 '구조주의' 형태의 이해에 익숙해진다면 스스로 새로운 명리 체계를 세울 수 있으리라 확신한다. 구조주의적 접근과 해석에 훈련이 된다면 사주를 직독직해할 수 있고 일종의 날개를 얻어 해석의 속도를 크게 줄이고 자신 있는 감정을 할 수 있을 것이다.

아무쪼록 이 책을 잘 활용하여 사주 해석을 자유자재로 할 수 있는 능력을 갖게 되기를 기원한다.

아울러 본서가 출판될 수 있도록 애써 주신 분들과 오늘의 학문 체계를 정리하여 세상에 발표할 수 있도록 편달해 주신 많은 선생님, 선배님들, 주위에서 응원해 주신 많은 분들에게 심심한 감사의 말씀을 드린다.

2010. 12. 박청화

차 례

中

책을 열며 / 4

제 1강 丁일간의 실관 Ⅰ · 11
제 4강 丁일간의 실관 Ⅱ · 23
제 6강 丁일간의 실관 Ⅲ · 30

제 7강 戊일간의 실관 Ⅰ · 44
제 8강 戊일간의 실관 Ⅱ · 52
제 9강 戊일간의 실관 Ⅲ · 67
제 10강 戊일간의 실관 Ⅳ · 81
제 11강 戊일간의 실관 Ⅴ · 96
제 12강 戊일간의 실관 Ⅵ · 110
제 13강 戊일간의 실관 Ⅶ · 122
제 14강 戊일간의 실관 Ⅷ · 139

제 15강 己일간의 실관 Ⅰ · 155
제 16강 己일간의 실관 Ⅱ · 172
제 17강 己일간의 실관 Ⅲ · 186
제 18강 己일간의 실관 Ⅳ · 199
제 19강 己일간의 실관 Ⅴ · 211
제 20강 己일간의 실관 Ⅵ · 221

제 21강 庚일간의 실관 Ⅰ · 231
제 22강 庚일간의 실관 Ⅱ · 242
제 23강 庚일간의 실관 Ⅲ · 251
제 24강 庚일간의 실관 Ⅳ · 260
제 25강 庚일간의 실관 Ⅴ · 269
제 26강 庚일간의 실관 Ⅵ · 278
제 27강 庚일간의 실관 Ⅶ · 288
제 28강 庚일간의 실관 Ⅷ · 297
제 29강 庚일간의 실관 Ⅸ · 303
제 30강 庚일간의 실관 Ⅹ · 310
제 31강 庚일간의 실관 Ⅺ · 318

제 32강 辛일간의 실관 Ⅰ · 326
제 33강 辛일간의 실관 Ⅱ · 333
제 34강 辛일간의 실관 Ⅲ · 344
제 35강 辛일간의 실관 Ⅳ · 350
제 36강 辛일간의 실관 Ⅴ · 357
제 37강 辛일간의 실관 Ⅵ · 366
제 38강 辛일간의 실관 Ⅶ · 374
제 39강 辛일간의 실관 Ⅷ · 383
제 40강 辛일간의 실관 Ⅸ · 393
제 41강 辛일간의 실관 Ⅹ · 406

차 례

上

책을 열며 / 4

제 1강 강의 계획 및 소개 Ⅰ · 11
제 2강 강의 계획 및 소개 Ⅱ · 27
제 3강 陰陽 Ⅰ · 35
제 4강 陰陽 Ⅱ · 46
제 5강 陰陽 Ⅲ · 59
제 6강 陰陽 Ⅳ · 72
제 7강 五行 Ⅰ · 88
제 8강 五行 Ⅱ · 101
제 9강 五行 Ⅲ · 114
제 10강 五行 Ⅳ · 126
제 11강 天干 Ⅰ · 136
제 12강 天干 Ⅱ · 147
제 13강 地支 Ⅰ · 157
제 14강 地支 Ⅱ · 168

제 15강 중간정리 Ⅰ · 180
제 16강 중간정리 Ⅱ · 193
제 17강 중간정리 Ⅲ · 206
제 18강 중간정리 Ⅳ · 221

제 19강 甲일간의 실관 Ⅰ · 235
제 20강 甲일간의 실관 Ⅱ · 251
제 21강 甲일간의 실관 Ⅲ · 266
제 22강 甲일간의 실관 Ⅳ · 278
제 23강 甲일간의 실관 Ⅴ · 291
제 24강 甲일간의 실관 Ⅵ · 302
제 25강 甲일간의 실관 Ⅶ · 313

제 26강 乙일간의 실관 Ⅰ · 325
제 27강 乙일간의 실관 Ⅱ · 338
제 28강 乙일간의 실관 Ⅲ · 352
제 29강 乙일간의 실관 Ⅳ · 364
제 30강 乙일간의 실관 Ⅴ · 378
제 33강 乙일간의 실관 Ⅵ · 394
제 34강 乙일간의 실관 Ⅶ · 403

제 35강 丙일간의 실관 Ⅰ · 418
제 36강 丙일간의 실관 Ⅱ · 431
제 37강 丙일간의 실관 Ⅲ · 441
제 38강 丙일간의 실관 Ⅳ · 456
제 39강 丙일간의 실관 Ⅴ · 470
제 40강 丙일간의 실관 Ⅵ · 483

차 례

下

책을 열며 / 4

제 1강 壬일간의 실관 Ⅰ · 11
제 2강 壬일간의 실관 Ⅱ · 25
제 3강 壬일간의 실관 Ⅲ · 36
제 4강 壬일간의 실관 Ⅳ · 51
제 5강 壬일간의 실관 Ⅴ · 64
제 6강 壬일간의 실관 Ⅵ · 79
제 7강 壬일간의 실관 Ⅶ · 89
제 8강 壬일간의 실관 Ⅷ · 102

제 9강 癸일간의 실관 Ⅰ · 111
제 10강 癸일간의 실관 Ⅱ · 124
제 11강 癸일간의 실관 Ⅲ · 135
제 12강 癸일간의 실관 Ⅳ · 146
제 13강 癸일간의 실관 Ⅴ · 162
제 14강 癸일간의 실관 Ⅵ · 172
제 15강 癸일간의 실관 Ⅶ · 184
제 16강 癸일간의 실관 Ⅷ · 197

제 17강 地支끼리의 관계변화 Ⅰ · 209
제 18강 地支끼리의 관계변화 Ⅱ · 218
제 19강 地支끼리의 관계변화 Ⅲ · 225
제 20강 地支끼리의 관계변화 Ⅳ · 239
제 21강 地支끼리의 관계변화 Ⅴ · 249
제 22강 地支끼리의 관계변화 Ⅵ · 261
제 23강 地支끼리의 관계변화 Ⅶ · 271
제 24강 地支끼리의 관계변화 Ⅷ · 279
제 25강 地支끼리의 관계변화 Ⅸ · 290
제 26강 地支끼리의 관계변화 Ⅹ · 299
제 27강 地支끼리의 관계변화 XI · 313
제 28강 地支끼리의 관계변화 XII · 323
제 29강 地支끼리의 관계변화 XIII · 334
제 30강 地支끼리의 관계변화 XIV · 343

제 31강 流年의 해석 Ⅰ · 354
제 32강 流年의 해석 Ⅱ · 363

제 33강 관계론 정리 Ⅰ · 370
제 34강 관계론 정리 Ⅱ · 377

제 35강 명리대관 · 384

사주풀이 Z엔진

中

『사주풀이 Z엔진』은 박청화 선생님이 강의하신 동영상을 바탕으로 편집한 책입니다.

따라서 책 전체의 편집은 홍익 TV.com에 올려져 있는 『사주풀이 Z엔진』 동영상 강의 순서에 따라 편집되었습니다.

차례에서 순서가 건너 뛴 부분도 있으나 이는 동영상 강의 순서에 따른 것이며, 내용 전개에는 아무 지장이 없습니다.

또한 동영상을 바탕으로 편집한 것이기 때문에 문어체 문장이 아니고 구어체 문장인 점 널리 양해 부탁드립니다.

제 1강 • 丁일간의 실관 Ⅰ

子	丑	寅	卯	辰	巳	午	未	申	酉	戌	亥
○			△		△	○ ×		○		○	

그림 1

좋은 것을 순서대로 매기면 子, 申, 酉, 戌 그 다음에 卯, 巳도…. 午는 두 가지 양면성을 다 가진다라고 보시면 됩니다. 나머지는 대체로 吉凶작용이 섞여 있는 것으로 보면 되고, 未는 상당히 부정적 작용이 많다고 했죠. 그 정도로 머리에 두시고…. 丁日柱 자체가 陽光, 陽의 기운이 넘쳐나서 펼쳐난 모양이기 때문에 印星의 보조나 比劫의 무리지음이 적어도 財星이나 官星을 짝지어서 쓰려고 하거든요.

그래서 五行的인 勢力이 많지 않아도 申, 酉, 亥, 子 이런 것을 짝지어 쓰려고 하는데 형태상 이런 것이 하나씩 들어와 있는 것이 좋죠. 그런데 보통 프로페셔널을 만드는 별은 午, 卯 이런 것들이 가장 일반적인 것이라는 뜻이고, 이것도(巳), 時에 있거나 祿으로서 五行的인 세력을 가지는 것에 긍정적이다. 이렇게 보시면 됩니다.

보는 순간에 이 八字 좋다, 나쁘다 이렇게 바로 판단하실 수 있는 것이죠. 그 글자에 대한 간략한 해석을 붙여 나가면 命의 强弱, 格用 이런 것을 취하지 않고도 좋다, 나쁘다 할 수 있다는 겁니다.

丁이 子를 볼 때

丁 - 子 / 六親, 12運星

六親的으로는 偏官이 되고 12運星으로 絕地죠.

丁 - 子 / 他 六親 12운성

그 다음에 他 六親의 12運星에서 偏財 長生이죠.

庚金 正財는 死地에 들어가서 丙日柱에 亥水하고 비슷한 부분하고 차이가 나는 부분이 있는데, 丙일주에 亥水는 正財가 沐浴이고, 그 다음에 丁에 子는 正財가 死地에 들어가서 남자일 경우에는 배우자의 신체허약 이런 것들을 주로 만들고, 偏財를 짝 지워서 쓰는 경우에는 부득이 배우자의 조화력이 평균 수준은 유지한다.

丁 - 子 / 吉凶

그 다음에 吉凶작용은 대체로 吉작용, 凶작용이 거의 5대 5정도로 보면 됩니다. 명예 중심으로 금전 활동, 사회 활동하는 사람들은 吉 작용이 5, 그 다음에 일반적으로는 凶이 5다.

八字 안에 財星이 잘 만들어진 사람들은 저런 子 大運에 辛金 長生의 효과를 내서 사업이나 일의 외형, 규모 이런 것들이 확 커지는데 보통 끝 부분에 가서는 偏官 자체의 속성을 많이 따라가 버리기 때문에 名高利薄, 소문난 잔치에 먹을 것이 적은 모양이 잘 만들어지고, 사업을 하는 데 偏官을 보는 경우에는 주로 名高利薄이라고 보시면 됩니다.

대부분 다 중반부나 후반부에 가까워지면서 완전히 껍데기로 세월이 흘러가는 경우가 많기 때문에, 偏官 자체가 가져다 주는 어떤 확장성 이런 것은 좋은데, 실리적인 측면에서는 偏官이 항상 뒷부분에 名高利薄의 모양을 잘 갖추기 때문에 조절을 요한다고 보시면 됩니다.

丁 - 子 / 年月日時

年

年에 들어와 있는 경우에는 偏官이라는 것 자체가 명예 중심 성공의 조상이다. 그 다음에 애정사 다발. 애정사 다발 인자가 子年이면 다 붙여주는데 丙, 丁일때 더 많이 강조하는 이유는 그 자리가 자식을 낳아 오는 곳이기 때문입니다. 자식 生産의 뜻을 채우는 곳이 되죠.

月

月에 있는 것은 그 자체가 偏官 格의 속성을 그대로 취한다.

時

時에 있는 경우에는 庚子時가 들어가죠. 말년 활동력, 자식번영 이렇게 보죠. 조화력이나 동거 여부는 보통 이것이 너무 득세하면 자식이 출세를 하더라도 조화력이 떨어진다. 이렇게 보시면 됩니다.

丁 - 子 / 운의 해석

그 다음에 運의 해석에서 子 大運 같은 경우 대표적으로 名高利薄이죠. 이름은 높고 이익은 박한 이런 구조로 되어 있다. 그 다음에 기본적으로 子 자체의 속성 때문에 역동성 부족인데, 이 경우에는 계속적으로 외형상 이름이나 폼은 나게 하지만 이익은 박하게 만든다.

流年에서는 官災是非, 偏官으로서의 속성이 비교적 다발하는 丙火가 亥水를 만나는 것은 똑같은 偏官이지만 官災是非를 만나더라도 官印소통이 놓여 있죠.

그 다음에 天乙貴人이 놓여 있죠. 그래서 타인과 관재시비를 만나더라도 비교적 조화도가 높은데 丁이 子를 만나는 것은 조화도가 많이 떨어진다는 겁니다.

印星하고 隔角이 되죠. 寅木이 지상에 있는 正印인데 正印하고 子하고 隔角이 되어서 官災是非가 발생하면 가장 자연스러운 소통인자가 正印이 되는데, 正印하고 소통인자가 약하고 그 다음에 卯는 서로 刑이 되죠. 刑을 만난다는 것은 희생과 양보를 통해서 서로 절충하는 방식의 해결양식이다. 시비나 偏官의 문제가 발생했을 때 해결하는 패턴이라는 겁니다.

丁 – 子 / 男女

그 다음에 남자는 세모(△) 여자는 곱표(×)다. 희생적으로 시달림이나 이런 것이 많이 발생하는 겁니다.

丁 – 子 / 綜合

종합적으로 봐서 子 大運은 名高利薄,. 여자일 경우에는 배우자 德을 입기는 입더라도 피곤하게 偏官의 속성을 그대로 안고, 보통 辛金 長生을 안고 財星이 잘 생긴 八字들은 남편이 경제적으로 크게 번영을 이룩하기도 하는데, 혜택이나 조화력은 굉장히 한계가 많다는 것이죠. 너무 잘났기 때문에 피곤한 관계가 발생하게 되는 것이죠. 그래서 쥐 子자가 원래 애정의 왜곡을 잘 만들잖아요.

丙丁에서 戊하고 己가 올 때 食神으로 잘못 쓴다. 항상 머리에 잘 염두에 두십시오. 食傷은 분명한데 그것을 자기가 잘못 쓰게 되는 것이니까, 食神의 세력 유무가 地支에 크게 관계가 설정되지 않는다. 이런 것들도 생각해 둘 필요가 있는데, 오히려 食神이나 傷官 絕地가 뭐냐 하면 戊나 己가 亥나 子에 絕地에 들어가죠.

이럴 때 食神이나 傷官이 絕地에 떨어졌기 때문에 당하는 고충이 별로 없다는 것이죠. 오히려 天干으로서는 甲이나 乙이 土운동의 작용을 억제해 줄 때 官印소통도 되지만, 食神이나 傷官의 억제 이런 작용으로 인해서 오히려 格 자체를 좋게 해 준다는 것이죠.

埋光. 丙이나 丁은 戊土, 己土를 만나면 구름에 가려 버리는 것이죠. 丙, 丁의 작용이 한

번 이루어지고 나면, 하늘에 햇빛이 비치고 나면 지상에 있는 수분이 짝을 지으려고 하늘로 들리잖아요. 더운 기운이 뿌려진 공간에 메워진 상태가 구름이거든요.

戊는 위에 하얗게 깔려 있는 구름이고 己는 밑에 어둡게 깔리는 것인데, 더 이상 위로 솟구치지 못하고 서서히 밑으로 매달아 내려오는 구름 이런 기운과 같은 것인데, 丙이나 丁은 자기 새끼를 두면 食神작용을 많이 하는 것이 아니라 오히려 자기들의 빛을 흐리게 한다는 겁니다.

질문

水氣가 오면 더 좋다. 그 말씀이시죠?

답변

그렇죠. 水氣가 오면 오히려 빛이 나는 것이죠. 낮에도 별은 떠 있잖아요. 어둠이 내려서 水氣가 메워지면 별빛은 더 빛난다. 이렇게 보면 되겠죠. 그런데 구름이 와서 빛을 가리면 오히려, 그러니까 정신적으로 가출단계에 이르는 것이 丙丁日柱가 天干的으로 戊己를 만났을 때인데, 판단력을 흐려 버리는 것이죠.

질문

실제로 丙, 丁日柱가 戊,己를 만나도 그런 작용이 일어납니까?

답변

올해가 戊子年 아닙니까? 戊나 己가 오면 丁日柱는 일반적으로 天干에 있는 요소를 잘 읽어 주지 않는데, 올해 丙丁日柱가 戊나 己를 만날 때에는 색깔을 크게 잃어버린다. 이렇게 봐서 戊子年은 戊 傷官을 봐서 傷官的인 고통, 偏官的인 고통이 같이 따르게 되면서 올해 戊子年 丁日柱들은 상당히 고달프게 지내는 경우가 많습니다. 그 와중에 진급은 했다는 거죠.

질문

庚, 辛日柱도 관직을 하는데 상당히 埋光이 되었다 볼 수 있겠네요?

답변

그렇죠. 埋光이 되니까 庚과 辛은 丙丁을 官으로 쓰는데 戊土가 와서 기운을 크게 손상을 시키는 것이죠. 戊나 己가 크게 손상을 시켜 버리죠. 그럼으로써 결국 地支에 세력이 강하고 약하고를 떠나서 埋光, 빛이 탁해지는 겁니다.

그런데 자연운동은 뭐냐 하면, 이 여름이 戊己의 중재나 中和力 없이는 가을로 또 넘어갈 수 없으니까 부득이 하지만 결국은 丙丁의 기운은 결국 戊己에 죽는다.

물론 봄은 여름에 죽고, 여름의 기운은 戊己에 죽지만, 丙丁이 戊己를 만나서 색깔을 크게 잃어버려서 손상되는 모양이 크다는 거죠.

질문

天干에 丙이 들어오면? 丁火의 작용이 들어올 때는?

답변

그렇죠. 丁火의 기운이 戊己를 만나서 濁色이 많이 되어 버리니까요.

丁이 丑을 볼 때

丁 - 丑 / 六親

六親相으로는 食神인데 食神작용이 잘 안 된다고 봐야 되겠죠?

丁 - 丑 / 他 六親의 12運星

他 六親 12運星 중에서 뭐하고 관련이 있느냐 하면 正財 入庫죠. 入庫의 유혹이 올 때 일을 벌이는 경우가 많거든요. 특히 내년에 丁日柱들은 天干에 食神이 뜨죠? 땅바닥에도 食神

의 형태를 갖추고 있으니까 그럴싸하게 뭔가 사업을 할 만한 것이 보인다니까요.

그것이 뭐냐면 丁의 판단력을 크게 훼손하고 있고, 제대로 된 食神도 아니고 현실적으로 보면 그 유혹에 빨려 들어가는데, 결국 正財가 入庫하니까 거기에 돈을 집어넣어서 그 다음 丑年, 다음에 뭐가 옵니까?

寅卯辰 흘러갈 때 현금 유동성이 굉장히 답답해지는 그런 과정을 연출하게 되는데, 내년에 丁日柱들 뭔가 새 일을 벌이려고 할 때 상당히 조심하라고 코치해 주셔야 됩니다.

丁 - 丑 / 12運星

형태상으로 食神이 入庫가 되죠. 己土가 食神인데, 좋으나 싫으나 食神인데 入庫가 되고 주로 食神 入庫가 이루어지면 자기 자신도 자체 墓로 들어가고 특히, 건강 손상 등이 이루어진다.

그 다음에 偏財는 養地에 들어가고 官星도 壬水를 기준으로 들어가면 衰地에 들어가고, 衰地는 세력이 남아 있기는 하죠.

그 다음에 偏官은 冠帶地죠. 그래서 癸水가 투출되어 있는 경우에는 전문성을 가진 조직사회로 많이 간다. 이렇게 볼 수가 있는 겁니다.

時	日	月	年
	丁		
		酉	丑

그림 2

酉하고 무리 짓는 경우 경제적으로 상당히 많은 발달을 이룩할 수 있는 조절을 한다. 소 丑자가 조절자 역할이죠.

丁 - 丑 / 吉凶

그 다음에 吉작용과 凶작용에서 吉 작용이 3, 凶 작용 7 정도 보시면 될 겁니다.

내년에, 나이가 있으신 분들은 사실 건강 쪽으로 굉장히 문제가 많이 발생할 것입니다. 正財 자체의 入庫라는 것이 正財가 入庫되는 大運을 지나면 일종의 원기소진으로 봅니다.

그러니까 丁日柱가 大運 사이에서 丑을 지나버렸다는 말은 원천적으로 디자인을 할 때, 자동차를 하나 비유로 든다면 자동차 뒤에 타이어를 하나 붙여두죠. 그 다음에 여러 가지 문제점이 생겼을 때 그것을 고치기 위한 여러 가지 장비라든지 연료라든지 약품이라든지 이런 것들을 여기다 실어 두는 것이 正財와 같은 것이죠.

그림 3

이것이 入庫를 당했다는 말은 이제는 뭔가 문제가 생겼을 때 그것을 보완해 주거나 해결해 줄 박스가 없다는 겁니다.

그것을 해 줄 수 있는 기운을 빼 버렸다. 이제는 사막 길을 가다가 문제가 발생하면 자력으로 해결하든지 빌려서 끼워 넣든지, 이렇게 보기 때문에 원천적으로 運命에서 보험이 없어져 버린 것이다. 이렇게 보시면 되는 거죠.

正財 入庫의 大運을 지나온 사람이 심각한 질병에 걸렸다. 그럴 때에는 가능성이 상당히 희박한 것으로 보면 됩니다.

그런 기운을 주는 것이 丁日柱에게는 丑이 되는 것이니까 이 丑年에 신상에 건강 손상, 이런 것이 많이 발생하는 것이죠.

질문

역운과 순운과의 차이점은 무엇입니까?

답변

그것까지는 일일이 많이 검토해 보지는 않았는데 이론적으로 충분히 참작할 만한 것이죠. 그러니까 사람이 하나 태어날 때 엄마의 젖가슴에서 젖이 나오죠. 이런 것을 正財로 보면 됩니다. 자기가 태어났기 때문에 자기한테 고정적으로 부여되는 어떤 여러 가지 먹을거리, 기본적인 활동 에너지 이런 것이 正財라고 보는데, 그러니까 젖 먹던 힘을 내라 하잖아요. 그것보다 원천적으로 부여된 힘이 이제는 없다는 것이죠. 보험용 배터리도 없고 예비 타이어도 없다. 이제 망가지면 재생성이 안 되는 모양이다. 그래서 망가지면 망가진 대로 살아야 된다. 억지로 끼워 넣는 모양이다. 이런 뜻이거든요.

질문

病地로 衰病死에서 오는 경우도 있고, 絕胎地에서 나가서 들어가는 경우도 있고 두 가지 아닙니까?

답변

正財 入庫의 順逆은 따져보지 못했는데 실제로 몇 케이스를 볼 때, 正財 入庫를 당하고 지나와 버린 경우에 이것이 탈이 나니까 거의 건강 쪽으로 회복을 못 하더라고요. 그것만이 하나의 논리가 될 수는 없는데 그런 측면에서 생각해 볼 수 있다는 것이죠. 남자가 늙어서 필요한 것이 첫 번째는 마누라고, 두 번째는 건강이고, 세 번째가 기본생활을 할 만한 재물, 그 다음에 소일을 할 수 있는 일거리, 그 다음에 친구죠.

正財가 入庫해 있다는 것은 굉장히 불편한 생활환경을 의미하는 것이죠. 실제로 병에 걸려서 가는 경우는 10케이스 중에 2~3케이스 정도는 거기에 해당하니까, 마누라가 아프든지 도망가든지 떨어져 살든지, 이런 식의 상황이나 환경이 만들어지는 것이 丑자죠. 특히 丁丑日柱의 남자들은 그런 것 많이 봤습니다.

너무 많이 봐서 하여튼 마누라가 거기에 안 걸리는 경우에는 같이 시골에서 농사를 짓고 있는 경우나, 소처럼 이렇게 기어 다니는 경우죠. 완전히 시골 촌닭처럼 그냥 어리버리하게 사는 경우다. 丑 속에 入墓되어 있다는 것이죠. 入墓되었다는 것은 숙이고 있다는 겁니다. 관 속에 있는 것이니까 그렇지 않으면 무조건 아프든지 갈등이 오든지 하는데 보통 아픈 경우가 상당히 많이 관찰되니까, 正財 入庫를 항상 머릿속에 떠올려 놓아야 되는 것이죠.

丁 – 丑 / 年月日時

年

丑年에 이르렀을 때 기본적으로 선대 몰락이라는 기본 특성을 가지고 財星의 入庫죠. 財星의 入庫라는 것은 재물 중심의 번영과 몰락으로 보시면 되겠죠.

月

태어난 달은 食神格으로 제대로 취해오지 못하거든요. 入墓라고 하는 것이죠. 時에 入墓가 있는 入墓格 이런 것 나오죠? 入墓 속성을 그대로, 正財가 入墓되어 있다는 말은 부모 혜택이 제한적으로 이루어진다. 소 丑자는 전생에 수행 인자인데 道門 인연이 많다. 道를 닦았던 흔적이나 인자가 된다.

日

태어난 날은 그 자체로 白虎大殺이 되죠. 남자는 처 인연 불안, 여자는 저 경우는 食神이 배우자와의 조화력 작용도 합니다. 땅에는 돼지밖에 짝이 없잖아요? 丁日柱에 가장 바람직한 것이 돼지인데, 돼지를 隔角함으로써 배우자 인연 불안, 丁丑日柱는 男女 공히 배우자 인연이 상당히 고르지 못하게 짝이 지워지는 모양이다.

그 다음에 入墓라는 것은 자기가 마음에 이끌려 힘을 못 쓴다 해도 되거든요. 자기가 마음에 이끌려 따라가는 것이다. 여자일 경우 자식 有情을 의미합니다. 자식에게 신경을 쓰거나 돌보는 기운, 우리가 좋아서 죽겠다 이러잖아요.

時

時에 丑이 있다는 것은 자식이 놓이는 곳에 머리를 숙이는 꼴이 되는 거죠. 그렇지만 丑이 食神으로서 土의 작용이 잘 안 이루어져 있지 않습니까? 자체 대대작용이 안 되어 있죠. 그래서 내가 신경 써 주고 애를 많이 써 준 것에 비하여 뭔가 부흥이 잘 안 되는 자식이다.

時는 辛丑 時上 偏財가 놓여 있어서 말년 사업성, 활동성, 이런 것들이 지속적으로 발생하는 것이 되는 것이고 대체로 入墓 작용이 되어 있다는 것은 신상, 건강불안 이런 것들이 동반하죠. 재물은 원만하더라도 건강 관리가 잘 되지 않아서 여러 가지 소모, 이런 것들이 동반한다. 時墓格이라고 해서 沖을 해주는 시기로 歲運, 大運 이럴 때 여러 가지 사회적 발달이 많이 발생한다.

丁 - 丑 / 운의 해석

運의 해석에서 丑 大運은 비교적 陰陽이 몰리는 공간이죠. 그래서 丑 大運에 財星 正財 入庫의 해로움을 당하는 것이죠.

남자들은 대체로 부인이 몸이 안 좋아서 신경 쓰이게 하고, 걱정거리를 만드는 사업을 구하더라도 正財의 상태로 재물을 잘 이루기 어렵기 때문에 盛衰가 좀 복잡하다.

그 다음에 여자들은 기본적으로 食神이나 偏官, 官星 子와 무리 짓고 있으니까 몸 고생을 통하여 경제적인 보상이 이루어지겠죠. 그런데 주변 인간관계의 희생, 소모 등의 다발이 따릅니다.

丑年에는 寅卯辰으로 이 라인을 생각하셔야 되죠. 이 사이에 庚金 絕地, 辛金 絕地, 둘 다 絕墓地로 들어가 버리죠. 내년에 정말로 유혹을 많이 당합니다. 진짜 제발 하지 말라고 해도 방글방글 웃으면서

"선생님, 해 봤는데 무슨 걱정…!!"

이렇게 한다니까요. 제가 하도 어이없는 것을 많이 봐서,

"예, 예, 해 보이소, 해 보면 알겠지요…."

실제로 컨트롤이 잘 안 되는 경우가 많습니다. 運대로 사는 것인데 이런 시기에 물리더라도 주로 부동산이나 문서, 재산에 물리면 해결 양식이나 방식이 巳에 이르러서 쉽게 회복시키게 되는데, 사업성을 구하는 일은 대부분 다 물리고 엮이어서 머리가 아픈 모양으로 흘

러가는 것이죠.

丁 - 丑 / 男女

남자는 비교적 正財 入庫의 고통이 있지만 陰大運이기 때문에 여러 가지 해결 방식을 쉽게 구하게 되고, 여자는 여러 가지로 어려움이나 고충이 많다. 그러니까 申子辰, 巳酉丑 중에서도 丑이 제일 어정쩡할 수가 있습니다.

여자한테는 丑運 자체가 일반적인 환경도 좋지 않은데 正財 入庫까지 당하고 있으니 정신적, 현실적으로 고충이나 애로가 많다라고 볼 수가 있죠.

그렇다고 쥐 子자처럼 애정사라도 많이 만들어져서, 부분적인 남자 德 이런 것을 조금씩 보면 모르는데 그런 것조차도 잘 안 된다는 겁니다.

丁 - 丑 / 종합

종합적으로 봐서 丑이 酉라든지 이런 것과 무리지을 수 있는 인자가 많죠. 그래서 재물 성취의 기회는 많지만 굴곡이 다발하는 겁니다.

실제로 부모 혜택을 입는 경우는 丑月에 태어나서, 그런 경우를 보니까 물론 다른 글자가 간섭하는 것을 봐야 되겠지만 부모 德을 보기는 좀 봅니다. 형태상으로 팔아먹기에도 애매한 규모의 부동산, 집 이런 것을 받았는데 그것에 관해서 서로 얽히고설키어서 큰돈도 아니면서 애를 먹는 그런 모양으로 부모 德을 입는 경우가 많더라는 것이죠. 丑자가 머리 아픈 글자죠. 그래서 정리를 한번 해 봤는데요.

진도를 나가려니까 어정쩡한데요. 예습을 좀 해 보세요.

제 4강 · 丁일간의 실관 Ⅱ

※ 丁일간의 실관 2편부터는 박수현 선생님의 설명이 끝나고 박청화 선생님이 부가 설명한 부분만 글로 옮깁니다.

寅하고 卯에서 빠진 부분이 寅의 六親하고 12運星을 보실 때 같이 보셔야 되는 것이 亥水와 壬水와의 조화력 여부입니다.

壬水라는 것이 官을 당겨쓰고 있느냐? 못 쓰고 있느냐? 이런 것을 봐야 하고 돼지 亥자가 있다면 돼지 亥자를 무리지어서 六合으로 견인해 와서, 官印 소통을 이루는데 寅卯에 壬水가 病地, 死地다. 그 다음에 癸水가 長生地, 沐浴地다. 이렇게 官이 세력을 가지기 어려운 모양을 가지고 있는데 드러나 있으면 官印이 상당히 유정한 모양이 된다는 겁니다.

官印소통이 그 글자 자체로서는 원활하지 못하지만 드러나 있는 경우에는 쉽게 끌어 쓴다. 돼지 亥자를 年地든 日地든 쓰고 있을 때는 高官이 아니더라도 지방관으로, 天干에 있는 것이 아니고 땅에 있으니 지방이고, 지역성을 가지지만 亥水 자체가 天乙貴人을 쓰고 있죠.

天乙貴人을 쓴다는 말은 지방에 있더라도 다루는 범위나 힘이 상당한 수준의 벼슬을 장악한다.

어차피 寅이나 卯가 財星이 絕地나 胎地에 떨어지기 때문에 官星을 끌어다 쓸 수 있어야 하는데 돼지 亥자가 짝을 짓고 있는 경우에는 잘 쓸 수 있다는 뜻이고, 그 다음 子는 제한적으로 쓰죠. 隔角이 되어 버리는 것이죠. 子하고 寅하고 官印 소통을 매끄럽게 잘 못 씁니다.

子卯는 대표적으로 偏官 偏印이 되죠. 결국 형벌, 수술, 가공, 제조 이런 동작이 들어가는 조직사회에 인연을 맺음으로써, 印星으로 官을 잘 유도해 주지 못하지만 제한적으로 쓸 수 있다고 보시면 됩니다. 왜냐하면 이 자체가 財星을 絕, 胎地에 떨어지게 하기 때문에 官을 끌어다 써야 되거든요.

그 다음에 壬水로서 짝 지어 쓰는 경우에는 대체로 유일성을 가진다. 그 다음에 天干에 있기 때문에, 天干의 속성이 있죠? 정신적 측면의 분야, 그런 특성의 조직사회 인연을 해서 주로 天干을 쓰는 경우에는 교육적인 일도 많습니다.

그 다음에 寅卯에서 빠진 것이 年月日時. 보면 時에서 자식 운을 논할 때 時가 丁日柱 같은 경우는 壬寅時가 되고 卯時일 때는 癸卯時가 되죠. 이 경우에는 地支 환경으로 봐서 官星이 무력하니까 대체로 자식의 德을 원만하게 볼 수 없다고 해석을 하는데, 天干에 투출되어 있잖아요.

天干에 있는 경우에는 대체로 명예 중심, 성공이 있는 자식이 하나쯤 부여되고, 그 성공 분야가 주로 명예라는 것이죠. 즉 공직이라든지 교수직이라든지 이런 명예를 추구하는 그런 분야의 자식 성공이 있다. 즉, 현실적인 면이나 경제력 면에서 자식 역할이 충분하지 못하다 하더라도 남들에게 자랑을 할 수 있는 명예 중심의 성공 자식이 있다. 이렇게 보시면 됩니다.

앞부분에 寅卯라고 하는 것 자체가 財星도 무력하고 官星도 무력화시킴으로써, 대체로 권력성보다는 교육이나 언론방송 분야의 조직사회의 성공이 대체로 많다고 보시면 됩니다. 대신에, 다른 장점은 印星과 陽氣가 몰려 있는 곳에는 木火가 陽에 속하고, 金水가 陰에 속한다면 정신적 충일성이 주어져 있죠.

이것도 일종의 木火通明이라는 겁니다. 그러니까 木日柱에 火를 만나서 된 것도 木火通明이고, 火 일간에 木의 기운을 만난 것도 木火通明이라는 거죠.

그러니까 이제 고집이 강하다 표현했지만, 강할 만하니까 강하다 이거죠. 버틸 만하니까 버티는 것이다. 그렇게 기본적으로 木火 陽에 속하는 놈끼리 무리지었기 때문에 자기 고집과 개성이 강한 것이다. 그래서 대체로 학문적인 성취라든지 이런 것에서 굉장히 성취 발전이 많고 여기다가 傷官이나 偏官 이런 것이 더해지면 대체로 언론방송, 偏官이 官星의 조화력이 약하면 데모꾼이 되는 거죠. 발명가, 데모꾼, 시인 그러니까 감추어진 것을 확 드러내어서 퍼뜨리는 힘을 가진 것으로 봐서, 木火通明의 인자를 그대로 八字 해석에 적용해 주면 됩니다.

대체로 재물 성공의 인자는 강하지는 않지만 그런 분야의 성공이 많고 그 다음에 재물 성공을 이룬 사람들은 木 자체가 바꿀 수 없는 인자니까 토목, 건축, 부동산 이런 분야의 재산 관리를 통해서 성공 번영이 많이 이루어진다. 寅卯는 그 정도로 정리를 하면 될 것 같고, 辰은 정말로 머리 아픈 것이 많습니다.

辰자라는 것이 이제 丁이 辰을 만났다는 것은 진짜 오리지널 〈데모꾼〉이라는 뜻입니다. 다 엎어 버릴 수 있는 힘과 에너지를 다 가지고 있다.

왜냐하면 자기 자신이 陽에 속하고 子, 丑, 寅, 卯, 辰 이렇게 陽 운동 속에 5陽之處에 와 있잖아요.

그러니까 본인도 陽氣가 무르익은 상태고 자기가 무기로 쓰고 있는 傷官도 五陽之處로 陽氣로 넘쳐나 있기 때문에, 흑백 TV하고 칼라 TV라면 총천연색 TV다.

모든 색깔을 낼 수 있는 것이죠. 악기로 치면 굉장히 옥타브가 넓은 것이죠. 전부 다 할 수 있는 능력을 가진 것이니까 까불면 壬水 집어 넣어 버리고, 辛金 집어 넣어 버리고 설치지 말라 이거죠.

그런 식으로 융통성이나 재능이 굉장히 많은 인자를 가지고 있다.

이 경우에도 官星의 투출이라든지 이런 것이 있으면 굉장히 사회적으로 다양하게 능력을 발휘하는 분야의 관리자라든지 이런 분야로 많이 가 있습니다. 보통 사업적인 분야보다는 관리자 쪽이 많은데 관리자라도 행정으로 치면 치안, 법무, 수사, 이런 어떤 傷官의 속성이 다양하게 필요한 분야의 조직사회에 가게 되는 것이죠.

안타까운 것은 財星의 세력이 들쑥날쑥, 偏財가 入庫했다 열렸다 하는 과정이 발생하게 되고 辰 중의 卯木의 작용이 수시로 작용해서 財星의 작용을 꺾었다 풀었다가, 꺾었다 풀었다 하는 작용이 다발하기 때문에 배우자라든지 재물의 들고 남이 다양한 모양으로 드러나게 된다.

그렇게 보시면 됩니다.

大運에서는, 男女 공히 辰 大運에서는 官星 入庫의 번거로움이 많이 발생하기 때문에 여자는 배우자 德, 남자는 사회적인 명함이다. 신호등이 무너진 상태라고 하는 것은 결국 내가 새로운 제국을 건설해야 되는 여러 가지 번거로움이 발생하는 것이죠.

그 정도로 정리해 두면 될 것이고 보통 無官帝旺의 대표 격이, 無官帝旺 격이 원래 여러 가지가 있는데 이 無冠의 帝旺이 아니고, 命理的으로 한다면 官星이 없어서 나를 제어해 줄 사람이 없으니 결국은 내가 대장을 해야 된다.

포장마차 주인부터 섬나라 타잔까지, 이 無官인데 無官의 帝旺 중에서 제일 하이라이트는 帝旺이 丁日柱에 辰月, 거기다가 불기운이 더해져 있으면 완전 타잔이 되는 것이죠.

時	日	月	年
	丁		
	巳	辰	午

그림 1

時	日	月	年
丙	丁		
午	巳	辰	午

그림 2

이런 식으로 時에 있더라도, 이런 八字 하나 봤어요. 이것과 거의 비슷한 패턴을 봤는데 丁未던지 그랬는데, 辰이 이때는 오리지널 土로 놀잖아요. 결국 스포츠죠.

교육하고 스포츠 이 두 분야에서 크게 발달하더라 하는 겁니다.

그런데 人德은 比肩이나 劫財가 많으니까 人德이 박하고 또, 인덕을 많이 입지 못 하는 이런 것은 어쩔 수 없더라 하는 거죠. 그 중에서도 無官이라는 것 자체가 人德이 박하다고 볼 수 있거든요. 官이 없다는 것 자체가 그 중에서도 無官의 帝旺 속성이 강한 것이 바로 이런 辰月인 것이죠.

이렇게 정리해 두시면 됩니다.

그 다음에 巳는 吉작용, 凶작용 명확하게 못 밝히는 부분이 있는데, 吉凶작용이 같이 섞여 있는 부분이 生에서 가장 좋은 것이 正財 長生이에요.

正財가 長生한다는 것은 사실 旺이나 祿이 量的으로는 많지만 長生은 계속 생성되어 주는 자리다라는 것이죠. 그래서 생애에서 가장 안정적인 자산이 많이 이루어질 때가 陽干, 陰干 할 것 없이 正財가 長生할 때다. 丁일주가 巳 大運에 이루어지는 재정적인 바탕 이런 것을 보면 됩니다. 다른 日柱들은 正財 長生이 어떤 형태로 이루어지느냐 하면 甲木 같은 경우에는 酉에서 이루어지죠.

甲	乙	丙	丁	戊	己	庚	辛	壬	癸
酉	寅	子	巳	卯	申	午	亥	酉	寅

그림 3

大運을 해석할 때 좋은 大運을 만났다, 안 만났다를 한 번에 보는 방법은 乙木은 寅, 이것은 반타작으로 써 먹죠. 우리가 12運星으로 따지면 寅木이 되는 것이고, 사실은 寅中의 丙火의 투출이 반드시 필요한 것인데, 丙은 辛金이 子에 長生이고, 丁은 巳에 해당하고 戊는 卯 그 다음에 己土는 申, 庚은 午가 되고 辛金은 亥水, 壬은 正財 長生이 酉가 되고 癸는 寅이죠.

그래서 글자 자체를 짝 지워 쓰는 것을 보면 辛은 亥水 傷官을 무리 짓죠. 庚도 午를 正官으로 쓰고 己도 申과 傷官으로서 무리 짓는 모양인데, 丁日柱에 巳하고, 乙에 寅은 正財 長生이면서 반대 글자가 들어와 있는 것이죠.

乙木이 寅을 만나서 正財 長生을 시키는 것이 굉장히 번거로움이 많고, 그 다음에 丁이 巳를 만나서 正財 長生을 시키는 것은 거의 감동적인 수준입니다.

이것이 드라마예요. 왜냐하면 저기 있는 寅木은, 활동성으로 보면 寅하고 巳하고 비교하면 어느 것이 더 활동적입니까? 巳가 더 활동적이죠. 寅木은 陽氣를 에워싸지 못하게 하고 밖으로 삐져나오게 하면서 자기 고유의 운동으로 초봄의 기운을 열어 준다면, 巳는 이미 陽氣가 열려서 六陽之處잖아요.

陽氣가 완전히 다 열려 있는 상태잖아요. 그 속에서 巳 중의 庚金을 취해온다는 것은 〈지옥의 묵시록〉, 〈라이언 일병 구하기〉 그런 수준의 경쟁과 고통 속에서 이루어지는 것이죠. 이렇게 해서 돈을 굉장히 많이 버는 것을 봤습니다.

丁日柱만이 아니라 丙日柱도 巳 중의 庚金을 偏財로 쓰잖아요. 그런데 偏財를 끄집어내올 때 엄청나게 도전이 많은, 경쟁이 많은 쪽에 들어가서 자기가 활동을 하더라는 겁니다.

그 다음에 巳 다음에 午, 未, 申 이것이 歲運 같으면 버틸만하죠. 1~4년째 5년째 가야 꽃을 피우는 모양인데, 4년 내지 5년의 세월이 필요한데, 이것이 歲運 같으면 괜찮아요. 大運 같으면 죽사발이 나는 거죠.

大運 같으면 몇 년 뒤가 됩니까? 巳에서부터 20년 지나서 마지막에 이런 식으로 가기 때문에 그런데도 못 버리는 겁니다. 자기 먹이가 불구덩이 속에 분명히 들어 있다 이거죠.

그리고 자연 운동에서도 木火土金水에서 봄에 싹이 터서 여름에 자라고, 金의 계절인 가을에 결실을 하고, 天地萬物이 가장 작은 부피 속에 의미와 가치를 담아 놓는 것이 결실이죠. 결실을 거둔다는 것은 원래 자연운동 상에서 가장 금전의 원리적인 의미와 잘 통하는 것이고 그게 申酉 이 글자잖아요. 그러니까 이것이 인간사에서 丁日柱가 巳 중의 庚金을 거두어들이는 이것이 사람 사는 인생과 똑같아요. 농부가 농사를 지어서 결실을 거두는 것과 똑같다는 겁니다.

巳부터 庚金이 長生했다는 말은 곡식이 조그맣게 열렸다는 것이거든요. 陰曆 4월, 陽曆 5월에 꽃하고 열매가 같이 열리죠. 그 때가 계절의 여왕이죠. 저 大運을 써 먹을 때 가장 경제적인 실리와 실속이 깔려 있다.

그러나 丁日柱와 乙日柱는 경쟁 환경이라는 것은 피할 수 없다. 그 중에서도 丁日柱가 더 심하다. 이런 정도로 정리해 두시면 됩니다. 나머지 글자들은 壬日柱가 이상하게 재물 인연이 많다는 것은 이(酉) 자체가 金이라고 생각해도 좋고, 그 다음에 丁火라고 하는 것이 長生하는 환경을 기본적으로 가지고 있다고 봐도 좋다는 겁니다. 그래서 正財 長生의 大運에 인생에서 사라지지 않는 재물 형성이 잘 이루어진다. 바탕이 만들어진다. 이렇게 보시면 됩니다.

아무튼 丁日柱의 사는 모습은 감동적이다. 정말 열심히 사는구나. 劫財라는 환경 속에 노출되어 있으니까 열심히 살지 않을 수가 없죠?

巳하고 午를 볼 때 차이를 많이 두어야 됩니다. 巳같은 경우에는 正財 長生의 에너지가 있는 반면에 午는 庚金이 沐浴하죠. 辛金은 病地에 들어가죠. 그래서 財星이 이래저래 멍이 많이 들어있는 그런 인자로 보기 때문에, 丁이 午를 보는 순간부터 일단 불안하다부터 시작해야 됩니다.

그러나 기질이나 기개는 祿을 봐서 굉장히 강하다. 자존심이 강해서 쉽게 자기를 구부릴 수 없는, 그러나 주변의 인간관계나 六親관계로 인해서 수많은 희생이 동반하고 地支의 正財와 隔角이죠.

午가 있다는 것 자체가 地支의 正財와 隔角을 시키고 있는 인자가 된다는 겁니다. 그래서 地支에 正財가 없다는 말은 지상에 내가 제대로 짝지어 쓸 만한 것이 없다는 것이죠. 하늘과 땅의 짝이죠. 火하고 金하고 짝이고 陰陽 관계로서 짝이고 그러니까 상당히 좋은 짝이 되는 것이 地支 申인데, 午는 그것을 隔角시켜서 작용하지 못하게 꺾어 버린다는 겁니다.

그럼으로써 凶작용이 8, 吉작용이 2 밖에 안 되는 것인데, 여인도 마찬가지로 申金이라는 자리가 正財면서 壬水 長生이고 正官 長生의 자리를 꺾어 버리고 있는 것이죠. 그래서 배우자의 德을 흡족하게 얻지 못하는 이유도 있지만 자기가 나서서 재물활동을 메워야 하는 고충이 발생하는 거죠.

비교적 남자보다는 덜 힘들다 하더라도, 오빠가 잘난 것이지 내가 잘난 것이 아니라는 겁니다. 오빠가 잘나서 나도 덩달아 설치며 산다. 왜? 내가 불 날 태어나서 가만히 있지 못하고, 주변 환경이 나에게 불을 지르고 염장을 지르니 나도 설치며 산다는 거죠. 그러나 남자보다는 낫다. 남자는 집구석에 들어가도 고충스러운 것이고, 여자는 집구석 들어가면 오빠가 사준 집이라도 있다는 식의 환경 차이가 있는 겁니다.

그 다음에 午자라고 하는 것이 官星이 다 같이 絕, 胎地에 떨어짐으로써 일반적 직장도 별로 재미 없는 자리인데, 단지 벼슬의 등급이 높지 않은 형태로 국가공직이나 이런 조직사회로 나가면 큰 무리 없이 사회활동을 할 수 있다. 그러나 그것도 할 수 없이 하는 것이지 좋아서 하는 것은 아니다.

대 자연에서 큰 陰陽은 火의 짝은 金이다 이거죠. 기본적으로 픽스fix되어 있는 것이다.

제 6강 • 丁일간의 실관 Ⅲ

실제로 申酉戌亥子까지 이것이 진도상으로 子丑은 앞에서 다루었지만 申酉戌亥라는 글자 자체가 큰 大陰陽 관계가 되는 것이죠. 그러니까 크게 봐서는 木火, 그 다음에 金水 이렇게 짝을 지음으로써 크게 陰陽이 짝 지워 있는, 그러니까 여러분 地支를 보실 때 八字 안에 2초 四柱學이다. 이렇게 지난번에 제가 어디 대전대인가 가서도 설명을 해 드리면서, 왜 2초 四柱學이냐? 1초라고 하면 까분다고 할까봐 그랬는데,

申 酉 戌 亥 子 丑 // 寅 卯 辰 巳 午 未

陰 (申酉戌亥子丑) // 陽 (寅卯辰巳午未)

큰 단위로 본다면 지상에 펼쳐져 있는 陽에 속하는 양물, 陽氣 하나 하고 음물, 陰氣 두 세개가 팔자에 있으면 무조건 좋다고 보면 되는 겁니다. 陰氣가 하나, 둘, 셋, 네 개 다 있으면 편중성이 발생하면서 '좋기는 좋은데...' 이렇게 해 놓고 조건이 붙죠.

이것은 제일 마지막 수업에 해 드려야 되는 것인데, 1초로 가는 방법이 뭐냐면 지상에 말 그대로 일간마다 짝 지워 쓰는 좋은 글자가 있으면, 그러니까 좋다고 생각하는 것이 두 개나 세 개가 몰리고, 안 좋다고 생각하는 것이 하나가 끼어들면 그 八字는 무조건 좋다고 보라는

겁니다.

그 八字는 볼 것도 없다 이거죠. 좋기는 좋은데 어떤 것들이 좋고 안 좋은 것은 이것 하나다. 이렇게 해석을 해 나가면 되고, 거꾸로 짝이 안 맞는 것이 하나, 둘, 세 개고 좋은 것이 하나면 이것을 꼭 붙들고 죽을 때까지 놓치지 마라. 이것을 놓치면 당신은 그때부터 인생이 뒤범벅이 되기 시작한다.

그렇지 않아도 人德이 없거나 여러 가지 고충에 눈덩이 맞고, 짓밟힐 것인데 이렇게 좋은 글자를 붙들고 있으니 이것을 버리지 말고 가라. 사실 그것으로서 吉凶論이 끝나는 겁니다. 吉凶論에 너무 매몰되지 말라고 항상 강조하지만 궁극적으로 좋다, 나쁘다 딱 가려야 할 때는 이것만 가지고도 충분하다.

그래서 申酉戌亥 天乙貴人이 가장 이상적인 짝이죠. 그러니까 앞에서 90점이라고 했지만 90점 이상 줘도 됩니다. 이런 글자가 八字 內에 투출되어 있다는 그 자체만으로도 이미 만만하게 뭔가 해결할 수 있는 대상이 존재한다는 것이죠.

그 다음에 運에서 이런 글자를 만난다면 어떤 형태로든 해결할 수 있다는 겁니다. 단지 여인은 조금 더 번거롭고 남자는 조금 덜 번거롭게 쓴다는 차이밖에 없고, 짝 짓는 것이 있다는 것이죠.

그 중에서 닭 酉자는 점수를 더 줄 수도 있고 크게 삭감할 수도 있어요. 닭 酉자는 워낙 변수가 많기 때문에, 변화 인자가 偏財 요소를 그대로 가지고 있는 것이죠. 그래서 크게 쓸 때는 확 크게 썼다가 힘들 때 아주 힘들게 썼다가 그렇게 반복할 수 있는 인자를 가지고 있는 것이니까 꼭 통증을 완전히 개량하기는 어렵지만 가변성이 많은 것으로서 다른 글자들과는 쉽게 안 바꾼다는 것이죠. 다른 글자와는 쉽게 바꿀 수 없는 긍정적인 인자가 많이 발생해 있는 것이다.

그 다음에 돼지 亥자는 어차피 설명을 많이 안 붙여도 잘 아시는 것이고 어지간하면 좋다고 보십시오.

정확한 짝이니까, 이 짝(申)만큼 매력적이지는 않지만 이 글자(亥)도 완벽하다. 그러니까 하늘과 땅, 陽과 陰, 완벽한 짝이거든요.

그러니까 여자 八字에 丁亥日柱가 다른 것 다 못났다 하더라도, 大運에서 亥水를 못 써

먹는 것만 아니면 남편을 통해서 뭔가를 이룩하고 있다는 겁니다.

그러니까 지상에 완벽하게 짝 지울만한 것이 있다는 그것만 생각하면 되죠. 그것만 따라가면 됩니다.

그래서 개 戌자를 심층적으로 다루어 봅시다.

지상에 있는 陰物이면서 이것이 기본적으로 신통력 동물이잖아요. 신통력 동물이니까 변화 가능성이 많은 것이죠.

글자 자체에서 辛, 丁, 戊하고 실제 여러분이 확장해서 쓰실 때는 酉의 餘氣 그대로 쓰시고 그 다음에 戌 중의 巳火, 그 다음에 말 그대로 글자 자체로 드러난 戌의 속성을 생각하시면 되는데, 이 두 글자(酉, 巳) 자체의 작용에 대해서 여러분이 궁리를 해 보시면 되는데, 그러니까 戌月이 되면 酉의 여기가 남아 들어와 있고 재물의 근거는 어느 정도 형성되어 있으나 외부적인 환경변화에 의해서, 뱀 이놈이 들고 일어서면 酉가 일순간에 사라진다고 이해를 하시면 됩니다.

이것은 꼴 보기 싫은 午가 있었죠? 午가 들어 있으면 개 戌자가 '대한 독립 만세' 하면서 내가 언제 가을이었느냐? 나는 여름이다. 이렇게 데모를 해버리는 것이 陰曆 午月 또는 寅卯辰 巳午未 이렇게 흘러갈 때죠. 개 戌자에 들어가 있다는 것은 陰曆으로 9월 즉, 늦가을에 뱀이 겨울잠을 자기 위해 동면상태로 들어가는 동작과 기운과 같은 것인데, 그것이 冬眠을 하지 않고 뱀이 설쳐버리는 것과 같아서, 뱀이 설쳐버리는 동작을 가장 활발하게 하는 것이 말 午자가 되는 것이죠. 말 午자의 運이 오면 일순간에 개 戌자가 가지고 있는 金의 餘氣가 소진되어 버린다는 겁니다.

특히 개 戌자를 八字에 들고 있는 사람들은 기본적으로 食傷으로 고정되어 있는 것이죠. 이 안에 있는 財星을 쓰고 있는 사람들은 이것이 일순간에 소진되어 버릴 수 있는 기운을 가지고 있기 때문에 변화의 가능성이 정말 많다.

주로 丁日柱에 戌을 가지고 있는 사람들이….

時	日	月	年
	丁		
	卯	戌	

그림 1

이런 모양새가 토끼 卯자가 설계, 기획, 건축의 인자로 쓰고 이것이 거기에 공업적 압력이거든요. 즉 金의 기운에다가 火의 기운이 들어와서 火金이죠.

火 = 전기

金 = 기계

火金 이것이 전기고, 이것이 기계인데 즉 전기를 통해서 기계적 압력을 줘서 개 이빨 자국을 만드는 것이죠. 이게 개 이빨이죠.

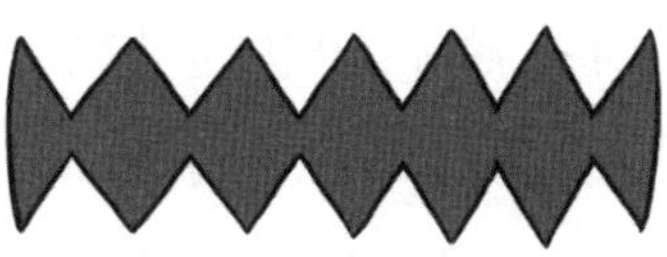

그림 2

개가 확 물어뜯어서 만들어놓은 모양, 첨단기계 개 이빨 자국이 나오죠. 이것을 설계까지 하고 만들어서 傷官 속성을 따라 가는데, 傷官이라는 것은 고부가 가치라는 거죠.

그런 기술 사업을 해서 돈을 많이 벌어들이는 분야의 일을 했다가 외부적인 변수가 확 발생하니까 상당히 좋은 도구가 모였죠. 그러니까 기계 설계를 해서 전기적인 힘을 주고, 기계를 깎아서 개 이빨 자국을 만들어서 이런 종목이나, 아니면 개 戌자가 물론 空亡에 걸리니까 空亡이 되면 소리로 나거든요.

토끼 卯자는 옷을 갖추어 입는 거죠. 장식하고 꾸미는데다가 개 戌처럼 멍멍거리고 노는 것이 나이트클럽이라고 기억이 나시죠?

그 다음에 유흥, 기타 여러 가지 놀고, 먹고 두드리고 하는 유흥이나 레저다. 개처럼 뛰어다니는 유흥레저, 스포츠 이런 분야의 일을 통해서 경제적인 성공을 크게 이루더라도 나쁜

運이 다가오면 갑자기 그 사업 자체에 문제가 발생해 버리는 것이죠.

그래서 일순간에 확 무너지기도 하는 거죠. 이런 속성 분야는 다양한데 그 간섭자들을 관찰해 보셔야 됩니다.

時	日	月	年
	丁		
	卯	戌	辰

그림 3

개 戌자 옆에 용 辰자가 있어 辰戌 相冲이 되면 입히고 벗기고, 심고 뽑고 이것을 稼穡이라고 하죠. 土는 稼穡이다.

글자 자체가 중요한 것이 아니고 심을 稼, 거둘 穡이라는 것이죠. 심고 거두는 그래서 稼穡格이다. 土는 稼穡, 金은 從革, 水는 潤河, 기억나십니까?

가색을 대표하는 것이 辰과 戌이다. 그러니까 陰曆으로 2月~3月, 陽曆 3月~4月에 드디어 모심기를 시작하는 것이죠. 陰曆 9月에는 싹 다 베어내 버린다.

심고 뽑고, 입고 벗고, 넣고 빼고 이런 동작이 가해지는 분야의 일에 의해서 개 戌자가 다른 글자를 만나는 조건에 따라서 수 없이 많은 다양한 얼굴을 가질 수 있다는 겁니다. 龍이 밖으로 확 다 드러난 것이잖아요. 五陽之處로서 龍이라는 것이 陽氣가 무르익어서 모든 것이 밖으로 다 삐져나온 것이죠.

실제 龍만 말하는 것이 아니라, 다 컬러풀이 되었다는 겁니다.

개 戌자는 안으로 컬러풀이 되었다 생각하시면 됩니다. 모든 것을 藏畜했다는 말은 숨길 藏, 함축할 畜으로 다 안으로 거두어들여 놨다는 것이죠.

당사주를 보면 개 戌자가 천예성…. 기억나십니까? 천예성이라는 것이 뭐냐 하면 밖으로 모든 것을 펼쳐 놓은 것이 辰이라면, 戌은 안으로 이것 저것 잡다한 것을 다 모아 놓은 것이라는 거죠.

재주도 되고 사실은 보배도 됩니다. 보물들을 감추고 거두어 놓은 것이기 때문에 외부적인 조건이 주어졌을 때 모두 결합해서 쓸 수 있는 창고와 같다.

그래서 개 戌자를 해석하기 어려운 이유가 그런 속성을 가지고 있기 때문에 그렇습니다. 이것이 기본적으로 창 과(戈)자죠. 전쟁과 관련된다는 겁니다. 개 戌자를 쓸 때는 이렇게 쓰죠. 그러니까 전쟁을 마치고 전쟁에 필요한 모든 장비를 다 거두어들여서 한 곳에 저장을 했다. 이렇게 보는 겁니다.

그래서 거기에는 언제든지 이쪽 대포에 결합해서 쓸 수 있는 장치, 저쪽 총에 쓸 수 있는 장치, 이런 것들이 골고루 다 섞여 있는 것이 되죠. 그래서 밖으로 어떤 놈이 끄집어내느냐 즉, 범 寅자, 토끼 卯자 이런 것이 어떻게 불러내느냐에 따라서 자기 모양이 수시로 변화하는 것이다.

언제든지 여러 가지 개 戌자 자체를 해석하려고 하지 말고, 외부적인 글자에 의해서 자기 모습을 수시로 바꿀 수 있는지를 봐라. 개를 키워 보신 분은 알지만 개가 영물입니다. 영물인데 개가 10년을 묵으면 여우라고 해요. 여우가 좀 더 경지에 이르면 야시라고 하죠. 야시가 경지에 이르면 백야시라고 하죠.

개 戌자 寅巳申戌이 다 지상에서 신통력과 초능력의 힘을 가지고 있는 동물로 그 중에서도 가장 변색과 변신을 잘 해서, 개 戌자는 여우로 보면 됩니다.

상황과 조건 따라 수시로 자기 모습을 뒤바꾸면서 살기 때문에 여우에게 홀린다. 辰傷官은 색깔이 뚜렷한데 왜냐하면, 이것이 밖으로 드러난 컬러풀이기 때문에 밖으로 드러난 無官帝旺이다. 개 戌자는 밖으로 드러내지 않는 어떤 모양을 취하면서 傷官의 온갖 재주를 다 가지고 있죠.

실제로 업종을 보면 너무나 많은 종류의 일을 하고 있다는 것이죠. 여인들은 유흥 쪽으로 많이 갑니다.

질문

어느 여자분은 본인이 유흥쪽으로 안 가니까 남편이 유흥쪽 일을 하더라구요.

답변

그러니까 서방이 놓인 자리가 이렇게 땅땅 거리면서 왔다 갔다 하게 되죠. 본인은 壬이나 甲이 있어요. 壬이나 甲이 있으면 현실은 그런데, 기도합시다….

자기가 추구하는 세계가 이쪽으로 가 버리는 것이죠. 아니면 자기가 바라는 남편의 像은 기본적으로 壬이라고 하는 것에 고정되어 있다는 것이죠.

현실은 그런 환경이 왔다 갔다 하는데 官을 따라 자존심 때문에 자기는 그쪽을 쳐다보고 있는 것이죠.

그런데 서방은 壬水가 卯에 死地에 들어가잖아요. 卯만 봤다 하면 이상하게 이 여자하고 사는 순간에 자기는 나이트가 좋은 거죠. 한판 놀자 하는 겁니다. 이 사람이 만약에 혼인이 깨지고 새로운 남자를 만났다. 그래도 또 화투치고 다니죠. 결국은 여인이 담아내는 그릇대로 남자가 담겨지게 되어 있다. 그러니까 본인이 지향하는 모양은 이쪽이라도 남편은 이쪽에 빠져 걸려들게 되어 있는 겁니다.

질문

남편이 직접 나이트클럽을 하고 있습니다.

답변

그러니까 그런 무대에 가서 놀게 되어 있는 거에요. 그런 식으로 굉장히 변화가능성 인자가 많거든요. 그리고 그런 글자가 官星의 조화력을 얻잖아요. 그러면 개 戌자가….

時	日	月	年
	丁		
	卯	戌	亥

그림 4

물론 戌亥 天羅地網이 되면 羅網이 되어서 부귀와 榮枯盛衰 변화가 많다는 뜻도 되고, 또 한시적이라는 뜻도 되는데 개 戌, 돼지 亥자 官星을 좇잖아요. 그러면 굉장히 근엄합니다. 개가 어둠 속에서 도둑이 어디에 오나 딱 지켜보는 것처럼 이것이 官格으로 쓰거든요. 傷官을 쓰니까 선출직 벼슬을 한다.

그렇게 출마해서 당선되면 시의원, 간혹 국회의원도 합니다. 運이 딱 맞아 떨어지면….

웃기게도 정확하게 이 케이스는 아니고 비슷한 패턴인데 辰年에 국회의원이 되더라니까요. 辰年에 傷官이 羅網을 딱 걸고 있었잖아요.

時	日	月	年
	丁		
	亥	戌	申

그림 5

申子辰年에 사회적인 역할이 득세할 수 있는 기운이 와 있는데다가 이 天羅地網이 딱 걸려 있었다는 것이죠.

개 戌자가 발목을 잡고 있었던 거죠. 물론 戌生 亥죠. 戌이 亥를 낳게 되는 것인데 돼지한테는 개가 엄마니까, 엄마가 간섭 제어할 수 있는데 傷官이잖아요. 官을 자꾸 지지부진하게 만들죠. 엄마가 떠나지 않으면 즉 개 戌자가 떠나지 않으면 돼지가 오지 않는다. 이렇게 이해를 하십시오.

돼지가 자기 시간이 되려면 개 戌 자가 안녕해야 되잖아요. 7時, 9時 안녕해야 11時가 되잖아요. 개 戌자 때문에 안 되고, 辰年에 와서 개 戌자 이놈을 물리치니까 사회적인 역할이 풀리면서 선출직이 되더라는 거죠. 그런 특이한 예도 있었습니다.

일반적인 용례에서는 辰年에는 官星 入庫가 되어서 官星이 흐트러지는데, 이러한 특수한 예에서는 그렇게 되는 경우도 있는데 상당히 드문 케이스입니다. 그렇게 개 戌자 이놈이 여우의 한 가지다. 여인은 개 戌자가 있으면 그래도 陽物에 속하잖아요. 개가 우리 편이면 산길도 편하게 다니잖아요.

남자는 개처럼 재주를 다양하게 피울 수 있는 기운이 있어도 짝짓기를 못하기 때문에 개 같은 내 인생이 되는 거죠.

질문

甲日柱 같으면 연애질도 잘 한다 봐야 되죠?

답변

그렇죠. 칠랑이 팔랑이처럼 해서 이것을 偏財로 쓰니까, 자기 딴에는 온 천지가 내 세상인데 결국 내 것은 하나도 없는 것으로 남자들이 대부분 힘들게 써 먹습니다. 58년 개띠 남자 왔다 하면 "아이고! 머리야" 하면 됩니다.

질문

丁日柱 같으면 돈을 많이 벌죠?

답변

그렇죠. 丁日柱는 당연히 많이 법니다. 表裏 있는 재주나 능력을 모두 피운다는 뜻이죠. 傷官의 능력을….

그러다가 순간적으로 조건 따라 획 바뀌니까 좋게 말하면 사업가인데, 안 좋게 말하면 사기꾼도 많다는 겁니다. 개 戌자는 그 글자에 해석을 붙이는 것이 아니라 어떤 조건이 와서 붙었느냐? 결합되어 있느냐? 이것을 봐서 해석을 붙이는 것이다.

어쨌든 줄은 어디에 섰어요? 申酉戌亥子丑에 붙어 있으니까 가능성은 많다. 그런데 다른 조건에 의해서 훼손되는 조건이 많이 발생한다.

특히 丁日柱가 써먹을 때는 배신이죠. 배신 인자가 깔려 있음으로써 한때는 너무 좋다가도 너무 어려워지기도 하고 이중성, 다중성이 발생하는 것이죠. 그리고 원래 辰戌丑未 자체가 이중성을 의미하는데 개 戌자가 가장 이중성이 강합니다.

개는 뒤에 주인 것을 가려놓고 자기가 지키는 밖으로 없는 척하는 것이죠. 그것을 이 악물고 버텨야 되는 거죠. 실제 경제적으로 대단한 상속 같은 것을 받는 사람도 이런 모양이 있어요. 그런데 거기에는 반드시 가계의 혈통에 있어서 왜곡이 있든지, 자기가 서출이라든지 傷官的인 인자가 그대로 깔려 있는 겁니다.

아니면 戌 중의 偏財, 劫財 이것이 있으니까 매일 아버지와 으르렁거리며 살고 劫財를 내가 쓸 때는 아버지를 잡아먹는 것으로 쓴다는 거죠.

그렇게 으르렁거리면서 살든지, 이런 식의 속성으로 가는 것이니까, 龍은 밖으로 천개의 얼굴이라면 개는 안으로 천개의 얼굴이니까, 개 戌자를 잘 쓰는 여인한테 걸렸다 하면 죽는 겁니다.

그러니까 申子辰이 단순히 이성적 애교를 만든다면 개 戌자는 아라비안나이트라고 들어보셨죠? 개 戌자가 불 꺼 아닙니까? 불을 끄라고 해 놓고 시작하는 것이 아라비안나이트라는 거죠. 개 戌자가 아무튼 다재다능하고 저런 만 가지 재주를 피우는데 자기 인생에 고달픔도 많다는 겁니다.

사실 地支를 깊이 연구해 보면 다 살아가는 패턴이나 폭을 알 수 있는데 고달프지 않은 것은 없어요. 원숭이 申자 있는 사람도 丁日柱에서는 최고인데도 말뚝에 매인 고달픔이라고 들어보셨습니까?

마누라가 너무 잘 해 줘서 배신을 때릴 수도 없는 거죠.

"자기 오늘 몇 시에 와?"

속으로 이 썩을 년 이러면서, 왜냐하면 잘 해 주면서 나를 말뚝으로 묶어놓는 것이죠. 이것이 미치는 거죠.

여자도 마찬가지로 壬이 드러나서 申이 있으면 壬이 正官 작용을 하니까 자기하고만 놀아 달라 이거죠. 그래서 나온 노래가 "남자는 여자를 정말로 귀찮게 하네." 그런데 귀찮으면 떠나야 하는데 못 떠난다는 거죠. 짝이니까…. 그런 사람들은 그런 것이 불만이다. 상담을 많이 하다보면 간혹 이렇게,

"八字 좋은데 왜?"

"선생님 제 마음 모릅니다."

"서방이 돈을 안 주나?"

"돈도 주고, 일도 잘 해 주고, 다 해 줍니다."

"그런데 뭐가 불만인데?" 하면,

"그것이 바로 구속입니다" 이거죠.

강남에서 한참 유행했던 유머인데, 서방들이 대부분 다 은퇴하고 집에서 밥 먹는 횟수로 명칭을 바꿔 부르는 것이 있거든요.

밥을 한 끼도 안 먹는 사람은 영식님.

집에서 밥을 한 끼만 먹고 점심, 저녁은 밖에서 먹고 들어온다면 일식씨.

그 다음에 두 끼를 먹으면 두식이 놈.

아침, 점심, 저녁 다 먹는다면 삼식이 새끼.

삼식이 새끼, 그러면서 사랑해 이러는 거죠. 감옥이다….

이런 패턴의 사람이 이혼을 하는 것을 한 번 봤는데, 그런 구속이 싫어서 돌아버리는 거죠. 싫어하는 정도가 丁이나 戊日柱일 때 가능하다는 겁니다.

丁이나 戊가 원래 붙들려 잡혀 있는 성격이 아니잖아요. 막 튀어나가고 움직여야 되는데 그것을 못하게 하니까. 그런데 너무 경제적으로 잘 짜여진 집에 시집가서 밥할 때 보조만 2명을 붙여주는 거예요. 아침, 점심, 저녁 원칙이 있어요. 一食이란 밥이요. 그 다음에 국이 두 개 일탕으로 탕이 하나, 18찬. 그리고 다음 식사 때에는 반드시 12찬이 바뀌어야 되는 겁니다. 6찬은 인정해 주고….

이 양반이 임대사업을 하는 분인데 건물 여러 개 가지고 아침에 밥 먹고 나가서 연습장 가서 연습하고, 점심때 들어와서 점심 먹고, 오후에 가서 기원에서 3시간, 그리고 5시 30분에 다시 들어와서 밥 먹는데 그 때부터 계속 tv만 보고 있는 거죠. 십 몇 년 전에 상담한 내용입니다.

91~2년 정도였는데 자기가 그렇게 8년을 살았는데 그 이후로 이혼을 했다고 하더라고요. 남들이 보기에는 호강에 받쳐서 산다 하겠지만, 삼식이 그거 미치거든요.

간혹 그런 상담이 있을 수 있으니까 참작해 두시고, 어떤 글자도 다 고달픔이 섞여 있는 거죠….

酉하고 戌이 陰陽의 여러 가지 조화 요소에 의해서 많이 섞여 있다고 했죠. 酉에서 戌로 빠져나갈 때 酉의 중반부부터 오히려 쇠퇴하고 酉를 잘 쓰는 사람이 있고 戌을 잘 쓰는 사람이 있잖아요.

그러면 개 戌자를 잘 쓰는 사람은 酉의 중반부터 좋아지고 酉를 잘 쓰는 사람은 酉의 중반부부터 이상해지기 시작하고, 그 다음에 戌은 조건 따라 변화요소가 많은데 酉에서 戌로 넘어왔느냐 아니면 亥에서 戌로 올라왔느냐를 봐야 됩니다.

그래서 亥運에 未定, 이것이 접목운이잖아요. 계절적 접목운이 되어서 요때(亥와 戌사이) 변화가 많이 생긴다는 겁니다.

戌運 자체는 계절적으로 方合이라고 하는 것은 기본이라고 했죠. 金의 계절을 쓰고 있으

니까, 이 亥運에서 戌로 넘어올 때는 훨씬 금전적 환경이나 이런 것이 좋아집니다. 그런데 결국 陽운동을 수시로 빚어낸다고 했죠.

좋았다 힘들었다가 뒤섞이는데 귀결이 어디로 가느냐? 酉를, 金을 잘 쓰는 경우에는 좋은 쪽으로 가고, 거꾸로 酉를 힘들게 쓰는 경우에는 개 戌자 運에도 좋았다 번거로웠다의 과정을 겪다가 물론 이 안에 뭔가 변폭은 제법 많겠죠. 개 戌자라고 하는 것은 압력을 많이 가해 놓은 것이니까. 그 다음에 亥 運에 가서 완만하다.

그 다음에 酉運을 잘 써먹는 사람은 酉運의 후반부부터 서서히 꺼지기 시작해서 이때(戌) 굉장히 변화가 많이 옵니다. 그렇게 해서 돼지 亥자 運에는 평운으로 끌려가게 되는 것이죠. 그래서 大運이 어디로 들어가느냐에 따라서 해석이나 방향성을 잡고 보셔야 된다는 거죠.

丁日柱 같은 경우에는 비교적 닭 酉자와 돼지 亥자를 잘 쓰죠.

단지 이것은 폭이 좀 작게 쓰는 경우니까 이때는 좋은 일, 안 좋은 일이 많이 섞이면서 다음 運에 접속된다 보시면 됩니다. 이때, 지지부진이 이때 좋거나 이런 식으로 丁日柱는 쓰게 되겠죠.

그 다음에 未.

戌 運은 아무튼 2중 생활의 아픔이다. 밖으로 돈을 벌고 엉뚱한데 돈을 쓰고 있다. 그 다음에 밖으로 힘든데 안으로 돈을 챙기고 있다. 이렇게 보면 됩니다.

압력도 많은데 표리를 뒤집어쓰고 있으니까 상당히 고통스러운 것이죠. 寅巳申은 순진한 것들이거든요. 소림사 무술 보면 호권, 사권, 취권 이런 것 들어 보셨죠? 후권, 원숭이 후자를 써서 초식이 정해져 있다니까요.

견권 이런 것은 못 들어 보셨죠. 무협지를 안 읽어 보시니까 그렇죠? 개 戌자는 여우다. 술 취한 것이 아니고 여우다. 결국 권법이 그때 그때 다르다. 그 다음에 한 번씩 물어 죽여 버려요. 이것이 뭐냐면 魁罡이죠. 庚戌, 壬戌 그 다음에 戊가 올라타면 魁罡이다. 그나마 제일 순진한 것이 甲戌이죠.

그 다음에 丙戌은 白虎가 놀아서 자기가 능력을 발휘해서 성질나면 전부 다 물어 뜯어버리는 에너지를 가지고 있는 자리니까 굉장히 변수가 많은 것이다. 그리고 초식을 알 수 없다.

未는 기본적으로 六親의 食神작용인데 食神작용을 가장 미미하게 보면 됩니다. 정 日柱에 未는 食神작용이 가장 미미하다. 午하고 무리 짓죠. 앞에 몹쓸 놈 午가 있었죠. 몹쓸 놈 午하고 무리지어서 심심하면 내 마누라 부른다 이거죠?

六合은 부부 陰陽관계라고 했죠. 그러니까 자기가 힘이 딸리거나 하면 '야! 안 되겠다 마누라 불러라' 그런 식으로 未가 짝지어서 쓰는 것이 午가 되다 보니까, 午의 해로움까지도 그대로 남아 있는 것이고, 羊刃이라고 하는 것 때문에 서로 이 악물고 버티는 작용을 하게 되는 것이다.

그 다음에 酉 隔角이죠. 卯를 부른다.

"야! 너네 계모 부른다."

卯가 丁日柱에는 偏印으로서 꼼짝 못하게 움직임을 저해하는 방해 요소잖아요. 그래서 卯와 무리 짓고, 午와 무리 짓고, 酉 隔角시키고 이런 작용을 함으로써 보통 강력한 재주나 기술을 가지게 된다.

어차피 이런 환경 속에서는 프로페셔널의 칼을 뽑고 살지 않으면 안 된다. 언제 내가 계모한테 당할지 모른다. 그 다음에 比肩한테 당할지. 믿을 수 없는 놈한테는 칼을 뽑고서 대항할 수밖에 없다. 그런데 자기 직업은 대부분 똑똑해요. 주로 의료 쪽이 많고, 金을 재주로 써서 치의예 이런 쪽이 많죠. 그 다음에 금속을 다루는, 金을 짝짓는 것이니까 화금소용(火金消鎔)으로 공업이 되죠. 이빨을 녹이잖아요. 녹여서 형틀을 만드는 이런 것들을 〈火金消鎔〉으로 본다. 위, 아래가 이런 식으로 불이 붙었으니까 단거리 운동선수다.

그 다음에 교육적인 행위죠. 형태는 食神의 형태를 가지고 있는데 밑에 애들을 가르치는 것은 끝내 주죠. 그런데 인기는 많이 못 누리죠. 물론 亥水라고 하는 天乙貴人이 드러난 경우에는 官과의 융통성을 가짐으로써 인기도 엮어가면서 제대로 발휘하게 되는데, 그런 것이 아니고 일반적으로 未만 봤을 때는 공부는 똑 소리 나게 가르치는데 성질 더러운 선생님이 되는 거죠.

丁이 未를 食神으로 쓰고 羊刃으로 쓰고 교육적인 행위를 할 때니까, 羊刃이란 압력을 많이 가하는 것으로 자기 직업적인 성공은 이루어지는데, 인간관계나 사회적 관계에서 여러 가지 고충이나 환경이 많이 발생한다. 이렇게 보시면 됩니다.

남자는 卯와 무리 짓기 쉬우니까 卯가 설계, 건축, 기획, 광고 그 다음에 전문자격증, 羊

刃 자체가 라이선스니까 의료 중에서도 치의예, 치기공 이런 쪽의 라이선스가 되는 것이죠.

라이선스를 따기가 불리하게 되어 있을 경우에는 공업, 일반적인 공업, 스포츠, 이것이 紅艷도 되죠. 紅艷이 되어서 타인의 시선을 좀 모을 수 있는 인기성으로 보기 때문에 자기 분야의 재능이나 이런 것에는 상당히 많은 인정을 받는데, 사회적인 德이나 인간관계에서는 고충이나 번거로움이 많이 발생한다.

그래서 未는 돼지 亥자가 와서 조화와 절충을 시켜줄 때, 돼지가 天乙貴人으로 未를 조절해 주는 작용을 하게 되는 것이죠.

질문

선생님 이것이 더 낫네요?

답변

八字의 地支의 출현이 무엇이고 일간 보는 순간에 좋다, 나쁘다, 고달프다, 덜 고달프다 답을 딱 내어 놓는다는 것이에요.

하나하나 총운적인 것을 봐 놓고 각론적인 것을 봐도 충분하다는 겁니다. 그런 훈련을 해 보는 것인데, 명리 해석을 할 때 아주 중요한 수단이 되는 것이니까, 좀 열심히 정리를 해 보세요.

여러분이 지식이 없는 것이 아니라 정리와 숙련을 하는 것이 제일 시간이 적게 걸릴 것이라는 겁니다. 그런데 거기에 왜?를 알고 하는 것이 생각의 확장을 유도할 수 있는 겁니다.

제 7강 • 戊일간의 실관 I

戊가 子를 볼 때

戊가 子를 보면 기본적으로 陰陽 관계이면서 이 모양이 陰陽 관계에서도 절묘한 모양이에요. 子의 운동 자체가 가장 陰에 에워싸여 있는 것을 戊가 살짝 들어 올려 짝을 짓는 작용이니까 戊癸合의 작용력을 보면, 戊라고 하는 것이 丙이나 丁의 陽운동이 이루어진 다음에 뿌려지는 더운 기운으로 생각하시면 된다고 했죠.

子

그림 1

그런 더운 기운이, 子라고 하는 것이 미세하게 뿌려져 있는 사물이 응축해 있는 것이잖아요. 그것을 다 들어 올려서 陰陽작용을 일으키는 것이니까, 그 운동성이 子가 갖추어져 子의 모양 그대로 유지하지 못하고 火운동, 들어 올리려고 하는 운동이 발생하는 것이 戊癸合의 모양이고, 그 다음에 戊가 子를 보는 것도 마찬가지로 天干에 있는 것보다 절묘한 모양이 戊가 子를 보는 모양이 되는 것이죠.

어디를 보면 알게 되느냐 하면 옛날 포스터 보면 '쥐를 잡자!', 이게 나오죠. 70년대 포스터 기억나십니까?

다 안 잡히죠? 쥐는 쥐대로 계속 쥐구멍으로 들어가려고 하고, 戊는 계속 달구어서 끄집어 내려고 하고…. 正財를 취해 오는 형태나 모양에서 묘한 모양이 戊가 子를 正財로 짝을 지어 쓰는 겁니다.

그래서 戊는 戊癸合을 그대로 기운적으로 드러난 정도를 봐서, 노인이 어린 것을 꼬셔 내는 이런 合으로 봐요. 여자들이 癸日柱일 때 戊가 남편이 되니까 보통 나이가 많은, 편차가 많이 나는 즉, 다 성장해 버린 그런 존재와 짝을 짓는다는 겁니다.

자기는 어린 것인데 가장 무성한 것과 짝을 지어서 배우자를 삼는 모양이다. 戊가 子를 짝짓는 것은 이것이 거꾸로 된다. 이렇게 보면 되겠죠.

그래서 짝 짓는 모양이 子는 천지만물이 티끌처럼 갖추어져 있는 것이니까, 불편함이기도 하고 절묘함이기도 하다. 正財의 모양 중에서도 절묘한 모양이 이런 모양이다. 戊는 戊대로 열심히 살겠죠. 쥐는 쥐대로 열심히 도망을 가든지, 자기 고유의 운동을 하려고 한다.

戊 - 子 / 12運星

12運星 상으로는 胎地가 되죠. 운기 자체는 당연히, 天干 地支 사이에는 胎地에서 正財가 짝이 지워지니까요.

戊 - 子 / 他 六親 12運星

그 다음에 他 六親에서 子가 正財 立祿이죠. 正財가 되는 癸水가 立祿, 偏財는 旺, 壬水가 旺地에 해당하고, 그 다음에 正官은 卯가 子에 病地가 되고 偏官은 慾地가 되죠. 그래서

官星이 자연스럽게 안정되지 않는 모양이기 때문에 대체로 子水를 쳐다보는 경우에는, 절묘함이 있어요.

대체로 절묘함과 생활한다는 것은 무슨 만화영화에 나오죠. '톰과 제리'를 보면 계속 잡으러 다니고, 쥐한테 다시 당하고, 분명히 자기가 잡아야 될 것이 쥐가 맞으니까. 결국 官星이 통제하고 제어할 수 있는 인자가 기본적으로 약화되어 있고, 子水를 쳐다보면 대부분 다 사업성이든, 상업성이든 이런 인자로 더 많이 넘어가 있다는 것이죠.

時	日	月	年
	戊		
	寅	子	卯

그림 2

子도 있고 寅도 있을 때, 寅과 子가 짝지어 쓰는 경우가 조금 다르다는 겁니다. 예를 들어 卯가 있다 하더라도 이 둘은(戊-卯) 짝이죠. 짝의 관계인데 이것의 통제를 받는 것보다는 戊가 子를 짝지으려고 하는 동작이나 기운이 확실히 더 강하기 때문에, 이런 모양에서 八字 해석을 해 나갈 때 卯를 해석하는 것보다 子를 먼저 해석한다는 겁니다.

時	日	月	年
	戊		
		卯	子

그림 3

만약 卯가 달에 있다 하더라도 戊는 子를 짝지으려고 하니까 사람이 수분을 제대로 섭취하지 못해서 몸이 갈증이 나있는 상태, 갈증이 올라와 있는 상태가 戊와 같거든요. 그러니까 이때 子水를 찾는 것이 굉장히 갈증을 해소해 주는 동작이나 기운이 발생해 있기 때문에, 이때도 卯를 제대로 짝지어 쓰지 못하고 子水를 더 쫓아가는 운동성이 훨씬 더 많이 발생한다.

그러니까 여러분이 八字 해석을 할 때 저런 식으로, 月에 格으로서는 인정을 해 주더라도, 틈만 나면 子水를 쫓아가려는 운동성이 많이 발생하는구나 생각하시고, 그 비중 차이를 두는 방법으로 해석을 하시라는 겁니다.

이런 경우에 오히려 卯를 잘 못쓰죠. 오히려 子水를 먼저 써 놓고 여기에 뭐가 있어요? 刑이 가 있죠. 재물을 좇는데 財星, 正財라고 하는 것은 기본 의식주 품목이잖아요. 거기에 가공성이 발생한다. 이때는 官星보다는 이것이 子水에 대한 가공성으로 卯가 더 많이 간섭하는 것으로 해석을 한다는 것이죠. 그리고 이제 卯와의 관계를 생각해서 대체로 큰 조직과의 관계가 있는, 납품이든 용역이든 대리점이든 이런 형태다. 이것의 해석보다는 이것(子)에 비중을 먼저 더 둔다는 겁니다. 그 다음에 正財 祿이고 偏財 旺인데, 사업성을 발휘하는 데 여러 가지 긍정적인 인자가 많다. 이렇게 보시면 되는 것이고, 그 다음에….

戊 – 子 / 吉凶

吉凶論에서는 吉이 대체로 『명심보감』을 보면 '見善如渴하고', 善을 보면 갈증을 만난 듯이 실천하라. 이런 말이 나오는데 戊가 子를 짝짓고 있다는 것은 열에 아홉이 吉작용이다. 짝 중에 최고 모양새가 丙하고 酉하고, 이것이 陰陽의 뜻을 그대로 계승하고 있다고 했죠.

甲乙丙丁戊가 陽에 속하는 모양이고 그 다음에 고유글자로서 陽陰干이 형성이 되는데 丙하고 酉가 큰 陰陽관계가 형성되는 것이고, 그 다음에 戊하고 子도 마찬가지죠. 노인이 어린 소녀를 꼬시려고 하면 온갖 테크닉을 다 부리는데, 톰과 제리처럼 쥐는 또 '몰라요' 하면서 빠져 나가는 작용이 되는 것이죠.

凶이 10, 官星을 잘 용납하지 못하는 면에서는 官星에 대해서는 도리어 부정적인 작용을 주게 되죠. 寅에 대해서는 隔角이고 卯에 대해서는 刑을 발생시킴으로써 官을 쓰더라도 제한적으로 쓰게 만들기 때문에 吉 작용이 대부분인데, 凶작용이 약간 따라와 있는 겁니다.

戊 – 子 / 年月日時

年

年에 子가 들어와 있다는 것은 子午卯酉의 속성상, 正財가 年에 있다는 것은 원래 부호,

부자 인자를 가진 조상이나 선대의 인연이다. 그 다음에 본인이 젊은 날에 正財를 짝 짓는다는 것은, 年地에 正財가 있는 것은 옛글에는 발꿈치를 들면 처갓집이 보인다는 뜻이거든요. 그 말이 무슨 말이냐 하면 두 집 건너에 처갓집이 있다.

그러니까 일찍 짝을 지었는데 짝 중에서 陰陽的인 뜻을 가장 많이 계승한 것이 丙이 酉를 보는 것이고, 戊가 子를 보는 것이죠. 그러니까 보통 처가로 짝을 빨리 얻는 것이잖아요. 성혼이 빨리 이루어지고 또 저런 모양으로 丙이 酉를 보거나 물론 다른 글자들도 正財를 보면 저런 작용이 기본적으로 있는데, 예를 들어서 乙이 戌을 본다. 이 경우는 모양이 조금 다르죠. 기본적으로 陰陽의 짝이기는 하지만 戌의 작용이, 戌을 보면 이것이 正財로 안 보이죠? 傷官 入庫면서 七殺이 숨어 있고 잘못 밟으면 칼 들었다가 되는 거죠.

이런 어떤 다른 글자들도 속성은 있지만, 저 글자는 더 그런 작용이 뚜렷하게 드러난다는 겁니다. 보통 同자로 보죠. 同姓, 뿌리가 같잖아요? 뿌리가 같은 곳에서 배우자를 얻었다. 그런 인자는 戊가 亥를 보는 경우는 덜한데 丙이 申을 보는 경우에도 그런 예를 많이 볼 수 있습니다. 丙은 金을 봤다 하면 짝을 짓는 거죠. 大 陰陽이 이렇게 짝이 잘 맞아 있으니까 同姓, 同門, 동창, 동갑, 同鄕, 최소한 同鄕이라도 들어간다 이거죠. 同族도 되겠죠.

고향이 같다는 것도 되고 同姓도 되죠. 성씨가 같다. 이미 조상의 자리에서 짝을 채웠다. 여러분이 맞히기 이런 것을 많이 하시려고 할 때는 글을 정리해 놓은 것을 보면, 年地에 正財를 둔 자는 이렇게 同門이거나 동창이거나 동향이거나 동촌 同자 붙은 요소인데, 과거 사회처럼 폐쇄형 사회에서는 농사를 많이 짓고 지금 같은 도시 환경처럼 사람들의 왕래가 많지 않았을 때는, 그 때는 어떤 식으로 했느냐 하면 대체로 한 동네 살았다 이거죠. 세 집쯤 건너가서 그 여자하고 나하고 짝이 지워지는 그런 식이 되고 나는 잡으러 다니고, 그렇죠? 상대방은 숨어 다니고 그런 작용이 발생하는데 아무튼 그런 인자가 발생하는 겁니다.

그 다음에 子生으로 태어났다는 것은 子午卯酉의 기본 속성상 본인이 장자나 장손 역할을 수행하는 과정이 많이 발생하고, 보통 祖孫 상속도 많이 이루어집니다. 조부의 자리에 이미 正財를 짝 지우고 있으니까, 그것을 格을 훼손하지 않는 한 조손 상속도 잘 이루어진다.

月

月에 子가 있다는 것은, 부모 자리에 正財가 있다는 말은 부모 혜택이죠. 부모 자리에 내가 먹고 살 것이 있으니까 가업 가담이다. 戊가 子를 좇는 것은 다른 것이 正財를 삼는 것보다 강하기 때문에 자꾸 결합을 하려 한다고 했죠?

日

그 다음에 태어난 날에 子가 있으면 보통 처 德, 처 활동력 이렇게 보는데 戊子日일 경우에는 巫 쪽에 있는 사람이 부르는 노래가 있어요. 명리 책에도 그런 것이 나와 있는데 丙申日柱 病身이요, 戊子日柱 無子로다.

왜 그렇습니까? 이것이 官을 잘 용납하지 않죠. 그러니까 正官은 病地에 있고 偏官은 浴地에 있으니 까딱 잘못하면 칠랑이 팔랑이 되죠.

正官을 따로 삼는다면 正官은 病地에 있으니 病弱性을 가지고 있는 것이죠. 그래서 戊子日날 無子로다라는 말을 하는 것도 거의 무자식과 다름없는 작용이나 기운이 동반할 수 있다라고 보는 겁니다.

실제로 이렇게 官星 자체가 조화롭지 못하면 배우자가 없는 경우도 많아요. 형태는 戊子日柱가 배우자가 있는데, 食傷 소통이 없다든지 아니면 官星이 아예 無根이나 無力하다는 것은 남자도 종족 보존의 행위에 적극적으로 가담하지 않는다는 것이죠.

원래 八字 자체에 官星이 세력을 잡기 어려운데 官星 투출이 아주 미약하다면 종족 보존을 위한 동작이나 행위가 약해지잖아요. 남자 八字에 官이 없는 것이 배우자 인연을 불안하게 하는 것이다. 여자한테는 食傷이잖아요. 여자 八字에 食傷이 없다라고 하는 것은 종족 보존의 행위에 적극적으로 또는 오랫동안 개입하지 않는다는 뜻이니까 여자 八字에 無 食傷도 배우자 인연에 반드시 불안한 세월을 만나고, 남자 八字에 無 官星도 배우자 인연에 불안한 세월을 겪는다.

戊子日柱가 無子로다라는 논리가 하여튼 종교 서적에도 그런 것이 나와요. 乙未年에 미적거리다가 丙申된다. 이런 말을 만들어 놓은 것을 보면 戊子日柱는 無子로다. 辛巳日柱는 紳士로다 이런 말이 나와요. 日柱 正官 때문에 젠틀맨이다 이거죠.

己巳日柱 기사로다. 巳 자체가 甲木이 正官이 病地에 들잖아요. 乙木이 浴地에 들죠. 그 다음에 食傷을 도울만한 것이 한두 가지만 있으면 실제로 기사예요. 그런데 기술과 재주로만 사는 것이 기사인데 己巳日柱 기사로다. 거기에서 戊子日柱가 그런 속성이 있다는 것을 아시

고 실제로 승려 중에도 많습니다. 일지 正財를 깔고도 官星 무력, 그 다음에 子가 道門이잖아요. 자기가 道門하고 짝을 지어서, 그냥 눈에 안 보이는 물방울이 허공에 뿌려져서 눈에 안 보이는 상태가 子라는 것이죠. 이것이 道잖아요. 道와 짝을 지었기 때문에 세속의 배우자를 가지지 않는다. 이렇게도 볼 수도 있죠.

일반적으로는 그런 어떤 글자가 보조가 되었을 때 흐트러지지 않고, 그럴 때는 처 德이나 처 활동력 그런 형태로 보면 됩니다.

時

그 다음에 時는 壬子時가 되어서 時上에 偏財가 올라오게 되고 말년에 왕성한 활동력이 되는 거죠.

戊 – 子 / 운의 해석

大運에서 말 그대로 正財 祿을 세우는 大運에 기본적인 금전 활동이 활발한데, 子나 丑의 고정성 때문에 변화가 많지 않죠. 보통 동일한 일의 반복이나 속도는 더디다.

歲運에서 만날 경우에는 子를 짝짓는 불편함은 있지만 그래도 금전적 융통성, 보상 이런 것들이 기본적으로 깔린다고 본다.

子 자체가 正財이기도 하지만 항상 子丑의 속성이 있죠. 잘 안 움직이려는 속성, 이런 것 때문에 작게 써먹는 경우도 있고 가만히 있다가 갑자기 써먹는 경우도 있고, 쥐를 잡을 때 어떻게 잡아요? 갑자기 잡아들이는 형태의 재물 보상도 쥐의 형태에 들어가는 것이죠.

戊 – 子 / 男女

그 다음에 남자는 대체로 긍정적 인자가 많고 여자들은 돈을 벌어들이더라도, 금전적 보상은 있더라도 적게 본다.

八字에 그릇 따라 있습니다만 잘 쓰는 사람은 굉장히 잘 쓰죠.

戊 - 子 / 綜合

종합적으로 봐서 대체로 官星의 조화력은 부족, 재물 보상은 긍정적이다. 그리고 子運 자체에 富貴貧賤을 많이 바꾸는 것보다는 꾸준히 점진적으로 바꾸어 나간다. 이런 속성이 더 많이 발생한다.

질문

時에 甲子時도 있죠?

답변

그렇죠. 甲子時도 있죠. 이때는 時에 있는 甲木을 그대로 해석해 주면 되겠죠. 甲木이 子에 沐浴하고 있는 모양이죠. 그래서 이것이 주로 남들에게 桃花 속성을 발휘하는 분야의 자식이다. 그것이 의료적인 행위, 언론, 방송 그 다음에 정치적으로 명예 성공을 위해서 자기를 많이 밖으로 드러내고 봉사도 많이 하고, 희생도 많이 하는 대체로 명예 성공의 자식 인자, 이렇게 보면 되는데 분야가 桃花性에 놓여 있는 것이라고 보면 되겠죠.

또 甲木이 저런 子水나 亥水를 거듭하여 만나 있는 모양을 물 위에 떠 있는 나무로 봐서, 실제로 이역만리로 배나 비행기를 타고 많이 나가는 그런 직업적인 특성을 가지는 것으로 보기 때문에, 자식 중에도 그런 자식이 많다라고 보죠.

子가 있다는 것은 어찌되었든 陰陽의 뜻을 채우는 것에 있어서 丙이 酉를 보고, 戊가 子를 쳐다 봐서 채우는 것이 가장 어떤 절묘한 모양이다.

제 8강 • 戊일간의 실관 Ⅱ

戊가 丑을 볼 때

이런 글자가 올 때 해석이 굉장히 복잡해지죠. 형태상은 劫財고 내용상으로는 正財의 餘氣가 남아 있는 것이죠.

戊 - 丑 / 12運星

그 다음에 자체로서는 食神 入庫를 생각하셔야 됩니다. 물론 他 六親하고 맞물리지만 天乙貴人이 들어와 있으므로, 戊가 丑을 만났을 때 상당히 해석의 융통성이 많이 발생한다.

12運星으로 戊가 子를 만나서 胎가 되는 것은 나름대로 뜻을 12運星 그대로 계승하고 있는 것인데, 丑을 만나서 養이 된다는 것은 寅에 長生한다는 것을 전제로 합니다. 실제로 養이라는 개념보다는 갇혀서 제대로 자기 역할을 드러내지 못하는 것 정도로 이해하시면 됩니다.

실제로 戊나 己를 12運星을 적용하는 데는 아직도 기운적인 편차를 고려해서 조정할 필요가 있다는 겁니다.

그러니까 戊가 寅을 만나서 長生하는 것은 寅의 끝부분에 가야 겨우 長生이 되거든요. 寅月의 초입 부분은 실제로 워낙 木旺하니까, 木이 왔으니까 土가 제대로 펼쳐지지 못하죠.

12運星 상으로 養인데 이때 養은 다른 干支의 12運星 상 養처럼 막 태어나기 전에, 그러니까 壬이 未를 만나서 申에 長生하기 전에 준비, 대기되어 있는 상태하고는 조금 다르다는 겁니다.

戊 - 丑 / 他 六親 12運星

他 六親에서는 제일 먼저 봐야 되는 것은 食神 入庫다.

그 다음에 正印 印星이 丁火인데, 丁火도 入庫하죠. 그 다음에 甲木 偏官이죠. 偏官 寅은 冠帶다. 地支에 있는 正官 卯는 隔角도 같이 떠버리게 되고, 그 다음은 衰地인데 陰干의 衰地는 卯가 살아 있는 모양이니까 모양이 여러 가지죠.

여기서 偏官이 帶를 짓고 그 다음에 丑이 무리 짓는 것이 巳酉丑이죠. 그 다음에 子하고 六合의 관계고, 이 글자(酉, 丑, 子)가 드러나 있느냐? 丑이 항상 가변성을 가진다라고 보면 됩니다.

이 두 가지의 인자가 食神 入庫, 正印 入庫, 이것이 브레이크도 入庫고 생산, 이동 수단도 入庫가 되니까 저 글자에 食神을 중요하게 쓰는 사람이라든지 또, 大運의 흐름에서 답답한 흐름으로 흘러 들어간다든지, 이럴 때 丑年을 만나면 그 사람의 삶에 있어서 굉장히 중요한 변화 과정이 발생하게 되는 겁니다.

내년 丑年에 丁火하고 天干의 庚金을 중요하게 쓰는 사람들은 상당히 번거로움이나 고충이 많이 발생할 수밖에 없다.

직업적으로 丑 자체가 八字 안에 드러나 있으면 食神 없이 밥을 먹는다는 것인데, 그것은 특별한 재주가 있다라는 겁니다. 특별한 재주를 채워 줄 만한 것이 正財의 餘氣, 형제간에 또는 누군가하고 분배를 해야 되지만 결국은 내 몫도 있다는 거죠.

그 다음에 貴人. 그래도 그것이 나눠먹어야 되는 단위의 것이지만 작은 것이 아니고 큰 단위라는 겁니다.

그래서 복잡하지만 단위를 키워주는 인자를 가지고 있어서, 저런 경우 부동산이라든지 한 방에 돈을 벌어줄 수 있는 건축이라든지, 이런 쪽의 일에 가담해서 경제적인 성공이나 번영을 이루더라는 것이죠.

좋게 말하면 그렇고, 안 좋게 말하면 조금 그렇죠. 食神도 없이 싸돌아다닌다는 말은 차에 바퀴가 없이도 다닌다는 말이죠. 차바퀴 없이 다닌다는 말은 손을 대지 않고 코 푸는 것이니까 사기꾼이죠. 사기꾼하고 도둑놈하고 뭐가 다르냐 하면….

時	日	月	年
	戊		
未	午	丑	

그림 1

도둑은 未하고 午 이런 것을 붙들고 있어요. 도둑은 솔직하게 남의 담장도 넘고 칼도 들이대면서 겁도 주고, 그렇게 하려면 比肩이나 羊刃 이런 것이 있어서 아예 그냥 남들 눈에 욕을 먹든지 그냥 드러내 놓은 행동을 한다든지 하는데, 丑은 활동적이지 않기 때문에 그런 행동을 잘 안 합니다.

食神도 감추고 있다가 곤란하면 正財의 餘氣거든 이러면서, 돈이 없어서 이러는 게 아니다 이러면서, 내 것도 있는데 그냥 정리를 해야 된다. 이런 식이죠.

저런 모양이 전형적으로 格따라 차이는 있지만 까딱하면 거의 사람들이 헤롱헤롱 합니다. 辰戌丑未가 있는 사람들이 상대방의 드러난 기질을 잡아들이는 작용이 강하잖아요.

辰戌丑未가 많으면 많을수록 좋게 말하면 예술성과 기술이 좋은 것이고 나쁘게 말하면 사기꾼이죠. 도둑놈은 액티브해서 훔쳐서라도 가지고 싶으면 못 참는 것이죠.

그런데 훔치는 모양도 강하지 않잖아요. 은근히 쥐어 보려고 재주를 피웠다가 넣었다가 이런 모양을 하는 것이니까, 실제로 재산을 많이 모으고 있는 사람들도 있습니다. 대부분 正財에 劫財가 들러붙어 있으니까 동업으로 돈을 벌어서 산꼭대기에 땅을 사 놨는데 재판이 끝나야 돈이 들어오니까 밥은 당신이 사라. 그렇게 해서 10년을 밥을 얻어 먹더라니까요.

어제 들었던 우스개 소리 하나 해 드릴까요?

그것도 이런 인자가 약간 관련될 수 있는데 그냥 웃자고 하는 소리로, 강남에 있는 고등학생 3명이 미국에 있는 대학에 바로 입학을 했대요. 공부를 열심히 해서 셋 다 장학금 신청을 한거죠. 그런데 한 사람만 장학금이 나왔대요.

그 이유가 뭐냐면 주소가 원서에 보니까 하나는 타워 펠리스라서 펠리스에 사니까 이렇게 좋은데 사는 놈은 장학금 필요 없다. 그 다음은 롯데 캐슬이라서 이것도 캐슬, 이놈도 필요 없다. 받은 한 놈은 아이파크에 살아서 얼마나 형편이 어려우면 파크에서 사느냐 이렇게 된 거죠.

이런 모양새로 주소지가 아이파크일 수 있다니까요. 이것이 運을 한 번 만나잖아요. 이것이 뭐냐면 時墓格이나 月墓格에서 時墓格은 日柱 入墓를 時墓라 해 놨거든요.

실제로 이런 모양에 丑이 있잖아요.

時	日	月	年
癸	戊		
丑		丑	

그림 2

丑이 있어서 물론 드러나면 癸丑이 되지만 食神이라든지 財星을 나타내는 이런 것들이 辰戌丑未에 놓여 있을 때, 이것을 한 번 冲해서 발달할 때 보면 무시무시하게 발달을 합니다. 날개도 없이 날았잖아요.

막 눈 빠지게 해서 날았는데, 갑자기 未가 와서 丑을 건드려서 開庫되었을 때 丑 중에 있는 辛金이 드러나잖아요. 날개를 쫙 펼쳐 버린 거죠.

그래서 엄청나게 도약을 하더라. 형태는 아이파크에 사는 모양인데 알맹이는 상당히 있는 모양이라는 거죠.

질문

辛丑生 戊日柱가 부인을 辛丑生을 두는 것은 天乙貴人 때문입니까?

답변

그렇죠. 戊日柱가 실제로 子보다 역량이 조금 떨어지고 복잡해서 그렇지, 어차피 戊가 亥子丑을 짝지어 쓰는 것이 大 陰陽이잖아요.

비록 劫財의 흔적은 있지만 이것도 좋은 짝이죠. 天乙貴人이면서 짝을 씁니다.

正財의 餘氣, 이러면서 나도 자세히 봐라. 나도 正財 많다. 劫財는 실제로 正財 작용이 맞거든요. 劫財면서 正財 작용이 많은 것이죠.

食神이 入庫하잖아요. 丑을 만나면 食神이 入庫한다는 것은 이상하게 내가 마음이 빨려 들어간다는 것이죠. 그대 앞에만 서면 나는 날개를 접고 싶다. 이런 것 있잖아요.

노래도 그대 앞에만 서면 나는 왜 작아지는가? 그때 작아지는 것은 몸이 아니고 날개를 접는다는 겁니다. 이런 작용이 丑生한테 깔려있기 때문에 戊日柱가 실제로 배우자로 소띠도 많이 만납니다.

戊 - 丑 / 吉凶

그 다음에 吉凶작용에서 대체로 吉작용이 大陰陽이 채워져 있기 때문에 60~70%, 그 다음에 凶작용이 30~40% 정도 되겠죠. 어떤 작용에서 凶작용입니까? 食神 入庫죠. 正印 入庫…. 그 다음에 형태상 劫財라는 것이죠. 그래서 戊가 丑을 만났을 때, 그것으로 인한 재물의 소모나 지출도 상당히 다발할 수 있다.

食神을 접는다는 말은 자기가 기본 의식주로 삼고 있는 많은 부분에서, 그것이 부득이하게 묶이고 엮이어 들어가는 과정이 만들어질 수 있다. 그래도 天乙貴人이고 짝은 짝이다.

戊 - 丑 / 年月日時

年 : 貴人

年에 丑年을 만났을 때는 辰戌丑未의 속성보다는 貴人을 더 많이 해석할 필요가 있죠. 집안이 신분적으로 좋았던지, 경제적으로 좋았던 집안이지만 丑은 巳酉丑 단절성과 辰戌丑未의 속성 때문에 잘 나갔었지만 나에게 오는 혜택은 매우 제한적이다.

月 : 교육적 행위

丑月일 경우에는 주로 丑 자체의 속성을 많이 써서 짝 지워 쓰는 무대가 丑 자체를 짝 지워 쓸 수 있으니까 교육적 행위에 주로 많이 가담을 하게 되고 당연히 부모 자리에 貴人이나 이런 속성은 같이 해석을 해 주어야 되겠죠.

時 : 자식귀인, 도둑 역할

丑時가 되면 癸丑時가 되죠. 貴人 자식인데, 자식이 도둑 역할을 하게 되죠. 생전에 상속이나 증여를 많이 주게 되고 특히 子午卯酉生이 時에, 자기 띠는 子나 午나 이런 子午卯酉의 무리 속에 있으면서 丑을 봐서 時에 劫財가 있잖아요. 그러면 진짜로 살아서 상속 다 주고 얹혀 살게 되는 거죠.

돌아이 시리즈에 나오죠. 10억도 없으면서 강남에 사는 것, 20억도 없으면서 유학 보내는 것, 30억도 없으면서 士자 사위 보는 것, 기억 안 나세요?

40억이나 있으면서 상속해 주고 아이를 봐 주는 것, 50억이나 있으면서 절에 가서 복 좀 더 달라고 비는 것, 하여튼 時에 있는 劫財 이것이 형태상 아무것도 아닌 것 같은데 실제로 4~5건 봤어요. 비극이 子午卯酉生이 여기에 걸리니까, 있는 것 싹 다 주고 그 집에 얹혀 살더라는 것이죠. 작은 재산이 아닌데도 자식이 貴人이 되는 것은 긍정적이지만 생전에 상속 증여로 가져가는 작용을 많이 한다. 물론 말년에 食神 入庫의 작용도 같이 해석해 주겠죠.

그러니까 자기도 얹혀 살겠죠. 남자들은 戊日柱에 癸丑時를 보면 時에 대문 밖에 여자를 두고 있는데, 丑과 에워싸여 있다는 것은 그 사람이 가정을 가지고 있는 사람과 애정적인 관계가 잘 형성되는 모양새로 해석을 합니다.

戊 - 丑 / 운의 해석

그 다음에 大, 歲運의 해석에서 戊가 丑 大運을 만나면 丑이라는 것이 大運의 변화량이 많다고 했죠. 비교적 변화량이 많기 때문에 이 글자를 긍정적으로 쓰는 사람들은 이 시기에 경제적인 기반이나 번영이 잘 이루어지게 되고, 이 글자를 힘들게 쓰는 사람들은 이 시기에 경제적 기반이 매우 취약해지겠죠.

기본적으로 食神 入庫의 害를 많이 당하는 패턴이 있고, 貴人 正財의 餘氣의 기운을 더 잘 쓰는 사람이 있고, 八字에 패턴 따라 차이가 납니다.

그 다음에 歲運에서 기본 작용은 주로 食神 入庫를 많이 보시면 됩니다. 공부하는 사람은 正印 入庫, 그 다음에 歲運에서 天乙貴人 작용 때문에 새 일, 말뚝, 문서에 관련된 인연이 생기는데 이것뿐만이 아니라 새로운 일을 구축하기 위한 인간관계도 상당히 중요한 변화의 포인트를 丑이 제공하고 있다는 겁니다.

戊 – 丑 / 男女

男女가 丑을 쓰는 것은 기본적으로 丑을 경제적인 보상으로 잘 못쓴다 하더라도 남자는 반타작은 할 수 있죠. 반타작에서 최고로 잘 쓰는 사람, 조금 잘 쓰는 사람 두 가지로 다양하게 드러나요.

그 다음에 여자들은 잘 써도 세모죠. 힘들 때는 죽어나는 겁니다. 원래 陰에 속해서 활동성이 떨어져 있는데다가, 丑이라는 글자 자체를 명조 안에서 긍정적으로 못 쓰고 있을 때는 완전히 이때 대부분 남편과 결별, 인간관계 단절 이런 식으로 생애에 잃을 수 있는 것을 거의 다 잃는 것이 丑의 작용입니다.

丑에도 白虎大殺이 많이 놓죠. 丁丑, 癸丑에서 白虎大殺이 놓죠. 그래서 여자는 丑運에 돈을 많이 버는 사람들은 반드시 病에 걸리든지, 六親상으로 다른 고충이나 애로를 겪게 되더라.

남자들 중에 진짜 잘 쓰는 사람 몇 사람 봤어요. 子에서 丑으로 들어가는 사람들은 대체로 陰에 속하는 것들이니까 이렇게 완만하게 가다가 丑에서 폭발적으로 버는 사람이 있고, 寅에서 丑으로 들어가는 사람들은 거의 죽어나고 있다가 寅의 끝부분 丑의 첫부분에 엄청나게 올라오는 사람들이 있습니다.

寅 大運에서 丑 大運으로 넘어갈 때 이런 식으로 쓰죠.

戊 - 丑 / 綜合

그래서 綜合的으로 봐서 해석이 다각적이다. 丑을 봤을 때는 왔다 갔다 다양한 運命의 결과물을 만들 수 있다라고 보고, 정 판단하기 애매하면 흘러온 것을 물어 보면 됩니다.

흘러온 것을 물어 보면 子 大運에서 흘러들어온 사람은 子의 가속도를 붙여준다 보면 되고, 寅 大運에 힘들게 왔던 사람은 丑 大運에 뜨고, 寅 大運에 잘 나갔다 하면 丑부터 많이 저문다라고 생각하면 됩니다.

丑하고 寅하고 사이에는 항상 그런 대조 관계가 생기죠. 그러니까 자연 운동에서도 丑時까지는 춥고 어두운 기운의 간섭 속에 갇혀 있고, 아무리 해가 긴 夏至에도 寅時 말에 해가 뜨거든요.

丑時는 절대로 해가 뜨지 않는다는 겁니다. 寅時에 이르면 아무리 겨울이라도 天地萬物이 움직이기 시작을 한다. 산속 절간에서 공부를 해 보시면 子부터 亥까지 道를 깨치잖아요. 亥時에 들어간 사람은 戌時에 깨칠 것이요 亥, 子, 丑, 寅, 卯 빙 돌아서 그죠?

그 시간에 이루어지는 자연의 운동들은 깨어서 쭉 시간변화나 자연운동의 변화 이런 것을 몸으로 보고 느끼고 해 보는 것이 굉장히 필요하죠.

질문

주로 그 시간대에 갑자기 확 어두워졌다가, 갑자기 보이기 시작하기도 하고 하죠?

답변

그렇죠. 변화 차이가 뚜렷합니다. 산 속에 혼자 있어 보니 무섭더라고요. 91년도 산에 있을 때는 절에서 절 방을 혼자 떼어서 있었고, 멀리 사람이 있기는 있는 거죠. 4~50미터 두고 있었는데 그때, 이제 혼자 관찰을 많이 했었는데 꼭 이런 논리를 얻기 위한 것이 아니고 책도 보고 혼자 많이 있었는데 새벽 시간 있죠? 子時, 丑時 바뀔 때 기온이 순간적으로 팍 이렇게 변합니다.

시간 왜곡을 두고, 제가 군대생활을 동해안 바닷가에서 했는데 날씨가 갑자기 바람이 살오면서 온도가 팍 떨어지잖아요? 그러면 그 시간이 11시 25분이 아니면 1시 25분 이런 식이 돼요. 그러니까 12시가 넘었다는 것을 알고 갑자기 기온이 팍 떨어지면 이제 1시 25분이다. 그렇게 시계를 보면 거의 예외 없이 맞아요. 10번 중에 9번은 다 그렇다는 겁니다.

子하고 丑의 차이라는 것이 뚜렷하게 갑자기 가만히 있는데 파도소리가 속도가 달라지기도 하거든요.

그 다음에 丑時에서 寅時로 넘어올 때 이럴 때는 저는 깨어서 군 생활을 했으니까, 새 들 중에 굉장히 부지런한 새들이 있습니다.

일어나면서 새벽 3시죠. 시차 적용을 하면 3시 반쯤 되겠죠. 아주 긴 목소리로 짹 하면서 일어나는 놈이 있다니까요. 그것이 寅時쯤 되요. 그러면 이제 3시 반이나 4시쯤 되었구나. 새 소리만 듣고도 알 수가 있는 거죠. 그런 변화가 일어나는 것을 보고 지금 몇 시쯤 되었겠다를 아는 거죠. 그런 변화를 산속에 혼자 앉아서 보면 뚜렷하게 느끼게 됩니다.

寅時에 이르면 여름처럼 해가 빨리 뜰 때 있죠? 해 뜰 때 어떤 식으로 뜨느냐 하면 동해안에 보면 물론 시각에 의한 착시일 수도 있는데 점이 조그맣게 생겨요.

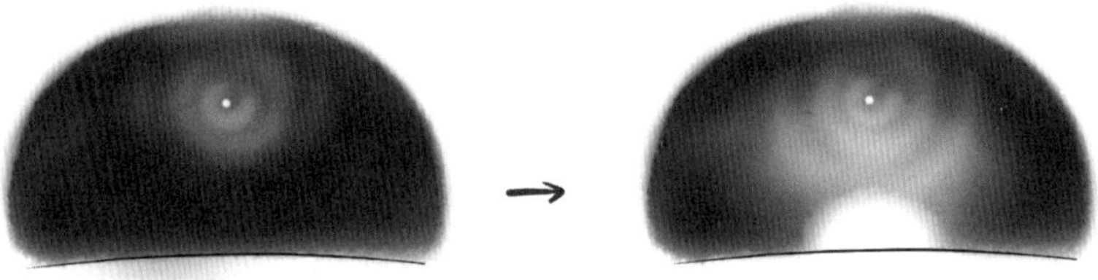

그림 3

이것을 기준으로 해서 서서히 밝아져요. 밝아진 다음에 밑에 벌건 것이 올라온다니까요. 저것 한 점이 寅중의 丙火같아요. 미리 해가 뜨기 전에 점 같은 것을 하나 박아 놓고 해가 뜨기 시작하거든요. 자세히 보면 그것이 보입니다.

寅 중의 丙火라고 가져다 붙인 것은 아닌데, 어느 곳에나 干支나 시간에 따른 변화 현상은 증거로 나타난다는 것이죠.

八字 해석을 해 나갈 때도 그 사람이 辰 大運 이런 것을 지나간다고 할 때 이것이 劫財, 偏財다. 이런 것이 아니고 辰時의 물상을 생각해 보시라는 겁니다.

辰月의 물상, 陰曆으로 3월 아닙니까? 陽曆 4월이고, 계절의 여왕이 五月이라면 꽃이 만발하기 직전에 꽃이 반개한 상태, 이 때는어떤 놈도 쉬지 않는다는 것이죠.

그러니까 진짜로 陰의 기운이 굉장히 강해서 이렇게 에워싸여 있는 놈 외에는 다 터져나온다는 뜻이니까, 辰 大運의 활동 양상이라는 것이 남자는 食神이 入庫해 있을지라도 돌아다니면서 食神 入庫죠. 여인은 이것을 힘들게 써 먹잖아요. 그래도 움직이면서 힘들다는 겁니다. 이런 것을 전제해 두실 필요가 있죠.

그 다음에 子時, 丑時는 子하고 丑은 이것을 財星을 쓴다는 것은 활동성이 많이 생긴다는 것이잖아요. 그럼에도 불구하고 子 大運, 丑 大運에 일어나는 변화를 보면 그냥 점진성을 가지거나 매우 더디죠.

어떤 사람은 또 멍하게 지나가는 사람도 있습니다. 八字에 그릇 자체가 잘 안 짜여진 사람들 있죠? 子 大運, 丑 大運 물어 보면 그때 내가 뭐했지? 이런다니까요. 그러니까 거의 아무 생각 없이 직장생활을 한 거죠.

여자들도 마찬가지로 그냥 집에서 부엌데기로 장 보고 아들 챙겨주고, 그래서 六親에 의한 正財, 劫財 이런 작용보다도 干支가 가지는 고유의 환경, 운동성 이것이 훨씬 더 크게 작용하고 있더라 하는 것이죠.

질문

丑에 己土가 어떻게 됩니까?

답변

己土도 무력지상으로 힘이 없는 모양이죠. 이 자체는 戊나 己는 실제로 완벽하게 12運星을 적용해서 해석을 하기에는 무리가 있죠. 丑時에 己土라고 하는 것은 甲부터 戊까지 陽運動을 마치고, 己부터 癸까지 陰운동이죠.

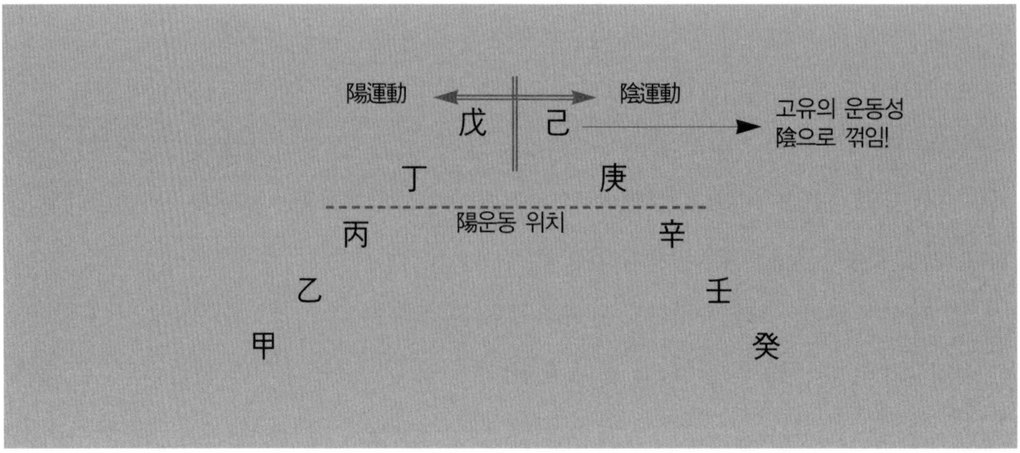

그림 4

이것이 뭐냐면 위치는 陽의 위치죠. 위치 자체는 자연운동으로 치면 싹을 틔워서 흐물흐물 자랐다가, 무성해졌다가 이제 서서히 무거워지는 단계죠? 위치는 陽의 위치면서 오히려 운동성은 밑으로 꺾여서 陰으로 가잖아요.

뭐가 자기 생각인지 모르는 거죠. 그래서 위치 에너지를 가지고 그것을 매긴다면 이것이 丑에 入庫가 맞죠.

그 다음에 자기가 陰운동을 해서 운동성이나 방향성을 볼 때는 丑에 완전 入庫는 아니거든요. 陰이다, 하고 있잖아요. 그래서 己土가 가장 머리가 아픕니다. 그러니까 뭐라고 이야기를 하느냐면, 너는 아무 생각 없지? 그러면 예 맞습니다. 너는 생각 많지? 이러면 예 그것도 맞습니다.

庚은 陽 운동을 떠나서 달리자 하잖아요. 己土는 가장 위에 매달려 있잖아요. 庚은 확실하게 달리자. 그래서 入墓로만 무조건 해석을 하는 것은 무리가 있다는 겁니다.

질문

甲己가 합하는 것과 己甲이 합하는 것과의 차이는?

답변

甲己가 合土한다? 合土를 하는 어떤 이론이나 구조, 이론적으로 표현을 붙인다는 것은 甲木이라는 것이 陰운동을 마치고 삐져 올라온다는 것이죠. 찢고 올라오려는 고유의 운동으로 압력이 약한 곳을 쭉 밀고나오는 것이 甲 운동이거든요. 이렇게 하려는 것과, 그 다음에 무성하여 펼쳐져 있는 것을 다시 안쪽으로 잡아당기기 시작하는 것이 己土의 운동이거든요. 그러니까 압력이 약한 곳에서 삐져나오려는 것과 陰의 방향을 향하여 잡아당겨 들이는 운동하고, 이 세력끼리 완벽하게 서로 조화, 짝이 된다는 겁니다.

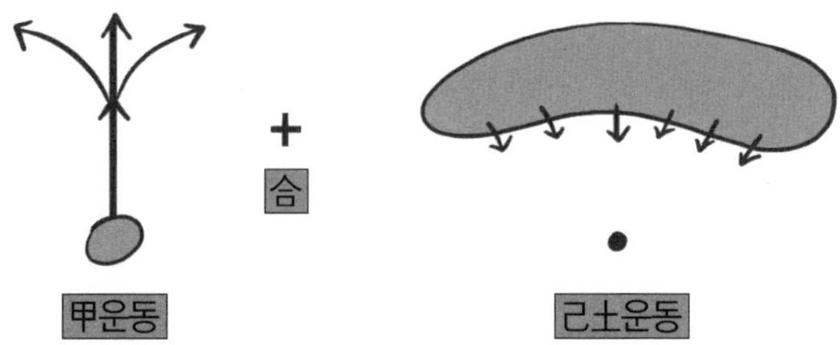

그림 5

合이라고 하는 것은 짝이 된다….

이렇게 이해를 하시고, 그 다음에 그런 것이 천시물후에 나타나 있는 모양이 뭐냐면 戊가 구름이 아니지만, 구름이 생겨날 정도로 더운 기운이 확 뿌려진 뒤에 형성되는 것이 戊라는 것이죠.

丙이 지나가고 丁이 지나갔을 때 해가 비치고 지상에 열기가 펼쳐지고 그 다음에 戊가 생겨서 따뜻하고 陽의 기운이 가득 차 있는 곳에 戊癸合이 되면서 결국은 구름이 되는 것이죠. 구름이 만들어지고 있는 상태까지는 戊의 운동이 활발해진다 보면 되겠죠. 밑에 매달려서 오르지도 못하고 도리어 붙으면 떨어지려고 하는 운동이 많이 발생하는 것이 己土라는 겁니다.

질문

甲이 있는데 己가 오는 경우와, 己가 있는데 甲이 오는 경우가 다를 것 아닙니까?

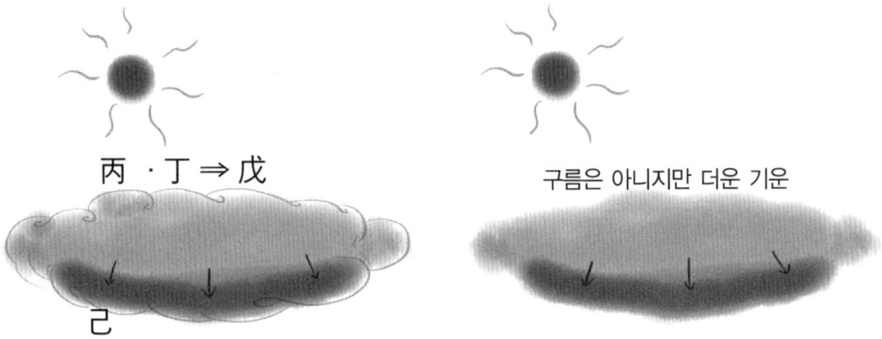

그림 6

답변

그것이 기본적으로 남녀 간에도 六親이 작용하는 것이 다른데 甲木이 먼저 찢고 올라오는 작용에 수렴을 만났잖아요. 甲木이 치열하게 올라가려는 것이 己土를 만나 결실을 이루거든요. 기본적으로 天干 하면 결실을 만들어내는 것이지만 甲木이 己를 만나는 것은 결실이 경제적 보상이죠.

그 다음에 己土의 작용은 밖으로 올라가지 못하고 안으로 당기고 있는 것이잖아요. 그게 찢고 올라오는 모양을 취했으니까, 甲木을 취해 왔으니 得名 아닙니까? 말 그대로 官星의 뜻을 취하고 감추어져 있지 못하고 삐져나오려고 하는 것이니까, 말 그대로 외부적인 활동력을 얻어서 名을 얻는 것이고, 甲이 己를 만난 것은 결실을 하는 것이다.

질문

天干 자체는 그대로 두고 봐야 된다는 겁니까?

답변

그렇죠. 그대로 두고 봐야죠. 그래 놓고 土化한다가 아니에요. 이 작용이 더 활발한데 운에서 甲이 왔으니까 이것을 찢고 올라와 버린다는 것이죠. 항상 運은 주인이라, 運은 내가 바꿀 수 있는 것이 아니라는 것이다. 나하고 짝을 짓느냐? 못 짓느냐? 하는 것이지, 하늘과 땅에 뿌려진 밤낮은 내가 이론적으로 당겨서 化할 수 있는 것이 아니고 항상 깔려 있다는 것이죠. 그리고 合이 끝나는 지점에 가면 결국 甲운동이 없어져버리는 것이니까 다시 己土 고유의 작용으로 돌아가 버린다는 겁니다.

그런데 己土가 甲을 만나는 것은 甲의 속성상 혜성처럼 반짝 나타났다. 이런 우레처럼, 우레라는 것이 숨어 있다가 甲子가 천둥벼락이 쳐서 물론 음전하, 양전하 해서 과학적 지식이 있겠죠. 이것이 土의 속성을 돕게 되는 것이 甲木과 己土의 조화력 속에서 결국 굉장한 질소 산화물을 만들어서 土의 성질을 굉장히 많이 돕게 됩니다.

甲이 己土의 성질을 만났다는 것은 이때 비집고 올라가서 陽운동을 충실히 해 놓은 곳에서 己의 작용이 결실하면서 맛이 들어가잖아요.

그 단맛이 만들어지기 시작하는 기운이 己土의 작용이거든요. 己土가 뭐를 따라다녀요? 丙火를 따라다녀서 土의 단맛을 그대로 만들어내는 중요한 채널이죠. 이 것이 己土의 중재력이라는 것이죠.

地支로 치면 未가 되죠. 未라고 하는 것이 맛을 만들어 내는 작용을 하는 것이죠. 火金이 交易을 하게 해 주는, 중간에서 土의 성질을 그대로 계승해서 맛을 만들어 내기도 하는 이게 땅에 떨어지면 어떻게 됩니까? 다 따먹어서 그렇지 土의 성질을 그대로 돕게 되죠. 그리고 그 속에 뭐를 넣게 됩니까? 땅에 떨어지는 것이 金운동이 시작되는 것인데 己土 안에 甲木을 숨겨 놓고 있는 것이거든요.

天干 合이라고 하는 것은 表裏관계라고 보면 됩니다. 누가 가죽을 차지하고, 누가 안을 차지하고 있느냐…?

己土는 안에다가 기운적으로 懷妊하고 있다고 보면 됩니다.

어느 스님이 이야기 속에,

"왜 남자가 여자를 좋아하느냐?"

여자한테서 나왔기 때문이다.

"그러면 여자는 왜 남자를 좋아하느냐?"

남자 몸속에 있었기 때문이다.

그 대답도 陰陽은 표리로, 어느 한쪽이 부풀려 있으면 가장 자기가 응축된 에너지로 그 안에 깔려 있다는 것이죠.

그래서 워낙 담론적인 것인데 크게 봐서 陰陽은 이 두 개가 어떤 공간을 차지하고 있다면, 甲이 에워싸고 있다면 己土는 어느 한 구석에 숨어 있다는 것이죠. 己가 에워싸고 있으면 甲이 숨어 있다는 것이죠.

그것이 짝이 되는 관계다. 그것이 항상 숨어 다닌다는 것이죠. 地支에 六合이 뒤에 숨겨 놓고 있잖아요. 天干合도 마찬가지로 그 뒤에 甲日柱 보면 그렇게 己土가 숨어 있다 보면 됩니다.

제 9강 • 戊일간의 실관 Ⅲ

戊가 寅을 볼 때

丑의 변화를 정리해 두시고, 그때 빨리 官星을 보셔서 丑이 있다 이러면 관상을 잘 봐서 이 사람이 어떤 기운을 많이 쓰느냐를 잘 보셔야 됩니다.

그 다음에 寅!

寅 이것은 정말로 할 말이 많습니다. 寅자 이것이 골 때리거든요. 여기까지 가면 대충 눈치를 챌 것입니다.

戊 – 寅 / 六親

六親에서 기본적으로 偏官이라는 것은 알고 있고 寅은 신통력 동물이니까 뭔가 강력하게 작용을 한다. 그 다음에 이것이 정말로 싫지만 짝이다. 官이니까 짝이잖아요. 그런데 큰 大陰陽으로 보면 이것이 陽과 陽이 짝 짓고 있죠.

자체의 陽陽, 그 다음에 甲乙丙丁戊 크게 봐서 陽운동 속에 둘이 짝을 짓고 있는데 이 불편한 동거가 굉장한 힘을 주기도 하고 고통을 주기도 하는 인자다.

戊 – 寅 / 12運星

12運星은 長生인데, 사실은 12運星으로 長生의 작용은 寅運의 끝부분쯤 가야 戊土가 겨우 펼쳐져요. 이것도 일종의 喜忌同所 비슷한 것인데 寅이 있기 때문에 겨울이 마감되잖아요. 그 다음에 가을이 끝이 나고 결국 陽氣가 펼쳐지기 시작하잖아요. 3陽, 陽이 陰을 대적할 만한 시기가 寅이니까 戊土가 세력을 얻는 곳이지만, 寅이 머물러 있는 동안에는 戊土가 계속 힘을 못 쓰다가 寅의 끝부분에 가야 펼쳐져요. 그것을 잘 생각해 보시고 戊己를 12運星으로 따진다는 것이 번거로운 겁니다.

戊 – 寅 / 他 六親 12運星

他 六親 12運星에서 寅 偏財가 病地에 들어가죠. 癸水 正財가 浴地에 들어가죠. 그러니까 正財, 偏財 財星이 무엇에 있다? 뭔가 번거롭구나. 正財는 沐浴하고 있으니….

서방이 돈을 벌어다 주면 메롱 하면서 나는 正財다 하고, 그 다음에 偏官이 祿을 띄우고 있는 것이고, 그 다음에 正官은 旺地에 해당하죠.

이 경우에는 六親으로 쪼개기에는 무리가 있지만, 사실은 다른 사람이 偏官을 쓰는 것보다 戊土가 寅木을 쓰는 것이 더 강력하다.

財星이 이렇게 불안한 모양에 官星이 득지되어 강력하게 작용하고 있기 때문에, 어느 자리든 年에 드러나 있다 하더라도, 月에 드러나 있다 하더라도 이런 작용을 수시로 일으키고 있다.

그래서 寅木이 있다는 것은 보통 자기가 조직사회에서 권력성으로 힘이 있는 감투나 자리를 이루는 데는 긍정적이지만, 財星을 항상 불안하게 함으로써 남자일 경우에는 부부간의 조화력을 허물죠. 여인들은 偏官을 만나서 사는 불편함이죠. 아예 못해 주는 것도 아니고 해주면서 때리는 것이니까 사람이 미치죠. 돈이라도 좀 잘 가져다주면서 官星 역할을 하면 되는데, 官星 역할은 확실하게 하면서 돈은 잘 못 가져다 주더라.

戊 – 寅 / 吉凶

吉凶작용에서, 吉하고 凶작용에서 물론 분야마다 차이가 있겠죠. 물론 名을 쫓는 데는 吉 작용이 8~9에요. 實 면에서는 이 반대 면으로 보면 되겠죠. 최대 한 3~5인데 왜냐하면 寅을 쓰고 있는 사람들로 재물을 많이 장악하고 있는 사람들 중에는 반드시 세력이 있는 조직하고 손을 잡고 하는 납품, 대리점을 하고 있습니다.

그런데 寅木이 申 같은 것이 있어서 가공성을 더 많이 가질 경우에는 제조, 납품이 되는 것이고, 일반적으로는 용역, 대리점, 이런 형태가 많죠.

凶작용은 名에 관해서는 별로 없을 것이고, 凶작용이 주로 7~8이다. 명실에 워낙 차이가 많이 나는 모양인데 이 사람이 경제적으로 힘을 많이 얻고 큰일을 하고 있다면, 실제로 큰일을 하고 있는 사람이 많습니다. 그런데 차 떼고, 포 떼고 전부 다 정리하고 나면 자기 것은 얼마 없어요. 그런데 매일 큰돈 결제는 하고 있다니까요.

남자 인생에서 어떻게 보면 굉장히 고단한 것이 이런 것입니다. 그래서 남자가 경제적으로 저런 조건부로 사업자 규모가 크더라도 실제로 돈을 많이 벌어요. 그런데 마누라가 땍땍~ 하거나, 그렇지 않으면 아파서 누워 있는 것이죠. 내 잔소리가 싫다고 아파 누워 버리는 것이죠. 그런데 왜 와이프하고 가정적인 부분을 청산하지 못하느냐 하면 官星이 得祿 得旺하여 있으니까, 자식 이놈들이 버리기 아까운 놈들이라 버리지 못하니까 자식 뒤에 메롱 하면서 붙어있는 모양이죠. 亥水가 낫죠. 病地에 있는 壬水 偏財가 그나마 조화를 좀 부려 주는 것이죠.

子水는 조화력이 있는 경우에는 떨어져서 왔다 갔다 하는 경우죠. 어찌 되었든 남자 입장에서는 배우자 조화력에 관한 불만, 여자도 官星 작용은 확실한데 財星 작용은 '있어 봐라!' 세월이 많이 걸리더라. 또 실제로 돈을 좀 많이 가져다 주면 힘들게 하는 거죠.

그런 식으로 寅木의 작용 때문에 고충이나 해로움을 많이 겪고 살아간다. 단지 특수한 직업군으로 법무, 군무, 치안 이런 특수한 직업군이나, 공학 중에서 무시무시한 물건을 다루는 직업군 몇 개에서는 직업으로서 해소를 한다.

戊 - 寅 / 年月日時

年

年에 寅이 있다는 말은, 年에 偏官이 있다는 말은 대체로 권력성 인자를 가진 조상의 활동력이 나한테 吉로도 작용하고, 凶으로도 작용하기도 한다는 거죠. 그것은 八字를 業報論的으로 봐 나갈 때 이런 논리를 참작할 필요가 있습니다.

年에 寅이 있다면 호랑이처럼 살았던 조상, 흔적 그것이 업보를 만들기도 하지만, 많은 봉사와 희생을 해주었기 때문에 자식들에게 긍정적 에너지를 주기도 한다. 그 다음에 범 자체가 영역을 넓게 쓰는 속성 때문에 객지성공은 기본이겠죠.

月

寅月이 좋아요. 寅月은 부모자리에 偏官의 흔적이 있다는 것은, 偏官은 주먹이죠. 羊刃은 칼이 있으니까, 偏官 있고 羊刃 있으면 주먹 있고, 칼 있으니 깡패 아니면 장군이다. 그런데 깡패도 運을 만나면 성공을 한다.

성공 번영의 인자가 많았던 부모, 조상으로도 보고 또 寅이 뭐냐면 고요하고 안정되어 있는 사람들은 주로 교육이죠.

산중에서 호걸은 누구입니까? 노래도 있죠. 산중호걸이라 하는 호랑이의 생일날 각종 동물이 모여서 잔치가 벌어져 그 중의 한 놈이 까불까불, 그렇죠? 寅의 물상이나 취상이 대장이다. 교육적인 인자죠. 원래 교육적인 인자죠. 원래 寅卯辰 인자 자체가 曲直, 교육적인 일에 관련된 분야의 직업으로 하여튼 대장 역할을 많이 했다.

그 다음에 본인도 호랑이를 어려서부터 보고 자랐다는 것은, 호랑이 옆구리를 끼고 살았잖아요. 戊日柱가 깨물리기도 하면서 때려 보기도 했다는 겁니다.

時	日	月	年
	戊	甲	
	午	寅	

그림 1

그래서 자기가 대체로 명예지향성 인자나 권력지향성 인자가 많이 발생하고, 실제로 甲木이 투출되면 官印 소통이 되어 버리죠. 甲木이 투출하고 官印 소통이 되어 버리는데 이런 경우에는 대부분 다 권력성 조직 중에서 법무, 치안, 외교, 군무 이런 분야에서 벼슬 運이 잘 나가죠. 저런 모양으로 갖추어져 있는 사람들은, 寅月이라고 하는 것이 대장 기질, 대장 역할을 했던 본인, 부모 이렇게 보면 됩니다.

그러나 가풍적인 환경으로 범을 한 마리 키우고 있다는 말은 서로 한번은 으르렁 거리며 피를 본다는 거죠. 윽박지르거나 내가 대항하지 못할 그런 어떤 역할이나 기운을 주는 부모 환경이다.

즉 내가 반항을 하면 목숨을 걸고 반항을 해야 되는 이런 식으로, 偏官이면서 호랑이 작용이기 때문에 그런 작용을 한다. 그러니까 살벌한 분위기 속에서 살아온 사람도 많아요. 경제적 환경은 상당히 고달픈 경우가 많죠.

日

그 다음에 戊寅日. 택일법에서 보면 〈천사일〉인가 해서 봄에 보신 기억이 납니까? 봄에는 좋은 것을 의미하기는 하는데 戊寅日의 고통이 食傷의 空亡이죠. 남자일 경우에는 호랑이 같은 형태나 기질을 가지고 있는 배우자, 그런데 자식은 잘 낳아줘서 자식을 버릴 수는 없고 자식을 얻고 나서는 그 작용이 病地나 浴地작용을 하니까, 浴地 작용이 좀 더 많습니다.

여인은 호랑이 같은 남편에 偏官 작용이죠. 그 다음에 食傷이 空亡이기 때문에 자식을 얻어서 가정을 조화시키는데 여러 가지 갈등, 불안…. 그래서 현대사회에서처럼 자기가 자율적인 행동 결정을 많이 하는 경우에는 부부간에 상당히 어려움을 많이 겪죠. 보통 어떤 것이 많은가 하면, 20년쯤 살다가 헤어지죠.

남자도 마찬가지로 자식 봐서 참다가, 애들 대학 가고 군대 가면 잘 됐다 하면서 도장 찍고 새로 장가를 갔는데도 또, 그런 사람을 만나더라는 거죠.

戊日柱들은 자기의 개성이나 기질을 감출 수 없는 성격이잖아요. 陽의 5단계에 가장 陽氣가 많이 펼쳐져 있으니까 자기가 가지고 있는 고유의 기질, 甲日柱가 튀어 나온 것과 다르거든요.

甲日柱는 항상 뒤와 앞 글자의 간섭을 약간씩 받는다고 보면 됩니다. 癸의 다음이 甲이잖아요. 甲은 자기가 숨기려고 하는 기질이 있다가 나는 도저히 못 참겠다면서 던지는 것이고, 戊는 나는 잘못한 것이 없다 하고 다 펼쳐 놓는 거죠. 뒤집어 놓고 밝혀 낸 동작 자체가 그 앞이 丁이죠. 丁이 잃어버린 물건을 뒤집어서 찾아내는 것이잖아요. 어두운 곳에서조차도 밝게 만들어 바꾸는 그 기운, 다음에 陽기운이니까 확실하게 자기 개성의 기질을 드러내는 상태인데, 상대방도 덤비니까 둘이 전쟁이 되는 거죠. 보통 남자들이 속이 부서진다! 이러면서 사는데 결국 자식 때문이다.

時

時는 甲寅時가 되죠. 甲寅時는 時에 偏官이 득세해 있죠. 偏官 득세에 〈첩경〉식 四柱 해석을 하면 偏官이 득세하면 자식무정으로, 결국 나한테 씨앗을 보존하는 행위만 해주는 것이 아니라, 偏官으로서도 득세해 있다는 겁니다.

그러니까 자식이 나를 오히려 偏官으로서의 역할을 제대로 하게 되니까, 자식 무정이 발생하게 되죠. 그런데 생긴 것은 잘 생겨서 출세하는 자식이 있다.

여인은 食傷 絕地에 떨어지죠. 그래서 또 자식 무정이다. 이것이 名으로 드러내기도 불편하고, 실력을 드러내는 것도 불편하고 이런 것을 그대로 갖추고 있다는 것이죠. 그래서 자식 무정의 상황이 다발하는 거죠. 하여튼 戊하고 甲하고 짝 지어 사는 것은 상담해 주실 때 이건 비극이다, 그렇게 생각하셔도 됩니다.

단지 명예 중심의 성공을 크게 한 번씩 이루어내는 사람들은, 이런 패턴들 있죠?

時	日	月	年
	戊	甲	
	午	寅	

그림 2

이 패턴에 주먹 있고 칼 있으니까 마누라가 찍 소리 하지 않고 이렇게 있는 것이죠. 그런데 자식이 자라면 목소리가 점점 커져요. 官星이라는 채널이 자식의 장성이 오면 뒤에서 리모컨을 쥐고 있다니까요.

그래서 서방이 고함지르면 자식 데리고 와서 리모컨 픽픽 누르고 있다니까요.

그래서 서방님이 사회적으로 신분을 잘 유지하고 있을 때는 마누라가 찍소리 못하고 있다가, 자식들이 장성하고 본인이 퇴직을 해서 官星을 잘 못 쓰고 있을 때, 그때쯤 되면 드디어 마누라가 모든 것을 장악하더라는 겁니다.

戊 - 寅 / 운의 해석

그 다음에 大運에서도 丑과 비교를 했죠. 丑運을 지지부진하게 쓴 사람은 寅 運에 크게 발달하는데 대체로 名 중심이겠죠. 그런데 경제적인 실력을 이용하고 있는 사람은 이 조건을 이용하고 있다는 겁니다.

큰 조직과 손을 잡고 하는데, 이때 쓰는 단위는 작은 단위가 아니고 굉장히 큰 단위로 거래를 합니다. 거래하는 규모를 보면 몇 십억 정도 거래하는 것이 아니고, 몇 백억씩 deal을 한다니까요.

그 다음에 丑이 아이파크라면, 아이파크에서 寅木이 솟구쳐 오르는 것이죠. 건축적인 행위 있죠?

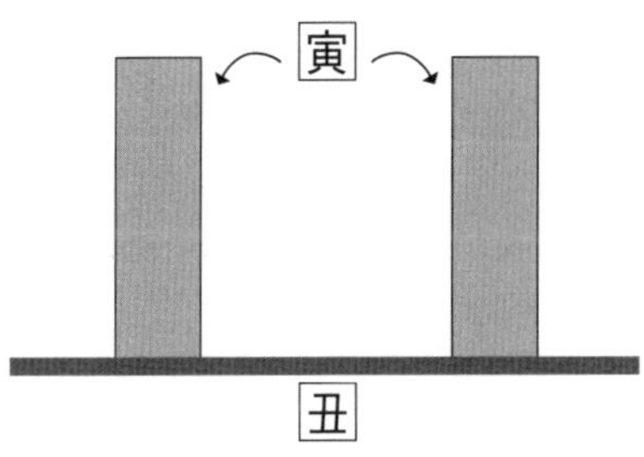

그림 3

이런 것으로 큰 단위로 벌어서 경제적으로 크게 발달하기도 하는데 그 작용은 偏財 病地, 正財 浴地로 가기 때문에 부어라 마셔라 하는데, 끝에 가면 결국 偏官의 해로움을 그대로 만나더라는 거죠.

대체로 名高, 이름은 높이는데 이익은 박한 그래서 大運에서 만났을 때 전형적으로 名高利薄이다. 실제로 경제적인 화폐단위의 딜(deal)은 커도 名高利薄을 쫓아가고 있더라.

그 다음에 歲運에서는 말 그대로 길을 가다가 호랑이를 만났으니, 짝도 아닌 것이 어떻게 좀 꼬셔볼 도리가 별로 없으니까 대결 국면으로 가서 관재, 구설, 시비, 낙상 즉 食神이 絕地에 빠졌다가 돌아오죠.

물론 반발력은 생기지만 그 순간에는 여러 가지로 시달리고 조정해야 되고 바꿀 수밖에 없는 그런 과정을 만나기 때문에, 예측하기 어려운 여러 가지 곤란함과 새로운 무대로의 진입 이런 것이 이루어지는 것이 歲運이다.

물론 관직에 있는 사람들은 새로운 감투로, 호랑이 등에 올라타는 것이니까 새로운 직급이나 직책이다. 여자들은 호랑이처럼 나타난 남자, 이것을 運命같은 사랑으로 알지만 죽음으로 가는 길이다.

그래서 寅에는 그런 저런 작용들이 상당히 많은 편중성을 가져다 주게 되니까, 이런 틀 속에서 해석을 잘 붙일 수 있어야 합니다.

戊 - 寅 / 男女

남자는 대체로 名高를 만드니까 폼은 더 잡게 만들고, 단위는 더 크게 해 주는 그런 긍정적 작용은 있지만 자신의 몸은 고단하다는 겁니다. 고단하기 때문에 외형적으로 좋아졌다 해도 고달픔이 많은 거죠.

그 다음에 여인은 피곤한 사람을 만나서 得을 봐야 하는 구조를 거치기 때문에 마찬가지로 세모다. 문제를 회피하게 해 주는 측면에서 보면 약간 긍정성이 있기는 있죠. 어차피 삼각형이 더 위주고, 어려움을 풀어 주는 것은 남자를 통해서 동원할 수 있다는 것 정도에 불과하다고 보면 되는 겁니다.

戊 - 寅 / 綜合

이것이 삶의 부득이함이다. 상담하실 때 항상 위로해 주시고…. 이번 금생에 좋은 일을 하기 싫어도 좋은 일을 많이 하면, 자식이 좋아지거나 당신이 다음 생의 인연을 만났을 때 반드시 보상을 받을 것이다. 이렇게 실제로 사는 내용이 10명 중에 한두 명은 진짜로 잘 나가는 조직에 20년~25년씩의 봉직을 하면서 권력이든, 偏官 속성 때문에 대기업에서 임원까지 지내면서, 그래도 범을 올라탔으니까 무소불위의 권력을 유지하다가, 결국 돌아와 보니까 마누라가 별로 환영을 안 해주고 자식들도 다 자기 인생 살기 바쁘니까 아버지가 해준 게 뭐 있냐면서 이런 식으로 살게 되는데, 그나마 그렇게 사는 사람들은 괜찮은데 10명 중에 7~8명은 대부분 다 머슴 격의 인생을 산다는 겁니다. 사회조직에서 머슴 격이다.

그 다음에 가족관계에서도 가족을 위해 희생, 봉사하고 가족을 위해서는 머슴살이 밖에 안 되는 삶이 대부분이더라. 여자들은 대부분 데모를 해서 집을 떠나 버리죠.

집을 떠나서 사업을 할 것이라고, 그런 사람들 있거든요. 사업을 할 경우에는 꼭 두 세 가지 패턴 아니면 안돼요. 첫째 큰 조직과 손을 잡거나 두 번째 寅木이, 偏官이 유정하면 접객성 사업이거든요. 사람을 많이 상대하는 사업을 하는 경우 두 가지 경우 외에는 대부분 다 경제적 보상을 이루기도 어렵다.

어차피 남녀 공히 같이 머슴으로서의 역할 기능을 많이 수행해 주기 때문에, 열심히 해주고 자기 보상을 많이 받기는 어렵다는 겁니다.

戊가 卯를 볼 때

그 다음에 卯로 갑시다.

卯 正官 형태상 제일 안정된 모양이죠.

戊 – 卯 / 六親 , 12運星

卯 正官이고, 그 다음에 12運星 상으로 沐浴이죠. 그런데 사실상 沐浴의 작용이 그렇게 활발하지는 않더라는 것이죠. 단지 시선집중 작용은 있더라. 午生이 卯를 만나서 桃花가 되

죠. 桃花가 되어서 沐浴과 桃花의 속성을 같이 모으니까, 시선이 집중되는 자리가 되어서 대체로 중앙, 언론방송 이런 요소로 활용되는 경우를 많이 볼 수 있다.

戊 - 卯 / 他 六親의 12運星

他 六親의 12運星에서 偏財는 死地에 들어가고 正財는 生地에 들어가죠. 그래도 일종의 안정된 格이나 구도를 맞추어 주는 것이죠.

癸가 卯에 長生하고 있는 모양이고, 그 다음에 正官 乙木이 祿地에 들어가죠. 또 正官의 투출이 없어도 子午卯酉이기 때문에 成格이 되죠.

그래서 점 보러 많이 안 옵니다. 이런 분들은 대체로 점칠 일이 별로 많지 않아요. 이 두 개가 합격이다 이거죠. 正官이 祿을 띄웠으니까 정확한 직장이나 명함이 안정되어 있고, 월급재산 창고가 그대로 짜여 있잖아요. 그 다음에 偏官은 旺地에 들어가니까 官殺혼잡이 될 경우에는 어떻게 됩니까?

官殺혼잡이 되면 직장의 전변이 발생하겠죠. 甲木이 투출되어 있다든지 寅木이 드러나 있다든지 이럴 때, 대체로 이 두 가지 요소 때문에 직장에 들어가면 경제적인 보상이 크지 않고 실력 행사가 강하지 않죠. 대체로 상징성을 가지는 요소가 더 강한데 거의 변화 없는 직장생활로 꾸준히 가더라는 겁니다.

거기에는 보통 교육, 복지, 언론방송, 이런 분야죠. 복지는 의료하고 항상 같이 맞물린다고 보면 됩니다. 그 다음에 건축 중에서 국가 공사기관, 토지개발공사, 건축에 관련된 공사기관 있죠? 이런 쪽에 있는 사람들은 점치는 사람 이해를 못하겠다. 이런 말을 많이 합니다. 자기를 감추지 못해서 표현을 그대로 하죠.

戊 - 卯 / 吉凶

吉凶에서 吉이 7~8이고 凶이 2~3 정도 됩니다. 여자들도 대체로 正官이 저런 속성의 배우자를 만나서 큰 무리 없이 가정형식을 유지하더라 하는 것이죠. 단지 大運이 여자들은 逆大運으로 흘러가서, 亥子丑 이런 大運으로 흘러가는 것을 매우 꺼린다.

그러니까 逆 大運이 된다는 것은 여자 八字에 午年에 卯月이 되면 大運이 어디로 흘러가요? 寅丑子亥 이렇게 들어가죠. 보통 丑의 끝이나 子 大運에 남편이 문제가 됩니다. 寅丑子亥 이렇게 흘러 들어가는데, 大運을 7쯤으로 삼읍시다.

時	日	月	年
	戊		
		卯	

亥 子 丑 寅

그림 4

大運이 7쯤 된다면 7, 17, 27 이렇게 나가죠. 大運이 그러면 스물 대 여섯 官格이니까, 시집을 빨리 가잖아요.

스물 세, 네 살 쯤 되면 괜찮은 남자가 출현해 있는 것이죠. 이렇게 해서 시집을 갔는데 子 大運 들어가서 마르기 시작하죠. 이것과 똑같은 경우가 庚日柱가 卯를 正財로

時	日	月	年
	庚		
		卯	

그림 5

쓰는 경우에 대운이 거꾸로 흘러 들어가기 시작하니까, 예를 들어서 丑生이 寅丑子亥 들어가는데 남자도 子 大運까지는 陰의 大運의 德을 입는 쪽으로 가죠.

그런데 여자들은 이 자체를 제대로 짝을 못 짓고 쓰는 것이죠. 子 大運의 중반부나 이런 때 이르러서 流年이 좋지 못할 때 남편이 주로 질병에 노출되거나, 아니면 사업적으로 변신을 해서 그 때 재물을 크게 잃거나 고충이 오는 거예요. 실제로 이런 패턴에서 한 두 세 사람의 케이스가 정확하게 해당하는 경우를 봤어요. 또, 다른 곳의 간섭이 없는 모양으로 이런 식이 되면 다르겠죠.

時	日	月	年
	庚		
	寅	卯	丑

그림 6

正財 없으면 하는 수 없다. 偏財하고 살지 이런 식인데….

時	日	月	年
	庚		
	子	卯	丑

그림 7

정확하게 이렇게 짝을 지어 쓰고 있는 경우 부인이 폐병에 걸려서 바짝 말라서 죽게 되는 거죠. 그것도 언제 죽느냐면 丁丑年에 그렇게 됩니다.

病은 이미 癸酉年에 발달, 이 양반이 辛丑生인가 그런데 癸酉年에 이미 卯를 건드리니까 몸이 좋지 못한 것이 드러나서 亥年 쯤에 폐암이 온 거죠.

그래서 大運이 저렇게 흘러 들어가는 것을 불안하게 해석한다는 겁니다.

戊 – 卯 / 年月日時

年

年에 卯가 있다는 것은 말 그대로 벼슬집안이다. 벼슬집안이거나 文人이다. 寅卯辰 자체가 문인으로서의 인자를 말하는 것이기 때문에 文人 집안의 조상 인연을 두고, 소년이 자꾸 벼슬 할 일이 있다는 것은 소년에 학문적 현달 이런 것이 있다는 것이죠.

그 다음에 여자는 간섭자가 없으면 똑같은 원리죠. 戊가 子를 보는 것과 마찬가지로 일찍 배우자 인연을 열 수 있는 것을 의미합니다.

月

月에 卯가 있는 것은 正官格의 속성을 그대로 보면 되죠. 부모가 長生해 있는 모양이니까, 가장 일반적인 수준의 부모혜택도 지키고, 단 破格이 아닐 때 그렇다. 하여튼 좋은 것이다 싶으면 破格을 챙기세요. 조금 좋다 싶으면 무조건 破格! 그러면 좋다는 것으로 10개 중에 겨우 하나가 格에 걸리고 나머지는 다 破格이에요. 정도가 强弱이 있는 것이고….

時

그 다음에 時는 乙卯時가 되죠. 대체로 만년까지 이루어지는 官運, 여자는 배우자 번영이 되겠죠. 남자는 선출직 명예, 그 다음에 자식 번영 이런 것들이 官星이 무난하게 펼쳐져 있음으로써 오는 어떤 모양새를 그대로 취하시면 됩니다.

戊 – 卯 / 운의 해석

大運, 歲運에서 토끼는 富貴貧賤의 변화가 크지 않다. 대체로 名이 조금 더 우선하겠죠? 경제적인 실속은 뭔가 이루어지는 과정이기는 하지만 富貴貧賤의 어떤 성취도가 많지는 않다. 그리고 다른 사람의 토끼보다는 더 낫겠죠.

물론 토끼라는 속성 때문에 발령 따라 임지를 자꾸 옮기는 과정이 발생하는데, 보통 국가공직이거나 국가공사기관 그 다음에 토목건축, 교육에 관련된 분야의 안정적인 조직에서 발령 따라 움직이게 되죠.

歲運에서야 戊가 卯를 만나면 감투 발전, 여자는 배우자 인연 그 다음에 正財 長生, 이런 것으로 인해서 재물 자체의 발전이나 보상, 이런 것을 유념해서 봐 주시면 됩니다. 正財 長生의 大運에 원래 재산이 꾸준히 모인다 했죠. 그런데 卯 자체에 富貴貧賤을 많이 바꾸지 못하기 때문에 점진성을 가진다고 보면 되죠.

戊 – 卯 / 男女

그 다음에 남자는 고단하고 여자는 좀 더 긍정적이다. 그런데 卯 大運에 남녀 공히 대체로 주거의 불안정성 이런 것들은 어차피 만들어진다라고 보시면 됩니다. 명조 내에서도 기본적으로 남자는 세모에서 동그라미, 여자는 동그라미, 그렇게 보시면 됩니다.

戊 - 卯 / 綜合

종합적으로 봐서 반타작은 기본적으로 하고 있죠. 말 그대로 成格의 경우에는 유리함이 많다는 겁니다. 破格은 사는 것이 비빔밥으로 들어가 버리는 것이니까, 冲 맞고 刑 맞고 空亡 맞고 비빔밥으로 들어간다.

여자들은 食傷 무력의 해로움을 조금씩은 당하고 있죠. 食傷의 무력함의 조건을 형성하기 때문에 地支에 원숭이 申자가 있어도 元嗔, 酉가 드러나도 冲에 의한 해로움이 발생해 버린다.

제 10강 · 戊일간의 실관 Ⅳ

戊가 辰을 볼 때

戊 – 辰 / 六親

六親的으로 比肩 그 다음에 자체로 白虎大殺이 만들어지죠? 일진일 경우에는 白虎大殺, 他 六親에서는 바로 연결되지만 偏財 入庫다.

戊 – 辰 / 12運星

12運星 상으로는 뚜렷하게 冠帶인데, 이때 戊가 辰을 만나는 것을 冠帶라고 봐도 좋습니다. 가장 짝을 짓기 부담스러운 亥水 偏財를 入庫시켰다는 것은, 내가 스스로 바지를 입고 옷을 입어서 모양새를 갖출 수 있는 運氣에 이르렀다. 이렇게 봐 주셔도 되니까, 12運星 상 冠帶로 그대로 인정해도 좋겠다 하는 거죠.

戊 - 辰 / 他 六親 12運星

그 다음에 正財는 養地 그 다음에 官星은 偏官 衰가 되죠. 正官은 冠帶지죠. 正官이 餘氣로 남아 있죠. 卯가 餘氣로 남아 있으니까 생각해 줄 필요도 있고, 偏財 入庫를 생각해 볼 필요도 있죠. 저것을 남편으로 삼는 사람들은 참 고단하게 살죠. 그러니까 戊辰일이다 그러면, 남편이 官星이 들어와 있기는 있죠. 그런데 比肩에 에워싸여 있으니까 자꾸 살아가면서 애정의 왜곡이 발생하더라 하는 것이죠.

戊 - 辰 / 吉凶

그 다음에 吉凶작용에서 偏財를 入庫 시킨다는 것은 그릇이 큰 사람들이 偏財가 入庫 되면 무대를 넓게 쓰지 못하고 비좁게 쓰는 것이니까, 吉작용이 3~4, 凶작용이 5~6이죠.

남자도 正財를 짝으로 숨겨놓고 있죠. 正財를 짝으로 숨겨놓고 있어도 比劫에 에워싸여 있기 때문에, 부부간의 조화력이 약한 모양으로 吉이 3~4, 凶이 5~6이다.

또 어떤 사람들은 재물에 대한 편집증, 이런 것으로 나타납니다. 財星 入庫의 해로움 때문에 담배 딱 꽂아놓고 피우는 사람들로 재물에 대한 집착, 比劫에 대한 지나친 경쟁 요소가 계속 작용하는 것이죠.

戊 - 辰 / 年月日時

年

年에 辰이 있다는 것은 辰戌丑未의 일반적인 속성을 그대로 이해하시면 선대번영이 결국 나한테서 단절이 된다는 뜻이 되는 것이고, 그 다음에 偏財入庫 자체가 선대번영의 쇠락을 의미하는 것이죠. 선대번영의 쇠락이 발생해 있다.

그 다음에 男女 공히 부친과 인연이 박하거나 부친 德과 인연이 부족한 모양이 되죠.

月

月에 辰이 있다는 것도 偏財 入庫가 부모자리에 이루어지고 있는 것이니까, 부모의 번영, 쇠퇴가 좀 복잡하게 놓여 있는 모양이다.

日

그 다음에 태어난 날이 戊辰日이 되어서 그 자체로 白虎大殺이죠. 원래 白虎大殺 자체가 부친이 血光之死! 아시죠? 오늘 같은 경우 丁丑日 아이가 있었는데 아이가 네 살 때 남편이 사고사를 당한 거죠. 물론 엄마 運이 陰 大運으로 짙게 들어갔어요. 酉 大運이었는데 정확하게 아이 명조가 어떻게 되느냐 하면….

時	日	月	年
丁	丁	丁	己
未	丑	丑	卯

乾

그림 1

보통 壬午年보다 癸未年이 그런 기운이 있는데 壬午年에 그런 작용이 결국 白虎大殺의 중복으로 八字 內에 財星이 펼쳐지기 어렵게 되어 있죠.

正財 入庫가 기본적으로 부여되어 있는데다가 丑이 두 개 있다는 것은 무엇을 상징하겠습니까? 正印이 없고 偏印이 隔角되어 있다는 말은 친모가 없는 것은 아니지만 친모가 제 역할을 다 해주지 못하는 과정이 살아가면서 발생한다는 뜻이고, 隔角되어 있다는 것은 그나마 동거운이 멀어지는 세월이 올 것이다라는 뜻이죠.

그 다음에 이 자체를 봐도 하늘의 중복으로 봐서 어른이 중복되어 있다는 뜻인데, 그림 2가 여동생 팔자예요.

時	日	月	年
壬	癸	壬	壬
子	丑	子	午

坤命

그림 2

白虎大殺 작용을 한 번씩 보세요. 물론 이것이 상담에서 큰 주제로 삼지 않기 때문에 미리 끄집어 내서 할 필요는 없지만 맞히기 게임에서, 입에 칼을 물고 칼 떨어지면 칼 날아간다면서 그런 것이 하고 싶으면 하는데, 보통 이런 어린애들한테 아빠 살아계시는데 그런 말을 해 주면 거의 악담 수준이죠. 그래서

"아버지는 어디로 가셨냐? 아버지는 뭐하시냐?"

"왜 그러세요?" 이러면,

"인연이 없는데..."라고 하면 그때,

"선생님!" 하죠. 그러면,

"바로 불어!"

이렇게 물어 보는 거죠.

제가 정리해 드리는 방식이 이 친구 젊은 날의 기본적인 환경, 교육적인 과정, 직업적인 환경 이런 순서로 테마를 찾기 위한 주제를 쭉 정해놓고 나가는 방식이 아니고, 보이는 대로 맞히기 게임으로 가려면 그런 식으로 가는 겁니다.

그런 식의 상담도 경험은 되는데….

질문

선생님, 저런 경우에 성장해서 아이를 임신할 수 있는 경우가 있나요? 좀 희박하지 않습니까?

답변

그래서 '~수도 있다'가 나오지 않습니까? 뭐뭐 할 수도 있다. 이 八字는 食傷이 空亡이잖아요. 食傷이 空亡해 있다 하더라도 多字, 五行的으로 글자가 많다는 것은 다음 글자를 만들 수 있는 인자가 준비되어 있다고 보시면 됩니다.

드물게 하나나 둘, 이렇게 보면 됩니다. 食傷 자체가 없잖아요. 그런데 水가 6개로 6水之命은 運이 오면 크게 뜬다고 나오지만, 일단 글자 자체가 2~3개만 있어도 다음 글자를 밀어주는 작용을 하게 되는 거죠.

다음 글자가 어느 날 오기만 하면 天干에 甲乙이 오든지 地支에 寅卯가 오면, 그 때 아이

를 낳고 싶어 미치죠. 그래서 旺者는 항상 자기를 억제해 주는 것을 좋아하는 것이 아니라 喜泄이죠. 다음 글자가 나가는 것을 겨울이 무르익고 무르익어서 봄을 보면 못 참는다….

소위 봇물 터진다는 말이 그런 것이잖아요. 여인이 원래 몸이 陰에 속하니까, 처녀는 가을처녀보다 봄처녀가 제격이고 무섭다 이거죠.

몸이 陰에 속하니까 겨울이라는 계절을 만났을 때 陰의 기운이 쌓인다는 겁니다. 쌓였다가 봄을 만나면 陰壓이 생긴 상태에서 밖으로 터트려 나가려고 하니까 참지 못하는 거죠. 이런 八字들이 甲乙寅卯가 왔을 때 일단은 대상이 중요한 것이 아니라 무조건 생식적인 욕구를 이루어내기 위해서 애를 쓰게 되고, 그 때 애가 하나 만들어집니다. 그것이 12년 중에 두 번 정도 오는데 일반적으로 可妊을 할 수 있는 나이에 보통 하나나 둘, 그러나 무정이다.

질문

그러면 배우자가 木氣가 많으면 좀 났습니까?

답변

그렇죠. 일종의 궁합에 의한 해소법이죠. 자기가 水가 많은데 남자가 木氣가 많다면 파트너를 만났을 때 대체로 조화력이 많이 발생하는 것이죠. 그래서 旺者가 서로 相生이 되는 구조일 때 궁합이 좋은 점수를 갖게 되는 겁니다. 제대로 짝을 만나려면 運의 보조가 잘 따라와 주어야 된다.

대부분 다 이런 경우에 比劫, 젊은 날에는 比劫의 해로움을 당하죠. 짝지으려고 하면 빼앗기고, 빼앗기는데 빼앗기는 만큼 멋진 놈이라는 거죠. 여러분이 보실 때 劫財가 있다고 해서 나쁘다, 이렇게 생각하지 마시고 뺏길 만큼 매력적인 인자가 있는 사람이라고 보시라는 거죠. 그런데 결국 빼앗긴다.

그러나 결국은 자기 차지의 세월도 온다. 그래서 원래 재취자리에 시집을 가야 된다는 인자를 가지고 있는데 보통 이런 경우에 旺者喜泄할 때 아이 만드는 기운이 확 따라가 버리는 것이죠.

그렇기 때문에 이상적인 선택이 잘 안 이루어지는 겁니다. 運이 잘 흘러가면 木旺한 사람을 만나요. 실제로 이런 패턴 같은 경우를 다섯 명 봤으면 딱 한명 진짜로 寅月에 乙卯日柱

남자를 만나서 별 탈 없이 사는 경우를 봤는데, 그런 것이 진짜로 宮合이 잘 맞아 떨어지는 경우죠. 아무튼 白虎大殺, 눈으로 익혀 두십시오.

앞에 壬午年은 오히려 딸이 들어서서 임신 6개월째인가 그때 남편이, 아빠가 사고사를 당해서 이(그림2) 친구는 아예 아빠를 모르죠.

時

그 다음에 時에서 丙辰에 이르면 偏財 入庫다. 偏印이라는 말은 정신적으로 내 마음대로 움직이지 못하는 것을 의미하는 것이고 또 현실적으로 활동에 제재를 받는 것인데, 偏財 入庫가 발생해 있다는 말은 사회활동을 활발히 하는데 방해가 있다는 말이죠. 그러면서도 살아 있다는 말은 팔짱을 끼고 돈을 버는 임대사업이라든지, 이런 정도로 사회활동을 하고 경제적 보상은 이루어진다 하더라도 건강에 문제가 지속적으로 발생을 하는 겁니다.

여인들은 食傷의 세력이 약화되어 있는 모양이기 때문에 자식 걱정이나 근심거리, 이렇게 보시면 됩니다.

戊 - 辰 / 운의 해석

그 다음에 大運에서 볼 때 항상 辰戌丑未 大運을 볼 때는 항상 몰락성을 보면 됩니다. 인생의 큰 승부는 辰戌丑未 大運을 지나면서 크게 뒤바뀌기 시작을 한다라고 보시면 되는데 辰 大運에 偏財 入庫의 인자를 가지고 있다는 말은 사회적인 활동력을 크게 펼치기 어렵다. 그러나 龍의 폼은 빌릴 수 있다.

그래서 변화가 많지 않은 조직생활을 하고 있는 사람들은 별 무리 없이 되고, 그 다음에 명조의 특성에 따라 차이가 있는데, 龍은 이중성이라고 했죠. 다중적인 일을 하고 있는 사람들의 경우엔 경제적으로 상당히 실속을 많이 이룰 수도 있는데, 남들에게 드러내지 않는 실속이다.

여자들은 辰 大運에 辰 자체의 운동을 보면 사회활동을 활발히 하고 있는데, 陽의 德을 제대로 채우지 못한다. 이것도 이중생활이죠. 남편 德은 못 보고 밖으로는 열심히 움직이는 이런 이중성이 발생하고 애정적으로는 여러 가지 고통이 많이 따르는 것이죠.

그 다음에 歲運에서는 辰 자체가 富貴貧賤을 많이 왜곡시키는 것은 아니고 하나의 중요한 통로가 되는데, 辰에 대한 해석을 못하겠으면 다음 글자를 항상 보세요. 辰戌丑未 해석을 못하면 歲運에서 그 다음 글자가 偏財 入庫의 행위를 하겠죠. 偏財 入庫의 행위를 하면서 帶를 추구하죠.

주로 부동산이라든지 아니면 사업적으로 자기가 뭔가 폼을 갖추려고 하다가, 목돈이 들어가는데 거기에 동업자가 끼어 있죠. 보통 동업형식으로 새로운 일에 가담해서 돈이 묶이고 엮여 있는 상태가 생긴다. 그 다음 모양은 항상 龍 다음의 글자를 보면 결과는 나와 있다.

辰은 결국 巳를 열기 위한 것이다. 水의 入庫가 완벽하게 이루어져야만 火가 열린다는 것이죠. 火가 열리니까 보통 이때 말려들어가기 시작하면 巳까지 골병이 들죠.

戊 – 辰 / 男女

그 다음에 男女에서 남자도 偏財 入庫의 해로움 때문에 작게 쓰고 여인은 대체로 곱표나 세모로 보시면 됩니다. 여자들이 辰巳 大運에도 머리 아프죠.

인간이기 때문에 辰時와 巳時에는 모두 누워 있지 못한다. 아침 7시~9시면 어지간히 게으른 놈도 일어나죠. 그 다음에 巳時에 이르면 9시~11시니까 그 때는 거의 굼벵이도 일어난다.

사회활동은 뭔가 하고 있는데 짝을 짓지 못한다. 여자들은 저런 때 일은 일대로 열심히 하고 있는데 比肩의 해로움을 당하고, 남편이 뻣뻣하게 움직이고 있다면 辰 중의 卯가 움직이고 있는 것인데, 결국 재물을 채워 주면 애정이 망가지고 애정적으로 채워지면 재물이 망가지는 고달픔이 온다.

戊 – 辰 / 綜合

종합적으로 봐서 辰이라는 글자는 변화무쌍하기는 하지만 점수를 준다면 남자, 여자 공히 40~50점 겨우 유지하는 정도다.

戊가 巳를 볼 때

巳는 吉작용, 凶작용이 동시에 깔려 있다고 보시면 됩니다. 巳가 있어야 콩쥐처럼 이 악물고 사는 에너지가 되죠. 그 에너지 때문에 크게 발달하기도 하고 남들보다 더 어려움이나 곤란을 많이 당하기도 한다.

戊 - 巳 / 六親

六親的으로는 偏印이죠. 그 좋다는 祿이고 글자 자체에서 보면 巳는 申을 牽引하는 六合으로 숨겨 놓은 거죠. 견인할 수 있는 스탠바이가 되어 있다는 겁니다. 巳에서 申으로 떠나고 巳에서 酉로 또 떠나죠.

상황이 돌변하면 申과 酉를 열어서 '내가 언제 콩쥐였느냐, 나는 낙천주의자다' 이러면서, 戊가 어떻게 보면 火운동의 끝부분에서 金運으로 넘어가는 자연운동에서 大陰陽이 陽운동 陰운동을 교환하는 것인데, 그것이 巳에 씨앗이 숨겨져 있는 것이거든요.

그것이 뭡니까? 巳 중의 庚金이죠. 이미 초여름에 가을의 씨앗을 준비한다. 가을의 씨앗이 준비되어 있기 때문에 가을이 다가왔을 때 巳가 변신을 확 해 주는 것이죠. 변신해서 金을 크게 밀어주는 작용인데 이것이 정말로 감동적입니다.

울다가 웃는 격이죠.

戊 - 巳 / 12運星

12運星으로는 祿이고….

戊 - 巳 / 他 六親의 12運星

그 다음에 他 六親의 12運星에서는 絕處 逢生하고 있죠. 偏財 絕處의 逢生이요. 그 다음에 正財는 胎地에 들어가고 偏官은 病地죠. 그리고 正官은 浴地죠.

正財 偏財, 偏官, 正官 다 세력이 애매한 모양이죠. 애매한 모양이니까 상황이 안 좋을 때는 성냥팔이 소녀다. 그나마 벼슬 祿자라고 하는 것이 하늘의 뜻을 그대로 계승해 와서 전달하는 역할을 하는 것이기 때문에 작은 벼슬은 할 수 있다. 다른 것의 보조가 없으면 어차피 큰 벼슬은 할 수 없다는 겁니다. 자존심 때문에 티도 잘 내지 않죠.

巳에 戊 있는 사람, 午에 戊있는 사람, 진짜로 기질이 강합니다. 원래 戊라고 하는 기질 자체가 陽의 극단에 와 있는 사람들이거든요. 자아심이 강한 사람들이라서 자기가 어딘가 숙이거나 약간 비굴하게 굴면서 살지 못한다니까요.

거기다가 巳라고 하는 地支的인 환경까지 있으면 넘어지면 넘어지지, 무릎은 안 꿇는 이런 기질을 가지게 되는 거죠. 그래서 어떤 특수한 기술이라든지 자격증이라든지 이런 것을 가지고 큰 성공을 이루기도 하고, 남들보다 몇 배로 어렵게 살기도 하고 이런 것들이 살아가면서 거듭 있을 수 있는 인자가 됩니다.

뜰 때 왜 크게 뜨느냐를 보니까 이런 작용이 항상 스탠바이되어 있다는 겁니다.

巳 중의 庚金이 언젠가는 申과 酉를 만나서 크게 펼친다.

戊 – 巳 / 吉凶

吉凶에서 吉작용은 단순하게 보면 드러난 것이 2~3 밖에 없죠. 그런데 조건 따라 吉 작용이 8이나 9까지 되는 겁니다. 그리고 凶작용을 최대로 보면 8이나 9 정도인데 왜냐하면 좋을 때 안 좋을 때 극단성이 되거든요.

보통 저런 제한적인 偏財가 絕地에 있고 正財가 胎地에 있으면서 뭔가 경제적인 목적을 채운다는 것은 극단의 기술, 자격, 인내 이런 것이 있어야 되는 거죠. 그런 것이 저절로 길러지는 겁니다. 거기다가 뱀이 있다는 말은 한 번 물면 크게 승부를 내겠다는 말이거든요.

戊 – 巳 / 年月日時

年

年에 巳가 있다함은 빈한하거나 곤경에 많이 처해 살았던 조상의 흔적, 그리고 年에 偏印이 있다는 말은 조상이 살아 있을 때의 터와, 죽어서의 墓의 모양새가 굉장히 비좁거나 偏印의 속성을 취해오고 있겠죠.

그렇게 희생이 많았던 조상 인연 이렇게 보면 됩니다. 그래서 옛 터에는 먹을 것이 별로 없다. 그래서 고향을 떠나는 그런 방식으로 離鄕하죠.

그런데 그 사람의 명조 안에 예를 들어서….

時	日	月	年
	戊		
	申	巳	巳

그림 3

이 사람이 巳生으로 태어났는데 태어난 날에 원숭이가 들어와서 食神과 財星을 동시에 열어젖힐 수 있는 이런 것이 열려 있잖아요. 이런 글자가 태어난 날이나 時에 펼쳐져 있다는 말은, 조상의 희생이 자손에게 유익한 희생이 되었다라고 보는 겁니다. 業報論的으로 그렇게 보면 틀림없죠.

그런데 그렇게 했음에서도 불구하고 계속 유리하지 않은 글자만 펼쳐져 있다.

時	日	月	年
己	戊		
未	午	戌	巳

그림 4

이런(그림4) 식으로 와서 이 巳가 申이나 酉를 만나서 펼쳐질 수 있는 조건이 만들어지지 않으면, 희생이 많았던 조상이지만 그 業이 나에게 긍정적으로 펼쳐질 수 없는 業이었다. 그리고 결국은 이런 패턴에서 좋은 글자를 찾아보자면 자기가 재주나 자격이나 기술을 가질 수 있는 유능함은 가지고 살아갈 수 있지만, 경제적인 보상으로 잘 연결하지 못한다는 말이죠.

그러면 자기도 생애를 통해서 많이 희생을 하는데, 이 자리를 통해서 劫財면서 자식 자리에 天乙貴人이 있다는 말은 이 자리에 와서야 자식이 신분이 귀해지든지 뭔가 貴人으로서의 삶을 연출하게 되죠.

이 자식이 내가 만들어 놓은 것들을 대충 다 가져간다는 말이잖아요. 그리고 나는 내가 누리기에는 어려운 조건의 모양을 가지고 있다. 그래서 소위 조상이나 부모의 業이 너무 두터워서 자기 대까지 희생을 하고 나름대로 세상에 봉사를 열심히 해 주는 과정을 거친 후에 자식이 신분적으로 귀해지는데, 나한테는 劫財니까 내가 열심히 일을 해 주고 꽃은 자식 대에 가서 피운다는 겁니다.

이런 八字를 보는 순간에 業이 두텁구나 생각하시고 그때 바로 던지는 멘트가 있어요.

"부처님이 인생을 뭐라고 말했는지 아십니까?"

"뭐라고 했습니까?"

"고해다, 고생 바다다."

"그러니까 당신 대에서 많은 것을 얻고 누리려고 하는 마음을 가지지 마시라!"

힘들게 얻더라도 자식 대에 가서 번영의 에너지가 발생하니까 열심히 이 사회를 위해서 또, 가족을 위해서 봉사 헌신을 해 주고 간다, 이렇게 마음을 비워라. 이것이 뭐냐면 格局도 喜忌를 떠나서 그것이 다, 전부 다죠.

인생살이에 직업이 官이 깨지고 空亡되어서 뒤죽박죽되는 사람들 있잖아요? 그런 사람들은 運命的으로 직업을 바꾸게 되지만, 직업이라는 것이 한 번씩 짜여지면 10년씩 15년씩 가버리는 것이 업보라는 거죠.

이런 八字를 보는 순간에 業이구나! 이 말이 바로 나와야 되고, 그 다음에 그 사람이 인생을 기조적으로 봉사와 희생으로 삶을 살아야 되고 자식의 자리에 貴人이 되도록, 그러니까 이것이 始(年)가 終(時)이거든요.

시작이고 끝이라는 말이죠. 이것을 엮어서 해석해 내는 것을 여러분이 해 보고 그 다음에 관상을 쫙 보면 바로 나오죠. 그 시작은 미약하였으나 그 끝은 창대하리라!

이것이 의도적으로 종교적인 색채를 가지고 業報論的으로 보자는 것이 아닌데, 이런 사람들을 가까이서 관찰을 하게 되면 이런 사람들은 꼭 본인 때문에 오지는 않죠. 본인 것 한

번 듣고 나면 대부분 다 자기가 앞으로 살길이 대충 다 보인다고 이야기를 하거든요. 결국 자식 때문에 주로 물으러 오는데, 바로 이런 에너지가 쌓여서 부모나 조상 그 다음에 본인의 여러 가지 과정이 쌓여서 연결되는 것인데, 어느 날 여러분이 의도적으로 보려고 하지 않아도 보입니다.

질문

주변 동료들 간의 인자가 부족하다라고 봐도 되나요?

답변

그렇죠. 그러니까 元嗔이 되었다는 것은 조부의 德이나 인생관, 삶의 방식이 또 부친의 자리와도 조화롭지 못했다. 이렇게 보는 거죠.

질문

月에 비견이니까 주변 동료들이나 친구들도...

답변

그렇죠. 거기에다가 入墓잖아요. 자체 入墓로 되어 있기 때문에 이런 패턴에서 결국은 좋은 티끌이라도 찾아내야 되는데 여기에(時) 가야 貴人이라도 만들어진다는 겁니다. 그리고 자식들은 대체로 기본적으로 午未로서 형식상 合은 되어 있지만 無情之合이잖아요. 그 다음에 巳를 중심으로 볼 때 또 驛馬와 같은 작용이니까, 나름대로 성공도 하지만 별로 아버지의 희생을 뼈아프게 고마워하지는 않는다. 이것이 자꾸 좌표론적인 입장에서 해 드리는 이유가 반복해서 해 보시면 어느 날 보는 순간에 쫙 엮어집니다.

月

그 다음에 月에 있다는 것은 희생이 많았던 조상 정도의 힌트인데 반해서, 月은 運命의 직격탄이죠. 어떤 형태로든 고생스러웠던 젊은 시절이다. 간혹 요즘에는 부모덕을 입는 사람이 있는데 반드시 10명에 9명은 다 깨어집니다. 그것을 얹는다고 시간이 다 걸리는 거죠. 부

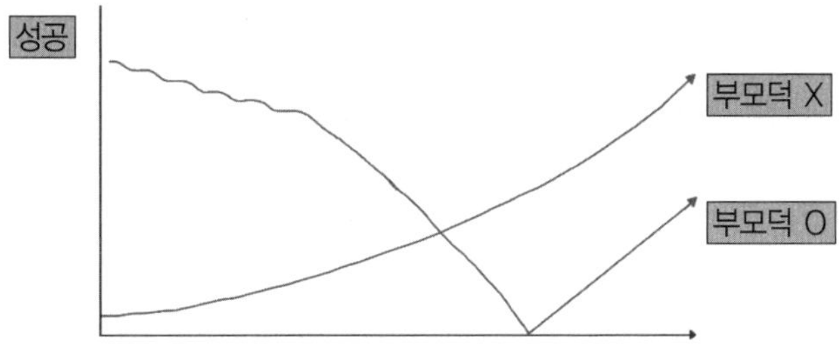

그림 5

모덕 없이 자기가 이 악물고 맨땅에서 올라온 사람들은 이런 식으로 올라갑니다.

젊은 날에 이때부터 지지직~~하다가 서서히 뜨는데 부모한테 받은 사람은 스타트 해서 까먹는데 상당한 시간을 보내고 난 후에 바닥을 툭 치고 올라오는 거죠.

까먹는 세월까지 만들어 주는 겁니다. 그나마 부모 혜택을 지키는 사람은 못 팔아먹을 부동산 이런 것을 가지고 있다가, 40 중반이나 후반쯤 가다가 자기 運이 좋아지는 흐름이 올 때 이렇게 되고, 또 干支 상으로 큰 문제가 없어 보이는 흐름이라도 이것 때문에 까먹는 과정을 만들고 다시 올라가더라 하는 것이죠.

그래서 남다른 정신력, 기술, 그 다음에 눈 오는 12월 크리스마스에 안 팔리는 성냥이라도 들고 나가서 끝까지 버텨보는 성냥팔이 소녀의 기질, 그런 정신력과 힘이 생겨난다는 겁니다.

질문

사기꾼하고는 관계가 없습니까?

답변

사기꾼 기질도 되는 것이죠. 그 시간에 밤중에 나가서 크리스마스 이브에 성냥이 팔리겠습니까? 그런데 그것을 가지고도 끝까지 팔아 보려고 한다는 것이 사기적인 기질로도 보는 것이죠. 그것이 傷官이라든지 이런 것들하고 맞물려 있을 때, 사기적인 기질이 발휘되는 겁니다.

아니면 아예 食傷도 없는데 財를 바로 떠 먹는다든지 그런 것들이 비상한 재주, 사기 이런 뜻이기 때문에 대부분 다 직업이, 배운 것이 도둑질이라고 하지 않습니까? 단지 범법적인 요소가 덜 하냐, 더 하냐의 차이죠.

時

丁巳時가 되어서 말년의 문서재산으로 말년에는 활동력이 줄어드니까 대체로 신체상 건강불안이고 그 외에는 주로 임대사업이죠. 일단 正印이 놓여 있다는 것 자체가 상당히 조화력을 보존해 주는 작용을 하는 겁니다. 대신에 여자는 자식의 食傷을 꺾어 버리는 작용을 하니까, 자식의 고달픈 인자가 되어서 대체로 객지로 나가 버리는 자식 무정이 되죠.

남자들은 처음에는 곤란하다가 後에는 그래도 吉이라고 하는데, 결론은 좋다고 보면 되죠. 처음에는 곱표로 시작해서 뒤에는 동그라미가 되고, 여인은 동그라미는 안 되고 세모 정도로 시작해서 뒤에는 곱표로 마감되는 경우가 많습니다.

그러니까 뭔가 노력을 해서 문서도 잡고 경제적인 힘도 얻었는데, 결국은 배우자 德이 무너지든지 자식 運에서 고충을 당하는 식으로 남자와 여자가 결론을 맺는 방법이 다르다.

물론 귀결은 이쪽이 비중을 더 두어야 되겠지만 이런 식으로 先困後吉, 여인은 巳, 酉, 丙, 辛 이런 運을 지나갈 때 전부 조심해야 됩니다. 巳, 酉, 丙, 辛 大運 이런 것을 만났을 때 시작이 좋다가 갑자기 확 엎어지는 상황이 많이 발생을 합니다.

거꾸로 남자는 처음에는 곤란함을 겪다가도 뒤에 결론을 잘 매듭짓는 경우가 이런 운에서 잘 된다는 것이죠.

질문

丙은 왜 그런 것입니까?

답변

결국은 뒤에 辛으로 가잖아요. 天干은 干合을 통해서 자기 궁극의 기운을 넘겨 주죠.

戊 – 巳 / 綜合

종합적으로 봐서 울다가 웃다가 반복성이 되는 것이다.

戊 – 巳 / 운의 해석

大運 歲運은 이것을 봐도 되는데 남자는 대체로 巳運에서 계속 고단하다가 끝에 가서 나름대로 보상을 받게 되고, 여자는 평범하다가 끝이 고달파지는 결론이 대운에서 잘 만들어 집니다.

絕處逢生이라고 하는 것이 힘든 것 중에서 다시 新生, 新生, 新生 이런 식으로 가는 것이거든요. 偏財가 入墓地를 떠났잖아요. 絕處逢生을 하면 중간에 고단함은 감당하지만 결국 絕處에서 즉, 아무것도 없는 곳에서 다시 올라오는 것이죠.

물론 偏印의 일반적인 속성을 그대로 적용하면 되겠죠?

그 다음에 歲運에서는 여러 가지 偏印의 일반적인 뜻이 있잖아요? 偏印의 일반적인 뜻을 그대로 봐서 남녀 공히 이곳저곳에 묶이고 엮여있는 답답함과 고단함, 이런 것을 감당해야 된다는 뜻이죠. 저런 시작과 끝이 달라지는 것들이, 뱀이라고 하는 것이 또아리를 틀고 있다가 쭉 뻗었다가, 멈추었다가, 갑자기 달렸다가 이런 변화를 많이 연출해 내는 인자를 가지고 있다, 이렇게 보시면 됩니다. 그래서 더더욱 이런 인자를 만나면(申,酉) 언제든지 자기 모습을 그대로 변신할 수 있는 변화무쌍한 동물이 뱀이다. 그렇게 보시면 되죠.

제 11강 · 戊일간의 실관 V

戊가 午를 볼 때

오늘 일진이 뭡니까?

학생
甲午日….

空亡은 끝까지 물고 늘어지네요.

戊 - 午 / 六親

六親上으로 正印이고 또 羊刃이 머무르죠. 羊刃이 머무르는 인자에 偏官이 寅木이죠. 偏官하고 조화력이 발생해 있다면 기본적으로 羊刃은 殺을 合하는 것을 좋아한다. 羊刃合殺이라고 보셨습니까?

그래서 寅木의 투출이 있는 경우에 원래 저 자체만 가지고도 권력이나 힘이 있는 有權으로 보죠. 寅午가 무리지어 있는가를 午를 보실 때 보시고 그 자체만으로도 羊刃, 正印이 같이 있다는 것은 하여튼 프로페셔널이라고 보시면 됩니다.

刑冲破害, 空亡, 이런 것에 의해 훼손된 것이 있는지 참작하여 보시고, 일단 六親이나 인간관계에서 여러 가지 고충이 많이 발생하지만 자기의 의지를 관철시키는 힘이라든지 지구력, 이런 면에서는 긍정적인 인자를 많이 가지고 있다.

원래 이런 사람하고 싸우면 안 됩니다. 正印性을 이용해야 되겠죠. 서로 타협하는 식으로 관계를 이끌어 낼 필요가 있죠.

戊 - 午 / 12運星

12運星으로는 帝旺이고, 帝旺의 뜻과 거의 羊刃의 뜻이 그대로 부합되고 있는 모양이 戊가 午를 보는 경우하고, 丙이 午를 보는 경우인데, 이 두 가지 경우가 六親的인 차이가 있죠.

丙이 즉각적이라면 戊는 丙에 비해서 약간 떨어지지만 印星이라고 하는 것이 보조되어 있기 때문에, 羊刃의 긍정적인 작용이나 기운을 그대로 쓴다고 보시면 됩니다. 羊刃하고 印星의 장점을 골고루 쓰는 모양이다. 丙午는 羊刃만의 장점을 많이 쓴다.

이렇게 보시면 됩니다.

戊 - 午 / 他 六親 12運星

他 六親에서 庚 偏財는 浴地에 들어오고 辛은 病地가 되죠. 甲木 偏官은 死地가 되고 乙木은 死地가 되고, 이 경우에 乙木이 長生의 모양을 가지고 있어서 乙木의 투출 여부가 있느냐, 없느냐에 따라서 조직사회에서 관리자 성공이라든지 이런 것이 안정적이냐 그렇지 못 하느냐인데, 偏官이 死地에 이른다 해도 地支에 寅이 있으면 羊刃 合殺의 모양이 되어서 권력성 조직이나 무시무시한 물건을 다루는 조직사회에서 자기가 관리자로서 성공 번영이 잘 된다라고 보면 됩니다.

戊 - 午 / 吉凶

吉작용, 凶작용을 비율적으로 친다면 5대 5인데, 이 경우에는 비율로 볼 것이 아니라 대체로 吉작용은 직업적인 특성이죠. 직업적인 면에서는 8~9로 대단히 좋은 것이고, 凶은 대체로 六親으로 배우자 관계 등에 고달픔이 많이 발생을 하는 겁니다.

여자 八字로 보더라도 午 중의 己土가 劫財의 작용을 활발하게 일으키기 때문에 배우자 德을 입는 것에서 여러 가지 고충과 애로가 많다. 그 다음에 羊刃의 속성 때문에 사회성이라든지 다른 사람과의 조화력 부분에서는 불리한 모양이 되고, 凶한 것이 7~8로 나는 똑바로 사는데 왜 남은 안 되는가 이런 것들이거든요.

正印格 여인들이 자기는 도덕이라든지 생활 틀의 근거를 가지고 똑바로 사는데 서방이 말을 안 듣고 아이들도 말을 안 듣는 식으로 해서 자기가 뚜껑 열리는 결과를 가져 오는데, 그 과정까지는 서방도 자식도 다 뚜껑 열리는 거죠.

서방님도 뚜껑이 열리는 이유는 正印格의 가장 두드러진 특성이 고집이죠. 正印格의 특성은 너무나 고집이 세서 처음에는 주변이 피곤하다가 뒤에는 자기가 피곤해지는 식의 생활 양상이 많이 만들어지기 때문에, 六親이나 배우자 관계에서 여러 가지 고충이나 애로가 많이 발생한다.

戊 - 午 / 年月日時

年 : 번영가문

年에 正印이 있다는 것은 일반적으로 午의 속성을 그대로 따와서 번영 가문으로 번영했던 조상의 흔적을 그대로 자기가 계승자적으로 연결하고 있다는 것인데, 그것이 경제적인 측면이 아니라 정신적인 측면이나 사회적인 업적이 됩니다.

月 : 글자, 학문

그 다음에 月에 있는 것은 말 그대로 格으로서 직업적 특성인데 글과 학문을 떠나지 않는다. 格의 훼손이 없으면 그 자체로는 格이 되어 버리죠.

子午卯酉는 물론 午 중의 己土 때문에 正格을 채택하느냐 마느냐 하기도 하지만, 근본적으로 月의 正印을 그대로 취해서 직업적 특성으로 연결되는 경우가 많다. 행동적으로 도덕적인 기준 이런 것을 자기의 행동 근거로 삼아 버린다는 겁니다.

아무튼 피곤합니다. 잘 하고 다부진듯 하지만 피곤하다 보시면 되죠. 잘 하지 않고 못하니까 자기가 피곤하고 주변도 피곤하고 그런 모양이다.

日 : 배우자 不安, 女 –자식 不安

태어난 날에 午가 있으면 대체로 배우자 인연의 불안이죠. 남자일 경우에는 그 해로움이 많죠. 財星이 浴地에 이르고 正財가 病地에 이르는 모양이니까, 여자들은 그 해로움이 덜 하다는 것이죠. 배우자 인연 불안은 덜 한데, 상대적으로 자식 인연에 불안한 기운이 잘 발생합니다.

天干으로 치면 庚金이고 地支로 치면 申인데, 申은 隔角이죠. 隔角되고 天干으로 沐浴地에 들어감으로써 자식의 장성이 오면 걱정, 근심이 많아지거나 아니면 자식들이 객지로 떨어져 나가 버린다는 겁니다.

時 : 임대, 부동산

그 다음에 午時는 말년 재산 형태나 그런 것에서 부동산이나 문서재산, 임대사업으로 戊午時가 되어 버리니까 天干에 똑같이 戊가 붙죠.

경쟁 상황이 있다는 것은 보편적으로 여러 사람이 같이 활용하는 형태의 부동산, 주로 주거라든지 일반적인 상가라든지 이런 것이 되겠죠.

그 다음에 여자 팔자에서는 자식의 걱정이나 근심, 그 다음에 늦게 취득하는 자격이나 학위, 그러니까 年月에 印星의 기운이 약해도 時에 이것 하나만 있으면 공부를 끝까지 채우게 되는 과정이 발생하더라는 겁니다.

戊 – 午 / 운의 해석

運의 해석에서 보통 조직생활 하고 있는 사람들은 큰 무리 없이 변화 없는 생활을 그대로 쭉 영위해 나가는 경우가 많은데, 사업을 하는 경우에는 財星의 모양새를 훼손하기 때문에 굴곡이 많이 발생하고 格이 잘 갖추어진 경우 큰 조직과 손을 잡고 하는 납품, 용역, 대리점 이런 형태의 사업으로 체면 유지를 하게 되고, 여자들은 午를 긍정적으로 쓰게 되니까 보통 접객성 사업으로 사람을 많이 상대하는 것인데, 官의 투출이 있어야 되겠죠. 官의 힘을 이용해서 개인적인 보상을 받는 모양이다. 자산적으로 증식의 방법이 부동산이나 문서재산이 된다는 겁니다.

午 글자 그대로를 해석해서 대체로 午라는 것이 조명 받는 곳, 밝은 곳 이런 것이거든요. 상당히 남들의 눈에 뜨일만한 모양이 어떠합니까? 높아서 남의 눈에 확 뜨이고, 밤에도 조명판이 멀리서 보이는 거죠.

戊 – 午 / 男女

그 다음에 남자는 印星의 긍정적인 면을 인정하더라도 고달프게 쓰고 여자는 대체로 긍정적으로 쓴다고 볼 수 있겠죠. 단 자식의 근심이 있다.

남자는 陽運을 고달프게 쓰는 데다가 다시 壬水, 癸水가 결국 財星이 絕地에 떨어지는 모양이죠. 배우자 건강 불안, 이런 것이 가장 많습니다. 그런데 보통 깨어지는 경우보다 건강 불안으로 때우는 경우는 印星 때문에 그렇거든요. 뭐냐 하면 질병요소 때문에 부부인연이 멀어지는 경우도 다발하게 되는 거죠. 印星 때문에 가정 형식을 자꾸 유지하려고 하는 것이죠. 사실 떨어져 사는 것이 좋은데, 자기가 도덕적인 기준을 놓고 집착을 하니까 결국 마누라가 골병이 든다는 겁니다.

그러니까 천지만물은 陰陽이 짝 지을 수 있는 시간을 제한해 놓았다는 거죠.

그림 1에서 이것이 10이라면 2.5년 외에는 4분의 1이죠. 4분의 1 외에는 전부 다 내 것도 아니고 네 것도 아니다. 2.5 반대편이 2.5겠죠. 전체 10이라고 했을 때 2.5는 완전히 내 것이 아니고 이것은 내 것이 안 되는 과정, 12運星 상의 비율로 생각해도 좋고 포괄적인 木火金水, 春夏秋冬의 旺相休囚로 생각해도 좋습니다.

부부관계도 마찬가지로 이런 식으로 비율을 따져보면 실제로 내것과 엇비슷한 것은 4분

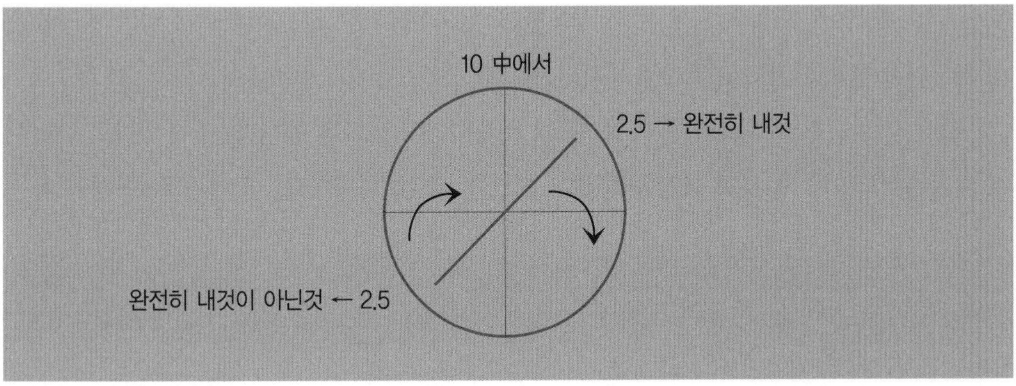

그림 1

의 3이죠. 4분의 1만큼은 결국 마누라가 아프든지, 도망가든지, 죽든지, 떨어져 살든지 이런 식으로 열흘 중에 사실은 2.5일은 내 마누라가 아니다.

그 전에 보통 여자들이 숨 막힌다고 데모를 하죠.

남자가 午를 格으로 쓰든, 일에 쓰든 자기가 원하는 방식대로 다 따라와야 되는 것이죠. 안 따라오면 될 때까지 한다. 될 때까지 함으로써 거의 상대방들이 거기에 맞추어 살다보면 자기 생활이나 패턴을 희생할 수밖에 없으니까, 그것을 감당하기 어려우면 이런 말을 하는 것이 있어요.

'아무 생각 없이 보름에서 두 달 사이로 그냥 혼자서 여행을 떠나고 싶다.'

이러면 그 서방의 八字를 보면 이런 八字다 이거죠. 그렇게 데모를 하면 말도 안 되는 소리다, 이렇게 해서 누르는데 결국 쌓이고 쌓여서 질병으로 넘어가 버리는 것이죠. 그렇게 해 놓고도 내가 잘못 하는 것이 뭐가 있나? 이렇게 해요. 이 양반이 자연 공부를 해야 되는데, 이런 사람들은 잘 물으러도 안 와요. 똑바로 살면 되지 뭐가 필요한데? 이런 식으로 고집을 피워서 억지로 끼워 맞춰 사는 삶의 내용이 되니까, 결국 뒤에 문제가 발생을 하더라.

그래서 남자는 고달프게 쓰고 여자는 긍정적으로 쓴다.

戊 - 午 / 綜合

종합적으로 봐서 직업이나 행동의 조절력에서는 吉작용으로 작용하지만 六親, 사회적인 보상에는 고달프게 쓰는 인자로 주로 작용한다. 남자는 그 강도가 조금 더 심하고 여자들은 대체로 완만하다. 이정도로 정리해 두시면 됩니다.

하여튼 수 있으면 좋습니다. 직업적으로 똑똑하다고 보시면 됩니다. 時에 있다고 하더라도 자격증이라든지, 학문적 과정을 통해서 직업을 이룩한다니까요. 한 마디로 한 성질 하는 거죠.

戊가 未를 볼 때

戊 - 未 / 六親

六親상으로는 劫財, 天乙貴人, 官星 入庫죠. 甲木 官星, 그 다음에 正財의 入庫, 물론 다시 다루겠지만 보는 순간에 동시에 생각해 두셔야 되는 것들이 이런 것들입니다.

戊 - 未 / 12運星

12運星的으로는 衰地인데 陽의 기운이 충분히 남아 있죠. 이 경우에는 거의 丙이 未를 만나서, 衰를 만난 것과 세력이 비슷하다고 보면 됩니다.

戊 - 未 / 他 六親 12運星

他 六親상으로 볼 때 正財의 入庫가 財星의 조화력을 전제하고 있다는 거죠. 壬水 偏財는 養地에 들어가고 癸水는 入庫죠. 그 다음에 甲木은 入庫, 乙木은 養地에 들어가죠.

그래서 偏財도 五行 대세 상으로 강하지 않고 癸水가 入庫되어, 正財가 入庫되었다는 것은 고충스러운 세월이 길다가 한 세월 풀어주는 과정을 통함으로써 결국 재물의 양상을 볼 때 굴곡이 많이 발생할 수 있다는 겁니다.

未가 무리지어 있는 것이 亥卯未도 있지만 午를 그대로 무리 짓고 있죠. 그런데 저 경우 劫財에 의한 간섭요소가 많기 때문에 경쟁 양상이 훨씬 더 많이 발생한다고 보시면 됩니다.

戊 - 未 / 吉凶

吉凶작용에서는 財星이나 官星의 인자가 세력을 많이 가지기 어려운 모양이죠. 吉작용이 3, 凶작용이 7 정도 되는데 吉작용 속에는 貴人이 있죠. 貴人이 부동산이라든지 일에 관한 노하우라든지 사회적인 이권 이런 것을 가져다줌으로써, 凶중의 고달픔 중에 좋은 작용이 많이 발생한다. 이렇게 보시면 되죠. 그리고 吉로 넘어가는 것이 巳午未라고 하는 印星이 무리 짓는 것을 매듭 짓고, 申酉戌로 食傷을 열어 주는 쪽으로 터미널이 되는 거죠.

그런 작용으로 처음에는 凶하나 뒤에는 吉의 작용으로 바뀐다. 이렇게 보시면 되죠.

戊 - 未 / 年月日時

年

年에 貴人이 있다는 말은 貴人 후손의 인자를 가지고 있다. 그러나 현실적 혜택은 미미하다….

月

그 다음에 태어난 달에 있으면 貴人 가문인데 가까이는 정신적으로 좋은 뜻을 많이 계승해 주는 부모 환경을 만나겠지만 경제적인 혜택은 미미한 경우가 많다. 또 실제 자산적으로 혜택을 받는 사람들도 규모가 있는 부동산들의 혜택을 받음으로써 제법 많은 혜택을 입더라는 겁니다.

時

日은 구조적으로 없는 것이고 時는 己未時가 되죠. 자식이 대체로 貴人 작용을 많이 일으키는데 동시에 劫財 자식이 되는 것이니까, 자식한테 재물 혜택을 주고 그 보상을 제대로 입지 못하는 경우가 대부분이다. 단 자식들은 貴人 성공의 작용을 하게 된다.

戊 - 未 / 운의 해석

그 다음에 運의 해석에서 말 그대로 그 뜻이 富貴貧賤이 잘 결정되지 않는다는 일반적인 속성을 가지고 있죠. 거기다가 正財 入庫니까 正財가 入墓되는 경우에는 금전, 애정, 남자로 봤을 때 애정의 왜곡, 여자도 금전에 대해서는 여러 가지 고충이나 번거로움이 있고 애정의 왜곡은 남자보다 덜 하겠죠. 오히려 자식에게 吉凶이 같이 동반하는 양상이 되겠죠.

歲運에서는 食神을 열어주기 위한 여러 가지 과정이니까, 장기적인 안목에서 투자라든지 새 일이 이루어지는 것이죠. 주로 투자적인 인자가 많다. 未는 완성된 인자가 아니라 申을 만들기 위한 예비 단계니까, 주로 부동산 같은 것을 취득하든지 앞으로 뭔가를 하기 위한 부동산이나 공간을 만들어 두는 식이 많다.

戊 - 未 / 男女

男女 공히 未자의 속성 때문에 긍정적으로 쓰기 어렵겠죠. 남자가 더 고달프게 쓰므로 세모나 곱표죠. 여자는 그냥 긍정적으로 쓰기는 쓴다.

戊 - 未 / 綜合

종합적으로 봐서 戊가 未를 만났을 때 주로 경쟁이 많다는 것은 일반적인 장사나 사업이죠. 食傷의 투출여부라든지 여러 가지 요소를 감안해서 저런 것에 刑이 가해진다든지 하면 어떻게 됩니까? 형벌, 수술, 건축, 가공 이런 동작이 들어가는 것이죠. 자르고 붙이는 이런 분야에 戌이나 丑의 투출이 있으면 그런 업종이나 분야로 가담을 한다. 그 다음에 財星이 위주가 된다면 주로 유통이 될 것이고….

직업적으로 강조되어 있는 것을 쓰고 있느냐 그렇지 않으냐, 이런 것을 챙겨 볼 필요가 있죠. 未에 어떤 글자가 간섭하고 있느냐, 예를 들어서….

時	日	月	年
	戊		
	子	未	亥

그림 2

亥水가 무리지어 있고 子가 다시 있어서 물론 空亡이지만, 이런 식으로 財星이 무리지어 있고 경쟁이 심한 모양이면 유통이죠. 그 다음에 여기에 丑이나 戌 이런 글자가 와서 刑이 가해지면….

時	日	月	年
	戊		
	戌	未	丑

그림 3

깎고 붙이는 행위가 가해지는 분야의 장사나 사업, 이런 사람들이 유통업을 하면 대부분 굴곡을 심하게 겪는다.

뒤에 관계론 이런 것을 할 때 다시 한 번 그 쪽 측면에서 다루어 보겠지만, 하여튼 戊가 未가 있으면 대강 그렇구나 감을 잡아야 됩니다.

그 다음에 偏官의 入墓 이런 것들이 뭡니까? 남자의 경우에는 아들 무정을 가지고 오게 되죠. 실제로 調候가 심하게 기울어져 있거나 大運이 官星에게 매우 불리할 때는 자식을 잃는 경우도 많이 발생을 합니다.

戊가 申을 볼 때

戊 - 申 / 六親

戊가 申을 보는 경우에도 일종의 大陰陽, 甲乙丙丁戊 까지가 陽운동이고, 己庚辛壬癸가 陰운동이라면 陽운동의 끝에 있는 것이 戊죠.

그 다음에 地支에서 午부터 1陰, 未부터 2陰, 申에서 3陰이 드러나서 족보가 午未申酉戌이 陰운동으로 가는 것인데, 지상에 확실하게 陰의 모양을 갖춘 것은 申이고 天干에 陽의 모양이 다 드러난 것이 戊거든요.

이것이 大陰陽이죠. 大陰陽 관계를 가지고 있기 때문에, 戊가 申을 가지고 있는 것은 그냥 바람직한 것이 아니고 대단히 바람직하다. 食神이라고 하는 것 중에서 食神도 급수가 있다. 이런 大陰陽 관계일 때 최고로 써먹더라는 겁니다.

戊 - 申 / 12運星

그 다음에 12運星에서 偏財 長生이 되죠. 壬水 偏財가 長生을 하는 자리로서 지상에서 寅巳申戌의 글자에 걸리죠. 그러니까 戊가 申을 보는 것은 무서운 무기를 들고 있는 것으로 食神이 돌도끼라면 다른 것을 食神으로 쓰는 것보다 범 도끼, 뱀 도끼, 원숭이 도끼 이런 것이 한 방에 그냥 큰 것을 잡는 인자로 작용하는 것이니까, 戊 있고 申 있는 사람 중에 노숙자는 한 사람도 없다 이거죠.

노숙을 해도 제일 좋은 자리에 앉아서 호화판 노숙을 하게 된다는 겁니다. 이유는 원숭이 자리에 앉았기 때문에 그렇죠. 긍정적 인자가 많은 것이 戊가 申을 보는 것이다. 큰 陰陽의 운동성을 짝지어 쓰기 때문에 긍정적인 작용이 많다.

12運星 상으로는 病地죠. 陽干에서 病은 秀氣流行인데 그 사람이 고유로 가지고 있는 기운이 잘 흘러들어가는 것으로 秀氣流行의 모양에서 戊가 申을 보는 이런 것들이 매우 긍정적이고 또 壬이 寅을 보는 것, 丙이 申을 보는 것이 六親상으로는 偏財로 드러나지만, 이런 것

들이 大陰陽이죠.

그 다음에 壬이나 癸가 寅이나 卯를 봐서 陰운동의 끝에서 陽운동으로 확 넘어올 때 이것이 陰陽의 짝이 잘 지워진 것이잖아요. 그래서 陰陽하고 傷官格을 정리할 때 보면 木火傷官 있죠? 그 다음에 金水 傷官 있죠? 이것은 得類죠. 무리를 얻은 것끼리 得類를 했기 때문에 대체로 淸氣가 발생을 하는 것이죠. 그래서 문학이라든지 예술이라든지 뭔가 정신적인 측면의 충일성을 이룩할 때는 木火通明이나 木火傷官이 이것은 내가 이때까지 木으로 빼져왔는데 이제부터는 더 달린다 이거죠. 달려오다가 더 달리는 겁니다.

金水傷官은 마찬가지로 내려오다가 엉켜 붙는 것, 이런 것이죠. 그래서 이것이 다양성을 주는 통일성이 되어 있어서 淸高之氣를 만들지만, 이 글자는 이런 모양의 食傷은 淸高之氣와 상관이 없다.

제일 애매한 것이 己土가 酉를 보는 거죠. 위치는 陽의 위치에서 방향은 陰이니까, 陽도 아닌 것이 어떤 때는 陽으로 놀다가 어떤 때는 陰으로 놀다가 오락가락하니까…. 또 그대로 酉는 陰, 지상에서 陰의 기운이 四陰, 陰으로서 계승이 확실하게 드러나 있는 것이거든요. 酉한테는 자기가 陽으로 놀다가 다른 글자에 대해서는 또 애매하게 포지션을 잡는 것이 己土거든요.

이것이 淸高라면, 이것은 陰陽의 큰 뜻을 채웠기 때문에 세속적인 부귀를 채우는 것이 훨씬 더 강한 것이고, 이 사람들은 남들이 도저히 그려낼 수 없다는 것을 그려 내었다는 것이죠. 운동도 마찬가지로 남들이 도저히 하지 못하는 파워를 발휘한다든지, 이런 식의 에너지를 만드는 것이죠.

木火나 金水傷官이 기본적으로 食傷을 잘 바라다보는 것이 秀氣流行인데 秀氣流行에서 주로 세속적인 번영을 도와 주는 소통이다.

戊 - 申 / 他 六親 12運星

他 六親상으로 볼 때는 偏財 長生, 壬水 偏財 長生이 되어 있는 것이고 癸水가 正財가 死地에 들어가죠. 그 다음에 甲木이 偏官이 絕地, 乙木이 胎地, 그럼으로써 絕胎地에 들어가는 것이 확연해졌죠. 확연해짐으로써 주로 財星을 쫓는 쪽으로 가는데, 財星의 방향이 주로 偏

財를 좇는 방향으로 되어 있어서 正財가 死하고 있고, 偏財가 長生하고 있다는 말은 사업재산이 되는 겁니다.

설사 命이 지나치게 食傷이나 財星, 官星의 투출이 이루어짐으로써 命의 强弱을 따졌을 때 너무 약한 경우에는, 본인이 직장생활을 하더라도 배우자나 가족의 활동환경을 통해서 偏財 長生의 행위가 이루어진다는 거죠. 그래서 직장 생활도 하면서 사업도 하는 다중적인 환경도 잘 만들어진다.

戊 - 申 / 吉凶

吉凶에서 吉이 9, 凶이 1이다. 吉작용은 여러 가지로 정리해 볼 수 있는데 기본적으로 食神, 偏財 長生, 세 번째 大陰陽, 네 번째 寅巳申戌이죠. 六親 상으로 구성되는 것이 文昌이죠. 여섯 번째 偏官 絕地, 偏官이 絕地에 이른다는 말은 호랑이가 출현하여 동네를 驚天動地, 시끄럽게 할 인자가 별로 없다는 겁니다.

偏官의 絕地 이런 긍정적인 요소가 굉장히 많이 놓여 있고 食神이 주로 偏財 위주의 長生을 유도하고, 正財의 長生을 유도하지 않음으로써 배우자 조화력에서 약간의 굴곡을 겪는 모양새가 잘 만들어지는 겁니다.

그래서 조건만 주어지면 偏財가 와서 '오빠' 하면 '偏財는 어때?', 이러면서 食神이 중복해서 나타나는, 대체로 먹여 살릴 휘하가 많이 발생함으로써 주로 헛수고 하는 것이 많이 생기는 것이죠.

가장 효율적인 농사, 이 중에 꽃 피우지 않는 놈이 하나, 둘, 세 개 섞여 있는데 하는 수 없이 위에다 물을 주니까 이놈들도 덕을 거저 보게 되는, 잡초도 덕을 보는 그런 양상도 잘 만들어내는 것이죠.

호랑이가 없다는 것만 해도 태평기질을 만들어 주는 겁니다. 사는 내용에 선택이나 기회가 많다. 이렇게 보면 됩니다.

時	日	月	年
	戊		
	午	申	

그림 4

이런 모양은 말끔하겠죠. 隔角이 되어서 우선적으로 써먹는 수순이나 조건은 필요하지만 申 있고 午가 있다면, 午하고 申이 隔角으로 하나를 못 쓴다가 아니고 八字에 드러난 것 두 개를 다 쓰는데, 조건부로 쓴다는 것이죠.

午도 쓰고 申도 쓴다는 모양새니까 자기 조절 등을 철저히 하면서 원숭이 申자도 그대로 활동분야로 사용하는 식이 되는 겁니다.

제 12강 • 戊일간의 실관 Ⅵ

戊 – 申 / 年月日時

年

年에 申이 있다는 것은 주로 의식 풍륭의 조상을 의미하는 것이고 본인은 주로 객지 성공이죠. 그 다음에 소년에는 年에 文昌과 食神을 안고 왔다는 것은 어려서부터 학문적인 능력을 발휘하는 힘이 강하고 또, 자기가 빨리 세상살이에서 삶의 근거나 수단이 될 만한 것을 빨리 장만한다는 뜻으로 보면 됩니다.

月

그리고 月에 있다는 것은 부모자리에 食神이 있는 것이니까 부모 혜택이 대체로 긍정적이고 원만하다. 그리고 수명장수 이런 것의 인자로도 볼 수 있죠. 신체 부위로 본다면 年을 頭部로 보고 月을 어깨로 본다면 먹을 것을 어깨에 짊어지고 왔다는 말인데, 그것은 얼마든지 사회적인 번영을 이룩할 수 있다는 말도 됩니다.

日

태어난 날에 食神이 있다는 것은 대체로 중년에 의식주 번창이다. 남자는 대체로 처가 有情이고, 여자는 자식이 오고 나서 의식주 번영을 의미하죠. 生子, 자식을 얻은 다음에 의식주 번영이 이루어지더라. 자식이 활동력이나 기운을 얻는 만큼 官星의 기운이 꺾이죠. 그래서 배우자 인연이 불안하다. 그릇자체가 잘 안정되지 않은 모양이면 生子別夫, 자식을 얻으니까 남편이 멀어져버리는 것이죠.

그러니까 甲이든 乙이든 甲木은 絕地로서 寅은 冲으로 乙은 胎地가 된다는 것은, 乙이 申을 봐서 胎가 되는 것은 乙庚金을 생각하면 되죠. 그러니까 싹이 가을에 가두어져서 완전히 활동력을 잃어버리는 모양이 되니까 乙을 쓰는 경우에는 굉장히 위축된 모양, 그 다음에 甲을 쓰는 경우에는 이별이죠. 絕地로 떨어져 나가 버리는 것이죠.

이 경우에는 有情死別이 되고 甲木은 無情離別이 되는 거죠. 대신에 아이가 자라면서 의식주나 일은 잘 되는 겁니다. 이것이 文昌이니까 특히 교육 사업이나 먹는 장사 이런 것을 해서 장사는 어마 무지하게 잘 되는 거죠.

자식도 총기가 있습니다. 서방님은 有情死別, 無情離別 그것이 보통 진행형으로 있는 경우는 비극적이죠.

이런 日柱의 여인이 아들을 얻어서 10살쯤 되는데 서방님이 직장을 다니고 본인은 먹는 장사를 하고 있거나 학원 사업을 하고 있다면, 그 사업은 잘 되고 있는데 서방님은 아프다는 겁니다. 일은 자기가 훨씬 더 많이 하고 있는데, 남편은 뚜벅이로 직장에 가서 앉아 있다가 대충하고 집에 오면 되는 그런 안정된 직장에 가고 있음에도 불구하고, 집에만 오면 아프다는 거죠.

이런 경우에 여인이 남편을 원망하는 마음을 가지겠죠. 그런데 결국 누구 때문이에요? 문 쾅 닫고 나갈지라도 당신 八字 때문에 그렇다, 설명을 해 주어야죠. 희한한 것은 3일 이상 서방님이 어디를 갔다 오면 컨디션이 좋아진다는 것입니다. 더 심한 경우를 봤는데 기장 쪽에 횟집을 하는 분인데, 이름 대면 다 알만한 분으로 이 분 같은 경우에는 남의 자식도 와서 자식처럼 살려고 하는 에너지가 들어와 있는 거죠.

단 자식 놓을 때 기운이 오죠. 그 때만 되는 것이에요.

질문

저런 경우 어린놈을 데리고 살면 안 됩니까? 연하를요?

답변

그렇죠. 정답은 그거죠. 오히려 食傷의 속성을 그대로 취해서 새파랗게 젊은 아이로 8년, 10년 이렇게 차이가 나는 연하하고는 되는 거죠. 그러니까 내가 걷어 먹이면서 자식처럼 키우면서 사는 경우는 가능합니다.

아무튼 이런 작용이 여자 運命에서는 두드러지게 따라 다니니까, 이런 것들을 꼭 봐 두실 필요가 있습니다.

八字에 대해 험하게 보기 시작하면 10명 중에 한명은, 욕쟁이 도사들 있잖아요? 너는 욕부터 듣고 시작을 해야 된다. 이래서 막 썩을 년아! 망할 년아! 이거 있죠.

왜 그런지 아나? 그러면서 이런 경우가 뭐냐면 보통 여자가 생활력이나 가권을 장악하고 있으니까, 자기가 열심히 노력하고 살고 있는 모양인데 나는 왜 이러냐? 나는 억울하다 이렇게 이야기할 때, 시끄럽다 이년아 너 때문에 다 이 모양 이 꼴이다. 이렇게 저런 八字들이 두드러지게 다른 곳에서는 고개 들고 다녀도 우리 집에서는 그렇게 하지 마라 이러는 거죠.

時

時에 있으면 庚申時가 되죠. 庚申時는 하늘과 땅에 모두 식록이 열려 있고 그 자체가 金에 속하고 유용성 파워풀에 해당하니까, 庚申이 왔다는 것은 나이가 들어서 자식이 식록을 잘 유지하거나 본인이 여전히 금전활동이나 사회활동에 적극적으로 가담하고 있는 모양이 되겠죠.

단지 食神의 중복은 앞에 말씀드린 것처럼 공짜 밥도 많이 먹이면서 食神이 세력을 가지고 있잖아요. 위 아래로 이런 경우에는 보통 작은 규모로 하는 것이 아니라 규모가 큰일을 많이 하죠. 작게는 수십 명에서 수백 명까지 또 운의 조화력에 따라서 세미그룹 수만 명까지도 거두어 먹일 수 있는 에너지가 되는데, 그 사이에 5분의 1은 공짜 밥을 먹는 놈들이라고 보면 됩니다. 대충 그렇지만 어쩔 수 없이 干支의 구조상 그런 식의 상황을 감당해야 되는 것이죠.

여자 八字를 기준으로 하면 자식들의 말년 번영을 이야기하겠죠. 天干에 庚이 들어가 있다는 것은 名, 地支로는 實, 명실 공히 사회적인 번영과 경제적인 실력자 인연의 자식인연을

만나게 된다. 時에 나가 있으니까 대체로 동거 인자는 강하지가 않다

남자는 지상에 陰이 3단계로서 잘 펼쳐져 있으니까 대체로 긍정적으로 잘 쓰고, 여인들은 재물이나 의식주의 번영에는 긍정적이지만, 배우자 인연은 불안한 모양이니까 고달프게 쓴다.

戊 - 申 / 운의 해석

大運에서 食神의 작용이 계속 중복적으로 이루어짐으로써 申을 만나면 남자들은 지속적인 번영 이런 것으로 쭉 쓰겠죠. 申과 子라는 것에 의해서 애정사의 다발이 되더라도 해로움이 적다. 여자들도 食神의 일반적인 요소가 작용하지만, 申과 子라는 것에 의해서 대체로 애정사의 다발이다. 申子辰으로 따라감으로써 내 인생을 붙들게 되거나 번거롭게 해도, 주로 자식의 형성이 쉽겠죠.

자식을 낳음으로써 재미는 둘 다 봤는데 여자는 자식이 형성되어서 번거롭다든지, 아니면 陽의 德을 다 못 이루어서 번거롭든지, 이런 식의 고충이 발생하는 겁니다.

그래도 금전 활동이나 의식주는 큰 무리가 없으니까 살아가는데 큰 불편은 생기지 않더라. 歲運에서는 대체로 신생사업, 의식주를 넓히는 과정이 주로 만들어진다.

戊 - 申 / 男女

남자는 대체로 大運에서든 命 내에서든 긍정적으로 쓰고, 여자는 재물에 관해서는 긍정적이고 자식도 긍정적인데, 배우자가 고달픈 모양으로 귀결되더라. 배우자는 귀결되는데 애인은 잘 붙는다.

원숭이라고 하는 것이 결국 申子辰 운동을 불러일으키는 것이니까, 장가를 올 남자 德은 없어도 연애를 걸어주고 사랑을 조금씩 줄 수 있는 그런 德은 자꾸 발생하는 것이죠. 애정의 고충이 되는 겁니다. 그것이 또 오랫동안 베이스가 되는 띠에 들어와 있으면 여자들은 정말 애정의 왜곡이나 고달픔이 많이 발생을 한다.

쌍방과실이거든요. 八字에 원숭이별이 있으면 원숭이가 가지는 재주를 자기가 잘 피워요. 잘 피우니까 남자들이 원숭이 재주를 보고 정신을 못 차리고 따라오게 되어 있는 것이죠.

여자들은 양상이 복잡하다 보시고, 남자는 대체로 긍정적이라고 보시면 됩니다.

戊 - 申 / 綜合

종합적으로 봐서 아무튼 의식주, 금전에 긍정적인데 애정이나 배우자 德을 이루는 형태에서 남자들은 해로움이 적고, 여자들은 해로움이 따르면서 애정적인 요소가 運命적으로 번거로워지는 것이 생긴다. 하여튼 원숭이는 한 개 있는 것이 좋습니다.

戊日柱는 원숭이가 八字에 하나 드러나 있는 것이 좋다.

戊가 酉를 볼 때

戊 - 酉 /

양상은 傷官, 그 다음에 특별한 神殺은 머무르지 않죠.

戊 - 酉 / 12運星

12運星 상으로 死地 戊의 기운이 거의 쇠락, 죽은 것으로 간주해도 좋을 만큼 기운이 많이 소진되는 것이죠.

戊 - 酉 / 他 六親 12運星

他 六親에서는 壬水 偏財가 沐浴지죠. 癸水는 病地, 財星이 대체로 안정되지 못한 모양

으로 드러나 있다. 그 다음에 偏官 甲木은 胎地, 乙木은 絕地 그래서, 胎地와 絕地에 이르므로 財星도 그렇고 그것 자체를 무기로 써야 된다는 것이죠. 酉 傷官 자체를 그대로 무기로 쓰고 직업적으로 쓸 때는 물론 傷官이기 때문에 직업적으로는 다양할 수 있는데, 傷官의 행위에 해당하는 것들 교육적인 것, 그 다음에 창작행위가 있는 예술, 문학, 그 다음에 기술 중에서도 대체로 일반적인 범용이 아니라 자기만 가지고 있는 특별한 기술, 이런 전문기술이 되겠죠. 그런 분야의 직업 특성을 가진다면 비록 모양새가 예쁜 모양새가 아닌데도 그 쪽 분야의 일은 잘 하겠죠.

子卯酉라고 하는 것이 기본적으로 드러나기만 해도 그 자체로 成格의 조건이 되는 것이니까 格을 심하게 훼손하는 글자만 없으면 자기가 그대로 프로페셔널이 되는 것이죠.

戊 - 酉 / 吉凶

吉凶에서 남자 입장에서 볼 때 財星이 어리버리하죠. 여자 입장에서는 官星이 어리버리하니까 남녀 공히 배우자의 德을 쉽게 입지 못하는데, 그 말은 인생에서 최고가, 이미 인간이기 때문에 부여된 大陰陽은 남과 여잖아요. 그렇죠? 남자가 여인의 德을 얻지 못하고 여인이 남자의 德을 얻지 못하면 최고 30점~50점 마이너스다 이거죠. 30점 까고 올 만점 받아봐야 70점이라는 거죠. 나머지 잘 해야 70점이죠. 마이너스 50점은 남자를 만나서 안정할 수밖에 없는 사람이 남자를 못 만날 때 더 비극이죠. 그럴 때는 50점 까고 시작을 하죠.

아무튼 大陰陽은 男女라고 하는 것이 전제되어야 하는 것인데 거기에 官星이 어리버리하니까….

吉작용은 실제로 2~3이다. 주로 직업적인 면에서 기술, 금전능력이죠. 이 자체가 金이잖아요. 干支로서 大陰陽을 채우고 있잖아요. 干支로서 大陰陽을 채우고 있으니까 기술로써 돈을 버는 것은 좋다. 직업적으로 프로가 되니까 좋은데, 더 큰 틀이 되는 인간의 陰陽 문제가 해결이 안 되면 기술적인 능력이나 이런 것을 통해서 경제적인 보상은 있지만, 吉작용에 의한 보상이 와도 제대로 그것을 안정시키는 힘이 부족하기 때문에 凶이 7~8이다.

여인은 대체로 금전적인 면은 원래 몸이 陰에 속하는데, 환경이나 조건이 주어져 있으니까 일은 잘하고 재물축적도 남자보다 빠르기는 한데, 서방 덕이나 남자 덕은 편안하게 볼 수 없으니 그로 인한 고충이 따르게 된다.

그리고 易業을 하는 사람 중에 심한 분은 여명 土金傷官格은 八字를 보지도 말라. 이렇게 해 놨다니까요. 인생을 말하지 말라. 木이 와도 안 좋고 火가 와도 안 좋고….

그 분들은 수십 년 格用論的으로 해석을 한 분이기 때문에 金이 와도 안 좋고 水가 와도 안 좋고, 어떤 식으로든 어려움이 깔려 있다는 겁니다. 그렇게까지 심하게 표현하시는 분들도 있는데 특히 이런 모양들 있죠? 土金傷官格에서 傷官의 뜻을 그대로 해석해서 그 의미가 더 강하겠죠.

그러니까 심한 분 중에는 土金傷官을 보면,

"아이고, 썩을 년 하나 또 왔구나!"

이러는데, 그것부터 해 놓고 보는 거예요.

"어떻게 봐줄까? 써 달라는 대로 써 줄게."

그 정도로 여자가 고달프게 쓴다는 겁니다. 재주는 닭 酉자가 실제로 지상에 파워풀한 글자 빼고 상당히 좋은 글자거든요. 寅巳申戌 다음에 상징적으로 세력이 있는 이런 것들 辰이 있고, 지상에서 돌팔매 한 대 맞으면 맛이 가는 것이 닭 酉자거든요.

닭이 쪼는 글자죠. 그 다음에 金石之氣. 단단하고 견강하게 굳어서 한방 때리면 상대방이 자빠질 수 있는 칼, 도끼, 주먹, 돌멩이 이런 것들이니까 굉장히 능력 발휘에서는 탁월한 것인데, 그것이 배우자, 六親관계, 인간관계 등에서는 골병이 잘 든다는 거죠.

사회적인 관계에서도 마찬가지로 官星과의 조화력이 약하면 일은 잘 하는데, 사회성이 많이 떨어지는 요소가 됩니다.

戊 – 酉 / 年月日時

年

年에 傷官이 있으면 그 자체가 金이니까 조부 자리에 재물은 있었다 하더라도 傷官적 행위가 깔려서 좁고, 좋지 못한 業이 깔려 있는 조상으로 해석을 하게 되겠죠. 거기에 뜻을 계승하는, 나름 빚으로 많이 갚아야 되는 조건이 부여되어 있다고 보시면 됩니다.

子午卯酉의 속성상 장녀나 장손의 역할을 대행해야 하는 과정, 그리고 일찌감치 傷官은 여러 가지 현달, 소년부터 능력을 발휘하는 과정을 거치게 되죠.

月

月에 있으면 그대로 傷官格의 속성을 그대로 취해 온다고 보시면 되죠.

그 다음에 태어난 날에는 구조적으로 없는 것이고,

時

時는 辛酉時죠. 時에 申酉라는 것은 五行적으로 金에 속하니까 금전이나 의식주에는 별 문제가 없고 무리가 없는 모양이지만, 傷官이 득세해 있기 때문에 남자 八字에서 傷官이 득세해 있으면 딸 유정이나 딸의 번영 이런 인자로 보는데 거꾸로, 아들은 쇠락할 수 있는 인자로 봅니다.

그 다음에 말년에 금전이나 의식주 측면에서 큰 무리는 없지만 傷官 자체라고 하는 것이 길이 없다, 이런 뜻이거든요. 그냥 자연산이다. 산에 산림도로 보셨습니까? 이렇게 산림도로가 있는데 이것이 관재의 힘이거든요.

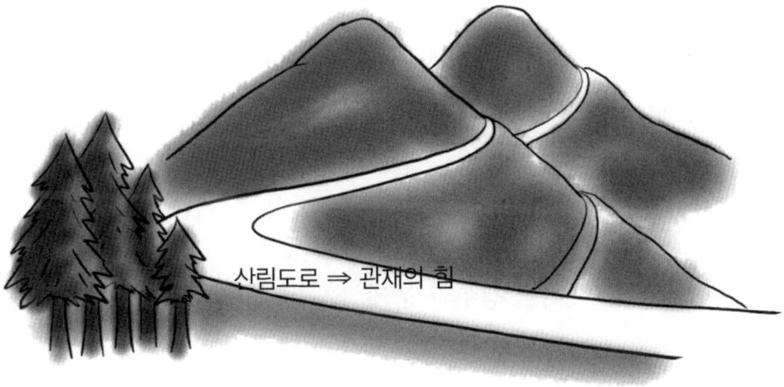

그림 1

官廳의 官의 제약이 미치는 범위, 그런데 그것을 손상시켰다는 말은 官의 간섭을 받지 않는 완전히 처녀지나 불모지를 의미하는 겁니다. 그래서 말년에 처녀지나 불모지를 돌아다닌다는 말은 대책이 없다, 그러나 먹을거리는 있다.

그래서 보통 말년에 대책 없이 산다는 것은 엮인 六親환경이 없거나, 혼자 고독하게 살아 간다든지, 산 속에서 혼자 고고히 살든지 아니면, 심한 경우로 運이 나쁜 사람들은 獄中에서 대책 없이 살게 되는 상황이 잘 만들어지는 거죠.

질문

팔자에 관성이 드러나 있지 않고 운에서 官운이 왔을 때도 그렇습니까?

답변

그렇죠. 그것도 傷官도 無見官 그러니까, 역학용어 중에 어떤 용어들 있죠? 그 말 그대로 되면 더 좋다고 봐요. 傷官이 無見官하면, 傷官이 아예 官을 보지 않으면 오히려 그 뜻이 至高하다 했거든요. 그런데 官을 보게 되면 또 破格이라….

질문

운의 흐름에서는 볼 수밖에 없지 않습니까?

답변

보니까 눈덩이를 맞는 거죠. 보기 싫은데 運의 전변이라는 것은 내가 보기 싫어도 봐야 되고, 보고 싶은 것은 못 보는 거죠.

질문

명조 내에서 아예 傷官見官해버린 경우와 운에서 만날 때이 차이점은 뭡니까?

답변

傷官見官은 훨씬 낫죠. 傷官見官은 고달픔을 일찌감치 배우는 겁니다. 왜냐하면 우리 집에는 하는 수 없이 고양이도 살고 쥐도 산다. 저 놈들이 한 번씩 싸우는 것은 듣기 싫은데 봐야 된다. 그래서 다시 고양이가 한 마리 더 출현했다. 그렇게 일어난 상황에 대해서도 쉽게 대처하고, 쥐가 한 마리가 들어와서 생긴 상황도 쉽게 대처한다는 것이죠. 偏官이 시끄러운

것이니까,

그러니까 튼튼한 배가 아니라서 살랑살랑 살았기 때문에, 어느 한쪽이 더 흔들어도 그것을 대응할 수 있는 능력이 있다고 보는 겁니다. 格은 떨어지지만 淸秀의 秀氣, 淸氣 이런 것 위주로 따질 때는 格이 떨어지죠. 格이 떨어지지만 많이 흔들릴까봐 자세를 낮추고 다니므로 運의 변화에 대처를 잘 한다는 거죠.

예를 들어서 고양이 없는 집에 쥐만 살았는데 고양이가 한 마리 출현했다. 이러면 쥐가 고양이를 물어 죽이든지, 고양이가 쥐를 물어 죽이든지 이런 혼란이 발생한다.

그래서 아무튼 모양새가 경로당에서 혼자 외롭게 사시는 분들도 있고, 아니면 산속의 조용한 암자에서 편안한 일을 하는 것도 아니고 공양주 이런 것을 하면서 공양주도 대접받는 공양주가 아니라, 그런 식으로 길이 굉장히 다양한데 아무튼 傷官의 부정적인 요소도 그대로 떠안고 살더라. 아니면 만성적인 질병 이런 것을 떠안고 살더라는 겁니다.

戊 - 酉 / 운의 해석

그 다음에 運의 해석에서 닭 酉자라고 하는 것은 陽氣,, 이런 것에서 볼 때는 富貴貧賤이 조금 많이 바뀐다고 했죠. 富貴貧賤의 교환이 많이 이루어지는 자리이기 때문에 運始, 運末, 運의 시작하는 지점과 運의 끝 부분이 편차가 많이 난다. 그래서 솔랑 솔랑 까먹기 시작을 해서 10년 동안 다 털어 먹은 것도 있고, 傷官적인 모양새를 취했죠. 노점상을 재미삼아 시작해서 살랑살랑 돈을 모아서 運의 끝부분에 가서 큰 재산을 모았다. 이런 식의 運始, 運末의 모양을 많이 뒤바꾸는 작용이 이루어지는 것이 닭 酉자다.

대체로 금전적인 부분에서는 긍정적인 작용인데 대인관계, 六親 이런 면에서는 고달픔이 많이 따르겠죠.

그래서 보통 성공하는 케이스도 보면 이런 것이에요. 밀수 비슷한 것을 조그맣게 재미삼아 해서 그것이 보따리 장사로서 큰 재물이 되었다. 노점상을 시작해서 돈이 되었다. 그렇지 않으면 고물을 주워 모아서 했다. 전당포를 해서 남이 망한 것을 주워 모았다. 傷官의 속성을 그대로 취해 온 것이거든요. 전당포, 남이 망해 써 버린 물건 아니면 경매, 부동산 이런 것들을 한 거죠. 통상적인 어떤 규격화된 생활이 아닌 모양으로 재물을 얻고 예술을 하는 사람들은 저 때 빅 히트죠. 작품을 만드는 것들이 이 시기에 멋있거든요. 닭 酉자가 쇠를 잘 갈아서 거울이 된 것이다. 그것이 닭 酉자의 모양새다. 거울로도 보죠.

그 다음에 歲運에서 오면 대체로 경제적인 실익은 金에 속하고 傷官에 속하니까 경제적인 보상요소는 강화되는데 구설, 관재에 의한 제한이나 소모 지출, 이런 것들이 다발한다.

戊 - 酉 / 男女

그 다음에 男女 運에서 남자는 대체로 陰의 네 번째 단계에서 긍정적으로 쓰는 경우가 많고, 여자는 재물에는 긍정적이더라도 六親이나 가족관계에서는 여러 가지 애로가 따른다. 예를 들어서 이런 運을 만나서 서방님이 쫄딱 망하고 술장사를 시작해서 장사는 너무 잘 되는데, 부지런히 움직이지 않으면 안 되니까 저녁만 되면 몸이 쑤시는 거죠.

닭 酉자는 구멍 낸다. 바늘로 찌른다는 뜻이거든요. 쑤실 수밖에 없는 것이죠. 그래서 몸에 손상이 온다.

戊 - 酉 / 綜合

종합적으로 보면 대체로 재물에 대해서는 긍정적인 작용이 많지만 사회성, 인간관계, 인덕 이런 것들은 전부 다 나쁘다.

남자들은 저런 運에 한 번씩 밀수 같은 것을 해서 큰돈을 벌기도 합니다. 불법적인 것을 해서 오락실, 밀수 그리고 일반적으로는 제일 많은 것은 기호식품 중에서 술이 제일 많죠. 술 酒자니까 그죠?

유흥에 관련된 장사, 그 다음에 저것이 약물을 의미하잖아요. 술이 약이니까 약물 중에서 최고 돈이 되는 것이 마약이죠. 그런 것도 배달하는 것, 택일도 하고 그래요.

선생님 약 좀 배달해야 되는데 좋은 날짜 좀 잡아 주세요, 하는데 天乙貴人 든 날 잡아 줬는데 옛날 십 몇 년 전이죠. 재료를 가지고 와서 서울에서 부산 내려오는 고속도로에서 차 안에서 만든데요. 냄새가 워낙 지독하기 때문에 탑차 같은 곳에다가 위에 뚜껑을 열고 달리면서 제조를 하는 거죠.

그래서 냄새를 말려서….

“물건은 김해에 내려와 있는데 선생님! 제일 중요한 것은 물건을 옮기는 일입니다. 일진을 좀 봐 주시죠?”

“참 좋은 약을 옮기시는 모양이죠?”

그만큼 天乙貴人 작용이 중요합니다. 그 다음 소식은 몰라요. 잡혀 들어갔다는 소리는 못 들었고, 하여튼 그런 어떤 일반적인 행위가 제도권에 여러 가지 허가된 일이 아닌 것에 가담해서 큰 재물을 장악하기도 하는 것이 닭 酉자다.

그러니까 경제적인 보상이 좋은 이유는 大陰陽, 그렇다고 해도 재물은 있는데 배우자와 복잡한 것들이 이런 작용 때문에 그렇죠.

제 13강 • 戊일간의 실관 Ⅷ

戊 - 酉 /

원래는 이 공부가, 亥子丑 이것이 道門에 걸려 있는 공부이기 때문에 혼자 공부할 때도 亥時, 子時, 丑時 그 다음에 공간적으로 보면 이런 속성이 있는 쪽에서 조용하게 그것이 안 되면 낮에 물을 부어서라도, 그때 寸鐵殺人의 질문을 던지는 사람들이 있거든요.

그러면 그때 갑자기 "가르쳐 주마, 이게 진짜 리얼리티다!" 하면서 강의를 하기 때문에 하는 수 없이 듣는 사람들도 거기에 걸리는 사람들이 있거든요.

닭 酉자는 비교적 리얼리티에 가깝게 설명했지만 또 다른 것들은 다듬어서 설명할 수밖에 없는 경우들이 있습니다. 특히 관상학 강의, 이런 것들은 누구? 이러면 누구 얼굴에 누구 이마에 누구 눈썹, 이러면 그 사람의 인신공격을 하는 모양이 되기 때문에 맑은 정신에는 잘 안됩니다.

제가 89년도에 강의를 처음 시작할 때는 아예 술을 숨겨서 오는 거죠. 그때는 좌식 책상에 앉아서 4~5명 강의를 했는데 1시간쯤 하고 나면,

"혹시 목 안 마릅니까?" 이러면 "목이 마르다." 하면 술을 살짝 꺼내 놓는 거죠.

그러면 딱 한잔씩만 하고 같이 하자. 이렇게 해서 술 먹다 보면 있는 소리, 없는 소리 다

하는 거죠. 녹음만 이제 못하게 서로 컨트롤하고,

"그 새끼 그거 두고 봐라! 저거 꼭 망한다."

이렇게 험한 말은 사실은 술 먹고 해야 편하게 하는 것인데, 그것을 교묘하게 이용해 먹은 팀들이 있어요. 그 팀이 두 팀이 있었는데 89년도 강의할 때 그랬었는데 그때는 사람이 명수가 많지 않으니까 그랬고, 96년도에 한 강의가 그랬고, 그 다음에 그 이후에 2002년 팀들은 강의 끝나면 무조건 술집으로 가요. 그때 20명 들었는데 한 15명 제쳐 놓고 우리끼리만 가서 질문할 것 있잖아요?

중요한 것 3개, 그것 가지고 실제 중요한 질문 3개에 대한 답이 30분 이상 걸려요. 그것이 큰 논리에 걸리기 때문에, 그런데 그때 공부했던 팀들이 좀 야무지게 했죠. 그 방법을 이용해서 왜냐하면 대신에 녹음은 안 한다.

다음에 해 드려야 될 것이 실례거든요. 戊가 酉를 가진 사람 중에 누구, 누구 이 사람이 인신공격이 되기 때문에 여기서도 다 말하지 못하는 것이고, '누가 그런데?' 그러면 그 사람의 여러 가지 행동적인 특성 그런 것을 바로 연결시킬 수 있잖아요. 그런데 그것을 강의실에서 하는 것은 한계가 있는 것이죠.

그렇게 해서 그때 그 팀들이 2002년 팀, 96년 팀, 89년 팀인데 89년 팀들은 진짜로 험한 소리로 반이 욕이라. 그 새끼 원래 그래서 그렇구나! 대신에 공부는 야무지게 한 거죠. 실관을 여러분이 많이 하셔야 하는데, 이 공부는 뒤에 실관을 어느 정도 한 다음에 정리를 하는 차원에서 듣는 강의가 맞거든요.

그런데 이것을 처음 듣는 분들은 실관을 많이 해야 됩니다. 실관을 많이 하다 보면 이렇게 연결이 되고 짜깁기가 되는구나 하는 것을 알 수 있는데, 이런 사람도 있습니다.

물론 다른 곳에서 역학 공부를 했고 여기서도 공부한 사람들이 차이를 확연하게 느끼는데 다른 곳은 보병 훈련소 같고 여기는 공수부대 출신 같다고, 가장 전투에 요긴한 것들을 많이 정리를 해 놓은 공부다. 그 다음에 책으로 공부를 할 때는 대부분 다 吉凶論으로 매몰되어 있잖아요.

吉凶論 중심으로 되어 있는데 현대사회에서는 최종적으로 吉凶論으로서 귀결되는 것도 많지만, 吉凶論만 가지고는 설명이 다 안 되거든요.

오늘 같은 경우에도 왜 피곤했느냐? 학과도 안 적어 오는 거죠. 어제부터 원서 접수 했잖아요. 학과도 안 적어 와서 뭐라고 이야기를 하느냐 하면, 자기 친척이 10년 전에 왔을 때, 그 친구는 연세대학교 공대 무슨 과다, 이런 식으로 運命적으로 닮은꼴의 모양새를 설명해 주었다는 것이죠.

"그런데 우리 아이는 왜 그렇게 안 해 줍니까?"

"보세요! 과일이 사과라고 분석이 되어야 이 사과는 이쪽 상자에 끼워 넣어서 요렇게 팔면 얼마짜리가 되고 이렇게 분석이 되지만, 당신 자식은 어떻게 보면 사과 같기도 하고 어떻게 보면 배 같기도 하고 고구마 같기도 한데 이 아이가 과가 어디에 있습니까? 그냥 되는 데로 가는 겁니다."

그렇다고 못 먹고 못 사는 것은 아니다. 그것으로 위로를 받지만 지금 당장에 나는 무슨 대학, 무슨 과다, 이런 자료도 안 가지고 온 거예요.

어이가 없어서 직업적인 연결부분하고 가까이 근접할 수 있는 범위는 이 정도다. 이렇게 설명을 하니까 그렇게 보지 말고 자기 친척 봐 준 것처럼 무슨 대학교 무슨 과 찍어 달라 이거죠. 그것은 총장님한테 가서 물어 보고, 나는 도저히 당신 자식 그렇게 못 봐준다.

그러니까 八字가 格이 갖추어져 있거나 형태가 뚜렷하면 충분히 가능하죠. 이 친구는 무조건 서울, 연, 고대다. 그 다음에 전공분야는 이 분야, 아니면 이 분야다. 이것이 정해지는 八字들은 실제로 전공 분야의 폭이라는 것이 이렇다는 거예요.

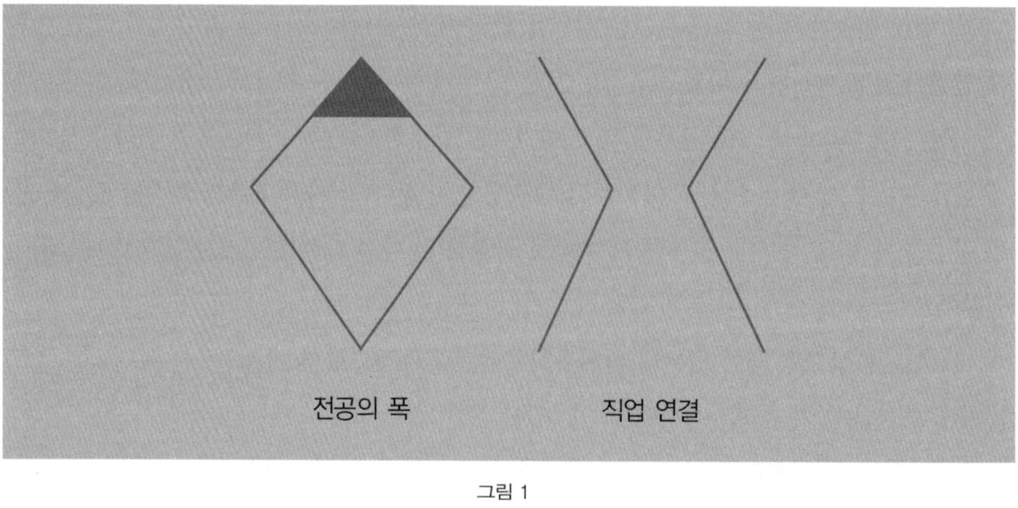

그림 1

딱 정확하게 이(그림 1) 그림을 이해해 둘 필요가 있어요.

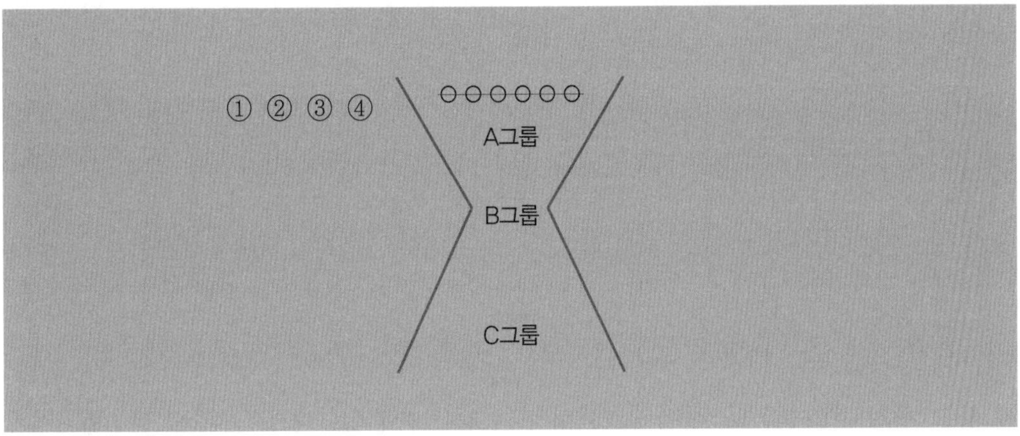

그림 2

직업 연결해서 八字를 분석해 나갈 때 이(A그룹) 정도쯤에 배치된 사람들이 있어요. 格이 반듯한 사람들은 이렇게 이 레인지 안에서 영어도 잘하지, 수학도 잘하지, 국사도 잘하지, 국어도 잘하지 이런 식으로 다 소화해 낼 수 있는 능력이 있는 에이스 맨들이 있다는 겁니다.

이런 사람들은 최선의 전공은 1, 두 번째 전공은 2, 세 번째 전공은 3, 네 번째 전공은 4, 이렇게 해 주는 것이 가능하다. 이(C그룹) 밑에도 1, 2, 3, 4가 있거든요. 글의 형식은 똑같이 적어 주면서 내용은 알고 있거든요. 이(A그룹) 사람은 1을 해도 할 수 있고 2를 해도 할 수 있고 3을 해도, 4를 해도 할 수 있는 사람. 이렇게 선택의 범위가 格이 잘 갖추어져 있기 때문에 넓어져 있는 사람들이 이 윗부분에 포진하고 있다. 공부와 직업연결이 제대로 되어 있는 사람들이죠.

그 다음에 정말로 딱히 맞히기 좋은 사람들은 이(B그룹) 사람들이에요. 格이 약간 훼손되어 있는데 훼손된 방향이 뚜렷한 것이죠. 너는 驛馬, 이렇게 꽂혀 있는 것이라. 그러면 그 사람들은 1, 2, 3, 4를 적어 주더라도 1, 2, 3 이 정도까지는 유효하고 나머지 4, 5, 6은 재미로 적어 주는 거죠.

왜? 이쪽에 관심을 가지는 세월은 있다. 왜? 破格이기 때문에. 그런데 약간 破格들이 바로 이렇게, 1, 2, 3 이 안에 답이 있거든요. 정말 잘 하는 놈은 너는 사시 쳐도 붙고, 외시 쳐

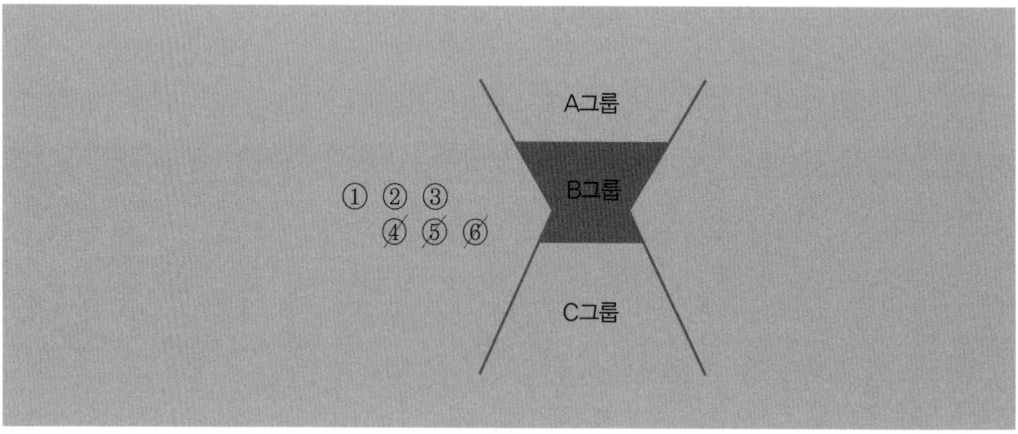

그림 3

도 붙고, 행시 쳐도 붙는다. 이런 모양들이 이(A그룹) 위에 있다니까요. 이놈들은 5번 6번까지 다 할 수 있어요. 그래서 때려 치우고 의대 가도 된다. 다 소화해낼 수 있는 능력을 가진 친구들이 있고, 그 다음에 약간 破格인데, 破格의 모양새가 일정하고 균질하기 때문에 이(B그룹) 친구들은 정확하게 1, 2, 3 안에 딱 들어가 있는 거죠.

그 다음에 여기서(A그룹) 우선 순위를 매겨 주는 것이 뭐냐면 1, 2, 3이 대체로 경향성이 더 짙다라고 하는 겁니다. 그런데 이쪽(4,5,6)으로 가도 이놈은 된다는 거죠. 틀리기 싫어서 이렇게 적어 주는 것이지 실제로 이런 에이스 그룹들은 이 안에 다 걸리게 되어 있는데, 이(B그룹) 경우에는 요것 밖에 없거든요. 괄호밖에 안 됨, 써 주기는 써 준다. 왜? 살아가면서 한 번은 기웃거리게 되어 있거든요. 언제? 그 기운을 도와 줄 때다. 원래 이것이 成格인데 옆에 어느 놈이 와서 破格을 만든 거죠. 그러면 내가 갈 길이 이 길이잖아요. 그래서 成格에서 딱 방향을 잡은 것이 이 직업이다. 1, 2, 3 번….

그러면 4,5,6번은 뭐냐? 하면서 돌아볼 때가 있다니까요. 이것이 재미로 자기가 한 번 섭렵을 하거나 관심을 가져 보게 되는데, 이(A,B그룹) 안에 있는 사람들은 굉장히 八字를 봐 주기가 용이한데, 이런 놈들은 많이 안 옵니다. 엄마가 부지런해서 온 것이지 자기가 부지런해서 온 것은 아니거든요. 자기 나름대로 고민해 보니까 나는 이것도 할 수 있고 이것도 할 수 있는데, 이것 아니면 이것을 하면 좋겠다. 결국은 자기가 成格된 모양으로 앞으로 가! 이렇게 되는 것이거든요.

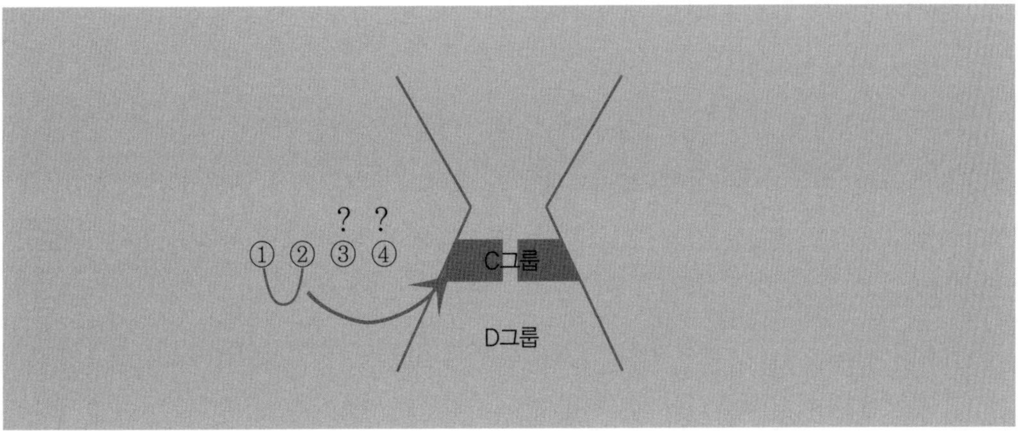

그림 4

이(A,B그룹) 정도까지는 예쁘게 되어 있는 모양이고, 나머지 여기서(C그룹)부터는 1번도 글쎄올시다. 2번도 글쎄올시다. 3번도 글쎄올시다. 4번도 글쎄올시다. 그런데 비교적 1, 2번이 이 놈하고 비슷하게 닮아서 사는 놈들이다.

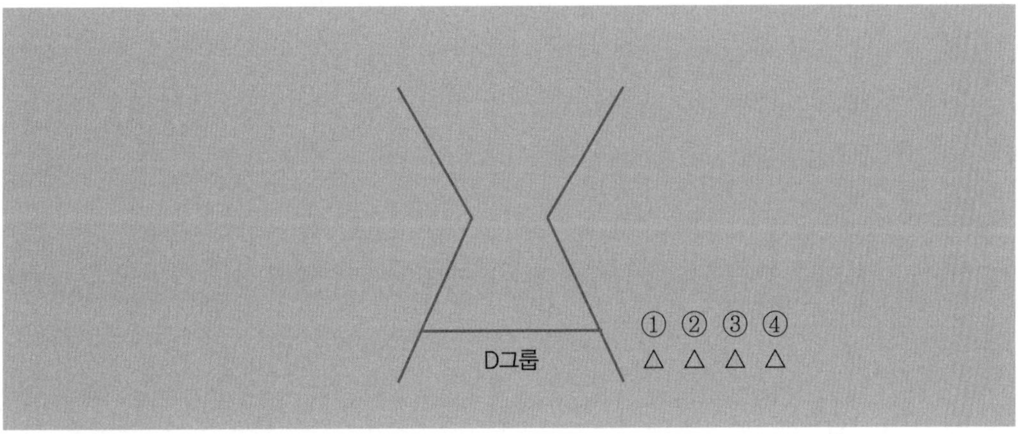

그림 5

그 다음에 이(D그룹) 밑에 있는 것은 비빔밥, 말 그대로 비빔밥 날나리다. 아무렇게나 말해 줘도 되거든요. 이것도 할 수 있고 저것도 할 수 있고.

"선생님 그렇게 성의 없이 봐 주십니까?"

"성의가 없는 것이 아니고 진짜다."

너는 기계공학을 전공하나, 상대 가서 무역을 전공하나 사는 내용은 똑 같다. 어떻게 똑 같단 말입니까? 결국 기계 다루는 회사에 갔다가 運이 오면 자기사업 하느라 나올 것이니까, 상과도 맞고 공과도 맞다는 거죠. 그러니까 1, 2, 3, 4 적어 주다가 1번도 세모, 2번도 세모, 3번도 세모….

똑같이 1, 2, 3, 4라는 글의 형식은 만들어 놨어도 의미가 다 다르다는 것이죠.

그 다음에 맨 마지막에 전혀 해당사항 없는 사람들이 있습니다. 공부하고는 해당 사항이 없는 사람들, 이런 사람들도 물론 거기에 우선 순위에 있는 것으로 格에 간섭하고 있는 인자를 중심으로 써줍니다.

그래도 대충 그것이 많이 끌리더라 인정을 해 줘요. 인정을 해 주지만 전부다 세모, 세모, 세모…. 벼슬길을 가더라도 높지 않을 것이요. 일반직장을 가더라도 큰 자리까지는 못 갈 것이요. 장사를 하더라도 빨리 못할 것이요. 그 다음에 사업 길에 나서더라도 대성을 하기 어렵다. 그렇다고 직장생활이 맞는 것도 아니다. 이것이 환장할 노릇이거든요.

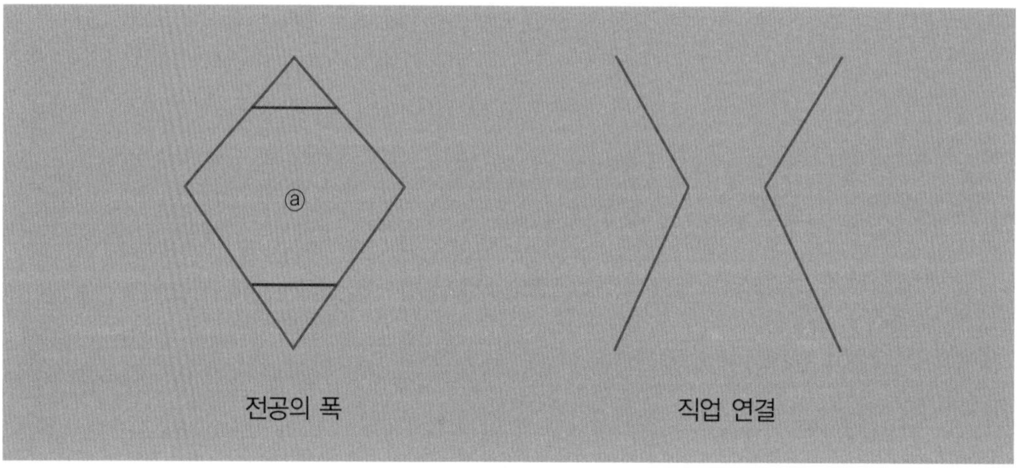

그림 6

그러면 손님 비율은 이렇거든요. 손님을 절대적인 다수로 생각을 해 보시면 1, 2, 3, 4, 5 다 써주지만 너도 세모, 세모, 세모로 세모를 안 써줄 뿐이지 뒤에 마크를 안 해줄 뿐이라는 거죠.

그러면 본인이 봤을 때 뭘 하라는 말이지? 이러면 미안하지만 너는 할 것이 없다. 너는 직장에 들어가도 대충 조직에 많은 보탬이 되는 것이 아니고, 어리버리하다가 장사를 해도 딱 부러지게 하는 것도 아니고 어리버리한데, 이 중간쯤에 이 형태들은 조금 낫습니다.

직장생활 조금 하다가 때려치우고 나와서 마누라하고 장사를 하는 쪽으로 가라. 이런 것이 있거든요. 아니면 친정의 모친하고 사업을 해라. 이런 식으로 破格이라도 방향이 정해진 놈들이 있고, 沖 맞아 있는데 刑 맞아서 오갈 데 없이 이렇게 되어 있는 破格들이 여기에 (C,D그룹) 있단 말이죠.

전공이나 직업 연결성의 구조가 이런 구조로 사실 왜곡되어 있다는 것을 여러분들이 이해를 먼저 해 두어야 된다는 겁니다.

그리고 이것을 선택할 수 있는 數적인 포진은 이렇게 되어 있기 때문에, 이 아이는 아무것도 안 되고 이 아이는 다 되고 이렇거든요. 數적으로 보면 이렇고, 그 다음에 직업연결의 구조로 본다면 이 그림을 이해하고 있어야 되는 겁니다.

여기(그림 6-ⓐ) 있는 친구들은 어느 한 쪽으로 완벽하게 정해져 있지 않다는 거죠. 대충 경향성이 이쪽에 가깝다. 그래서 비빔밥論이 나오는 겁니다.

八字의 구조로 본다면 이런 비율로서 연결을 하시면 되고 역학공부도 마찬가지죠. 다른 것도 해 봤다가 이것도 해 봤다, 이런 식으로 전부 다 골고루 섞인 사람이 있는 거예요.

여기서 하나를 선택해서 탈피해서 쪽 빠져 나올 수 있는 압력을 주어야 되는 거죠. 옛날에는 非人不傳 컨셉이라는 것이 신발정리 3개월, 화장실 청소 3개월, 불 당번 3개월로 서러움을 막 주는 거죠.

그렇게 해서 여기에 올라오는 사람에게만 학문적으로 많은 것을 담아 주려는 학계 방식이 옛날 도제 방식이었으니까, 이런 왜곡을 상담하면서 알고 있어야 된다는 것이죠. 이놈은 국, 영, 수 다 잘하는 놈이다. 행시, 사시, 외시 다 접근할 수 있는 놈이다.

그 다음에 이놈(B그룹)은 破格이 예쁘게 되어 있기 때문에 이것(1,2.3) 안에만 있어야 되는 놈이다. 그 이하는 이것도 애매하고, 이(B와 C 사이) 중간쯤 되는 것이 이것이겠죠. 1번, 2번은 동그라미고 3번부터는 세모, 가능은 한데 큰 재미는 없을 것이다. 그런데 문제는 운이 없을 때는 꼭 이것을(3,4,5) 고집한다니까요. 바락바락 우깁니다.

"이 아이는 이것(1,2) 꿈도 안 꿉니다."

"알았다. 그러면 10년 뒤에 다시 와라."

10년 뒤 쯤에는 결국 이쪽을 가고 있는 거죠.

이(그림 7) 八字 같은 경우에도 이 정도 보다는 약간 밑이에요. 그러니까 해 줄 말이 없는 거죠. 올해가 최고 運 더러울 때라,

올해 시험 친 애들이 庚午생들이죠.

時	日	月	年
乙	庚	癸	庚
酉	寅	未	午

그림 7

올해 戊子年에 天干에 癸水를 묶어 버리잖아요. 그래서 秀氣流行을 막아버린다. 金이 水로 소통하는 것을 막아버리고 子가 子午相冲 空亡이잖아요. 官이 空亡해 있다는 것은 소년에 글공부나 학문을 이루거나 직업을 이루는 연결성에 반드시 방해가 있다.

年月이 空亡에 소년 무력이잖아요. 소년에 힘쓸 만한 도구를 제대로 익히기 어려운데다가 歲運이 戊子年에 子水傷官을 만나 버렸잖아요. 官은 官인데 형태는 正官의 국립 모양을 하고 있는데 子午相冲해서 傷官으로서, 이것은 天干은 秀氣流行을 막았기 때문에 마음은 답답하고 현실은 깜깜하다.

"선생님! 어느 대학 무슨 과에 갈까요?"

"자료는 가지고 왔나? 갈 수 있는 과?"

"너무 많아서 좋은 것 빼고 전부 다 됩니다."

아무 곳이나 가라가 사실 답인데, 그리하면 복채 도로 내 놓으라고 하잖아요. 그러니까 설명을 살살 꼬아서 하는 겁니다.

이 아이는 앞으로 살아가면서 직장으로 계속 가기 어렵거든요. 가다가 안 되는데 빨리 장사를 시작할 수도 없는데, 그 이유는 偏, 財星을 늦게 쓰잖아요. 장사를 빨리 할 運도 아닌 거죠.

셋째, 하는 수 없이 직장생활로 보내야 되는데 官이 空亡했으니 직장에 참여하기도 어렵고 들어가서 안정하기도 어렵다. 그럴 바에야 차라리 감투 발전하고 상관이 없는 직장을 가는 것이 좋은데 그것이 부득불 자격이라, 너는 자격증 분야다. 이건 정말 되는 것이거든요.

이 未가 자격증이거든요. 자격증을 하든지 아니면 교육을 하든지 영업을 하든지, 계급장하고 상관이 없잖아요? 안 그러면 연구직인데, 연구하겠어요? 그것도 하나의 팁으로 주는 거죠. 공부를 좋아하면 할 수도 있다.

그 다음에 기타 月에 있는 傷官의 속성을 통해서 하는 것은 언론방송, 기타 상업예술, 남자들은 공학 쪽으로 가서 기술인데, 그런 쪽으로 갈 수는 있는데 가봐야 결국은 직장 생활하다가 깨진다라고 하는 運命的 歸結論에 가 있잖아요.

그러니까 실컷 구조적으로 하나, 둘, 셋, 넷 설명을 다 했잖아요.

"무슨 말입니까? 직장을 가란 말입니까? 말란 말입니까?"

"네 마음대로 살아라…."

부득이하게 최선을 찾았다는 것이 자기한테 아무 감각이 없는 것이에요. 그러니까 결국 소년에 官星이 비면, 官星을 쫓아 가려고 하거든요.

"법대나 정치외교는 어떻습니까?"

"그것도 괜찮은데, 그것도 먼 길이 된다."

"그러면 자격증은 상과 쪽으로 회계사, 이런 것을 하면 안 되겠습니까?"

"그것도 가능한데, 세월이 많이 걸릴 것이다."

그러니까 시간이 질질 늘어지는 것이죠. 자기는 이것 속에 있을 것이라고 생각하고 상담을 하지만 미안하게도 여기에 있는 거죠.

결국은 직장생활 하다가 때려치우고, 초기에 장사를 해서 거덜 나고, 결혼을 해서 마누라하고 장사를 해서 잘 먹고 잘 산다. 이것이 귀결이란 말이죠. 그런데 그것을 지금 살짝 설명해 주는데 지금은 전혀 감각이 없는 거죠. 그것이 앞으로 20~30년 간 펼쳐질 일들인데 그죠?

그러니까 계속 입이 튀어 나와 있는 거죠.

"우리 친구는 과도 정해 주고…."

다음 손님 들어오라고 하면 열 받을 것 아닙니까? 자기가 기대하고 온 수준이나 답이 있는데. 그래서 이런 구조의 왜곡이 있는 것을 그대로 전제해 두고 사람한테 지도를 해 줘야 한다는 것이죠.

그 다음에 이 공부도 마찬가지로 이런 구조가 발생하는데 이쪽으로 빨리 가려고 하면 여기서 신발정리 3개월, 이런 것을 안 했기 때문에 이것을 바로 亥子丑으로 묻어 가야 되죠.

오늘 같은 경우에도 얼마나 갑갑했겠어요? 결국은 뒤에 元嗔 때문에 재산 번영의 한계가 있겠죠. 그 다음에 寅木이 세력을 얻고 있는 방향으로 가고 있잖아요.

甲申, 乙酉, 丙戌, 丁亥, 네 번째 大運 들어가죠? 이때 쯤 되면 이 중간쯤에 결혼이 이루어지고, 자식이 오고, 이때 쯤 마누라가 설치는 단계가 오면서 처 德을 이리저리 봐서 경제적인 번영이 이루어지는데, 결국 그것을 받아들이는 데까지 수많은 세월이 필요한 것이죠. 그 설명을 진짜 리얼리티로 말해 줄까, 입이 들썩들썩 하는데도 다시 설명해 주는 거죠. 직장은 인연이 약하며 등등…. 또 설명을 하는 거죠.

그래서 최종적으로 결론을 내 주겠다 해서 어학을 해라! 애매하면 어학을 하라고 해서 학원조직에 가서 경험을 쌓은 다음에 학원사업을 하다가, 뒤에 마누라와 같이 동업을 해라. 형태는 비슷하게 正印의 모양을 가지고 있으니까 말로 먹고 사는 과정을 만들면 된다.

그러니까 머리를 긁적긁적 하면서 가는 거죠.

이(그림 1) 그림을 머리에 두세요.

여러분이 설명을 해 주실 때도 이 구조를 머리에 이해해 두시고, 똑같은 1, 2, 3, 4라도 동그라미 1, 2, 3, 4가 있고 세모 1, 2, 3, 4가 있다….

질문

일간에 天冲이 올 때는 어떻습니까?

답변

그러니까 天冲이 오니까 물론 이것이 현실적인 충돌 국면은 아니지만 정신적으로 번거로운 일이 생기잖아요. 제가 庚일주잖아요. 오늘 甲日….

질문

日에서 甲이 왔을 때와 丙이 왔을 때의 차이점은 뭡니까?

답변

甲이 왔을 때? 丙이 왔을 때? 보통 주도권 요소죠. 제가 경험적으로 보면 日干에 偏財가 붙으면 실제 아침부터 번거로운 일이 많이 생겨요. 몸이 바쁜 것도 있지만 마음이 바쁜 것 있잖아요. 아침부터 전화 와서 이런 것들이….

그것을 컨트롤할 수 있는 주도권은 저에게 있지만 번거로울 수밖에 없는 상황이 자꾸 만들어지는 것이다. 거기다가 오늘 제 日辰이 空亡이 되어 버리니까 질질 늘어지는 거죠. 빨리빨리 마무리 하려고 하는데, 질질 늘어져 버려서 아침도 못 먹고 점심도 겨우 뛰어 가서 겨우 먹었어요.

그런 상황은 되는데 丙은 움직임이 많다라기 보다는 실속 없는 데 하는 수 없이 시달려서 딸려가야 되는 거죠.

바쁘기는 쉽죠. 10개의 甲日柱가 오면 그 중에 7개는 반드시 아침에 후다닥 거리면서 움직이고 있어요. 한 3개 정도는 그런 작용이 약하게 오는데, 정신적으로 번거로운 일들이 많이 생기는 겁니다.

戊가 戊을 볼 때

戊에서 戊로 넘어가서….

戊 - 戊 / 六親

형태상으로는 比肩, 12運星 戊은 寅巳申戌에서 무기 있죠? 생각해 놓으셔야 되고. 그 다음에 自坐入墓죠. 自坐入墓를 생각해야 됩니다.

自坐入墓는 전생에 수행적인 삶을 많이 살았던 흔적들, 그런 것으로 보면 되죠. 그 자체로 특히 月에 있는 경우가 그런 작용이 많다. 시체처럼 살았다는 말은 움직이지 않고 살았다 이 말이거든요. 그 말은 고도의 정신적인, 몸을 까딱도 안 하고 있었다는 말이, 고도의 정신 행위를 했다 이 말이죠. 고도의 정신적인 행위를 하는 시간 상황, 이런 것이 발생한다라고 보는데 태어난 달에 있으면 달을 전생에서 뿌려진 인자로 해석을 하기 때문에 특히, 개 술자의 행위는 개가 뭐냐면 "앉아!" 하면 딱 가만히 있잖아요. 그 중에서도 다른 동물들은 辰戌丑未 중에 소도 가만히 앉아서 되새김질을 하죠.

그 다음에 龍은 본적이 없고 양도 그렇고 개만큼 가만히 있는 동물이 없다니까요. 줄로 묶어 놔도 이렇게 있잖아요.

이 악물고 辰戌丑未 중에서 파워풀이 戌에만 모이잖아요. 개 戌자가 앉아 있는 모양이 禪이잖아요. 수행 중에서 申酉戌을 釋門으로 묶어서 보죠. 그런데 申은 西方淨土인데 문턱에 해당하는 것이 되어서, 보통 요식적인 행위, 형식 불교가 되는 것이죠.

酉는 교리적인 측면에서 수행하는 것이고 戌은 그런 것도 뛰어넘어서 道門으로 들어가죠. 그것을 하기 위한 관문과 같은 것이 바로 禪에 의한, 교리적인 수행이 아니라 禪 수행으로 본다는 겁니다.

부처님이 앉아 있는 모양이나, 干支적으로 보면 陽氣를 안으로 감추고, 밖으로는 빳빳하게 형태를 유지하고 이런 것을 개 戌자로 보거든요.

그래서 수행의 인자를 가장 많이 대표하는 글자가 개 戌자입니다.

亥水부터는 아예 안 보이는 세계로 가 버리죠. 있는 듯이 없는 듯이 돼지가 멀리서 보면 눈을 떴는지 안 떴는지 안 보이거든요.

戊 - 戌 / 12運星

12運星으로는 자체 入墓고 이런 의미를 갖는다. 고도의 정신적인 행위 이런 것들이 이루어지는 것이 戊가 戌을 봐서 이루어지는 것이고, 丙이 戌을 보는 것도 入墓 작용으로서 마찬가지인데 戊나 丙은 入墓를 가장 싫어하거든요.

자기 자체가 陽운동으로 달리자, 이런 운동성 속에 있는 사람이니까, 大陰陽의 논리에서 볼 때 戌에 들어간다는 것은 자기를 가장 억제하고 고도의 정신 수양을 하는 것과 똑같은 겁니다.

壬水 偏財가 祿 바로 전에 冠帶죠. 癸水 正財가 衰地죠. 甲木 偏官이 養地에 들어가고 乙木은 墓地가 되죠. 卯 고장지가 되죠.

그래서 偏財는 비교적 冠帶의 자리에 와 있어서 運氣상 상승하고 외부적인 조건을 따라서 움직이는 어떤 모양이 되고, 正財는 五行적 대세는 약하지 않다.

申酉戌, 亥子丑에 五行대세에 水가 약하지 않은데 활동력이 밖으로 두드러지지 않는다는 뜻이고, 甲木은 養地라는 말은 투출이 되면 조금 써먹을 수 있는 단계, 乙木은 入庫가 되어서 약한 모양이죠. 그래서 강한 조직성을 가지는 모양은 아니고 대체로 財星을 많이 따르는 모양인데 戌이라고 하는 것은 보통 정신적인 행위, 의료행위, 卯酉戌 이 속성 아시죠? 卯酉戌이 대체로 활동하게 하고 거두어들이게 하고, 그 다음에 개 戌자는 완전히 마감시키는 그런 작용이 되죠.

직업적으로 교육적인 일이나 의료적인 일이나 종교, 철학 그 다음에 華蓋의 속성에 해당하는 것이 예술이라든지, 이런 것에 관련된 직업 특성을 가짐으로써 성공 번영이 된다. 가장 세속적인 직업에 가까이 가더라도 개는 지키는 것이니까 교육, 금융 이런 쪽이 되겠죠.

戊 - 戌 / 吉凶

吉凶的으로 보면 대체로 吉작용이 3~4, 凶작용이 5~6이 되죠. 세속적인 활동성이 그렇게 강하지 않기 때문이다. 그런데 대체로 吉작용을 적용해서 경제적인 번영을 이룰 때 보면 申酉戌이라고 하는, 기본적인 금전 환경이라고 하는 환경이 맞물려 있죠. 그래서 저런 모양에 다른 것이 잘 구성되어 있는 사람은 엄청나게 넓은 땅을 가지고 있기도 한다.

戊 - 戌 / 年月日時

年

그 다음에 年에 개 戌자가 있다는 말은 선대의 몰락성이죠. 그 다음에 기도나 수행의 조상인연 이렇게 보시면 됩니다.

月

그 다음에 月에 있다는 것은 일종의 月墓가 되는데 전생수행으로 보죠. 직업적 특성은 교육, 의료, 종교, 철학 이런 분야에 가장 많이 관련한다.

日

그 다음에 태어난 날은 그 자체가 魁罡이 되죠. 魁罡荃을 가지고 있어서 성공이나 번영에 어떤 큰 에너지나 압력이 믹스가 되어 있죠. 가장 크게 성공을 하는 사람들도 있고, 가장 크게 멍이 드는 과정을 만날 수 있는 것이 뭐냐 하면 戊의 번영성, 戊 자체는 가장 밝고 가장 좋은 모양이에요. 地支로는 辰이나 巳. 陽氣가 밖으로 활짝 피어 있는, 꽃이 활짝 피어있는 기상을 의미하기 때문에 자기 자신을 잘 숨기거나 잘 감출 수 없다는 것이죠.

숨기거나 감출 수 없는 기운을 가지고 있는데, 戌자는 陽 운동을 마치고 가장 활발하게 숙이는 운동으로, 해가 아무리 길 때도 져 버리는 공간이다.

時

그 다음에 時에 들어가면 時가 壬戌時가 되죠. 여기에 白虎大殺이 놓이게 되죠. 말년에 수행 환경에 가까운 공간으로 움직이게 되죠.

그 다음에 時上 偏財가 되죠. 말년 재물희사. 재물 희사를 할 수 있다는 말은 그만한 경제적인 힘이나 에너지를 가지고 있다. 時上偏財라고 하는 일반적인 뜻을 생각해 보십시오.

그 다음에 말년에 戌자가 적멸성을 의미하기 때문에 본인이 개인적으로 수행하는 사람들도 있고, 자식들과 아주 멀리 소원하게 사는 환경도 되죠. 官星 자체가 크게 드러난 것이 아니죠. 자식의 활동력에 따른 관계 형성이 활발하지 않다.

戊 - 戌 / 운의 해석

運의 해석에 가서 戌運에 이르면 大運 자체에서는 戌運에 이중성이라고 했죠. 기본적으로 이중성 인자의 발생이다.

그 다음에 戊日柱에 戌은 자체 入墓니까 보통 본인의 개인적인 개성이나 기질을 드러내지 않고 변화가 작은 일에 가담하여 경제적인 실익이 없는 것은 아닙니다. 개를 부린다 함은 수시로 남의 것을 빼앗아 올 수 있고, 있는 것을 잘 지킬 수 있다는 뜻이죠. 개 한 마리 키우는 것도 그런 작용을 하는 어떤 흐름 속에 있다 보시면 됩니다.

그 다음에 닭 酉자와 접속되면서 酉運이 다가오느냐 酉運을 빠져 나오느냐 이런 것에 따라서 富貴貧賤이 酉하고 戊사이에는, 酉가 상당히 강한 압력을 가지고 있다고 했죠. 그것이 해체되어 버리는 과정이 오고 酉運에 얼반 죽었다 하면, 戊運은 그것이 편해지고 수월해지는 과정이 발생한다. 이렇게 보시면 됩니다.

그러나 완벽하게 富貴貧賤이 잘 안 바뀐다는 것이죠. 이중성 때문에 戊運에는 압력은 많이 발생해 있다.

戊 – 戊 / 男女

남녀 공히 쓸쓸하게 쓴다는 동작의 의미도 있습니다. 남자도 싸늘하고 여자도 싸늘하게 물론 寅午戌에 陽운동을 연결해서 쓸 수가 있죠. 그러나 戊이라고 하는 것은 수시로 陽운동을 만들어 내기 때문에 그 위치가 큰 陰운동 속에 있죠. 五陰之處죠. 기본적으로 陰氣에 가려져 있기 때문에 어떤 것은 괜찮고 어떤 것은 고달프고 이렇게 쓰게 되므로, 여자들이 陽운동을 긍정적으로 쓰더라도 고달프게 쓴다.

戊 – 戊 / 綜合

종합적으로 보면 대체로 戊자로 하는 것은 변화가 작은 일이다. 그 다음에 이중성, 이런 것을 감당하면서 가는 것이다. 세속성과는 거리가 있다. 그래서 교육적인 일이라든지 정신적인 일 또는 의료에 관련된 일, 이런 것들에 가담해서 활동을 할 때는 경제적인 보상이나 실속이 꾸준하게 이루어진다.

이 글자 하나에 연관해서 다 해설이 되죠. 저 글자가 중복으로 있는 사람은 자기가 반 도인처럼 행동을 한다니까요.

天干 辛, 地支 酉, 戊, 자기가 신들린 사람처럼...

"너희들 나를 건드리면 신기 온다. 죽는 수가 있다!"

하면서, 그것을 조장하는 에너지가 뭐냐면 이것(辛, 酉, 戌)이에요.

신이라고 하는 것 자체가 설립 立 + 十 = 辛

十자라고 하는 것은 종횡, 인간과 하늘과 땅 이런 것을 엮어내는 그런 것 위에 서 있는 것으로 보기 때문에 심판, 판단 사람이 쉽게 접근하기 어려운 神의 영역으로 들어가는 문턱, 이런 것으로 보기 때문에, 이 글자가 있으면 수시로 神氣가 왔다 갔다 한다. 그래서 상대방이 덤비면 神氣가 출몰한다.

개를 건드려 보면 알죠? 개를 건드려 보면 장난칠 때는 가만히 있다가 자꾸 氣 채우면 확 깨물어 버리죠. 그래서 戌 글자들은 그런 작용력이 있다.

그것이 정서적으로 가을에 肅殺의 之氣를 가지고 있기 때문에 세속성을 확 걷어 버리는 거죠. 내가 성질나면 다 때려 치워 버릴 수도 있다. 이런 에너지를 주기 때문에 그렇다. 저런 것이 있는 사람하고는 잘 지내야 됩니다.

제 14강 • 戊일간의 실관 Ⅷ

戊가 亥를 볼 때

그 다음에 돼지 亥!

戊 – 亥 / 六親

六親상으로는 偏財가 되죠. 그 다음에 他 六親과 걸립니다만은, 甲木 長生에서 木으로 떠드는 이유는 亥水라는 것이 木 長生의 고유 뜻을 가지고 있는 공간이기 때문에, 물론 偏官이지만 木이 長生해 있다는 것은 財하고 官이 같이 무리지어 있다라고 보시라는 겁니다. 그러니까 戊土가 亥水를 껴안으면 그 안에 官이 들어 있기 때문에, 책에 보면 〈夫健怕妻〉라는 말이 나옵니다. 남자가 五行的인 기세가 있음에도 불구하고 偏財가 자식을 얻으면서부터 무리지어, 나와 대적하게 된다. 즉 내가 컨트롤할 수 있는 에너지가 부족하게 되는 것이죠. 갈 때 가더라도 財를 껴안고 새끼를 두고 이건 즐거움이죠. 세상살이에서 발전할 수 있는 기회가 대체로 다른 사람보다 많다. 亥水는 긍정적이다라는 겁니다.

戊 - 亥 / 12運星

12運星은 絕地가 되죠.

戊 - 亥 / 他 六親 12運星

그 다음에 他 六親에서는 壬水가 偏財 祿이 되죠. 그 다음에 癸水 旺地, 正財가 旺地에 해당하고 偏官이 長生地죠. 그리고 正官은 死地에 들어가죠. 똑똑한 놈이 나와 있죠? 偏官 長生, 偏財 祿, 癸水 旺, 이 세 가지가 세상살이 활동에 굉장히 긍정적인 인자를 많이 주게 되는 겁니다. 돼지 亥자 하나만 드러나 있어도 거기에 덧붙여서 직업 연결이 많이 되죠.

戊 - 亥 / 吉凶

吉凶은 일반적으로는 偏財를 보는 것과 같기 때문에 모든 干支들에 비해서 吉작용은 7~8, 凶작용은 2~3, 이 정도 됩니다. 財生殺, 財는 결국 殺을 조장한다.

그런데 亥子丑의 속성 때문에 亥子丑이라고 하는 것이 春夏秋冬 12運星 편에 보면 설명해 놓았지만, 저것을 관계론으로 보면 財星이 맞는데 財星처럼 쓰지 못하는 경우를 많이 보는 것은 戊가 五行대세가 약하다든지 이럴 때, 亥子丑에 역동적인 움직임이 많이 이루어지지 않습니다. 亥子丑이라고 하는 자체가 한밤중을 의미하기 때문에, 그것은 앞에 보편적인 인간론에 걸리죠. 인간은 누구나 亥, 子, 丑時가 되면 시력이 나빠지고 활동력이 둔화된다. 그래서 偏財가 오면 활동력이 커져야 되는데 이것을 역동적인 활동력 즉, 偏, 財星으로서 잘못 쓰는 경우가 많다.

특히 己日柱들은 五行대세가 약하면 더 그렇습니다. 戊日柱는 그래도 陽干은 〈從氣無從勢〉하고, 갈 때 가더라도 어찌되었든 찔러보고 가자 이런 개념이고, 己土日柱는 陰의 속성이 좀 더 깔려 버리기 때문에, 아니면 말고 찔러는 보지만 여의치 않으면 빼 버리는 이런 식의 행동성향으로 감으로써, 이때 보통 偏財나 正財 일반적인 속성을 다 못 써먹는 경우도 많죠.

己土日柱는 그 예가 많고 戊土日柱는 좀 적은데, 戊土日柱들도 五行대세가 강하지 않은 경우에는 이것을 財星으로 못 쓰는 경우가 자주 발생한다고 보시면 됩니다.

戊 – 亥 / 年月日時

年

年에 亥水가 있다는 것은 富貴 중에서 재물이죠. 재물 번영의 집안으로 한때 富戶죠. 재물번영을 크게 이루었다가 쇠퇴했다가 했던 가문의 흔적이 발생하고, 소년에 본인이 그런 것을 보고 자라므로 소년에 큰 재물에 대한 야망의 뜻을 많이 가진다. 소년 사장을 꿈꾸게 되는 것이죠. 저것도 기본적으로 大陰陽이기 때문에 그렇죠. 甲乙丙丁戊가 陽에 속하고 申酉戌亥子丑까지가 지상에 陰이 펼쳐진 것이니까.

月

月에 있는 것은 말 그대로 偏財格의 속성을 갖는데, 이 경우는 일반적인 偏財格과 다른 것은 뭡니까? 財중에 有殺이다. 財중에 殺이 있다는 말은 조건 따라 조직으로 따라가 버릴 수 있다는 말이죠. 쉽게 寅木이 드러나 있다든지 寅木이 드러나 있으면 이 亥水의 작용력을 활발하게 하지 않고, 偏官의 작용을 더 많이 도와 주는 그런 작용을 하면서 조직사회로 가면서 偏財를 다룬다. 그러니까 금융, 이런 것을 다루는 조직사회로 가거나 살림이 큰 조직, 아니면 돼지 亥자를 공간적으로 봐서 해외와 관련된 조직으로 갈 수 있다라고도 볼 수 있습니다.

時

時에는 癸亥時가 붙죠. 말년에도 활발한 금전 활동, 그 다음에 甲木이 長生하고 있음으로써 자식과 동거運은 약하더라도 안정적인 직업, 활동력을 가짐으로써 자식의 번영이 있다라고 보시면 됩니다.

보통 돼지 亥자는 외국으로도 많이 처리하기 때문에 말년에 해외에 근거를 둔 어떤 활동, 주거환경, 금전활동 환경 등이 이런 시기에 잘 만들어진다라고 보시면 됩니다.

戊 – 亥 / 운의 해석

그 다음에 運의 해석에서 돼지 亥자는 富貴貧賤을 많이 바꾸지는 않지만 활발한 금전 활동이죠. 저것을 소극적으로 쓸 때는 정신적 활동이죠. 차이점은 五行대세가 강하냐? 약하냐? 이에 따라 차이가 있다는 겁니다.

時	日	月	年
	戊		
	午	亥	

그림 1

예를 들어 戊午, 戊가 태어난 날에 午가 있으면서 돼지 亥자를 바라보고 있는 경우에는, 자기가 五行대세가 확연하게 짜여 있으니까 偏財를 취하려고 막 쫓아가는 것이죠. 그래서 돈이 있는 곳이라면 외국도 날아간다. 그런 뜻이고 상대적으로 五行대세가 강하지 않다면….

時	日	月	年
	戊		
	子	亥	

그림 2

이런 것을 보면 印星이 특별히 드러나 있지 않더라도 亥子丑의 속성 때문에 정신적인 일에 가담하거나 지키는 행위에 가담되기 때문에, 금융권 조직이라든지 교육, 연구직 이런 쪽의 조직사회로 가서 정신적인 활동을 위주로 삼는 식으로 조금 분화가 될 수 있는 겁니다. 富貴貧賤이 역동적으로 바뀌는 것이 아니라 차근차근 바뀌어 나가는 식이 되는 것이죠.

歲運에서는 대체로 큰돈의 융통, 활동무대의 발전이라든지 이런 인자가 되는 것이고, 대체로 몸이 바빠지거나 여러 가지 일에 가담이 되는 작용을 주로 많이 일으키죠.

戊 - 亥 / 男女

그 다음에 남자는 왕성한 금전 활동으로서 사회활동에 가담하게 되고, 偏財 속성 때문에 결국 많고 적음의 과정이 섞인다는 겁니다.

여자는 五行적인 대세 여부에 따라 조금 잘 쓰기도 하고 소극적으로 쓰기도 하는데, 여자가 조금 더 긍정적으로 쓴다.

戊 - 亥 / 綜合

종합적으로 봐서 어찌되었든 돼지 亥자는 직업적 활동환경이 긍정적이다. 직업 활동에 이렇게 써먹을 수도 있고 저렇게 써먹을 수도 있는, 형태는 분화되게 쓰더라도 다양하게 써먹을 수 있는 것이다. 여자 八字에서 볼 때는 돼지 亥자가 시집이죠?

亥 중에 파묻혀 있는 甲木이 남편보다 잘난 시집, 시집 때문에 피곤하다. 여자가 이런 八字에서는 官이 잘 생겨서 남자 德을 많이 보는 것이 좋고, 시집 德을 많이 보고 남편의 능력이 조금 떨어지는 정신적으로 상당히 고단하게 사는 생활양상이 많이 발생을 하죠.

남자는 偏財와 사는 고달픔, 偏官을 안고 있는 偏財잖아요? 偏財이기 때문에 같이 고달파야 되는 그런 환경을 많이 만나기 때문에 실컷 살고 이혼해 버리죠.

한 20년 실컷 살다가 어떻게 생각해 보면, 저 년이 내 마누라가 맞는데 아이도 내 아이가 맞는데 어떻게 내 뜻대로 안 될까? 그런 고민을 하다가 자기가 직업을 떠나 은퇴를 하면서 이혼까지 가 버리는, 황혼의 이혼들이 많습니다.

저게 〈夫健怕妻〉의 작용 때문에 그렇죠. 亥 중의 甲木의 작용 때문에 결국은 믿고 있던 자식 때문에 자기가 참고 견뎠는데 결국은 자식도 소용 없다라는 결론으로 가 버리는 겁니다. 아들이 마누라와 편을 지어서,

"아버지가 이때까지 해 준 것이 뭐가 있소?"

자기는 그것을 참으면서 열심히 해 줬는데,

"그래? 도장 가지고 와라!"

땅! 찍어 버리고 개 戌자를 넘어선 적멸이죠. 그럼 진짜 산 속에 들어가서 돼지 亥자 기운을 그대로 쓰는 사람들이 있어요. 돼지 亥자는 정말로 눈을 감고 산다, 이 말이거든요. 그러니까 陽氣가 가장 많이 에워싸여져서 생긴 모양도 돼지는 陰운동의 극단이잖아요. 陰 운동

의 극단이라서 둥그렇고, 밖으로 번들번들 미끄러지게 해서 튕겨나가지 않는다는 겁니다.

그런 사람 몇 사람 봤어요. 아예 혼자서 외국에 나가서 사는 거죠. 그런 사람도 있고 절간에서 조용하게 혼자 사는 사람도 있고….

"어떻게 하다가 이런 곳에 사십니까?" 이러면,

"내려가면 마누라도 있고 새끼도 있는데 나는 여기가 좋다."

돼지 運에 가리우면 이렇게 되죠.

틈나는 대로 꿀꿀하는 것도 마찬가지예요. 꿀꿀하는 것도 세상과 등진다는 말이거든요. 돼지처럼 잠을 오래 잔다는 말이잖아요. 陽운동이 별로 없이 지내게 되는 그런 것들이 돼지의 어떤 운동성과 유비가 될 수 있는 것이죠.

따져 보면 각 일간마다 좋은 글자 별로 없다니까요.

戊 – 亥 / 綜合

그러니까 종합적으로 본다면 子丑寅卯辰巳午未申酉戌亥….

子	丑	寅	卯	辰	巳	午	未	申	酉	戌	亥
○	△	× ○	△	×	△ ×	○ △	×	◎	△	△	○

그림 3

子는 긍정적이었죠. 丑은 복잡했고 寅은 극단이죠. 좋고 나쁨이 극단. 卯는 세모, 辰도 부정적인 작용, 巳는 세모 곱표, 午는 긍정적인 작용. 그 다음 세모 작용이 있고, 未는 부정적인 작용이 더 많고, 申은 동그라미 두 개! 이게 제일 좋죠.

酉는 금전에 대해서는 긍정적이지만 六親관계에서 고달픔, 개 戌자도 사회적인 세속성과는 거리가 멀어짐으로써 좋은 작용보다는 부정적인 작용이 많이 섞여 있고, 그 다음에 돼지 亥자는 세속적인 직업연결을 쉽게 할 수도 있는데 조건 따라 왔다 갔다 하죠.

八字 干支를 펼쳤을 때 좋은 글자 몇 개, 안 좋은 글자 몇 개 이것을 보면 끝이 나는 것이

죠. 그래서 地支가 가지는 운동성, 그대로 일러 주면 됩니다.

그래서 이 글자 하나를 봤을 때 파생되어서 쭉 벌어질 수 있는 글자를 확장할 수 있으면, 그 글자의 확장성이 運에 와서 체크가 되거든요.

체크가 바로바로 되면 이 글자를 잘 써먹느냐 또, 이것을 방해하는 運이 아닌가를 체크하면 편안하다, 좋다, 기본적인 환경이 잘 짜여 있다 등을 바로 알 수 있다는 겁니다.

질문

陰陽이 드러나는 경우와, 戊日柱라고 할 때 癸가 드러난 경우와 戊하고 己도 陰陽이잖아요. 그렇게 드러난 경우의 차이가 어떻습니까?

답변

차이가 있죠. 비교를 한 번 해 봅시다.

1)

時	日	月	年
	戊	戊	

그림 4

2)

時	日	月	年
	戊	丙	

그림 5

3)

時	日	月	年
	戊	己	

그림 6

4)

時	日	月	年
	戊	癸	

그림 7

1) 戊가 드러나는 경우에는 이미 陽의 편중성이 드러나 있죠. 陽의 편중성이 드러나 있으면서 같은 것이니까, 정신적 긴장을 주는 것이죠.

일반적으로 比肩 태과의 속성 때문에 항상 빨리 움직여야 되는 거죠. 내 차지가 되려면 내가 동작이 빠르지 않으면 못 먹고 사니까 정신적인 긴장이나 민첩성을 의미합니다.

2)는 편벽성입니다. 짝 짓지도 못하면서 끝없이 내가 햇볕을 받아야 되니까….

"내가 저 피곤한 엄마 때문에 할 수 없다"면서 이를 악물게 되는 힘을 가지게 되고, 그것을 감당할 때는 굉장히 피곤한 것이었는데 시간이 흐르고 나니까 하나의 정신적인 힘이 된 거죠. 일종의 편집성이나 편벽성을 주는데, 편벽은 유능이다.

그러니까 타인과 차별화된 능력을 가지고 있는 것을 outstanding! 맞습니까? 이놈, 저놈 올망졸망 서 있는데 모가지가 긴 놈이 튀어 나와서, 전교 조회할 때 자기 혼자 튀어 나와 있는 것이 outstanding이잖아요. outstanding이 되려면 뭔가 다른 압력이 있다. 정신적으로 뭔가 꽉 몰렸다. 그러니까 이것이 튀어나오는 겁니다. 편벽성, 유능하다는 것이 사실은 편벽성이에요. outstanding! 이것이 病이거든요. 그런데 사람들은 전부다 outstanding이 되고 싶어 하잖아요.

그래 봐야 올망졸망 이렇게 흘러가면 그냥 행불행이 섞여 사는 것인데, outstanding을 만들어 주는 것이 편벽성이죠. 그러니까 항상 喜忌同所를 생각해라. 이 글자 때문에 편벽성이 발생하는 즉, 짝짓지도 못하면서 印星이다 이거죠. 이것을 자기가 정신적으로 힘들게 감당해야 되잖아요. 그래서 편벽성이 생겼는데 결국 그것이 남들에게는 outstanding으로 가더라는 겁니다.

3)은 피곤한 거죠. 그렇다고 큰 大陰陽으로 볼 때 똑같은 土로서 得類잖아요. 그래서 짝도 안 되는 것이,

"형님아, 우리가 남이가?" 이러면서….

정신적 피로, 정신적 희생, 劫財 있는 사람은 잘 압니다. 제 명조에도 劫財가 있어서 아는데 정신적인 희생을 감당하게 되고, 그것을 극복하는 여러 가지 정신적인 역량이 생겨난다. 이렇게 보면 되죠. 그러나 이 정도 가지고 절대로 大陰陽 해소가 안 됩니다.

4) 자족, 자족적인 정신적인 것으로 大陰陽이 맞죠? 그 다음에 글자 자체에 陰陽이 채워져 있죠. 자족적인 것이 사실은 運命 해석에서는 오히려 부정적인 해석을 많이 합니다.

그러니까 天干的인 것은 得類를 좋아해요. 得類라는 것이 무리를 얻는 것이죠. 무리를 짓는 것을 오히려 정신적 충일성이라고 하는데 충일성이라는 것이 어느 한 방향으로 쭉~. 오히려 1)이 잘 사는 거죠. 죽을 둥 살 둥 하니까 눈을 확 돌리면서 먹고 살려니까, 이렇게 밖에 할 수 없잖아요. 地支환경이 나쁘면 이것은 말짱 꽝이고 地支환경이 좋으면 눈이 빠른 데다가 먹을 것도 있다. 그러면 안 뺏기려고 계속 주워 오는 거죠. 그리고 조화로운 得類가 三奇잖아요. 물론 甲戊庚 天上 三奇는 得類는 아니지만 서로 조화, 견제거든요. 그리고 乙丙丁이 다 무리거든요.

그 다음에 辛壬癸도 마찬가지고 그래서, 天干은 서로 得類를 통해서 정신적으로 충일한다. 그것이 뭐냐면 同志 아닙니까? 누구, 누구 同志. 사회주의에서 쓰는 말이지만 우리는 동무죠. 동무는 힘쓸 務, 대체로 비슷한 일에 같이 힘을 쓰고 가는 것을 어깨동무할 때, 그죠?

이것은 同志, 同志나 동무나 별 차이는 없는데 행위적인 면이 발생하면 동무가 되는 것이죠. 同志는 생각이 같은 방향이죠. 乙丙丁은 해가 지지 않도록 하는 것이죠. 그래서 그런 정신적으로 영향을 주는 인자로 天干을 이해하시면 되고….

4)는 자족이 되어 버리죠. 거꾸로 되면 自足이잖아요. 癸水가 戊土가 된 것을 假化格, 化格 또는 假化格 이렇게 말하는데, 책에 험하게 표현한 곳은 평생 되는 일이 없다는 식으로 적어 놓은 책도 있습니다. 리얼리티 해석은 化格이 되어서 좋다고 하기는 하지만 자기는 수없이 봤는데 化格이 별 볼일 없더라. 그러면서 비밀노트를 만들어서 딱 주고 그러는데 비밀노트를 보면 자기가 평생 보고 하는 말이니까, 그것이 뭐냐 하면 바로 自足, 정신적 제한성을 주는 거죠.

〈人有合多면 志無遠達〉이라 사람 八字에 合이 많으면 뜻이 먼 곳에 가기 어려운데, 이것저것 다 챙겨서 무슨 혁명을 하고 무슨 삶을 뒤 바꾸느냐. 그런데 이미 정신부터는 마누라한테 꽂혀 있으니까, 남자 일간이라면 戊가 癸를 본다는 것이죠. 마누라부터 먼저 고려하고 거기에서 뭔가 기준이나 軸을 새로 잡아놓고 행동을 하려고 하니까 안 되는 거죠.

여자도 마찬가지로 여자가 癸다. 戊라면 어떻게 됩니까? 일단 돈에 관해서 모든 판단의 조건을 돈에 먼저 기준해 놓으니까 역동적인 삶을 못 만든다. 여자가 癸日柱라면 官을 생각해서 일단 서방에 따라서 내 스케줄 절반을 잘라 버리는데 뭘 하겠습니까?

질문

일단 陰陽의 조화를 갖춘 명조는 정신적으로 제한을 받고 있다고 봐야 됩니까?

답변

그렇죠. 그것이 일단 自足的인 모양이 되어 버리기 때문에, 그래도 자기가 불행하다고 생각하지 않는다는 것이 문제죠. 사실은 불행인데 서방한테 매여 사는 것이 행복이다 생각하고 감당하니까 사실은 문제죠.

그래서 化格이나 假化格, 이런 것에 대해서 아주 부정적으로 써놓은 사람들은 그런 측면 때문에 아주 안 좋다….

질문

그러면 여기에서 傷官이 生財할 때, 正財하고 合을 할 때도 그렇게 봐야 되는 겁니까?

답변

傷官이 合을 할 때?

時	日	月	年
	壬	丁	乙

그림 6

丁, 壬이 더 우선이죠.

이것도 마찬가지로 단지 乙의 융통성이 있다고 보는 겁니다. 일단 재물이라는 자기 짝이 있는데 뭐하려고 거기까지 가느냐? 乙도 좋기는 하지만 짝이 自足的인 요소가 만들어져버리는 것이니까, 정신적으로 큰일을 해 내기 어렵다고 보는 거죠.

질문

天干하고 地支하고 合이 되면 역동성이 많이 떨어져서….

답변

天干하고 地支하고?

질문

天干에 戊癸合이 되잖아요? 그러면 현실에도 역동성이 떨어지죠. 地支에서도 合이 되면 또 떨어지잖아요. 그러면 그 사람 삶이 개인적인 스스로의 자족성이 힘들고 나머지 이야기를 하면….

답변

天干작용은 정신적인 측면이고 地支작용은 현실적인 면이니까 조금 차이가 있는 것이죠. 혁명을 하기 어려운 것이다. 물론 정신적인 혁명을 하기는 어려운데 地支에 冲이 있으면 다릅니다.

정신적인 면은 마누라와의 관계라든지 여러 가지 가족적인 환경을 고려하지만, 현실에 冲이 있으면 행위적으로는 역동적으로 바꾸고 있는 것이죠. 항상 그 사람의 현실이 더 많이 지배하니까 地支까지 合이 되어 있으면 〈人有合多〉, 사람이 合이 많으면 그 뜻을 멀리 펼치기 어렵다. 그런 환경 속에서 사람한테 치여서 사는 겁니다.

질문

선생님 오히려 혁명을 하려고 戊戊보다 戊己나 庚辛이 같이 있어야 좋은 것 아니겠습니까?

답변

그렇죠. 이런 것이 와 있어야 이 악물고 엄마한테 시달린 것…,

"너희가 인생을 아느냐?" 이러면서 주먹질 해 버리고 맞습니다.

그래서 天干에 이게 있으면 한 세월 동안 아픔과 편벽성을 주지만 결국 밖에 나오면 영하 20도에서 버텨 본 놈이기 때문에 한판 붙자! 이러면, 그러니까 마라톤에서 공기가 적은 고산지대에서 호흡할 수 있는 환경에 시달렸기 때문에 偏印은 살았잖아요. 그렇기 때문에 로컬에 내려오면 잘 뛰는 것이죠. 동일한 조건에 가져다 놓으면, 결국 유능이 되는 겁니다.

질문

天干 食傷이 偏財든 正官이든 合을 해서 끌어올 때도 大運에서 오더라도 어떤 官을 끌어들일 때, 그 글자가 갖는 陰陽의 짝을 채웠기 때문에 그 사람이 그것을 활용을 한다고 봐야 되나요?

답변

이 경우에는 자기 일간과 상관이 없는 거죠.

질문

예를 들어서 庚日柱면…?

時	日	月	年
壬	庚	丁	

그림 9

답변

이런 경우에도 자족의 인자로 볼 수 있느냐? 그것은 아니죠. 食傷的인 인자를 쫓아 가는데 짝을 잘 지을만한 것이 있다는 것은, 壬이 뭐냐 하면 애교란 말이에요. 정신적인 애교로 官星을 불러들이는데 官星과 잘 맞추고 있잖아요?

이런 경우에는 정신적 연애를 잘 한다는 말입니다.

질문

아니 丁이 안 드러나 있는데…?

답변

그러면 그때는 드디어 '장사 손님 받아라!' 가 되는 거죠. 이 해에 주로 결혼 같은 것이 되는 것이죠. 정신적으로 地支는 all time lover가 되는 거죠.

이런 경우가 세월 동안 丁年에 이르면 자기 애교가 그대로 부합이 된다는 겁니다. 내가 하는 말대로 상대방하고 짝이 맞는 거죠.

질문

格이 맑고 청해질 때 저런 경우에…?

답변

본인이? 그렇죠. 丁壬이 결국 木을 만들어서 財星이 올라가잖아요. 그러니까 祿奉이 올라가는 거죠. 格이 賤하면 그 해에 이런 경우에는 食傷을 팔아서 돈을 버는데, 이것이 조금 賤하면 교육적인 일이고, 더 賤하면 먹는 장사나 유흥이란 말이죠.

질문

陰干이 巳를 傷官으로 쓸 때하고 陽干이…?

답변

그렇게 질문을 하면 안 되고 케이스 별로 정확하게, 干支學이라고 했잖아요. 干支學 이기 때문에 샘플을 정확하게 陰干, 陽干 이러면 본인은 알아먹지만 나머지 사람은 아무도 못 알아먹거든요.

그러니까 이런 형태를 보면 이 케이스, 이 케이스 다 이해가 되잖아요. 이런 형태를 干支적으로 이렇게….

질문

乙木이 傷官 丙火를 쓰고 있는데….

時	日	月	年
	乙	丙	
丑	亥	子	

그림 10

답변

그러니까 똑 같잖아요. 똑같은 경우잖아요. 그런데 官은 官인데 偏官이 왔으니까 피곤한 남자인데, 이 경우가 아까보다 賤格이 된 겁니다.

時	日	月	年
	庚	壬	

그림 11

앞에는 庚日柱가 壬水가 있는데 丁이 와서 껴안았잖아요. 이 경우는 뭐냐 하면 정상제품, 신체상 자식을 만든다는 것은 정상적인 생식행위인데 정상적인 생식행위를 통해서 자식 입태를 열어주는 인자가 되는데, 또 正官이 왔잖아요. 바람직한 모양새의 짝이 되니까 이 두 개의 예문 사이에 이것이(그림 11) 淸이고, 이것이(그림 10) 濁이다.

이(그림10) 경우는 한쪽만 채워 주잖아요. 偏官이니까 애정 어느 한 쪽만 충족시켜 주는 남자, 그러면 오래만 있어 달라 이거죠. 그런데 이것도 세월이 지나면 결국 辛은 가고 壬이 오면 '아! 옛날이여' 로 가는 겁니다.

그러면 이 글자가 머물러 있는 경우에는 "너하고 나는 〈all time lover〉라는 거죠.

드라마 같은 것을 보면 저 친구는 뭐다. 六親的으로 보이죠. 드라마 캐릭터 있잖아요. 각 캐릭터들이 무슨 六親이 주동이다.

그 다음에 무슨 六親인데 조금 조절하는 것을 보니까 印星까지 있다. 이런 것들이 보이잖아요. 사람과 인간관계에서도 그 사람에게 일어나고 있는 여러 가지 행위적인 측면에서도 이런 것들이 눈에 보여야 하죠. 이때 숨넘어가게 사랑을 하는 겁니다. 그러면서 만들어지는 것이 水죠. 水는 본인한테 印星이죠. 그 사람에게 보상받는 재물의 형태는 印星이니까 부동산, 문서재산 이런 것들을 형성시켜 주는 요소가 되는 겁니다.

답답해도 나는 좋아! 그대 때문에 사실은 죽어도 좋다고 하는 것들이 이런 것들이잖아요. 乙木이, 겨울나무가 印星을 만나면 乙木이 고유의 운동을 못하잖아요. 그 순간 만큼은 좋아서 거기에 따라 가는 거죠.

질문

저런 경우 서방이 病弱하죠? 佛道를 쓸 수밖에 없죠?

답변

당연하죠. 乙亥 자체가 地支에 申酉 空亡입니다. 원래 원명에 官星이 안 드러나 있잖아요.

질문

관성이 드러나 있는 경우에 관성을 써먹는다고 보면 됩니까?

답변

그런 조건에 해당하는 官星만 그나마 써먹는다. 그러니까 이런 식으로 놓여 있을 때….

時	日	月	年
	乙		辛
丑	亥	子	亥

그림 12

辛이 이런 자리에 조화를 가지고 있는 정도의 직장 규모는 좋은데, 별 변화가 없어서 하는 일이 똑같은 그런 남편을 만나서, 결혼은 언제 하느냐?

食傷이 없으니까 食傷的 행위를 잘 안하잖아요? 그러니까 丙이 運에 와서 官星을 合할 때 시집을 딱 가는 것이죠.

제 15강 · 己일간의 실관 I

己가 子를 볼 때

己 日柱 봅시다.

己 - 子 / 六親

六親상으로 偏財, 그 다음에 天乙貴人이다. 子를 만났을 때 무조건 貴人을 읽어 주어야 합니다.

己 - 子 / 12運星

12運星으로 볼 때 자체 絶地다.

己 - 子 / 他 六親 12運星

他 六親에서 癸水 偏財가 祿이고 壬水 正財가 旺地이다. 甲木 正官이 浴地, 乙木 偏官이 病地이다. 그래서 官星은 대체로 病地와 浴地에 앉아 있어서 조화도가 떨어지는 모양이고, 財星은 祿과 旺地로 있음으로서 재물 활동에 대체로 긍정적인 작용이 많은 모양새를 갖추고 있다.

저런 경우 子水가 드러나면 貴人의 작용이 굉장히 지속적이고 오래도록 이루어지므로, 경제적인 보상을 입을 때도 크게 이루어진다. 굉장히 실속 있는 형태가 많습니다.

己 - 子 / 吉凶

吉凶에서 吉작용이 天乙貴人, 偏財得祿이기 때문에 8~9이고, 凶작용은 1~2이다.

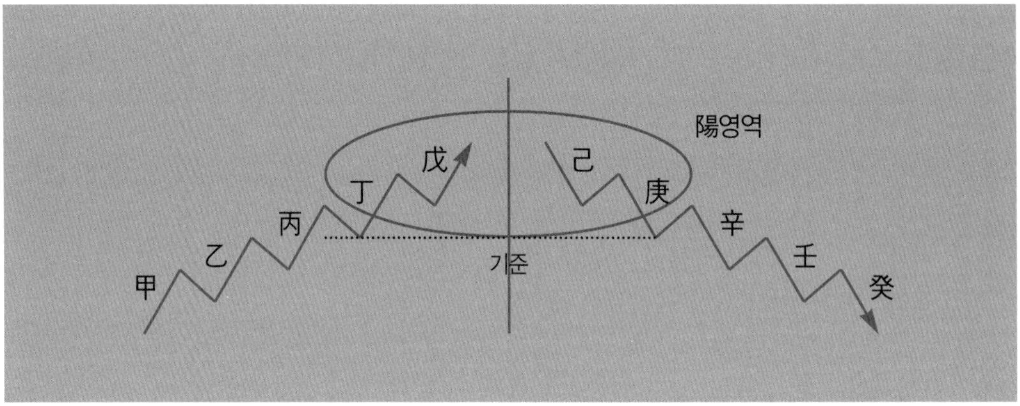

그림 1

甲乙丙丁戊 운동으로 친다면 己庚辛壬癸로 해서 위치상으로 보면 이것을 기준으로 영역은 陽의 영역이다. 운동 방향은 己부터 꺾여 들어가죠.

己나 庚의 위치는 陽의 영역에 있으면서 운동은 陰운동인데 庚은 이렇게 되어 있다.

마찬가지로 甲에 올라와서 乙에 꺾여서 大陰陽으로 쪼개 본다면 이쪽과 이쪽이 짝을 지어 잘 쓰는데 여기 있는 것들은 대강 다 믹스를 잘 하는 속성이 발생한다. 주로 己나 庚 쪽에 있는 것도 짝을 지어 쓰고 이쪽에 있는 것도 대강 짝을 잘 지어 쓰는데, 어떻게 보면 약간 변태죠.

변태인데 생존력은 굉장히 강하죠. 그 중에서 가장 입장이 애매한 것이 己예요. 陽의 영역을 쪼갠다면 戊, 己가 이 둘 사이에서 陽의 영역이죠. 여기 있으면서 결국 운동은 陰으로 간다. 동물의 세계를 보면 발 두 개 항상 들고 있는 도마뱀이다. 위치는 굉장히 역동적인 것 같은데 도망을 가기 위해서 발을 들었다, 놨다 하고 있죠. 물론 뜨거운 모래 때문이기도 하겠지만 陽의 위치에 있으면서 陰운동을 가지고 있기 때문에, 己土는 저 사람이 무슨 생각을 하고 있는지 따지지 말라 했거든요.

원래 생각이 없다. 이 생각, 저 생각 오락가락하고 있기 때문에 己土의 생각을 파악하려고 하면 안 된다. 그런데 그 어물쩍한 것이 오히려 이것 저것 잘 당겨 먹는 힘을 가지고 있는 것이죠. 그래서 己土 日柱가 상당히 실속이 있고, 여인도 己土 日柱가 甲木을 짝으로 쓰고 있다. 甲木을 짝으로 쓰는데 남자를 쫙 잡아 당기다가, 운동이 木운동으로 갑니까? 土 운동으로 갑니까?

남자가 자기를 좋다고 해서 서로 정을 나누었어도 입 딱 다물고 있는 것이죠. 남자 庚日柱가 乙을 붙드는 경우에도, 乙이 庚을 만나서 庚金 속에 에워 가두어 버리잖아요. 일종의 정을 나누는 조화가 있어도 입 딱 다물고 있는 것이죠.

"불어라!"

"나는 모른다. 기억이 안 난다."

남자든 여자든 둘 다 짝 짓고 난 뒤에 그것을 밖으로 잘 드러내지 않는다는 것이 己와 庚이다. 두 위치에 있는 존재들은 좋게 말하면 中庸을 취하고 있는 모양이고, 안 좋게 말하면 입장을 애매하게 취하고 있는 회색분자들이다. 도대체 무슨 생각하는지가 잘 파악이 안 되는 것이죠.

솔직하게 말해 보라고 하면 아무 생각이 없다고 해요. 특히 己土 日柱 여자들 같은 경우에는 귀가 얇다. 土의 성질이 지상에 펼쳐진 것이 己土인데 이것이 中和나 중용적인 기운을 이끌어내는 작용을 하면서 방향성을 잘 정하지 못하고 있는데, 주변 환경 따라서 "맞아!, 맞아!" 하면서 저쪽에 가서는 또 "맞아! 맞아!" 하면서 왔다 갔다 하는 것이죠. 신경성질환 이런 것에도 잘 노출된다고 보면 되겠죠.

이것을 악용해서 역학하는 사람들 중에는 己土 日柱한테는 꼭 부적을 쓰게 만드는 것이에요. 그래도 탈도 안 난데요. 그만큼 운동과 위치의 陰陽 차이 때문에 그런 것이 잘 발생한다는 것이죠.

己 - 子 / 年月日時

年

年에 子가 드러나 있다는 것은 말 그대로 貴人 후손이죠. 경제적으로 번영했거나 소위 집안 자체가 명문 집안의 후손 인자를 보여 주는 것이 되고, 그 다음에 가계의 계승자로서 자기가 역할을 하는 것이 되고 직접적이고 현실적인 혜택을 받는 경우가 대부분입니다.

할아버지가 물려주신 혜택이 대체로 자기한테까지 잘 이르는 모양이다.

月

月에 있는 것은 말 그대로 月 偏財의 속성을 많이 쓴다. 亥子丑은 財星이라 할지라도 그것을 유용하게 잘 쓰지 못하는 경우가 많다. 亥子丑 자체가 인간의 활동영역에서 볼 때 역동적인 활동영역이 아니기 때문에, 偏財格이란 일반적인 속성을 취해 오려면 대체로 己土가 午祿이나 未라든지 巳午未라고 하는 印星적인 五行적인 조화가 있을 때 즉, 힘이 있어야 子水를 취한다는 것이죠.

빨대를 빠는데 빨대를 빨 힘이 있어야 된다. 그 다음에 부모 貴人이 되겠죠. 부모한테 정신적인 형태든, 현실적인 형태든 보상이나 덕을 입을 수 있는 인자를 가지고 있다.

그래서 偏財를 그대로 쓸 때는 대체로 사업 재산이 될 것이고, 그 다음에 亥子丑의 겨울의 속성을 취해오면 주로 교육적인 일이나 정신적인 일, 그리고 활발하게 쓴다 하더라도 의료적인 행위나 동작으로 주로 많이 쓴다고 보면 됩니다.

日

태어난 날에는 구조적으로 없는 것이고….

時

甲子時에 걸려 들었다. 그 날 저녁이 되면 丙子時가 된다. 朝子, 夜子를 쪼갠다면 天干적인 속성을 보태 주시면 될 것이고, 時에 貴人이 있다는 말은 자식 貴人의 속성을 주로 갖는다고 보죠.

偏財가 있다는 것은 기본적으로 말년에 금전 활동이다. 노인이 금전 활동을 많이 한다는 것은 건강불안 인자가 되겠죠. 대체로 과로보다는 子의 동작 둔화 때문에 그렇다고 보시면 됩니다. 특히 甲子時 같은 경우에는 官星의 정립이 있으니까 자식이 貴人이 된다.

己 - 子 / 운의 해석

運의 해석에서 大運에 子가 있을 때 子丑의 기본적인 속성으로 역동적인 변화를 이끌어 내는 데에는 방해가 있다.

그러나 기본적으로 偏財로서의 금전 환경을 대체로 좋게 만드는 경우, 그 다음에 貴人으로서 '볼륨업' 이다. 규모를 굉장히 크게 해 주는 것으로 나이가 젊은 친구가 소년기에 子 大運 같은 것을 지나갈 때 보면, 집이 어마무시하게 잘 살았다든지 이런 식이 많아요.

자기가 취하고 쓰지 않더라도 환경 자체가 偏財와 貴人의 속성을 같이 가지고 있는 요소가 많죠.

歲運에서는 貴人의 작용이 주로 말뚝 칠 일을 벌인다. 말뚝을 친다는 말은 부동산의 취득 변동, 또 오래도록 가담할 일, 그 다음에 뜻 밖에 오래도록 인연이 이어질 사람들과의 관계 발생들이 잘 이루어진다. 거기에 貴人도 여러 가지 패턴이 있는데 偏財를 대동한 貴人은 굉장히 자기 삶의 행동을, 무대를 넓혀가는 계기를 주는 인간관계가 많기 때문에 己 日柱들은 子年에 만난 사람들, 子年에 가담한 일들이 상당히 生에 있어서 오래도록 마주치게 된다.

남자들은 亥年이나 子年에 성혼이라든지 여자의 인연도 잘 열리게 되는 모양이 되죠. 子年 같은 경우에는 偏財 속성 때문에 한 명만 오는 것이 아니고, 子 자체가 뭐냐면 子 자체가 작고 여러 개라는 뜻이거든요.

그래서 運에서는 비교적 긍정적 요소가 되고, 노인들은 활동성 둔화를 주기 때문에 건강 요소에 불안한 기운이 잘 작동을 한다.

己 - 子 / 男女

남자는 대체로 긍정적으로 쓰는 경우가 많고 여인은 子의 고충이 따르는 것이니 일반적으로 금전 환경이나 활동환경에는 큰 무리가 없는데, 대체로 애정이라든지 그 다음에 인간관계, 남자 덕을 보는데 방해가 되죠. 지상에서 己土 日柱의 현실적인 남편은 寅인데 隔角을 만들어 버린다.

그럼으로써 남편 덕의 제한성을 주고 官 자체가 甲木도 浴地에 이르고, 乙木도 病地에 있어서 남편 덕을 보는데 방해를 많이 준다.

己 - 子 / 綜合

종합적으로 봐서는 남자는 子가 命 八字 내에 있든지 運에서 오면 긍정적으로 쓰고, 여자는 재물 환경은 무난하지만 인간관계 면에서는 고충이 많이 발생하겠죠.

어찌 되었든 天乙貴人 작용에서 偏財가 드러나 있는 쥐 子자를 비교적 잘 쓴다고 보면 됩니다.

己가 丑을 볼 때

그 다음에 丑….

己 - 丑 / 六親

丑으로 가서 보면 六親상으로 형태로는 比肩이 되고, 내용상으로는 결국 財와 무리지어 있다.

己 - 丑 / 12運星

12運星 자체로 墓가 되고 子하고 合을 하고 있는 丑이다. 子丑이 무리지어 있다. 神殺상으로는 羊刃 말고 飛刃이 온다. 羊刃이 대체로 밖으로 드러나는 활발한 기운이라면, 飛刃은 대체로 섬세하게 내부적으로 조절하는 힘이다.

12運星상 자체로는 墓가 된다. 自墓는 관속에 들어가서 누워 있는 세월로 자기가 동작을 완전히 멈추는 格이다. 고도의 정신활동 아니면 病中이죠. 調候가 크게 허물어져 있지 않으면 정신활동을 극도로 해 보는 세월, 주로 학문성이나 종교, 철학 이런 정서에 그 뜻이 잘 통한다.

己 - 丑 / 他 六親 12運星

他 六親에서 偏財는, 偏財가 羊刃이 된다. 癸水 偏財는 冠帶가 되죠. 冠帶면서 羊刃으로 내려앉으니, 이때는 冠帶라 하더라도 羊刃의 의미죠.

癸가 丑을 만나서 곳곳에 자기의 힘을 뿌리고 세력을 크게 땅 바닥에 굳히고 있는 상태인 것이죠. 섣달에 어떻습니까?

그 다음에 壬水는 陽干으로 치면 衰地죠. 衰地라는 것은 기세의 운동성은 쇠락하고 있지만, 밖으로는 힘이 남아 있는 상태다. 甲木은 冠帶가 되고 乙은 衰地다. 陰干 衰地는 대체로 활동성이 그렇게 강하지 않은 모양으로 치고, 陽干은 밖으로 힘이 많이 드러나 있는 것으로 보면 된다.

己 - 丑 / 吉凶

吉凶에서 대체로 지상에 子丑이라고 하는 것이 甲乙丙丁戊己로 내려오고 있죠. 운동으로 子丑寅에서 온다고 본다면,

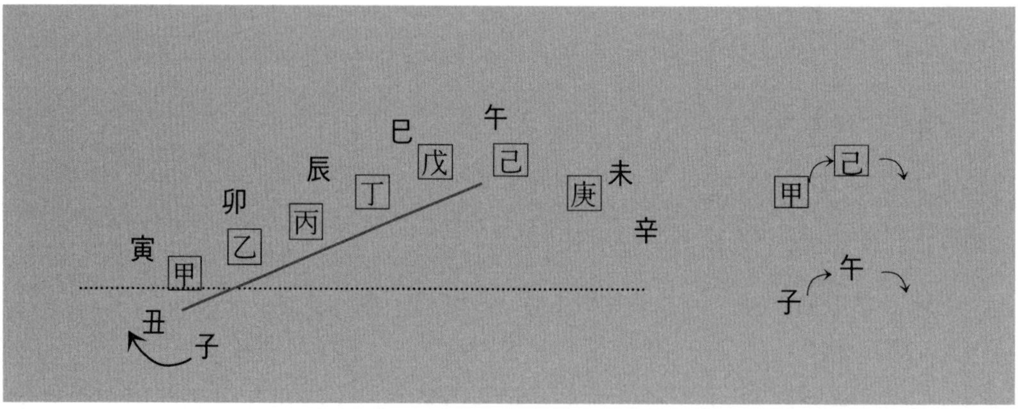

그림 2

위치는 陰에 있으면서 陽으로 올라가고 있다. 子에서 午, 午에서 子, 운동성 자체는 子丑이다. 그런데 위치로 따지면 지상에 陽이 뿌려져 있는 것은 寅卯辰 巳午未申이다. 지상에 陰陽으로 본다면 陰에 있으면서 陽으로 子나 丑으로 올라 오는 단계고, 그 다음에 己는 이 정도 자리에 위치해 있다.

甲乙丙丁戊라고 한다면 그 다음에 庚, 이렇게 떨어지잖아요. 이것이 比肩이라도 陰陽적으로 짝을 짓는 것이거든요. 특히 酉가 있으면 굉장히 실속 있는 사람이 많다. 이 자체가 금에 속하니 이게 현찰이다.

그래서 대체로 吉兆가 많고 凶兆가 3이다. 凶兆가 3인 것은 墓 때문에 그런 것이죠. 손하나 까딱 안 하고 목적을 달성한다는 것이죠. 달성할 수 있다는 것은 복이 엄청나게 많다고도 볼 수 있다. 사회적인 어떤 변화나 역동성을 이끌어내는 데는 굉장히 소극적인 모양이 되어서 凶兆로 본다는 것이죠.

己 – 丑 / 年月日時

年

年에 丑이 드러나 있는 경우에는 丑처럼 엎드려 있어서 혜택이 제한적이다. 年에 내가 墓를 가지고 있다는 말 자체는 소의 작용하고 나하고, 墓라고 하는 것은 관계가 굉장히 멀리 있다는 뜻이다. 본인의 활동력이 제한되어 있는 것이죠. 소 丑자라고 하는 것은 정말로 소처럼 산 조상의 음덕이 깔려 있는 것으로, 보통 日柱와 상관없이 자체가 子를 껴안아 온다. 결국은 生寅 사람의 활동을…

그러니까 원문에 보면 '天生於子와 地生於丑과 人生於寅…' 이 地德, 땅의 덕을 갖추어 내는 자리가 소 丑자에요.

이것이 좀 더 긍정적으로 관계가 설정되는 경우가 있고, 부정적으로 설정되는 경우가 있다. 소처럼 동작한다는 것은 결국 지상에 陰이 陽을 에워싸기 시작을 할 때 三陰, 三陽이 된다. 三陽을 陰이 능가할 때죠. 庚申으로부터 지상에 陰이 뿌려져서 쇠락을 시키는데 이것이 陰을 다 감당해서 거두어들이죠. 庚이 丑에 入庫하는 것은 陰운동을 완전히 갈무리해 준다는 뜻이거든요.

그래서 陰운동 자체가 쇠락을 의미합니다. 외부적으로 번영이 아니라는 것이죠. 그것을 누군가 갈무리해 준 德을 통해서 무엇의 발판을 열어 주는 작용을 하기 때문에 丑이 중요한 역할을 많이 합니다. 택일법에서 주로 하는데 丑月에 뭐를 하는 것은 좋은 토대위에 무엇을 만들어 놓은 것이다.

冬至를 전후하여 하늘은 陽이 출발했고 땅에서 陽운동, 陰운동을 갈무리하고 陽운동을 열어 주는 것이 丑이다.

丑月에 뭐를 잘 만든다는 것은 다음에 아주 좋은 일이 펼쳐지기 위한 발판을 만드는 것이다. 이렇게 봐서 丑月에, 그 다음해에 의미 있는 일을 많이 하죠.

그것이 陰曆으로 丑月, 陽曆으로 1월이 된다. '꿈 잘꿔라.' 이 말이 거기에서 나오죠. 그래서 丑이 그런 번영은 제한적이지만, 가문번영의 바탕을 이룬 조상의 혜택이 전혀 없는 것이 아니고 조금은 본인한테 내려와 있다는 것이죠.

月

月에 있다는 것은 이런 가문 번영의 바탕을 열어 줄 부모죠. 어떤 책을 보면 丑月 자체에 태어났다는 것 자체만으로도 후덕부모라는 말을 쓰는 사람도 있어요. 厚德父母라고 써 놓은 책이 있어요. 그 다음에 본인이 墓의 어떤 행위를 감당했다는 것은 일반적인 사회활동을 활발하게 하는 데는 방해나 제한을 주었지만, 결국 그것이 뒷날에 크게 酉하고 무리 짓고 巳를 견인해 주는 작용을 하는 그런 어떤 씨앗이 되는 것이죠.

그럼으로써 墓의 해로움도 있지만 부모가 여러 가지 蔭德을 쌓아 주는 힘으로 인해서 크게 발전이나 발달을 할 수 있는 에너지를 가지고 있다.

日

日에 丑이 있다는 것은 본인이 고도의 정신활동이나 사회적인 번영을 이룩할 수 있는 에너지를 정신활동을 주로 통해서 얻는다. 그런데 부정적으로 보면 생각할 것이 많다는 말은 배우자 자리에 대해서 생각할 것이 많다. 배우자를 만나면 내가 생각만 해야 되는 것이 아니고 뭔가 행동을 해야 되잖아요. 사랑을 하든지, 같이 일을 하든지, 생각을 많이 해야 될 일이 생긴다는 것은 여자입장에서도 남편 덕이, 남자 입장에서도 부인의 덕이 제한적이다. 이렇게 부정적으로도 생각을 해요.

생각 많이 해야 할 때는 해야 하는데, 배우자 자리에 와 가지고 생각을 많이 한다. 시체놀이다. 나이가 들어서 여자는 오늘 하룻밤 동그라미 한번 쳐보자 사인을 하고 샤워를 하는데, 40대는 자는 척 한다. 50대는 죽은 척 한다.

이것이 죽은 척 하는 것이죠. 내가 죽은 척 하는 것이죠. 생각만 하고 있는 것이죠. 자야 될 텐데, 자야 될 텐데….

墓라고 하는 것은 정신활동에는 긍정적이지만 행동적인 측면에서 여러 가지 불행한 기운을 많이 가지고 있다. 위치에 따라서 많이 달라지는 것이죠. 위치에 따라서 해석이 조금씩 달라지는 것이죠.

時

時에 이르면 乙丑時가 되는 것이죠. 말년에 소극적인 행동력으로 경제적인 보상을 채우는 것이기 때문에 주로 임대사업이나 정신적인 활동환경, 이런 것을 많이 가진다.

그리고 乙木이 丑 위에 올라와 있다는 것은 주로 명예 중심의 활동과 번영을 이루는 자식이다.

말년에 활동운이 소처럼 둔화된다는 것, 내지는 반복적인 일을 감당해야 된다고도 볼 수 있겠죠.

己 - 丑 / 운의 해석

運의 해석에서 소 丑자는 大運이 어디로 빠지느냐에 따라서 해석이 달라지는 것이죠. 소 丑자를 앞에 운동성에서 봤듯이 비교적 긍정적으로 쓰고 있죠. 긍정적으로 쓰고 있는데 寅에서 밀려 들어오는 것인지, 거꾸로 丑에서 寅으로 빠져 나가는 것인지에 따라서 丑과 寅 사이의 활동 환경에 차이가 많이 발생을 하는데, 대체로 금전에 대해서는 유리하고 보통 인간관계에서는 고충이 다발한다. 男女 共히 대체로 그런 속성을 가진다.

그 다음에 歲運에서는 개인적인 활동성의 둔화. 傷官이 入庫하죠. 傷官 入庫라고 하는 것도 대체로 사회적인 활동성을 상징하는 傷官이 파묻히니 대체로 건강, 활동성의 둔화로 보면 된다. 八字에 닭 酉자라든지 뱀 巳자가 있으면 食傷이 무리 짓죠. 보통 의식주 확장, 식구의 발전 이런 것들이 잘 이루어진다.

己 - 丑 / 男女

남자는 대체로, 己土 자체가 어찌되었건 干支 자체가 陰이고 운동도 陰으로 형성되어 있기 때문에 己土도 잘 쓰고 丑土도 대체로 잘 쓴다. 남자는 대체로 긍정적이다. 아주 좋은 것은 아니더라도 긍정적이라는 뜻이고, 여자는 경제적인 보상이나 충족은 이루어지더라도, 인간관계로 인해서 정신적으로 여러가지 고충이나 번거로움이 많이 발생하는 것이죠.

己 - 丑 / 綜合

종합적으로 봐서 재물에 대해서는 긍정적이고 인간관계, 활동력, 건강면에서는 부정적이다.

형태는 比肩이라도 사실은 財星 기운을 적어도 70% 이상 봐 줘야 됩니다. 70% 이상 봐주고, 인간관계에 의한 번거로움이 2~3 정도는 따라 다닌다 보시면 되죠. 八字 내에 巳, 酉가 있는 사람은 丑과 結局, 局을 맺음으로써 생겨나는 의식주 활동무대의 발전이 많이 발생하는 것이죠.

大運을 잘 쓰는 사람들을 보면 丑運 들어가기 전에 예를 들어서 寅에서 丑으로 逆運으로 들어간다면 寅의 마지막 부분, 丑의 始初 부분에 굉장한 변화가 와요. 사람이 제일 변화가 많이 발생하는 것이 丑寅으로 글자 바뀔 때, 酉하고 戌바뀔 때가 가장 역동적인 변화가 많다.

대체로 방향성이 반대로 되어 버리는 경우가 거의 대부분이다 보시면 됩니다.

己가 寅을 볼 때

己가 寅을 볼때….

己 - 寅 / 六親

형태상으로 그대로 正官이고 己土 日柱는 이래저래 짝을 지어 쓰는 것이 많다. 正官이 되고 正印 長生이다. 寅中의 丙火가 長生을 하고 있어서 자체로 책에 殺印相生으로 나온다.

戊寅日柱, 庚寅, 癸巳, 甲申 자체 내에 官印 相生이 이루어지죠. 申중에 壬水가 있다. 巳에 戊土 庚金, 庚寅도 戊土 丙火, 이렇게 태어난 자체에서 殺印相生이 되어 있는 구조와, 이 자체로 官星의 모양새로서 己土 日柱가 寅木이 짝이기 때문에 아주 잘 쓴다. 甲己 合으로 丙火가 투출이 안 되더라도 丙 비슷한 것이 놓여 있다.

지상에 巳 이렇게 놓여 있어도, 비록 刑이지만 써 먹는 것이 寅 중에 있는 丙火와 巳 자체에 있는 丙火와 확 무리지어서 官印을 잘 써먹게 된다. 刑도 써먹고 官印소통도 써 먹는 모양이기 때문에 寅巳이다.

己 - 寅 / 12運星

12運星 자체로는 물론 己土는 運星을 논하기 어렵지만, 木旺土弱의 모양새에서 주로 死地에 떨어져 己土 日柱는 木旺土弱의 해로움이 좀 많다.

이것은 陰干으로서 木旺 내지는 土弱해지는 요소로 그대로 이해를 해 주셔도 좋다는 것이죠. 자체로 死地라도 正印이….

결국 土를 못 이기는 것이죠. 甲木이 寅月이라고 하는 것은 대지에 더 들리지 않도록 잡아 주는 것이 己土라면 甲木은 이것을 찢고 올라오는 힘이다. 甲木이 아무리 이것을 찢고 올라와도 결국은 己土가 쉽게 甲木에 의해서 손상되지 않는다.

己 - 寅 / 他 六親 12運星

다른 六親에서 偏財 癸水는 浴地가 된다. 壬水는 病地가 되고 甲木은 祿地, 正官은 祿이고 乙木은 旺地에 있죠. 주로 官星이 무리 지어 세력을 가지고 있는 모양이다.

대체로 조직성을 많이 가진다. 寅木 자체가 하나만 드러나 있는 것만 하더라도 조직사회의 활동과 여러 가지 보상이 많다.

己 - 寅 / 吉凶

그래서 대체로 吉작용이, 正官이 지상에 펼쳐져 있다는 것은 신호등이 잘 정비된 것과 똑같아서 吉 작용이 7~8이다. 凶작용은 財星의 모양이 浴地와 病地에 있어서 불안한 과정이 많이 연출되어 있음으로, 凶이 2~3이다. 財나 官이 어느 것이라도 한쪽이 조금 뚜렷하게 짝을 지워서 쓸 수만 있다면 또, 쓸 수 있는 환경만 준다고 해도 吉 작용을 7~8로 본다는 것이죠.

己 - 寅 / 年月日時

年

年에 寅이 드러난 경우, 年에 있는 경우는 대체로 正官으로서 명예 중심의 번영, 집안 등의 긍정적인 인자가 많죠. 범표…. 신발도 범표가 있었는데 범표 집안이다. 명예 중심의 성공 번영의 집안인데 寅, 申, 巳, 亥의 속성상 그 현실적 혜택은 본인에게는 제한적이다. 그러나 본인이 어렸을 때 범을 보고 자랐다는 것은 사회적인 성취도나 명예를 추구하는 인자가 상당히 지속적이고 오래토록 간섭하는 힘이 되는 것이죠.

어려서 범을 구경한 사람은 살아가면서 삶의 요령이나 힘이 남들보다 조금 더 강하다.

月

月에 있다는 것도 그 속성이 비슷한데 부모 자리에 명예, 성공의 인자가 있었던 집안이다. 금전적인 혜택은 제한적이다.

日

태어난 날에는 구조적으로 없는 것이고….

時

時는 丙寅時죠. 丙寅인데 官星이 확 솟구쳤으면 좋겠지만 이게 기본적으로 官印소통의 인자에 명예 성공의 인자를 의미해서 대체로 임명직, 안정적인 명예 성공의 인자를 의미하는 것이죠. 형식상 선출직, 내용상 임명직 이런 경우가 많다. 범이 놀고 있다는 것은 권력성을 의미하기 때문에 권력 속성이 있는 것은 대부분 선출직이 많잖아요. 그런데 내용적으로 官印소통이 되어 있기 때문에 임명직인 경우가 많다. 그리고 자식들의 발전이나 번영의 인자, 금전관리의 측면에서 보면 印星이 투출되어 있으므로 문서재산, 부동산, 임대사업이 되겠죠.

하여튼 범표는 좋습니다. 갈 때 가더라도 사람이 깨물려 죽어도 범한테 깨물려 죽어야 이름이 난다는 거죠. 제일 손가락질 추접스럽게 받고 죽는 것이 마누라한테 깨물려 죽는 거죠. 하여튼 재생유살했을 때는….

時	日	月	年
	戊		
	寅	亥	

그림 3

이런 경우가 진짜 피곤하거든요. 마누라도 빠락 빠락 대들고, 아이도 '아버지 잘 한 것 뭐 있어요?' 이러면서 '엄마 왜 괴롭혀요?'

돼지가 마누라가 범으로 둔갑을 한 것이죠. 조심하세요. 범하고 마누라하고 큰 차이가 없으니까요.

己 - 寅 / 운의 해석

그 다음 운의 해석은 丑과 寅의 조화를 아까 언급했지만, 丑에서 보면 발전이나 번영을 잘 못하고 지지부진하게 진행된 사람들은 己土가 대체로 身旺이다. 五行적으로 身旺하면 丑을 잘 쓰겠죠.

그런데 身旺도 아니고 身弱도 아니고 좀 역동적이지 못한 상태에서 丑에 지지부진한 사람은 寅運에 사회적인 활동이 크게 활발한데, 대체로 名이 더 이끌어 가죠. 현실적인 재물도 따라오지만 큰 조직과 손을 잡든지 인간관계 도움, 납품, 용역의 속성을 따라간다. 이때도 자체의 속성 때문에 판은 커요. 그러니까 '올해는 정말로 장사 안 된다. 350억 밖에 안 된다.'라는 식으로 범표가 붙으면 다 대단한 것이라니까요. 그래서 대체로 名高를 유도해 주는 것이죠. 이름을 드높이는 것이기 때문에 사업적인 볼륨을 크게 만들어 주는 환경을 가진다.

丑運을 잘 쓰던 사람은 己土가 五行대세가 있어서 陰陽을 잘 짝지어 쓰는 경우에는 寅에 名高利薄으로 간다. 그래서 솔랑솔랑 사업을 자꾸 키우게 되고, 솔랑솔랑 이익이 빠져 나가고 있는 것이죠.

일단 名高만으로 버텨야 하는데 名高 끝에 利益은 薄하다 이거죠. 이때 丑運에 알짜배기 100억을 벌었다가 寅運에 껍데기만 커져 가지고 매출이 커지면서 솔랑 솔랑 까먹어 가지고 줄 것, 받을 것 계산하면 10억만 남는 이런 식이 된다.

이것이 좋다는 것은, 껍데기는 이렇게 폼을 잡고 있으니까 좋다고 말을 해도 틀린 것은 아니고, 내용상으로 계속 까먹었으니 나쁘다고 말해도 틀린 것은 아니죠. 특히 이런 유혹을 조심해야 됩니다.

歲運에서 주로 寅年에 이루어지는 모양새는 庚金이 傷官이죠. 傷官이 入墓했다가 寅에 絕處逢生 하거든요. 絕處逢生을 하면서 유년에서는 새 일 가담으로 해석할 수도 있고 官星의 傷官이 들어왔다는 것으로도 볼 수 있다. 己土에 庚이 유정이라는 것이 뒤에 가면 丑에 잠자리를 같이 하는 놈이거든요.

丑에 己도 入墓, 庚도 入墓하면서 물론 丁도 들어오죠. 丁己庚 한 자리에 놓였다가 막 펼쳐져 가지고 돌아갔다가 다시 모인다. 잠자리를 같이 했다는 사이는 무리 짓는 기운이 많다는 것이거든요.

그런 것들이 辛壬, 癸甲 이런 것들이에요. 잠자리를 같이 하는 것들이 辰에서 辛, 壬이 같이 하죠. 이것은(癸甲) 未에서 같이 한다.

이런 식으로 연결되어진 모양 중에 辛壬, 癸甲이 그 다음에 乙丙은 戌에서 이런 식으로 같이 무리지어 있다가 나가기 때문에 己가 庚을 잘 쓴다는 것이죠. 바로 옆에 붙은 놈은 잘 쓰거든요.

癸가 乙을 만나 환장하는 것이 아니라, 甲을 만나 환장해요. 어슴푸레 기억이 난다면서, 그때 술이 취해 가지고 너하고 나하고 같이 어디서 자빠진 것 같은데 하는 그런 기억이 남아 있는 거죠.

그래서 庚金이 絕處逢生한다는 작용을 봐서 寅木 자체로 해석을 해도 되고, 絕處逢生의 작용이기 때문에 新生, 새로운 사업을 만들게 된다.

己 - 寅 / 男女

그 다음에 남자는 寅木을 주로 名高로 쓴다. 대체로 일반적으로 평범한 수준으로 쓰고, 여인은 대체로 긍정적으로 쓰죠. 특히 官運을 만나서 잘 쓴다는 것은 남자 덕, 남편 덕, 남자에 속하는 사람들에게 고르게 덕을 본다.

己 - 寅 / 綜合

종합적으로 봐서 남자든, 여자든 어찌되었든 짝을 잘 짓는 요소로 쓰므로 긍정적으로 잘 쓰는 인자가 범 寅자입니다.

八字에 寅 있으면 좋다고 보면 되겠죠.

제 16강 • 근일간의 실관 Ⅱ

己가 卯를 볼 때

그 다음에 卯가 나옵니다. 참 피곤해요. 이 경우에 진짜로 木旺土弱의 해가 寅木에서 발생하는 것보다 더 심하거든요.

己 – 卯 / 六親

기본적으로 偏官, 己土는 가만히 내버려 두면 자기 자체로 陰운동을 많이 가지고 있죠. 솔랑솔랑 열매를 결실하게 하는 것이거든요. 己土 자체가 땅에 내려오면 地支에 未와 같죠. 늦은 여름의 무성했던 기운들, 외부적으로 번영했던 기운들을 솔랑솔랑 거두어 가지고, 결국은 열매를 맺게 하는 陰운동을 열어 줌으로써 항상 자체로 어딘가에 돈을 꿍친다는 것이죠. 己土는 꿍쳐 놓는 힘이 많은 것인데, 꿍쳐 놓은 것을 토끼라는 것이 메롱! 메롱! 하면서 다 들어 버리는 거죠. 四陽之處가 되니까 陽이 이미 충분히 밖으로 드러나는 것이죠.

그래서 마음은 己土로 놀고 싶은데 현실은 木으로 가야 되기 때문에, 결국은 경제적인 보상이나 실익을 취하기에는 번거로움을 주는 것이 卯다.

주로 名을 따라가면 무난하지만 경제적인 보상을 크게 이루려고 하면, 자꾸 卯의 속성 때문에 방해와 번거로움을 주는 것이죠.

己 - 卯 / 12運星

12運星으로 보면 病地가 되죠. 陰干이 病地를 만나서 활동성이 많이 위축되는 그 범위로서 病을 봐도 좋습니다.

己 - 卯 / 他 六親 12運星

他 六親이 노는 것은 癸水가 長生이죠. 결국 癸水를 활발하게 움직이게 해 주면 좋은데 卯가 더 지속적으로 작용을 함으로써 偏財 長生의 힘을 제한하는 것이죠. 癸水가 偏財인데 그 다음 壬水는 正財가 오히려 死地로 들어가죠. 正官인 甲木은 旺地, 乙木은 祿地로 官의 모양을 대체로 안정시켜 놓은 모양이고 癸水 長生의 속성은 있지만 天干에 투출해 있더라도 재물은 항상 드러나면 안 된다는 것이죠. 露出….

그래서 이때는 공공 속성의 재물을 다루는 모양이고 己土가 癸卯를 보면 癸水가 卯에 長生의 모양을 가지고 있어서 밖으로 확 펼쳐져 있기는 한데, 다른 사람도 다 보고 있는 재물이 되니 公共 性格의 재물이 되는 것이죠. 보통 조직 자체가 규모가 크거나 많은 사람들이 쳐다봐 줄 수 있는 규모다.

己 - 卯 / 吉凶

吉凶 중심으로 볼 때 名을 중심으로 보면 吉작용이 많죠. 吉작용이 많은데 偏官이기 때문에 6~7, 凶이 3~4 정도는 간섭을 한다고 보시면 되죠.

己 - 卯 / 年月日時

年

年에 토끼가 있다는 것은 대체로 학문으로, 명예가 아닙니다. 학문적으로 고고성과 고상함이 있었던 조상 인연, 학자집안 이렇게 볼 수도 있다. 보통 우리 한국 사회에서는 할아버지나 증조할아버지가 漢學으로 유명한 분이었다는 등의 儒家, 儒門의 후손이다. 가풍이, 매우 儒家적인 가풍이 매우 엄격했다. 혜택은 별로 못 보고 피곤하기만 했다.

자기가 가문의 속성 때문에, 가문의 계승 속성인데 그것이 내가 관제를 거니까 주로 정신적인 측면이 되겠죠.

月

月에 卯가 있으면 마찬가지로 학문적 또는 정신적 활동을 활발히 했던 부모다. 토끼 卯자는 일종의 봉사로도 보죠. 결실이 없다라고도 보거든요.

그러니까 오히려 결실을 싹을 틔워 내보내 버리는 것이잖아요. 그러니까 年月에 있는 것이 寅卯의 속성에서, 卯라고 하는 것이 가장 기존의 것을 흩어버려 새로 創新한다는 정신이 강한 것이거든요.

새로운 것을 자꾸 만들어 내는 것이 주로 학문적인 것에는 긍정적이지만, 경제적인 실익이나 보상을 이루는 데는 방해가 된다.

日

태어난 날에 있으면 이것이 食傷 空亡을 유도하게 되거든요. 그래서 대체로 배우자를 만나서 수명 불안을 잘 만들어요. 食傷 空亡, 申酉 空亡이 되죠.

男女 共히 배우자가 偏官 역할이 강하다는 말은 배우자 조화력이 부족하다는 말이다. 남자는 官星이 세력을 가지는 모양이 되니 자식을 얻는 데에 유익한 배우자지만, 偏官작용을 활발하게 하는 사람과 짝을 짓는 것이니까 피곤한 배우자가 되는 것이죠. 여자도 마찬가지로 己卯라는 것 자체가 偏官을 만나서 짝을 지어 살면, 偏官을 만나서 짝을 지어 사는 것이 여러 가지예요. 금전적인 측면만의 덕만 보든지, 아니면 애정적인 측면만의 덕을 보든지, 아니면 내가 재취로 시집을 가서 자식을 두지 않든지 여러 가지다. 食傷空亡을 그대로 만들어 버리는 것이에요. 그런 식으로 살면 배우자의 기본적인 혜택을 입을 수 있지만, 일반적인 어떤 기

준의 남편 덕을 만드는 데는 반드시 방해가 있다.

時

時는 丁卯時가 되죠. 丁卯時가 되어서 偏印, 偏官이 놓여 있다는 것은 말년에 봉사적인 일이나 감투, 말년에 토끼처럼 뛰어 다니는 벼슬을 얻는다는 뜻이잖아요.

그 다음에 자식은 보통 토끼처럼 뛰어 다니면서 활동력을 얻는다는 뜻이니까 객지 번영으로 보면 되죠.

己 - 卯 / 운의 해석

토끼는 참 활발하게 변화를 유도하기는 하지만 결실을 완벽하게 잘 구축하지 않는다는 것이죠.

그래서 大運에서 왔을 때 卯운은 대체로 이름은 될 수 있더라도 개인적인 이익, 보상 이런 것은 부족하다. 일은 많다. 富貴貧賤의 변화가 확실하게 다 바뀌지는 않는다. 관직 같은 경우에는 법무, 외교, 언론방송 등이 卯의 속성을 많이 가지고 있는 것이죠. 토끼의 생긴 모양이 안테나처럼 생겼죠.

그 다음에 학원 강사 같은 떠돌이 교육도 됩니다. 강사라고 하는 것이 한 자리에 정착해 있는 것이 아니라, 교육은 교육인데 떠돌이 교육….

토끼가 인중이 없잖아요. 눈도 빨갛고 인중이 없으니 성격이 급하다.

己 - 卯 / 男女

남자들은 굉장히 고단하게 쓴다(△, ×).

“뭐 하러 돌아다니노?”

“행님! 바쁩니다. 말 시키지 마이소!!”

여인들은 주변은 소란스러워도 주변 혜택을 입을 수 있는 기운은 따른다. 그 혜택은 제한적이다(△, ○).

己 - 卯 / 綜合

종합적으로 보면 별로다. 생각과 행동은 번거롭고 현실적 결론은 부족한 모양을 가지고 있기 때문에, 토끼 運에는 큰 번영도 잘 안 되고 망조도 잘 안 난다. 안 망하는 이유는 일이 많기 때문이다. 한 마디로 머슴 세월이 만들어지는 것이 저런 식에 많죠.

간혹 命 안에 未가 있어서, 偏財의 入庫죠. 癸水가 入庫된다. 癸水가 入庫되고 있는 것을 卯가 쫙 빨아 당겨 가지고 財 분탈, 財의 入庫를 막음으로써, 이 세월에만 재물을 상당히 이룩하는 그런 동작이 발생하기는 하는데, 그래도 그것이 제한적이다.

왜냐하면 比肩이 움직이는 것을 막아 가지고 뺏은 것이다. 그러니까 기운이 풀리면 다시 스르륵 比肩 劫財의 작용으로 다시 분탈되는 것이죠. 그래서 浮財가 되는 것이죠. 재물이 한 순간 이루어졌다가도 다시 흩어져 버리는 그런 작용이 이루어진다. 그런데 어깨에 힘은 억수로 주고 다녀요.

토끼가 보면 예뻐 보이게 하는 기운을 가지고 있죠. 남자들은 특히 군복 입고 있는 사람들 보면 토끼 기운을 쓸 때, 실제 군 조직에 많거든요. 원래 이것을 格으로 쓰는 사람들은 잘 뛰고, 폼 잡고, 그래서 어깨에 힘을 막 주고 다닌다니까요.

"달리기 한번 할래!!" 하면서,

그런데 실속은 없으면서,?

"야! 한잔 더 먹어라…."

뒤에는 마누라하고

"우짜노 묵었는데…."

월급보다 술값을 더 써 버릴 수 있는 인자로도 작용을 하는 거죠.

실제로 제가 사례를 여러 번 봤는데 수명 불안이 많아요. 己卯 日柱들이 물론 명조 안에 들어 있지만 실제로 교통사고로 해서 갑자기 가 버리는 경우를 많이 봤어요.

八字 안에 이런 식으로 토끼가 중복하여 있다든지, 또 己卯 日柱가 옛날 책에 春田에 토끼가 먹을 것이 엄청나게 많을 것 같아 가지고, 봄에 싹이 자라잖아요. 이것이 田이 되는 것이고, 밭에 내려온 토끼는 먹을 것은 많은 것 같으나 수명이 불안하다. 잡힌다는 것이죠. 실제로 수명 짧은 사람을 많이 봤어요. 토끼처럼 뛰다가 죽더라 이거죠. 두 케이스는 똑같이 교

통사고는 교통사고인데, 장애물 같은 것에 걸려서 데굴데굴 굴러가 차가 뒤집어져서 죽더라는 것이죠. 죽을 때도 토끼는 깡총 한번 하고 죽는구나…!!

여자들도 食傷 空亡하였기 때문에 보통 50대 초, 중반 들어갈 때, 子宮을 다 드러냅니다. 어차피 偏官 七殺의 해로움을 당하고, 결국 수명을 이어 나가는데 食傷 空亡이 되어 있으니까 소화기나 생식기 계통에 문제가 발생한다. 대부분 다 子宮 드러내고 특히 원래 八字로 木旺土弱의 모양을 가지고 있으니 소화기도 불안하겠죠.

50대 전후에 반드시 소화기, 생식 계통에 문제가 발생한다. 그래서 크게 偏官의 액땜을 하고 수명을 잇더라 하는 것이죠.

己가 辰을 볼 때

그 다음에 辰을 봅시다.

己 - 辰 / 六親

六親상으로 劫財가 되고 正財 入庫죠. 그 다음에 神殺 중에서 꼭 챙긴다면 紅艶이 머무르기는 하는데, 그것이 조금 해석의 융통성으로 쓸 수 있습니다.

『명리정종』을 보면 月令하고 이렇게 짝 지어 있는 것에 대해서 〈超群英雄〉이란 말이 나와요. 초월할 超자에다가 무리 群.

그러니까 숱한 인간들을 이것도 아웃스탠딩이다 이거죠. 超群英雄의 기질이 있어서 그 삶의 내용이 변화무쌍하다. 변화가 무쌍한데 영웅적 기질이 발생하는 것이 己土의 陽에 위치한다. 辰은 五陽이다. 五陽이라고 하는 陽의 단계가 '子丑寅卯辰' 이렇게 土가 旺한 세력을 辰부터 가지기 시작하면, 영웅적 기질이 서서히 발생한다는 것이죠.

이 모양을 가지고 있는 분이 우리나라 대통령 중에 한 분 있습니다. 地支에 辰戌丑未 다

가지고 있죠. 그 분은 年에 있죠. 용띠에 己土 日柱. 이니셜 첫 자는 Y로 시작을 합니다.

그런 사람들은 超群英雄의 기질을 갖는다. 己土가 갑자기 용꿈을 꾼 것이라, 그래 土는 저렇게 살아야 된다….

己 - 辰 / 12運星

12運星으로 보면 己土가 辰을 만나면 衰地가 되죠.

己 - 辰 / 他 六親 12運星

他 六親이 偏財는 養地죠. 癸水 偏財는 養地에 해당하고 壬水 正財는 入墓地죠. 그 다음에 甲木 正官은 衰地이고 乙木은 冠帶다. 기본적으로 財星의 활동력은 제한적이고 대체로 木의 인자가 대세를 가지고 있는 경우에는 比劫과 官星이 무리 짓는 모양이죠.

辰을 해석할 때, 卯가 많이 넘어와 있다. 官星의 세력도 넘어와 있고 比劫도 陽의 단계에서 있음으로 5단계까지 왔다는 것은 木 운동, 火 운동을 벗어나서 土 운동이 시작되는 단계로 온 것이 辰이죠.

그래서 土와 木이 같이 있다는 것은 경쟁, 比劫과 官運이 같이 놓여 있는 것이니 경쟁요소가 심하게 따라다니는 모양이 되는 것이죠.

辰이 놓여 있는 자리가 여러 神殺 사이에서 흉폭성을 만들어 내는 것이죠. 五陽이라고 하는 것은 건들기만 건드려라! 막 치고 나가겠다고 陽운동이 극단에 가까이 와 있는 상태다. 己土가 龍운동을 얻었다는 것은 엄청난 압력을 감당할 수 있는 환경이 조성되었다고 볼 수가 있는 것이죠.

제가 몇 사람 봤는데 교수직에 가 있는 사람이 있고, 또 한 사람은 사업을 하는 사람인데 걸음걸이가 대단해요. 건드리기만 건드려라! 이런 것 있잖아요. 잘 생각해 놓으세요. 그 다음에 紅艶이라고 하는 것은 일종의 인기성으로 보면 되겠죠.

己 - 辰 / 吉凶

吉작용 凶작용에는 일반적으로 吉작용보다는, 土가 세력을 얻어서 활동력 측면에서 보면 긍정적이지만 財星 자체의 어떤 환경을 좋게 만들어 주지는 않아서 실속 측면에서는 5밖에 안 된다. 凶작용도 많다고 보죠.

특히 正財 入庫를 가지고 있다는 것은 성질나면 마누라 목 졸라 버린다는 것이죠. 마누라 파묻어 버리는 것이죠.

"야야! 삽 좀 가지고 온나" 이래서

가지고 오면 자기가 삽으로 파 가지고,

"누워라…."

이게 正財 入庫거든요.

正財 入庫인데 기운이, 陽운동이 활발하면 그것을 적극적으로 하는 사람은, 실제로 저런 모양을 가진 사람 중에 가정이 편한 사람 잘 못 봤어요.

正財를 入庫시켜 버리는 것이니 가정적으로 상당히 불안한 경우가 많죠.

己 – 辰 / 年月日時

年

年에 辰이 있다는 것은 선대에 몰락이죠. 조상 몰락…. 龍의 죽음, 龍의 재생도 되겠죠. 龍이 몰락했다는 것은 이제 龍의 몸을 감추고 있는 것이죠. 그러니 변화무쌍이죠. 龍이라는 것 자체가 가장 상징적인 힘을 가진 존재로, 죽음과 재생을 만난다는 것은 변화무쌍한 환경을 상징하는 것이고, 그런 것들을 결국 보거나 겪거나 하는 환경 속에서 산다고 봐야 된다.

그리고 正財 入庫라는 것이 재물의 성쇠가 제법 많았던 이런 고충을 의미하는 것이죠. 개 戌자보다는 덜 하지만 辰도 이중성을 많이 의미해요. 바닥을 벌벌 기었던 흔적 이런 것이거든요.

그러니까 미꾸라지 龍 되었다. 바닥을 벌벌 기다가 龍 되었다. 龍이 하늘을 계속 나는 것이 아니라 다시 떨어지죠. 그것을 구름으로 생각을 하면 되죠.

시냇물로 졸졸졸 흘러 다니다가 환경이 주어지면 구름으로 확 올라갔다가, 구름으로 한참 놀다가, 또 다시 비가 되어 내려온다. 물이 다니는 길이 龍이 다니는 길이다라고 보면 되요. 그래서 하늘에서 무지개도 만들고 온갖 조화를 부리다가 다시 밑에 내려가서 시냇물…. 다시 시작을 해야 되죠.

月

태어난 달에 龍이 있다는 것은 마찬가지로 부모의 번영 쇠퇴에 환경이나 인자가 발생하는 것이죠.

日

日에는 구조적으로 없는 것이고….

時

時에는 戊辰이 들어오죠. 戊辰 白虎大殺에 걸리죠. 白虎大殺에 걸리면서 자식에 도둑을 두었다 함은 결국은 자식에게 증여나 많이 보상을 해 주어야 된다. 龍이라는 그 자체가 그렇게 어둠을 다 감춘 흔적, 이런 뜻이거든요.

龍은 이렇게 보면 됩니다.

그림 1

물이 구름이 되어 올라가는 이것이 龍이다, 용오름 이런 것 들어 봤습니까? 龍이 오르는 이것이 구름이 되어 올라가는 것이고, 그 다음에 날아 다니는 龍은 구름이고 비가 되어 떨어지는 것은 潛龍(잠용: 잠수하는 용)이다. 잠수해서 시냇물로 졸졸졸 떨어지는 것이 潛龍이다.

이것이 落龍쯤 되는 것이죠. 떨어질 落. 周易에 보면 건위천 괘에 亢龍有悔라는 말이, 亢龍이라는 말이 너무 기어 올라와서 더 못 오르고 구름으로 둥둥 떠다니는, 이제는 밑으로 내려갈 일만 남았으니까, 지금 최고 잘 나갔는데 까불지 말라는 말이죠.

자식 자리에 그런 인자가 있다는 것은 결국 자식의 번영 쇠퇴로 인한 보통 상속 같은 것을 많이 주고, 골병드는 경우가 많죠.

그러니까 時에 劫財가 세력이 있으면 대부분 다, 열 명 중 7~8명이 전부 자식한테 주고, 별로 좋은 사이가 아닌 경우가 많아요.

그래서 악착같이 말년에 재물에 대해서 집착하는 사람들이 있죠. 링거를 꽂고 오늘 내일 하면서도 침대 밑에 현금 넣어 놓고 "못줘! 죽으면 가져가라!"라는 거죠.

그 두 가지만 결국 劫財가 호시탐탐 노리고 있으니까, 이리 털리고 저리 털리고 하는 것을 많이 보게 되죠. 이 경우는 제대로 된 그것이죠.

己 - 辰 / 운의 해석

운의 해석이 辰에 이른다는 것은 만물이 무성해지기 시작하는 활동 단계로 보죠. 그런데 결국 財星이 세력이 없는 모양이라는 것은 대체로 名은 이루되 제대로 된 실속이나 보상은 잘 이루어지지 않더라.

大運에서 보면 辰도 상당히 압력을 많이 줘요. 활발한 변화라고 하는 것이 있다. 시간적으로 辰시가 7~9시니까 보통 이 시간에 아무리 게으른 놈도 대충 눈을 떠 가지고 움직이기 시작을 한다는 뜻이 된다. 사람들이 활발하게 움직이기 시작하는 운기를 준다는 것은 그 때 자기도 또한 그 기운을 받는다. 己土 日柱는 원래 자기가 액션이 빠르거나 강하지는 않거든요. 그런데도 불구하고 이런 기운을 만나면 부지런히 역동적인 변화를 만나는데 대체로 名은 이루는데 재물이나 보상에는 제한적이다.

卯에 승부가 잘 안 나던 사람들이 辰에 승부가 잘 나죠. 죽기 아니면 까무라치기다. 남들과 다른 세상을 이루고자 한다. 왜냐하면 子丑寅卯로 이것이 넘으면서 한 놈도 비늘을 가진 것이 없죠. 龍에 이르러서야 번쩍이는 비늘이 있죠.

그러니까 즉, 비늘은 빛에 반사가 되는 것이죠. 반사되는 모양새를 갖춘다는 것은 좋은 일이든, 궂은 일이든 어찌 되었든 간에 폼을 잡을 일이 다발한다.

그 다음에 종합성으로 이것저것 골고루 다룬다는 辰 자체의 속성을 많이 가지게 되는 것이죠.

己 - 辰 / 男女

남자는 申子辰의 운동성을 한 번씩 열어 주니 큰 재미는 없어도 작은 재미는 볼 수 있고, 여자는 완전 망조는 아니더라도 속으로 겉으로 골병이 잘 드는 동작이 잘 발생하죠. 이런 경우에 갑자기 배우자를 잃어버린다든지, 갑자기 사업이 몰락을 한다든지, 이런 것이 잘 발생을 해요.

왜냐하면 正財가 入庫했다는 말은 나하고 가장 짝이 되는 인자가 묻혀 버렸다는 말이죠. 그것은 辰이 주는 압력 때문에 빨리 안 이루어지죠.

己 - 辰 / 綜合

종합적으로 봐서 辰의 작용은 보통이나, 부정적인 작용을 더 많이 한다(△, ×).

보통 보면 남자들은 正財 入庫의 해로움을 많이 당하는데요. 요즘에는 이혼도 많이 해요. 劫財에 뺏기는 거죠. 劫財에 뺏기는 것이니 대체로 마누라가 바람이 나서 이혼한다. 이 모양을 가지고 있는 사람이 자기 마누라가 바람 피는 것을 잡으려고 자기가 직접 차를 타고 잡으러 다니는데, 아주 감동적이었어요.

창원에 가서 추적을 했는데 상가들 쫙 있고, 상가들 있는데 그 위에 모텔이 있고, 부산에는 그런 구조가 많지 않죠. 그래서 상가 지하주차장에 주차 파킹 딱 하고, 쫓아 올라가는 순간에 상가로 올라가 버리니까 거기서 자기가 잡으려고 기다린 것이죠. 기다려도 도저히 잡을 수가 없다. 상가에 볼일 보러 왔다, 이러니…. 자기가 재산을 뺏기기 싫으니 증거 수집까지 해 가지고 법원에 제출했는데 결국 재산도 반 뺏겼다. 제출해도 소용이 없더라니까요. 역시 劫財의 힘…. 그러니까 자기 있는 것 정확하게 반반 갈라가지고 새로 시집가서 잘 산대요!!

그런데 본인도 결국 다시 결혼해 가지고 사는데, 짝을 지었는데 쥐 子 모양으로 취했어요. 나이 차이가 11살인가 차이가 나요. 辰에 대한 보복이다.

어디로 가면 잡을 수 있겠냐 점을 친 것이죠. 부인 八字를 보고 오늘 부인이 어느 지역으로 간다면, 辰이 광장이거든요. 광장이 있는 도시를 찾아라 이거죠.

광장이 있는 도시는 창원이다. 광장처럼 쫙 열린 공간. 거기에 龍처럼 생긴 건물이 있을 것이다. 그리고 밖에는 번쩍 번쩍 비늘이 많이 붙어 있을 것이다.

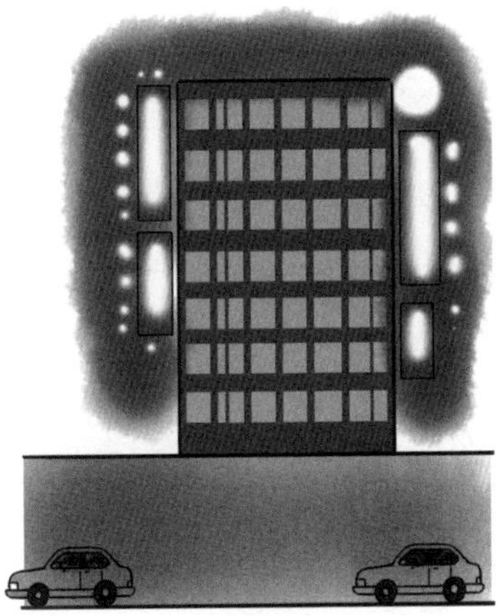

그림 2

상가고 네온사인이 비늘이다. 유리로 된 건물에 갈 것이라고 해서 이 상가 밑에 있는 주차장에서 마누라 차를 찾은 것이에요.

그런데 결국 우겨서 자세히 보니까 중간쯤에 辰 중에 癸水가 여기 숨어 있는 것이라 자기 마누라잖아요. 상남 지구에 몇 개 층이 모텔이고 그래서 거기까지 잡아 놓았다.

세월이 워낙 흘렀으니 이제 이야기를 해 드릴게요.

옛날에 89년도에 맞히기 좋아할 때 우리 수강생 중에 한명, 이분이 제약 영업을 했어요. 제약 영업을 하다가 자기도 영업을 하니까 밤늦게 들어가고, 칠랑이 팔랑이처럼도 하고 했겠죠.

그러다가 마누라가 바람이 났다는 소문을 들었죠. 내가 남산동에 있을 때니까 제법 오래 되었죠.

"마누라가 그놈하고 있는데 어떻게 할까?"

"어찌 할래요? 원하는 대로 해 드릴게!"

"잡아야 되겠다!"

그래서 부인의 官星이 드러난 날, 그 다음에 食傷을 合을 하는 날, 食傷은 생식기니 그런 것 몇 개 잡아서 이 날 추적을 하면 잡힐 것인데, 이 날은 물상론으로 가는 것이에요.

아마 영도에 있는 어디쯤 가 있을 것이다. 그래서 정통으로 찾아 갔어요. 세 날을 집어 준 거죠. 15일, 21일, 23일. 이 날은 필시 남자를 만날 어떤 일이 생길 것인데, 이 날의 물상을 보니까 섬이다. 부산에 가까운 섬이 어디냐? 영도다.

사면이 물에 에워싸여 있으니 丑에 子가 되어 가지고, 子子 이러면서 물~물~ 거리며 앉아 있으니 높은 섬은 아니고 축축한 섬이다. 그래서 영도에서 잡았어요.

그것도 있었고, 옛날에 그런 주문을 하는 사람이 많이 있거든요. 90년도에도 이 사람이 문현 고개에 있을 것이다…. 고개에서 동이 5개쯤 될 것인데, 그 중에서 뒤에 있는 동에 몇 층쯤 될 것이라고 해서 이 사람이 잡았죠. 이 양반은 이혼 안 했어요. '이 썩을 년' 하면서 닦아 팼죠.

여러분이 물상으로 연결하면 되는 것이죠. 물상으로 연결을 하면 되는데 이 모양은 정확하게 자기가 확인을 한 것이죠.

그 남자와 지나가는 사진을 찍고 다 해 가지고 제출했는데 말짱 소용이 없더라. 그래서 모텔 이름 찍고 해도 끝까지 아니라고 우기면 하는 수 없는 것이다. 이것을 보니 갑자기 옛날 생각이 나네요.

지금 여러분이 생각으로 연결해 볼 수 있는 것이 龍의 모양에 즉, 劫財가 내 마누라를 포옹하고 있는 그 자리에, 모양이 이 모양이죠. 그리고 그 해에 간섭자가 있을 것이잖아요. 간섭자는 子年에 마누라가 움직이고 있다면 子와 辰이 무리지어 있는 것이니 이 주변에 찰랑찰랑 물이나 개천이 흐르고 있다. 그 다음에 그 시간은 주로 子를 이용하는 것이니까 어둠을 이용한다. 올해가 戊子年이죠. 子의 속성은 여러 가지로 맞물려 있는데 어둠을 이용한, 새끼를 이용한 것들이 간섭자가 뭐냐를 봐서 물상을 자꾸 연결해 보시라는 것이죠.

이게 갑자기 생각이 나서 제가 이야기를 해 드리는 것이에요. 그 해가 2001년 辛巳年인가 壬午年인가 劫財의 세력을 강화시킨다. 그러면서 이게 동서남북으로 하면 南자에요. 창원 상남 지구에 龍처럼 생긴 건물에 그 놈 생긴 모양은 龍처럼 생겼을 것이다. 키가 클 것이다. 글라스를 했을 것이다, 안 했을 것이다? 이렇게 해 보라니까요. 그런 것들이 아주 절박한 어떤 그 사람 현실에 여러분이 물상이나 六親적인 작용을 자꾸 궁리를 해 줘야 트레이닝이 되는 것이죠.

그것을 너무 자주 쓰면 안 됩니다. 하지만 반드시 써야 할 일이 생길 것이니, 이런 훈련을 해 둘 필요가 있다는 거예요.

오늘 왜 이 지랄병을 하고 있느냐? 오늘 일진을 가지고 자기 일진을 가지고, 왜 오늘 이런 현상이 자꾸 일어나느냐를 자꾸 생각해 보셔야 되죠. 이게 운동으로서도 되고 공간으로서도 된다.

이 己와 辰은 龍처럼 생긴 건물에서 잡아도 재산은 반분하고 소용없더라. 辰이 吉작용보다는 凶작용이 더 많다.

제 17강 • 己일간의 실관 Ⅲ

己가 巳를 볼 때

巳를 만나서 己 日柱…. 巳부터 할 차례죠.

己 - 巳 / 六親

巳에 기본적으로 正印, 그 다음에 巳는 巳酉丑의 金局을 유도하는 인자로서 吉凶 작용이 같이 섞여 있는 것으로 보시면 됩니다.

그 자체로는 財星을 絕地에 떨어지게 하거든요. 財星을 絕地에 떨어지게 해서 吉凶작용이 섞여 있는 반면에, 食神의 合局을 유도해서 처음에는 대체로 凶작용이 많다가 뒤에는 吉작용이 많아지는 이런 작용이 오는 것이죠.

己 - 巳 / 12運星

12運星 상으로는 五行의 뜻을 많이 계승하고 있다.

己 - 巳 / 他 六親 12運星

他 六親 상에서 偏財 癸水는 胎이고 正財 壬水는 絕地, 偏官 乙은 浴地에 들어가 있죠. 正官 甲은 病地에 들어가죠.

그래서 官星이 정립하여 있는 모양으로도 불리한 것이죠. 그 다음에 財星이 정립하여 있는 모양으로도 불리하기 때문에 巳자가 하나 八字에 출현했다는 것은 五行强弱에서 土의 五行적인 대세를 도와주는 데는 유용하지만, 財官을 안정시키는 모양으로서는 다 불리한 모양이다.

그래서 처음에는 대체로 巳酉丑을 떠나서 凶작용을 많이 주관하다가, 뒤에는 吉작용이다. 물론 대표적으로 저렇게 印星은 글공부에 관한 正印 작용을 그대로 계승하고 있으니, 글공부에 관해서는 긍정적인 작용이 이루어지겠죠. 己가 巳를 만나 있는 모양은 대체로 財星과 官星이 다 세력이 無根이 되기 때문에 직업이 글과 학문 자격을 떠나지 않는데, 그것이 벼슬을 구하기 위한 형태가 아니고 전문자격증, 이런 분야가 가장 많이 이루어지는 것이다.

時	日	月	年
	己		
		巳	寅

그림 1

여기에 地支에 寅木이 이렇게 벌어져 있다든지 하면 요게 刑작용이 이루어지죠. 刑작용이 이루어짐으로써 형벌, 수술, 가공, 제조 등의 동작이 있는 조직사회, 또는 두 개 자체가 둘 다 무시무시한 물건을 다루는 어떤 모양에서 이루어지죠. 驛馬성을 가진 것 중에 항공, 통신, 전기전자들에 관련된 분야의 조직사회, 이런 쪽으로 보통 가는데 甲木의 투출이 없으면 조직사회에서 안정된 모양으로 가기 어렵고 또, 조직이라 하더라도 규모가 크지 않은 조직사회 중심으로 활동이 이루어진다.

官印소통이 되더라도 예쁜 모양이 잘 안 나온다는 것이죠. 그래서 月에 格으로 형성된다면 이런 작용이 더 활발할 것이고, 태어난 날에 작용을 한다 하더라도 財官이 안정되고 좋은 모양이 아니면…. '己巳日柱 기사로다', 이런 말이 있어요.

그 자리에 태어난 날 자체가 驛馬가 떨어져 있죠. 그러면서 財官이 불안한 모양이죠. 말 그대로 기사 소리 듣는다 이거죠.

己 - 巳 / 吉凶

吉凶작용은 보통 처음에는 凶작용이 조금 더 많다가 正印이니까 글공부에는 吉작용이 많겠죠. 뒤에 대체로 吉작용으로, 처음에는 凶작용이 많다가 뒤에는 吉작용으로 전환되는 것이 일반적이다. 결국 巳의 모양이 巳酉丑 쪽으로 가면서 食神이 세력을 가질 수 있는 바탕으로 작용을 지속적으로 하는 것이죠.

여자 八字에서는 食傷이 세력을 가짐으로써 결국 원래 八字에 官이 안정된 모양이 아닌데다가, 자식을 얻어서 자식의 장성이 오면 食神국을 만들면서 官星을 더욱 더 무력화시키죠. 자식이 나서 어느 정도 장성을 하고 나면 보통 남편의 사회적인 번영이 굴곡을 많이 만들어 내는 그런 작용이 만들어진다.

己巳日일 경우에도 그렇고 月에 있을 경우에도 활발하게 이루어진다. 여자들은 저런 경우에 실제로 巳 중의 庚金을 자식으로 취하죠. 기본적으로 火金에 의한 金의 활동성 저하 과정, 이런 것이 발생하기 때문에 실제로 자식이 장성을 하면서 객지로 나가 버려요.

고충이 많이 발생을 하죠.

己 - 巳 / 年月日時

年

年에 있으면 年에 뱀 巳자가 있다는 말은 正印이다. 正印이라는 말은 학문적 성취나 업적이 있었던 것을 의미하지만 그것이 벼슬을 잘 소통하게 하는 인자는 아니죠. 그래서 곧이 곧대로 살았던 고집쟁이 인생, 이런 조상 환경 이런 영향을 많이 받고, 그 후손의 환경을 자기가 가지고 안고 태어났다.

月

月에 巳는 格에 간섭을 하기 시작을 하는데 巳 중에 있는 庚金의 투출 여부, 그 다음에 丙火가 天干 다른 곳에 투출 여부를 봐서 正印의 척도, 일종의 품을 매기는 것이죠. 丙火 투출이 있느냐? 庚金 투출이 있느냐? 이런 것을 봐서 食神의 세력을 더 빨리 가지게 해 주느냐, 아니면 印受로서의 작용력이 지속적으로 가느냐를 살펴 볼 필요가 있죠. 그리고 부모 혜택이라고 하는 것이, 대체로 正印이라고 하는 것이 간섭을 하니까 모친의 간섭이나 혜택, 활동력 인자는 강한 반면에 부친의 혜택은 제한적이다.

日

태어난 날에 巳가 있다는 것은 대체로 財星과 官星이 다 불안한 모양으로 놓여 있기 때문에 배우자 덕의 제한성을 많이 가진다. 특히 남자 己巳 日柱들은 준 空亡이다. 戌亥空亡이다. 戌亥가 空亡에 떨어지기 때문에 지상에 正財가 되는 것이 돼지인데 지상에 正財가 없다. 너무 잔인한가요? 있으려면 멀리 원격해서 冲으로 解空해서 겨우 쓰는 모양인데 마누라가 없는 것도 아니고, 있는 것도 아니더라.

자주 바뀌는 과정도 반드시 발생해요. 안 바꾸고 산 사람들 보면 마누라가 거의 촌닭이든지, 아니면 완전히 병들어 가지고 꼬랑꼬랑 하든지, 아니면 수시로 도망을 간다. 수시로 도망을 감으로써 가정 안정에는 상당히 불안한 기운이 巳에서 丑을 유도한다. 丑 중에 있는 子의 餘氣를 당겨서 짝을 삼아서 쓰는데 丑은 형태상 比劫이다.

比劫이니 혼인에 의해서 가정을 가졌다가 깨져 버린 사람이지만 그 역할은 偏財 밖에 안 되는 거예요. 그래서 억지로 끼워 가지고 사는데 이상하게 저 巳酉丑 견인의 힘 때문에 여자가 잘 마르지도 않아요. 그 이유는 巳 중에 庚金이라고 하는 소통인자인 食神이 메롱 하면서 살 불러들이는 힘을 가지는 것이죠.

그런데 正財는 정작 들어올 수 없는 구조이죠. 空亡이면서 冲까지 작용하기 때문에 들어올 수 없는 구조가 되어 있으니, 여자 없는 날도 별로 없는데, 제대로 된 여자 있는 날도 별로 없다.

질문

八字에 申이 있으면?

답변

申이 있으면 그나마 申中에 있는 壬水를 巳가 申을 유도해서, 申 중의 壬水는 傷官 위에 놓여 있는 正財잖아요. 이것도 변태적 환경 속에 있는 여자다. 天乙貴人에다가 正財 長生에다 가장 복 받은 사람이니 그나마 영양가가 조금 있죠. 己巳일이 거의 남자의 경우에는 거의 妻宮에 대해서는 저주받은 몸입니다.

이때까지 한 20명 정도는 섬세하게 관찰을 해 봤는데 한 명도 편안한 사람이 없어요. 가정이 편하다는 사람은 시골학교 선생님의 부인이었는데 완전 촌닭이라 '앉아!' 하면 앉고, '누워!' 하면 눕는 정도로 완전히 조선시대 마누라이더라. 그런 식을 감당하는 사람 외에는 전부 다 질병을 가지고 있든지, 틈만 나면 도망갈 궁리를 하고 있든지, 그런 환경 속에 살더라 하는 것이죠.

여자는 印星이 남편과 소통 요소죠. 자식이 자라서 장성을 하면서 巳 중에 있는 庚金이 세력을 가지기 시작을 하면서부터 官과의 조화력, 남편과의 조화력이…. 보통 혼인 후 10년, 혼인 후 15년 정도의 시기가 되면 부부 인연이 흔들리기 시작을 하더라는 것이죠. 그리고 지상에 甲木이 天干의 甲木이든 지상의 寅木이든, 地支의 寅木이든 刑에 의해서 손상된 모양이 아니면 天干의 甲木은 病地이다. 病地이니 남편으로서의 역할이 점점 쇠락하는 모양으로 가게 되고, 巳 중의 庚金이 자란다는 말은 申으로 변색되는 것이니까, 甲木이 絕地로 떨어지는 것이니까 배우자 인연이 여러 가지로 불안함을 많이 겪는다.

그 다음에 時에 놓이면 己巳가 되죠. 己巳가 됨으로써 己土가 다시 天干에 중복해서 己巳를 봄으로써 巳의 여러 가지 해로움이나 고충스러움을 많이 당한다. 거의 이런 사람들은 형편 때문인지 몰라도 잘 오지도 않아요.

막판에 偏財가 絕胎地로 가 버리잖아요. 뱀처럼 앉아서 뭔가 먹을 것을 해결해야 되는데 주변에 다른 인자가 잘 조화가 갖추어져 있지 않으면 또아리를 틀고 겨울잠을 자는 격이 되어 버리니까, 결국 뱀의 여러 가지 행동적 속성으로 볼 때 말년에 금전 활동이 좋지 못하다는 것은, 운신의 폭이 매우 제한적이다. 그래서 보통 長病, 오래된 질병에 노출되거나 금전 활동이 제한적인데, 대체로 임대사업 같은 경우에 그나마 체면 유지는 하는데, 財星의 소통 요소가 매칭이 잘 안 되니까 서로 임대사업도 원활하지 못한 그런 모양으로 잘 가더라는 것이죠. 運의 보조가 있어야만 되는 경우죠.

그 다음에 자식도 巳 중의 庚金으로 자식을 취해야 되니까 자식이 변화가 거의 없거나 자식의 발신, 사회적인 번영이 드문 모양이 되죠.

己 - 巳 / 운의 해석

運의 해석에서는 말 그대로 초기에는 보통 凶으로 갔다가 後吉이 되는 패턴이 되는 것이다. 이것이 大運에 걸렸을 때는 운의 해석은 己土 日柱, 巳大運에 들어가면 財星이 빡빡하다. 처음에 고단했다가 뒤에 조금 길조가 발생하는데 대체로 승부가 완벽하게 잘 뒤집히지는 않는다. 巳라는 공간에서 승부가 잘 뒤집히지 않는다.

여자들은 대체로 처음에 陽으로 놀다가 뒤로 陰으로 전환되는 것이니, 처음에 평평하다가 오히려 뒤에는 답답하고 고달픈 일을 많이 감당해야 된다. 즉 금전이나 의식주에 관해서 조금씩 유리함을 얻어도 고달픔을 감당해야 된다. 어디서 들어오느냐, 빠지느냐에 따라 조금 다르겠죠.

大運에서는 辰에서 넘어와서 巳에서 午로 빠져 나가거나 午에서 巳로 올라오느냐에 따라서 영향을 주고, 여자는 午에서 巳로 빠지면 陽運을 어떻게든 쓰고 있다가, 陽運마저도 이렇게 약해지기 시작을 하니 여러 가지 고충이 발생하는 것이죠. 또, 여자들은 巳에서 午로 빠져 나간다면 대체로 午의 陽運을 쓰기 위해서 달려가는 것이니 여러 가지 면에서 평탄해지거나 좋아지는 것으로 가기 위해서 先凶後吉이 되겠죠.

남자들은 午運에서 巳로 들어올 때 햇볕 쨍쨍 쬐다가 그래도 반쯤 차양이라도 치게 되니까 훨씬 더 안정되는 모양으로 전향이 될 것이고, 거꾸로 辰에서 巳로 가서 巳에서 午로 빠져나간다 하면 巳運에 절반쯤의 유리함을 얻었다. 午運에 여러 가지 피곤함을 감당하면서 가야 되는 흐름으로 전향이 된다고 본다. 승부가 완전하게 바뀌지 않으니 뱀하고 돼지하고는 자리 자체가 이중성, 다중성들이 어느 정도 깔려 있다. 성경에 보면 뱀 혓바닥 조심하라고 나오죠.

이 말 했다가, 저 말 했다가 혀끝이 두 개라 이중성이 깔려 있는 것이죠.

그래서 大運에서는 큰 환경적인 요소로 이해를 하시는 것이 좋고 물론 火의 五行적인 작용을 어느 정도 참작해야 되겠지만, 이런 큰 환경을 먼저 따져 보시라는 것이죠.

歲運에서는 대체로 巳가 하나의 씨앗은 되겠죠. 正印이라고 하는 씨앗은 되지만, 장차 午未를 건너가서 결국은 申이나 酉에서 열매나 결실을 얻는 것이니까, 새로운 일에 가담을 하더라도 현실적으로 午未 運에서 財星이 완전히 絕地로 가는 고충이 오죠. 그래서 새로운 일을 벌여 놓으면, 이게 뱀이 깨물었다는 말이, 이빨이 잘 안 빠진다. 그래서 코가 걸려서 午年 이때 여러 가지 현실적인 고충이나 애로를 당하다가 결국은 다시 원숭이해나 닭의 해에 묵은 문제의 매듭을 청산한다. 이 해에 始發, 시작해 놓은 일들이 원숭이해나 닭의 해에 매듭을 지으면서, 살다 보니 이런 일도 있구나! 그런 식의 결과가 있으니까 이것을 좋다고 말해도 맞을 것이요, 나쁘다고 말해도 맞을 것이다.

뱀의 해에 원인이 되었던 것이 원숭이 해나 닭의 해에 결실을 만들어 내기 시작한다. 보통 부동산 같은 것을 사가지고 그것을 벌리려다가 잘 안 되어 가지고 지지부진하다가, 이 시기에 뭔가 새로운 일을 착수함으로써 경제적인 보상이 크게 이루어지는 이런 경우에, 뱀의 해에 잘 이루어지는 일이죠.

流年을 파악할 때는 吉年도 되고 凶年도 된다. 이 때 일을 벌이면 아예 멀리 내다보자. 투자를 한다면, 3년 이상 내다보고 투자를 한다면 결실을 얻을 수 있다. 중간 과정은 반드시 굴곡이 있다.

己 - 巳 / 男女

남녀 간에 쓰는 모양도 대체로, 뱀이라고 하는 것이 들고 나고 하는 것이, 들고 나고의 방향에 의해서 왜곡이 있지만 남자는 처음에는 凶해도 六陽之處니 뒤에는 대체로 吉한 모양으로 가기 쉽고, 여자는 先에도 吉이 아니다. 先運에 平했고 後에 凶하다. 평탄하게 가다가 결국 뱀한테 깨물려서 凶을 만나게 되는 이런 格이 되어 버리는 것이죠.

저런 시기에 학문이나 학위, 자격을 취하는데 세속성을 떠나서 가는 것이니까 번영 인자가 많다고 보시면 되죠.

己 - 巳 / 綜合

巳를 종합적으로 본다면 아까 시기에서 밝혔지만 이 부분이 장차 巳酉丑의 씨앗은 되지만, 결국 그 자체로서는 財星과 官星이 전부다 다 안정되지 못함으로써 번거로움과 희생이 발생한다고 보면 된다.

결국 여러 가지 고통과 희생을 감당하고 한참 뒤에 꽃을 피우는 것인데, 저런 경우가 大運에서 남자들이 巳午未申 이렇게 가는 경우에는 미치는 것이죠. 20년 전에 손을 대 가지고 20년 뒤에 결과를 거두기 시작을 하는 것이니까, 20년 동안 온갖 풍파 다 겪는다.

그러니까 巳라고 하는 것이 빛, 光인데 빛의 화려한 유혹에 걸려 들어가서 분명히 무엇인가를 이룩할 수 있는 수단이다. 신통력을 부리는 동물을 봤으니 손을 대 가지고 보통 제조업 등을 해서 이 때 손을 대었다가 午大運, 未大運에 보통 있는 것 다 날렸습니다. 마누라도 팔려고 하는데 마누라는 도망을 가 버렸다. 그런 사람 세 사람 봤어요.

이미 巳 大運에 기본 기술의 원천기술을 계발해 놓은 것이에요. 이때가 30대였는데 30대에 원천기술을 계발해 놓고 이것을 더 계발을 하려고 하는데 그게 뜻대로 안 되서 午大運, 未大運 20년 동안 온갖 기술계발을 위해서 논 팔아 넣고, 집 팔아 넣고, 밭도 팔아 넣고, 있는 것 다 팔아 넣고, 잡힐 것은 다 잡혔는데, 마누라는 도망가 버렸다. 그래서 하는 수 없이 월급쟁이 2~3년 하다가 또 때려치우고 나와 가지고 또 계발한다고 하다가 申 大運, 酉 大運에 와 가지고 대박이 나는 사람, 세 사람정도 봤는데 申 大運 오니까 마누라 새로 얻더라고요.

태어난 날에 巳가 있는 사람들은 또 마누라도 항상 몸이 꼬랑꼬랑 하든지, 형편만 좋아지면 들고 튄다는 다른 마음을 먹고 있는 것이죠.

巳자가 그런 여러 가지 吉작용, 凶작용이 섞여 있다 보시고 감명하면 될 것입니다. 뱀은 진짜 작용력이 무시무시하죠.

己가 午를 볼 때

그 다음에 午를 만났을 때

己 - 午 / 六親

六親상으로는 偏印이죠. 偏印이면서 물론 12運星에 그대로 걸리지만 祿에 걸리죠. 己土가 午를 만나는 것은 거의 祿의 뜻을 그대로 계승하고 있다고 보시면 되죠.

己 - 午 / 12運星

그 다음에 12運星 상으로 祿이 되죠.

己 - 午 / 他 六親 12運星

他 六親의 12運星은 偏財 癸水는 絕地에 들어가고, 正財 壬은 胎地에 들어가죠. 그 다음에 偏官 乙은 長生, 正官 甲木은 死地에 들어가죠.

여기서 쓸 만한 것은 偏官이라는 長生 환경을 가지고 있는 것이죠. 그래서 보통 祿이 있으면서 偏財라든지 食傷을 잘 보고 있지 않으면 대부분 다 변화가 많지 않은 조직사회 중심인데, 偏자의 속성 때문에 기술직이라든지 법무, 치안, 군무, 외교 이런 쪽의 국가공직에 이르러서 활동을 하는데, 주로 현대사회에서는 공사기관이 제일 많습니다.

偏官이라고 하는 것은 半官이다. 반쯤은 正官의 모양새나 혜택이 있고 또 반쯤은 민원조직으로 가는 것이니 공사기관. 그리고 그 자체로 偏印의 속성을 그대로 살려야 되니 기술, 자격, 이런 요소를 살려서 가는 것이고, 그 다음에 偏官의 속성을 따르는 偏官 공직이죠. 이런 쪽으로 감으로써 이제 안정을 취하는 모양이다. 그래서 사업성을 추구하는 경우에는 이런 인자가 있으면서 運에서 食傷이나 財運을 잘 받쳐줄 때, 食傷이나 재운을 잘 받쳐줄 때 기술 사업을 하게 되죠. 그래서 여기서도 항상 기술이라고 하는 것이 들어가 있는 것이죠.

아니면 그 뜻을 그대로 물의 뜻을 계승해 가지고 해외에서 가지고 온다. 그것이 무역이다. 財運이 왔을 때, 大運에서 亥子丑 이런 財 大運이 흘러갈 때, 무역사업 등을 해서 그것으로 돈을 벌지만, 그것을 자연스럽게 받쳐주는 食傷이나 財星의 어떤 기운이 八字 안에 없으면 한때 돈을 벌었다가도 확 빠져 버리는 것이죠.

오히려 오래도록 먹고 사는 사람은, 기술이나 자격을 사용해서 갈 때 運의 영향을 적게 받으면서 꾸준히 발전하더라.

己 – 午 / 吉凶

吉凶으로 본다면 吉의 비율이 조금 작다. 2~3정도다. 그 다음에 凶은 7~8이다.

己 – 午 / 年月日時

年

年에 午가 있다는 말은 少年에 偏印의 혜택 밖에 입을 수 없다는 뜻이죠. 대체로 偏印인 조부의 세력이 득세해 있는 모양에 다른 글자에서 調候 요소가 잘 안 맞아 있는 경우에는 조부의 부부(할아버지와 할머니)끼리 조화력이 허물어져 있다. 본인이 어려서 偏印의 환경 속에 자란다는 것은 소년의 부모나 조상 혜택이 약하다는 것이죠. 물론 책에서는 유모의 젖을 먹고 살았다, 엄마의 젖을 제대로 못 먹고 살았다, 소년에 성장이나 발달에 방해가 발생했다고 본다.

月

月에 午는 일종의 偏印格이다. 偏印格에서 祿의 속성을 그대로 가지죠. 소년에 기술이나 재능의 발달을 의미하는 것. 이 발달은 자연스러운 발달이 아니고 偏印이라고 하는 환경 때문에 그렇죠. 대체로 의식주 불량 상태 때문에 자기가 여러 가지 기술이나 재능을 터득하는 것으로 봐서, 열심히 하기는 하는데 고달픔과 어려움 속에서 보통 능력을 이루게 된다는 뜻이고, 巳는 차라리 낫다. 그 자체로 불 밝힌다. 말 午자라고 하는 것이 偏印으로서의 속성을 그대로 주기 때문에 의식주가 불량한 상태에서 겪는 여러 가지 능력발전이다. 그 학문은 대체로 기술성을 많이 가진다.

日

날은 구조적으로 없는 것이고….

時

時는 庚午時가 되죠. 말년에도 보통 의식주나 건강, 이런 것의 불안정을 의미하는 것이 된다. 時에 있는 傷官이 자식무정으로 남자일 경우에도 그렇지만 여자의 경우에도 偏印의 작용이 활발하기 때문에 자식무정이다.

거꾸로 이런 時에 있는 傷官의 뜻을 계승해서 간혹 봉사성 감투나 선출직 감투를 하는데 대체로 봉사성격이 강한 감투다. 남에게 봉사하고 헛꽃을 많이 피우는 것이다. 그러니까 집구석에서 아이는 말을 안 듣는데, 밖에 나가면 잘 한다.

己 - 午 / 운의 해석

運의 해석에서, 午라고 하는 것은 陽의 극단에서 陽이 밖으로 많이 드러나 있고 陰이 하나 일어나 있는 상태이니 三合에 의한 작용도 陽의 작용이 많고, 그 다음에 기운의 어떤 차서 순서에 의해서도 陽의 기운이 많이 펼쳐짐으로써 보통 午運에 승부가 많이 나요.

午運을 잘 쓰는 사람들은 그때 계속 지속적인 번영이나 발전을 한다. 이때 골병드는 사람들은 계속 골병을 가진다. 오뉴월 炎天의 기운을 본격적으로 쓰기 시작하니 이때 무럭무럭 자란다. 시시때때 자란다. 자고 나면 오뉴월 뙤약볕이 무섭다는 것이죠. 하루 뙤약볕에 무럭무럭 자란다. 이때 가뭄 들어 마르는 놈은 팍팍 말라 죽죠. 가뭄에 타는 農心을 잘 못 쓰는 사람들은 골병이 드는 것이죠. 잘 쓰는 사람은 무럭무럭 자란다. 그런데 己土日柱가 午를 잘 쓰는 경우는 대체로 이런 조직사회나 자기가 기술 중심으로 해서 연구직이라든지 이런 학문성이라도 기술에 관한 이런 것을 쓰고 있을 때는 그나마 꾸준하게 사회적인 업적이나 능력발전을 볼 수 있지만, 대부분 다 금전이나 의식주 환경에는 정체나 답답함을 주로 많이 겪는 모양이 된다고 보시면 되죠.

여자들은 대체로 긍정적으로 쓰겠죠. 앞에서 들어왔든 빠져 나가든, 未 대운에서 午 대운으로 들어왔든 巳 대운에서 午 대운으로 들어왔든, 여자들은 대체로 큰 활동 없이도 陽의 혜택을 보고 있는 모양이기 때문에 남편이나 주변, 하다못해 부부인연이 불안하더라도 친정오빠가 잘 나간다는 식으로라도 혜택을 보는 인자가 발생한다.

남자들은 사회적인 업적은 만들더라도 사적인 보상은 대체로 고달픈 모양으로 쓰게 되는 것이죠.

歲運에서는 대체로 午 고유의 뜻의 영향을 워낙 많이 받으니, 능력 면에서 업적을 만들더라도 인간 관계라든지 사회 활동에서 여러 가지 현실적인 어려움이나 답답함을 많이 겪게 되는 것이죠. 대체로 질병 요소에도 잘 노출되죠. 질병 요소에도 偏印의 뜻을 그대로 잘 받는다는 겁니다.

己 - 午 / 男女

男女 간에 남자 덕은 대체로 凶으로 많이 쓰고 여자들은 대체로 길조로 잘 쓰는데 둘 다 공통적으로 질병이나 활동력에는 방해나 불안을 겪게 되는 것이죠.

調候가 기울어진 경우에 질병 요소에 많이 노출되게 되는 것이죠. 더운 기운에 노출되어 있으니까 밤잠을 잘 못 자는 것이죠. 밤잠을 못 잔다는 것은 충분히 쉴 수 있는 인자가 안 된다. 환경이 안 된다. 잠을 푹 못 잔다는 것은 건강상태를 유지 못한다는 것이죠.

己 - 午 / 綜合

종합적으로 봐서는 대체로 男女 共히 吉 보다는 平이나 凶 정도다. 凶이 더 많이 작용하고 있더라. 여자들은 대체로 무탈한 정도다.

남자는 대체로 개인적인 보상이나 성취 면에서는 답답함을 많이 겪는다. 한때 좋았다가도 반드시 답답함을 겪는 식의 굴곡이 발생을 하더라. 단지 남 좋은 일 시키고 있는 조직사회에서는 그 해로움이 작다.

午가, 午 한방에 어떤 작용이 있느냐 하면 天乙貴人을 다 무력화시키는 작용을 해요. 그러니 己土한테 天乙貴人은 申하고 子다. 그러면 申에 대해서는 隔角을 그 다음에 子에 대해서는 冲에 의한 작용 방해를 겪음으로써, 한때 잠시 貴人의 작용을 보더라도 평상시 貴人을 견인해 주는 힘이나 에너지를 막아 버리는 것이죠.

평생 저 경우에는 거의 貴人이 메시아적 수준은 아니지만 거의 세상 사는 데에는 굉장히 중요한 어떤 계기, 단계, 상황 이런 것을 열어 주는 열쇠와 같은 것이죠. 그런데 天乙貴人이라는 것이 午 한방에 전부 다 다 찌그러져 버리고 작용을 못하고 잠깐 써 먹다가도 제대로 자기한테 작용을 얻지 못하는, 그런 식의 작용을 하는 것이니까.

"잘 해주세요!" 한 마디 하면,

"욕보제" 하면서….

"사는 것이 고역이다."

이러면서 첫 마디부터, 그것부터 시작을 하는 것이에요.

제 18강 • 己일간의 실관 Ⅳ

己가 未를 볼 때

여기에 거의 버금가는 멤버가 있으니 오늘 만만치 않습니다. 未는 午에 비해 봐도 만만치 않죠.

己 - 未 / 六親

未는 말 그대로 比肩이면서 자체로 羊刃이 붙죠. 羊刃의 속성이 그대로 작용하는 運命이다. 그리고 심심하면 午하고 무리 짓죠. 심심한데 우리 오제미나 할까? 심심한데 우리 다마치기(구슬치기)나 할까? 이러면서 午를 슬슬 불러오죠. 午의 餘氣가 그대로 떠밀려 왔잖아요. 정말로 未도 살아가면서 지상에서는 酉 隔角이다. 酉는 己土 日柱에서는 굉장히 중요하다. 酉를 隔角시킴으로써 결국은 지상에 食神이 없다. 食神이 없으니까 손닿는 곳에 먹을 것이 없으니까 칼을 가지고 딴다 이거죠. 칼을 가지고 가지를 꺾어서 따야 되니, 고통을 겪으니 열심히 살 수 밖에 없죠. 이런 인자가 드러난 사람들은 그게 두 개, 세 개 드러난 사람들은 첫 마디가 무조건 "고생한다!"

己 - 未 / 12運星

12運星 상으로는 冠帶가 되죠. 陰干에서 冠帶 같은 경우에는 五行대세가 굉장히 강한 것으로 강하게 뻗쳐 있는 것으로 보고 특히, 己가 未에 내려와 있는 것은 그 뜻이 그대로 내려와 있는 것이죠. 지상에 巳午未를 살살 꼬셔 가지고 申으로 넘겨주는 작용을 하는 것이니까, 天干에서 甲乙丙丁戊 陽운동 이후에 陰운동으로 본격적으로 소통시켜 주는 인자가 되는 것이죠. 그 뜻이 둘은 거의 닮아 있다 보시면 됩니다. 순수한 己의 작용력이 지상으로 치면 未와 같다 보시면 되죠.

己 - 未 / 他 六親의 12運星

他 六親의 12運星에서 偏財 癸水는 入庫하고, 正財 壬水는 養地, 그 다음에 偏官도 偏官이 똑같이 養地에 들어오죠. 正官 甲은 墓地로 가죠.

陽干의 養은 어느 정도 밖으로 드러나기 위한 준비 상태, 꿈틀 꿈틀거리는 뭔가 기운은 있지만 밖으로 제대로 펼쳐 내지 못했고, 그나마 陰干은 밖으로 세력을 드러내고 있는 요소로 봐서 그나마 乙木을 써 먹기는 써 먹지만, 未中에 乙木이 들어 있어 써 먹기는 써 먹는데 제대로 써 먹기가 힘든 모양이 된다. 물론 아주 이상적인 세력을 가진 것은 아니지만 財星이 다른 곳에 무리지어 있거나, 財星을 제대로 쫓기 어려울 때는 不得不하게 官星 요소를 쫓아 가지고 쓰게 되겠죠.

그래서 이런 요소 때문에 보통 食神이 없다. 상에는 짬밥 그릇이 없다. 그 때는 우리가 군대에서 배식판에 이름이 있는 경우도 있고 없는 경우도 있는데, 줄을 서다 보니까 자기는 식판이 없는 거라…. 그러면 배식을 못 받잖아요. 그럴 때는 총을 꺼내 가지고 빵! 한발 쏘면서, '동작 그만!' 하고 빼앗아 버리는 것이죠. 빼앗아 먹는 그 힘이 羊刃에서 나오는 거죠.

특별한 기술이다. 노래도 안 부르고 바로 빼앗아 버리는 것이죠. 食神이라도 있는 사람은 재롱잔치라도 떨고 '제가 잘 해 드릴게요.' 자기 食神을 확보하는 반면에 이런 경우는 食

神은 어차피 내 밥그릇에 모양이 없기 때문에 결국은 이제 특별한 기술, 주로 의료라든지 공업 중에서도 여러 가지 배타적인 권리, 배타적인 것을 가지는 기술 이런 것들이 자기 삶의 수단이 되는 것이죠. 고생합니다.

己 - 未 / 吉凶

吉凶에서 보면 물론 관직에 나선 경우에 총칼이 있다 함은 어느 정도 권력성은 가지고 있다는 거죠. 그러나 신통력 동물이 아니기 때문에 대체로 상징적인 권력이 되죠.

吉작용이 1~2, 凶작용이 8~9로 대체로 名을 따를 때, 그 다음에 기술 등을 따를 때 직업적인 성공 이런 것은 이루어지지만, 인간 관계라든지 六親 관계는 여러 가지 고충, 애로가 많다. 태어난 날에 그대로 걸리면 그게 배우자 조화력도 굉장히 불안하게 만드는 인자가 되는 것이죠.

己 - 未 / 年月日時

年

年에 未가 있다는 것은 그 자체가 辰戌丑未 속성상 허물어지고, 미완되고 하는 어떤 그런 과정을 보게 되거나 듣게 된다는 뜻도 된다. 젊은 날에 財破, 재물이 깨어졌다는 것은 반드시, 필시 부모나 선대 번영 등의 여러 가지가 깨져 버리고, 훼손된 삶의 환경을 어렸을 때 만난다. 아니면 본인이 크게 낙상을 만난다든지 羊刃의 해로움을 한 번 당한다.

月

月에 있는 것은 말 그대로 格을 형성시킴으로써 총칼 차고 나왔다함은 남다른 기술, 자격 특히 의료 쪽에서 보면 주로 水를 財星으로 쓰니 치의예과, 산부인과 쪽에 해당하는 재능이나 능력을 많이 가지고, 또한 지는 것은 엄청나게 싫어하겠죠. 기술이나 자격, 글공부 중심의 성취에는 대단한 경쟁력을 발휘한다.

단, 부모 혜택은 羊刃格의 해로움을 그대로 당한다. 특히 偏財가 허물어지는 자리죠. 偏

財가 入庫되어 있는 자리…. 그래서 투출되어 있다 하더라도 부친은 현실적인 능력이 약한 사람이다. 그래서 대부분 다 인연이 박하거나 떨어져 살아야 되는 고충이 따른다.

日

日에 己未. 여자 八字에 보세요. 正官이 入庫하고 남자 八字에서는 壬水는 養地니까 꾸물렁 꾸물렁 거리는 배우자 인연은 얻지만 처로서의 역할이 활발하지 못한 사람이고, 설치고 나댄다면 그 마음은 담장 밖에다 두게 되어 있는 것이죠. 담장 밖에다가 두게 되니까 부부간에 조화력이 자꾸 불안해 지는 것이죠. 그래 마누라가 가서 어찌하다가 남의 남자 손을 잡았는데,

"니 뭐 때문에 그라노?"

"당신하고 느낌이 똑 같더라."

未가 己土의 뜻을 그대로 계승해 놓았잖아요. 똑같은 느낌을 주는 남자니까 내가 잠시 정신을 잃었다. 이런 작용이 와서 부부인연이 상당히 불안한 과정을 거치게 되죠.

時

時에 있는 것은 辛未時가 되죠. 天干에 食神이 노출되기는 하는데 地支자체에 辛金이 未土 위에 앉음으로써 세력이 약한 모양이죠.

그러니까 배우자 食神의 세력으로 역할을 제대로 못하고 있는 모양이 되죠. 時에 羊刃이 있다는 말은 말년에도 칼을 들고 살아야 된다는 말로, 의식주 환경의 불편함을 의미하고 자식하고도 칼을 들고 겨루어야 된다. 이것은 자식과의 현실적인 부조화, 갈등을 의미하죠.

보통 일반적으로 六親은 時에 劫財가 있으면 막판에 빼앗기지 않으려고 엄청난 財慾을 발휘해요. 그런데 결국 뺏기더라는 것이죠. 己土가 未를 만나는 것도 그런 작용이 발생을 하더라.

그 다음에 正官의 入庫가 時에 발생을 하죠. 正官은 보통 일반적으로 딸로 봐서, 딸의 入庫가 있다는 것은 딸의 사회적인 번영, 쇠퇴에 근심 걱정거리가 많이 발생한다.

己 - 未 / 운의 해석

運에서 마찬가지로 未 大運을 만났을 때, 未 大運은 설명할 필요가 없죠. 아니다라고 하는 것의 기본적인 뜻을 가지고 있는데다가, 比劫으로 쭉 에워 싸놓고 있다는 말은 경제적으로 사회적으로 계속 완성 없이 뭔가 왔다 갔다 하는 고충이 잘 발생한다. 그나마 여자들은 양의 혜택을 부분적으로 입을 수 있다. 보통 형제 동기가 형태가 比肩이죠. 형제 동기간의 혜택, 이런 것을 어느 정도 봄으로써 해소는 되지만 그래도 금전적인 환경이라든지 이런 데는 여러 가지 답답함을 겪더라,

그러니까 자주 먹고 사는 기본이 되는 食神이 압박을 받는다는 것이죠. 올해 子年에 寅을 食神으로 쓰는 사람 보셨죠?

食神 쓰는 사람이 壬寅 日柱. 오늘도 壬寅 日柱 두 명 왔어요. 어제도 壬寅 日柱가 왔었는데 얼방 죽는 거죠. 오늘 온 壬寅 日柱는 직장생활을 하고 있었는데 브라질에서 총 팀장을 하고 있었던 거죠. 그런데 갑자기 오너의 남동생이 '자리를 비켜라' 하더라는 거죠.

더러워서 때려치우겠다는 것을 살살 말렸는데 子가 寅을 隔角하니 꼭 독립하겠다 이거죠. 그 다음에 또 한 사람은 감명을 한 것이 아니고 마누라를 보기 위해서 왔는데, 남편 것을 보니까 마누라가 아픈 것이에요. 마누라가 아파서 깨랑깨랑 하는 거예요. 이 자리에 배우자가 놓여 있잖아요. 배우자가 놓여 있으니까 배우자 목을 조르고 있다. 자기 때문에 그런 줄 모르고 마누라만 꿀밤 주고 있는 거라….

"새가 빠지게 일을 하는데 너는 몸이나 아프고…."

"그게 당신 탓이요."

남편 八字는 壬寅 日柱, 여자는 丁亥 日柱인데 물론 傷官이나 偏官의 작용이 있어서 이래저래 시달리게 하는 기운으로 정신적으로 고달픈 것을 주는 것이 당연한데, 남편이 딱 쥐고 있으니 확실하게 마누라가 목이 짝 쫄려서 호흡기에 탈이 생긴 거죠.

卯 隔角의 해로움인데 아예 未 大運 때는 밥그릇을 편안하게 얹고 먹지 마라. 개가 밥 먹는데 밥그릇을 차 버렸다는 것이죠. 未가 와서 밥그릇을 들고 차 버리니까 밥그릇을 들고 다니는 처지니, 잘하면 그게 국제사업을 하는 것이고 나쁘게 보면 거지거든요. 단지 거지도 그럴싸한 거지하고 별 볼일 없는 거지하고 급수가 있을 뿐이다. 사실 이런 세월에 노숙생활을 하면 그나마 八字에 땜을 하고 있는 것이죠.

그만큼 未라고 하는 것이 편안하게 써 먹기 어렵다. 쪽박을 차고 다닌다, 밥그릇이 안정

이 안 돼 있다, 나한테 밥상 차려 줄 존재가 없다는 것이죠. 좋게 말하면 국제사업이 되는 것인데 나쁘게 말하면 사실은 쪽박 찬 것이다. 보실 때 딱 그렇게 보세요.

물론 이 경우도 어디서 들어오느냐 따라 차이가 있다. 午 대운에서 들어오는 사람들이 있고, 申 대운에서 未 대운으로 올라오는 사람들과 차이가 좀 있다. 거기에 대한 해석을 여러분들도 앞으로 뒤로 흘러가는 것을 봐서 알 수 있을 것이고, 己土 日柱 같은 경우에는 申에서 未로 올라오면 이때 죽음의 레이스, 죽음의 전주곡을 시작한다. 죽음의 전주곡을 시작하다 보면 죽음의 전주곡을 벌이기 시작을 해서, 이것은 꼭 해야 되는 사업이라고 해서 바로 죽음의 레이스를 달리죠. 그래서 그 여파가 未運의 중간 부분이나 끝부분 들어가서, 午運에 오히려 獄中에서 偏印이라면서 가만히 앉아 있는 것이다.

감옥소 가려고 달려가는 것이잖아요. 항상 大運을 해석할 때는 앞 大運이 뒷 大運의 기본적인 원인이 된다고 봐야 되는 것이죠. 이 大運에 걸려서 밥그릇을 걷어 차 버렸잖아요. 막판에는 사기죄로 걸리고 재판을 해서, 움직이지 않더라도 밥은 주니 偏印으로 답답하고 안락한 세월로 들어간다. 그 다음 午에서 빠져 나온 사람들은 활발한 활동력이 있었는데 이럴 때 보상 못 거두다가, 이게 잘 하면 될 것도 같고 죽을 것도 같기도 하다. 그렇지만 지금은 밥그릇은 들고 다녀야 되는 상태다. 그래서 未運의 중반부 부분부터는 뭔가 조금씩 좋은 징조나 서광이 비치게 되죠. 다음 다가오는 大運이 흘러가는 것을 보고 앞으로 몇 년간 어떻게, 어떻게 조절하고 절대로 폼 잡지 마라!

歲運에서야 당연히 比劫 태왕의 해, 羊刃의 해들을 많이 만난다고 보시면 될 것이고 원국 따라 차이가 있지만. 未 자체는 학문적인 성취가 羊刃 자체의 속성을 따라 학위의 취득, 어려운 시험의 합격들이 이루어지는 경우가 절반 정도 이루어진다.

그래서 未와 申이라고 하는 것이 己土에서는 상당히 의미가 있습니다. 申을 열기 직전까지의 未라고 하는 것은 보통 寅卯까지도 안정되지 못한 환경 속에서 辰巳午未. 갈수록 태산이다. 갈수록 태산이다가 이때에 시험에 합격하고, 이때(申)부터 본격적으로 사회에 참여를 하기 시작하는 이런 환경이 만들어지기 때문에, 대체로 未가 처음에는 고달팠다가 뒤에 좋은 쪽으로 전환이 되는 작용을 한다.

己 - 未 / 男女

남자는 대체로 시작이 凶하고 끝 부분이 어떻게 들고 난다는 해석의 융통성이 있겠죠. 오늘도 해당하는 경우가 있었는데, 그 때에 格用法을 쓰는 집 세 군데를 가서….

"시끄럽다. 未運은 안 된다. 지금 빨리 빼라."

"3대 1로 지니 팔지 말고 버텨라."

10년 만에 찾아 왔어요. 찾아와 가지고 역시 그때 발을 빼는 것이 맞았다. 싹 다 거덜 나버리고 未 大運에 완전히 하나도 없이 싹 다 거덜 나서…. 未運 그 자체로서는 상당히 답답함이나 지루함을 많이 주는 인자인데 특히 己土日柱한테는 현실적인 이익이나 보상면은 상당히 고달픈 것이죠.

그 다음에 여자일 경우에는 동기간의 협조를 받음으로써 어느 정도 도움은 되지만 財星이 원활하지 못한 해로움, 이런 것들을 당한다. 그 다음에 건강상에도 羊刃의 건강불안 등의 해로움이 따른다.

남자들 중에는 간혹 己土가 羊刃을 강하게 쓰고 있을 경우, 나쁜 모양으로 그냥 生을 정리하는 경우도 있어요. 戊午하고 비슷해요. 戊가 午를 보는 경우와 己가 未를 보는 경우에 己未가 더 은근히 가다가 다 없어 버린다니까요.

戊는 원래 자기 것을 잘 드러내잖아요. 그 순간만 딱 넘어가면 참고, 참고 해 가는데 己未는 참고 있는 것이죠. 참고 있다가 야인의 작용력이 폭발을 해 버리는데, 거의 누가 형님이 다 할 것 없이 작용력이 활발하게 이루어진다.

己 - 未 / 綜合

종합적으로 봐서는 남자든 여자든 凶이 많고, 凶이 8~9, 吉이 1~2밖에 되지 않는다. 八字 원국 안에 하나만 있는 경우에는 상당히 긍정적이라고 보죠. 이를 악물고 사는 힘으로 보죠. 이를 악물고 사는 힘으로 보기 때문에 未가 있는 것이 좋습니다.

보통 大運에서 己土日柱가 午未 大運에 걸리면 자식도, 여자 입장에서 자식 다산도 잘 안 된다. 하나는 印星 태과의 해로움 그 다음에 五行적으로 火나 土의 해로움으로 수태 자체가 잘 되지 않거나 불량한 모양이 중복되어 있으니, 食傷을 여는 데 제한을 두 개나 두고 있는 것이죠.

己가 申을 볼 때

己 - 申 / 六親

六親상으로는 傷官이다. 그 다음에 貴人 나왔습니다. 또 正財 長生. 이 세 가지 별을 동시에 봐 둘 필요가 있습니다.

그 다음에 申子辰 水局을 열어주는 통로로서 己土가 申을 봤다는 것은 陽운동을 마치고 陰의 운동이 시작된 것을 지상의 완벽한 陰의 시작으로서 열어 놓은 것이니, 己가 申을 보는 것을 근본적으로 貴格, 陰陽의 큰 뜻의 소통이 굉장히 잘 되어 있는 것으로 본다.

이것이 있는 사람치고 의식이 어려운 사람은 보지 못했다. 거지가 되어도 수준급 거지가 된다. 제일 좋은 명당자리를 차지한다. 왜냐하면 申자 생긴 모양대로 딱 한 가운데잖아요. 종로구 4거리 그 다음에 고속도로와도 접속되어 있고. 이건 일반도로이고 한 가운데 앉아서 이 동네에서 내가 빌어먹고 다녔다.

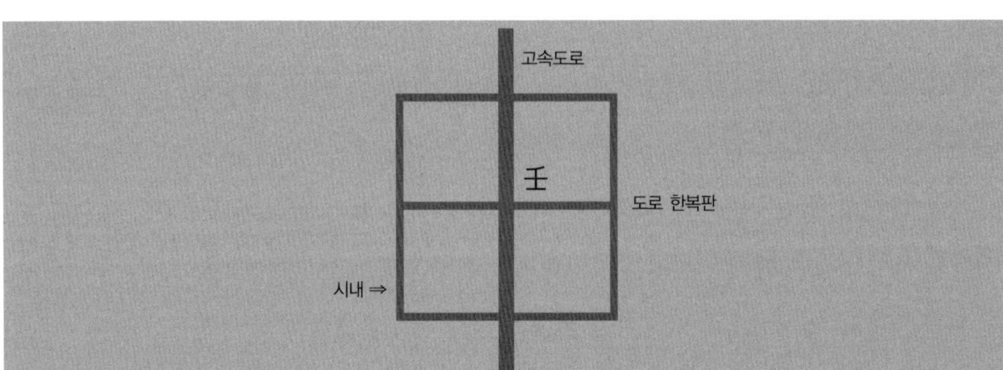

그림 1

부잣집 주변에서 빌어먹고 다니는 것이니 수준급 거지가 되죠. 이 안쪽에는 地藏干 壬을 써 놨죠.

壬이라는 것 자체가 숫자로서 유일성, 제일 한복판 이런 것을 의미하기 때문에 유일성 요소가 있는 좋은 자리에서 乞人이 되어도 동네 부자하고 잘 바꾸지 않을 만큼의 인자를 갖는 것이 申이에요. 단, 여자는 傷官의 해로움이 그대로 미치는 것이죠. 의식주 구애는 없다 하더라도 남편 덕을 입는 데는 방해가 따르더라 하는 것이죠.

己 - 申 / 12運星

12運星으로는 浴地죠.

沐浴의 吉작용, 凶작용을 같이 傷官하고 무리지어서 생각하면 되겠죠. 傷官의 일반적인 작용, 沐浴의 일반적인 작용이 붙어 주면,

"저 아이는 까불어도 된다. 친정이 잘 살잖아!!"

그런 식의 작용이 이루어짐으로써 傷官, 沐浴의 불안 요소가 있어도 이런 긍정적인 작용으로서 많은 것을 해소해 주는 작용이 동시에 깔리는 것이죠.

己 - 申 / 他 六親 12運星

他 六親에서 偏財 癸水는 死地에 깔리고, 正財 壬水는 長生해 있고 偏官 乙木은 胎地에 있고, 正官 甲은 絕地다. 官星이 무력의 환경을 가지고 있으면 그 중에서 正財가 長生을 해 있는 모양이 되고 傷官 그 자체가 드러나 있는데, 傷官과 正財의 조화력이 그 사람의 주된 직업군이다. 傷官적 행위라는 것은 종목이나 업종이 다양하다.

교육 그 다음에 기술성이 있는 제조, 창작행위에 들어가는 상업예술, 기호식품들이 傷官의 일반적인 뜻에다가 正財를 지속적으로 만들어 낼 수 있는 글자를 가지고 왔으니, 예를 들어 도너츠 장사를 하는데 꾸준하게 잘 되더라. 학원업을 하는데 꾸준하게 잘되더라 하는 식의 직업 환경을 만들어 줌으로써 저 글자가 月에 드러나 있든, 時에 드러나 있든 하나만 드러나 있어도 보통 직업적으로 성공의 인자, 보통 돈벌이는 자신이 있다는 것이 있다.

여자들은 申이 申子辰을 불러들이므로 애정사의 다발성을 의미하지만, 대체로 官星이 무력함으로써 오는 고충이나 번거로움은 있겠죠. 돈은 되는데 애정은 고달프다.

己 - 申 / 吉凶

吉 작용이 대체로 8~9고, 凶작용이 1~2인데, 1~2는 傷官이나 沐浴의 해다. 傷官이나 沐浴의 해로움이 된다.

己 - 申 / 年月日時

年

年에 있으면, 正財 長生의 환경을 가지고 있다는 것으로 조부 貴人의 인자가 있는데, 그 혜택은 傷官 때문에 제한적이죠. 正財가 놀고 있으니까 조손 상속의 인자를 잘 가진다. 조손 상속, 그러니까 할아버지가 傷官의 속성을 따라서 촌 동네, 변두리에 땅이라는 형태로 祖父 貴人…. 傷官 때문에 제한적 혜택이지만 보통 조손상속으로 할아버지 때부터 내려와서 받았던 것, 아버지가 전달해 준 것, 그런 방식으로 받거나 아니면 바로 받는 것도 있죠.

月

月에 申이 있다는 것은 正財 長生의 요소가 있으나 정신적 조화력은 약하겠죠. 傷官 때문에 정신적 부조화는 있지만 부조화라도 부모 경제적 혜택, 그 다음에 직업군에서 다양한데 官星을 채택하지 않고 傷官의 속성을 채택해서 직업의 다양성이다. 직업이 천 종이죠. 직업이 여러 종류로 드러난다.

저 모양에서 치의예가 굉장히 많아요. 巳자가 붙으면 전형적인 刑에 의해서 正財 長生의 인자를 간섭하고 있는 모양이니까 형벌이나 수술인데 보통 자격, 자격 중에서 형벌, 수술, 그 다음에 공학 중에서 압력을 가해 가지고 기술을 가해서, 부가 가치를 많이 끌어 올린다. 원숭이 자체가 신통력 인자로서 그렇고, 원숭이 자체가 金이기 때문에 또 경제적인 번영의 에너지를 많이 가지고 있다.

時

태어난 날에는 없는 것이고, 時에는 壬申時가 되죠. 時에 正財, 貴人, 傷官 등을 두었다는 말은 말년에 의식주 원만이다. 단지 傷官 때문에 자식 조화력은 떨어진다. 그 자리에 天乙貴人이 논다는 말은 조화력은 떨어지지만 자식들이 客地에서 貴人 성공 동작이 발생한다.

잘 삽니다. 두 개가 있습니다. 己 日柱에 癸酉時하고, 壬申時하고, 말년에 먹고 사는 문제에 관해서는 이 두 가지가 가장 하이라이트인데 잘 살아요. 그 다음에 子時 새벽에 天乙貴人이 오면서 甲子시가 되느냐 丙子時가 되느냐인데, 子時에 해당하는 경우 말년 의식주의 원만성이다.

단, 여인은 官星이 絕地, 胎地에 떨어져 버리니까, 자식이 의식주의 번영에 있어도 배우자와의 인연이나 혜택은 불안한 과정을 만나겠죠.

己 - 申 / 운의 해석

좋은 놈은 이래 좋고 저래 좋고, 나쁜 놈은 이래 안 좋고 저래 안 좋다. 運에서는 원숭이 申자가 달려오는 요소에 따라서 차이가 나는데, 未에서 申으로 달려 들어오는 경우에는 번영의 효과가 크다. 여러 가지 결실이죠. 결실이 이루어지는 국면이 되고 酉에서 申이 오면 반듯한 밥그릇 위에 앉아 있다가 傷官의 모양이 되니까, 보통 경제적인 보상이나 발전 요소는 큰 차이가 나지 않는다 하더라도, 여러 가지 傷官의 해로움이 발생함으로써 혼란, 동요를 겪으면서 결국은 경제적인 보상이 이루어진다.

酉에서 밀려 들어오는 경우와 未에서 들어가는 경우가 다르겠죠. 그래도 己土가 申金 大運에 머무르고 있는 동안에는 반칙을 써서라도, 원숭이를 활용해서 결국은 내가 먹고 사는 수단을 여러 가지 측면에서 얻을 수 있다. 대신에 여자는 금전적인 환경, 의식주적인 환경은 좋아지더라도 남자 덕을 여는 데는 번거로움이 따른다. 애정에 관한 다반사, 일을 많이 만들면서 정신적 고충이 많이 따르는 것이죠.

己 - 申 / 男女

남자에게 申은 기본적으로 긍정적인 요소가 많다. 여자는 금전에 대해서는 긍정적인데 애정, 배우자 덕에 대해서는 불안한 것이다.

己 - 申 / 綜合

종합적으로 봐서 아무튼 다른 글자에 비해서 상당히 吉작용이 많아 8~9, 凶작용이 1~2 정도다.

이 자체에도 寅巳申戌…. 신통력 인자까지 가세를 했기 때문에, 실제로 저 글자를 잘 쓰는 사람을 몇 사람 봤는데 경제적으로 대단히 탄탄하고 좋은 사람이 많더라는 것이죠.

제 19강 • 己일간의 실관 V

己가 酉를 볼 때

未에서 두 칸 건너갔죠!

貴人이, 잔잔한 貴人이 붙습니다. 아무튼 좋은 것이다 보면 됩니다.

己 - 酉 / 12運星

12運星적으로 長生. 己土의 뜻은 여러 가지가 있는데, 陽운동을 열었다가 닫는 기운도 있지만 지상에 펼쳐진 陰으로도 보거든요. 지상에 펼쳐진 陰이 天高馬肥, 가을의 가장 풍성한 陰의 기운이 제대로 가장 실현된 것을 己土의 뜻으로도 보는데 그것이 酉에, 지상에 제대로 된 풍성한 모양을 갖추고 있다.

己 - 酉 / 他 六親 12運星

偏財 癸水는 病地가 되죠. 正財가 浴地가 되고, 偏官은 絕地로 가고, 正官은 胎地로 가죠. 기본적으로 官星의 세력은 활발하지 못한 모양이고 財星을 위주로 쓰고 있는 모양인데 壬水가 沐浴지, 運氣상으로는 상승의 어떤 흐름을 가지고 있다. 그 자체로 치면 食神이 得祿, 食神이 祿을 이루고 있는 자체의 인자를 그대로 봐 주는 것이죠. 지상에서 가장 金의 뜻을 그대로 계승하고 있고, 己土에게는 食神으로서 가장 유용한 인자로서 五行소통, 陰陽소통 두 개도 맞고, 있는 자리가 酉가 되겠죠.

그 다음에 巳의 印星에 의한 정체 인자를 완전히 풀어내는 그런 작용을 하게 되는 것이죠.

巳가 酉를 만났을 때 소진되는 것이, 모친이 먹고 살만 하고 효도도 좀 하려고 하니까, 모친이 병들어 가지고 인연이 불안해져 버리는 것들도, 저기 酉가 일어나면서 巳가 소진되는 작용이 되는 것이죠.

己 - 酉 / 吉凶

吉작용 凶작용 따지면 吉작용 9, 凶작용이 1밖에 없다. 官星이 무력해지는 작용이니 먹고 자는 의식주 문제에 대해서는 좋은 점이 많아도, 官運을 안정시키고 있는 데는 방해가 있다. 단, 낮은 벼슬을 이루어 나갈 때, 官의 세력이나 힘이 별로 필요 없을 때는 이 자체는 휘하를 거느리는 힘이죠.

휘하를 거느리는 힘으로 봐서 작은 벼슬은 이룩할 수 있는데 높은 벼슬을 이루는 데는 방해가 되고, 여자들은 의식주에 풍융함은 얻지만 배우자의 덕은 자식의 번영과 함께 甲木이 胎地에 이르면서 제한적이다. 여자들은 자식의 번영과 함께 남편의 혜택이나 현실적 보상이 제한적으로 옴으로써 여러 가지 번거로움이 생기는 것이죠. 凶작용 속에는 그것이 포함되어 있는 것이죠.

己 - 酉 / 年月日時

年

年에 酉가 있다는 것은 말 그대로 조상의 자리에 食神이 풍융했다는 뜻이다. 그것은 조상이 의식주, 재물번영의 조상…. 단 태어난 달에 의해서 隔角이 되거나 훼손되거나 冲 되는 것이 없어야 재물번영의 흔적이 있는데, 그것이 직접적으로 자신에게 혜택을 줄 수 있는 것이고 이것이 月에 의해서 손상이 되어 버리면 번영했다 하더라도 자기에게는 별로 혜택이 없는 모양이 된다.

그리고 소년에 먹을 것을 입에 물고 왔다는 것은 소년 학문의 발달, 어려서 두뇌총명이라든지 이런 인자를 가지고 학문성의 발달이 동시에 이루어지는 것이죠.

月

태어난 달에 있다는 것은 말 그대로 食神格, 格의 훼손이 없다면 食神格의 장점을 그대로 다 취해 가지고 오는데, 단점은 正印의 인자가 손상되기 쉬운 모양이죠.

모친 인연의 불안. 이 자체가 食神格이면서 文昌이죠. 文昌의 인자가 되어서 印星이 약하거나, 드러나 있지 않다고 해도 직업구성을 충분히 이룩할 수 있는, 학문적인 능력을 가지고 살아간다.

日

태어난 날에 그대로 이르면 己酉가 되는데, 말 그대로 食神 풍융의 작용이 이루어지지만 男女 共히 배우자의 자리는 불안하죠.

남자는 亥水 隔角이죠. 그 다음에 壬水 沐浴이다. 天干의 正財는 沐浴, 그 다음에 亥水는 隔角, 그러므로 己酉 日柱를 잘 보세요. 남자들도 亥水 隔角으로 배우자 인연이 불안하다. 그 다음에 여인은 生子를 하여 자식을 얻어서 자식의 활동성이 강화되면 배필과의 별부 인자를 만듦으로써 偏을 쓰든, 正을 쓰든 배우자의 인연이 먹고 사는 의식주에는 길조가 많아도, 배우자 인연은 단지 자식을 안 두는 사람, 別夫格이 잘 만들어진다.

극소수가 있는데 冲이든, 배우자 자체에 자식 인연이 희박해서 자식을 두지 않으면 별부는 겨우 면하는데 갈등은 계속 겪어야 해요.

설계도면에는 있는데 건축물은 안 나온 것이죠.

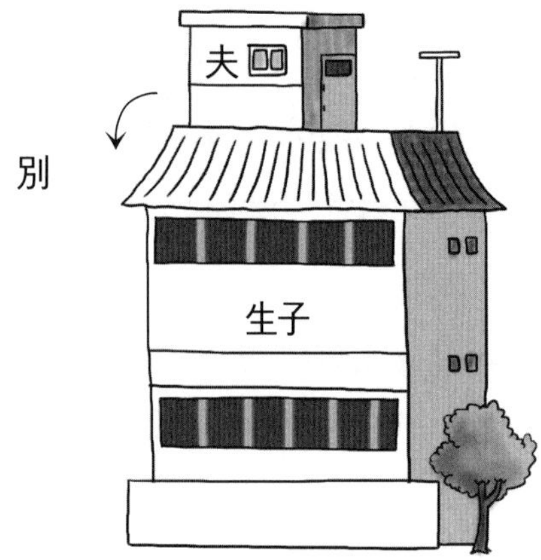

그림 1

生子를 함으로써 남편 자리를 대신해 주어야 되는데, 설계도면은 있는데 남편은 그대로 있는 거죠. 계속 건축법 위반이다 해 가지고,

"너는 왜 자꾸 새끼를 안 두고…"

"그래 말이야, 그래 말이야, 나도 왜 그런지 모르겠다."

별부를 하지 않으면 정신적 갈등을 계속 겪더라.

時

時에 이르면 癸酉時가 된다. 時上偏財가 만들어짐으로써 재물번영, 옛날에는 벼슬이 출세의 수단이었기 때문에 납속공명이죠. 자기가 이 사회를 위해 재물을 내면서 납속공명 즉, 요즘에는 선출직 명예 이런 것을 이룩할 수 있는 인자가 時에 그대로 걸리는 것이죠.

말년에 의식주 풍융은 命이 五行적 대세가 약해도 食神 하나만 데리고 있어도 끝까지 젓가락 들고 관속으로 들어간다는 말이거든요. 젓가락 들고 官으로 들어간다는 말은 꼬랑꼬랑 하면서도 오래 살 수 있는 에너지를 가지고, 年에 있든 月에 있든 오래 살 수 있는 에너지를 부여받은 것이다 이렇게 보시면 되죠. 나무젓가락 하고 쇠젓가락 하고 다르죠. (癸卯-卯) 이것은 나무젓가락이죠. 쫙 벌어져 있다. 쫙 쪼개면 이건 쇠 젓가락이죠.

꼬랑꼬랑 하면서 오래 사는 에너지가 기본적으로 食神이니까 가능한데, 卯는 유동적인 것이지만, 酉라고 하는 것이 부동성을 의미하는 것이죠.

己 - 酉 / 운의 해석

運의 해석에서 酉라고 하는 것이 어디서 빠져 나왔느냐에 따라 문제가 되겠죠. 이게 대체로 酉라고 하는 공간에서 따져보면 陰의 작용이 아주 깊게 작용을 하는 것이죠. 이미 지상에는 四陰이다. 午未申酉에서 陰의 기운이 확실하게 밖으로 에워싸기 시작을 해서 지상에 陰운동이 활발하게 드러나 있는 세월이 되는 것이니까, 申에 약간의 굴곡성이 있었다 하더라도 酉運에 이르면 쭉 밀고 나가는 운동성을 가질 것이고, 戌에서 거꾸로 밀려들어 온다면 戌을 잘 쓰던 사람은 酉에 쭉 쇠퇴하고, 戌에 잘 못쓰던 사람은 酉運에 안정적이다.

오나가나 먹을 것이 최고다. 관속에 들어갈 때까지 끝까지 숟가락만은 놓지 않는다.

그 다음에 歲運에서는 당연히 食神이 옴으로써 의식주 전택이 늘어나고, 활동무대나 밥그릇이 확장되는 과정이 발생하는 것이 1차적으로 보통 申年, 酉年 또, 확장이나 발전의 과정이 동시에 보태지는 작용이 주로 오죠. 단지 여자들은 의식주 풍융이나 자식들의 활동력 강화가 이루어지지만, 배우자와의 갈등이나 부조화 때문에 정신적으로나 현실적으로 고충이 많이 따르는 것이 일반적인 작용이다.

己 - 酉 / 男女

그 다음에 남녀 간에 남자는 대체로 지상에 陰物을 食神으로 쓰기 때문에 대체로 길조로 쓰고, 여인은 대체로 평하거나 吉凶이 섞여 있는 양상이다. 이것이 날짜하고 결합이 되면 己酉日 같은 경우에는 이 寅卯가 지상에 있는 官星이 空亡이 되어 버리죠.

그래서 아까 설명을 했지만 別夫 인자나 갈등 인자가 더 많이 발생하는데, 남편이 보통 하는 일이 똑 같은 변화 없는 직장이나 일을 할 때는 그나마 조금 남편의 형식은 유지한다고 보면 되죠.

己 - 酉 / 綜合

종합적으로 볼 때는 길조가 8~9가 되고 흉조가 1~2다. 여자는 이제 저것을 갖다가 재물이나 陰에 속하는 것으로 안정적으로 쓰지만, 배우자의 덕을 얻는 데는 불안한 작용을 만날 수밖에 없는 것이죠.

己가 戌을 볼 때

戌은 해석이 복잡하고 다양해요. 午하고 무리 짓기도 하고 酉하고 무리 짓기도 함으로써 食神작용도 일으켰다가, 무리 지으면 偏印작용으로도 변색이 되었다가, 이런 식으로 食神과 偏印의 요소가 왕래하는 양상을 가지기도 한다. 또 그 형태상 天干에 劫財가 들어 있음으로써 복잡하다. 직업적 연결도 복잡해요.

己 - 戌 / 六親

六親상으로는 劫財지만 劫財 작용이 활발한 것도 아니고 午나 酉를 왔다 갔다, 조건에 따라서 여기 붙었다가 저기 붙었다가, 왔다 갔다 하는 작용을 가짐으로써 劫財의 해로움도 주었다가 또, 다시 그것이 부득이 자신의 밥그릇이 되는 식의 과정도 있다는 것이죠.

己 - 戌 / 12運星

12運星상으로는 養이죠. 또 己土가 戌을 만나서 養의 모양을 이루는 것은, 지상에 세력은 펼쳐져 있지만 활발하게 己土의 뜻을 계승하고 있는 모양은 아니죠.

己 - 戌 / 他 六親 12運星

他 六親에서 偏財 癸水가 衰地가 되죠. 正財 壬水가 冠帶地에 되고, 그 다음에 偏官…. 偏官 乙木이 入庫地죠. 正官은 養地가 된다. 직업을 어느 한쪽으로 두드러지게 정하기가 애매한 모양인데, 결국 다른 어떤 것하고 무리 짓느냐에 따라서, 이 글자에 더 많이 무리 짓느냐 아니면 酉에 더 많이 무리 짓느냐를 봐서, 財星 위주로 쓰는 인자냐 官星 위주로 쓰는 인자냐를 구별해 주어야 되겠죠.

그리고 주로 神殺에 의해서 주로 많이 직업 분야를 정하게 되는데 辰이 있어서 辰과 戌의 왕래가 만들어지는 八字라면 辰戌의 작용에 의한 직업 구성, 그 다음에 丑이나 未에 의해서 刑이 가해지죠. 丑이나 未에 의해서 刑이 가해지면 戌이나 未의 刑작용에 의한 직업 분야를 설정해 주어야 된다. 그런데 해석이 주변 글자에 의해서 다양해지는 모양이죠. 그렇다고 재주가 없다는 것은 아닙니다. 다양하다는 거죠. 다양하게 변색해서 쓸 수 있다.

己 – 戌 / 吉凶

吉작용, 凶작용에서 吉작용은 5 정도이고 凶작용도 5 정도이다. 밖으로 드러난 것이 劫財로서의 작용을 기본적으로 하고 있으니 吉凶論的으로 따져 보면 己土가 개를 거느리고 있다 함은 못 믿을 것도 아니고, 대단히 유용하게 써 먹을 것도 아니라는 식으로 발생이 작용한다.

己 – 戌 / 年月日時

年

年에 개 戌자를 두고 있으면 辰戌丑未의 일반적인 속성을 따라서 번영과 쇠퇴가 복잡하게 섞이어 있다. 그런 어떤 조상의 인연이나 혜택은 제한적이다. 복잡…. 개도 보면, 행위적으로 보면 運에서 만나면 보통 이중성이에요.

月

月에 戌이 있는 것은 다른 인자가 어떻게 간섭하느냐에 따라 다른데, 현실적으로 혜택을 흡족하게 보는 것을 많이 보지 못했다는 것이죠. 酉하고 무리 지을 때는 劫財로서의 작용력보다는 食神으로서의 작용이 좀 더 많더라 하는 것이죠. 그래서 좋은 글자의 간섭이 있을 때에 그렇게 쓰여진다.

다른 인자들이 다양한 간섭자죠. 이것이 卯와 똑같이 무리 지어, 卯戌일 때는 卯와 戌의 행위는 입히고 벗기는 행위여서, 戌時가 되면 천지만물이 옷을 벗는다는 것이죠. 옷을 벗고 사람도 戌時가 되면 무장을 해제하고 휴식으로 들어가는 동작이고, 그 다음에 卯는 다시 옷을 입히는 작용이죠. 꾸미고 옷을 입히고 장식하는 동작이 이루어짐으로써 옷을 입히고 벗기는 동작이 들어가는 건축, 인테리어 그리고 始終이다. 卯에서 시작해서 戌時에 끝난다고 해서 학문적으로 보면 文藝다.

卯酉戌이라고 하는 것이 주로 의료적인 행위나 동작이 들어가는 분야가 되는 것이고, 주로 교육적 행위로, 한밤중은 아니지만 토끼처럼 뛰는 동작으로 봐서 유흥으로도 해석하죠.

時

개의 조화가 다양하게 쓰이는 동물이니 時에 있는 경우에는 甲戌이 되죠. 일단 대체로 官星이 투출되어 있다는 것은 명예 중심 성공인데 거기에 경쟁이나 경합이 많이 발생해 있다는 것이죠. 그래서 여러 사람이 되고 싶어 하는 그런 명예 성취나 성공의 인자를 가진다. 자식들 중에서 기본 성공, 번영의 에너지를 가진 인연이 발생을 한다. 대신에 劫財의 해로움은 당하겠죠. 자식에게 상속이나 증여를 일찍 주게 되고, 그로 인한 희생요소가 발생을 한다.

己 - 戌 / 운의 해석

大運은 어디서 흘러 들어왔느냐를 참작할 필요가 있겠죠. 酉에서 戌로 들어오면 酉의 편안했던 食神작용이 복잡해지는 것이죠. 食神의 훼손, 食神 불안 작용이 이루어짐으로써 보통 이중성이나 복잡성도 된다.

복잡한 생활양상, 활동환경, 그래서 이럴 때 보면 공부도 하러 다니고 일도 하면서 임대사업도 돌보는 식으로, 이것저것 일을 돌아보게 되는 복잡성을 가지게 되는 것이죠.

돼지 亥자에서 빠져 나오는 것이죠. 돼지는 그래도 언젠가는 배신을 때릴 놈이거든요.

돼지는 결국 卯를 따라가서 亥卯로 따라가는 것이 근본적으로 후일의 조건에 의해서 변화되는 모양이고, 寅木을 만난다 해도 亥水의 고유의 작용을 결국은 버리는 것이죠. 그럼으로써 결국은 官星에 의해서 결국 자기의 용도나 역할을 훼손해 버리게 되는데, 그래도 어찌 되었든 없는 것보다는 있는 것이 좋은데, 이게 복잡한 골목으로 들어와 버렸다는 것이죠. 亥水에서 戌字로 들어오는 正財의 불안, 正財의 불안 요소가 생겨남으로써 남자는 가정안정, 금전적인 어떤 행위의 복잡성이 비교적 안정되어 있다가 복잡해지는 모양으로 전환되는 것이죠.

그 다음에 正印 入庫가 되죠. 天干에 丙火, 地支에 巳火가 酉로 빨려 들어가든지 戌에 入庫하든지, 이렇게 됨으로써 도덕성에 의한 자기 조절력이 크게 쇠퇴해 버리는 모양이 되죠.

그럼으로써 타인과 갈등, 시비 양상이 많이 발생한다.

歲運에서 만날 경우 世運은 酉와 亥의 통로 정도로 생각하시면 됩니다. 食神이 결국 丑, 그 다음에 申이 子를 열어서 물론 형태는 比劫이지만 偏財가 세력을 가지고 있는 자리로 넘어가는 통로로서의 역할, 그래서 이제 이때 구축했던 것들을 조정해서 현금화시키는 과정에 놓이게 되는 것인데, 그것을 위한 여러 가지 복잡한 활동양상을 가진다. 印星이 들어간다는 말은 문서를 팔아 치운다. 부동산을 현금화 한다. 이런 것들이 거기에 해당하는 것이죠.

辰戌丑未에는 어찌 되었든 뭔가 얻어지는 것이 있으면 반드시 소진되는 것도 동시에 발생을 한다라고 보시면 됩니다. 시비, 분쟁이 생기더라도 歲運에서는 그 다음에 바로 돼지 亥字라든지 쥐 子字가 와 버림으로써 현실적 갈등을 겪었다 하더라도 그것이 오래 가지 않는 양상을 가지겠죠.

己 - 戌 / 男女

남자는 대체로 더 번거롭게 쓰는데 寅午戌을 일으키니까 凶작용이 많고, 여자는 吉작용보다는 平작용이다.

보통 여기에 다른 간섭자들이 잘 짜져 있는 경우에는 장사나 자기 일은 잘 합니다. 장사나 자기 일은 잘하는데 저런 인간관계로 인한 복잡성은 살아가면서 계속 만나게 되죠.

己 - 戌 / 綜合

종합적으로 봐서 이제 개 戌자는 吉작용도 그렇고, 凶작용도 제한적이다. 그런 정도로 개 戌字는 조건 따라 그때 그때마다 달라요. 따라서 개는 어떤 놈이 건드리느냐에 따라서 충신도 되고 나쁜 것도 된다. 酉와 亥 사이에 끼어 있는 개 戌자는 특히, 己土 日柱에게 吉凶작용이 섞여 있는 모양새를 가진다고 이해를 해 두시면 되죠.

설명 들으면 '별것도 아니네.' 하지만, 별것도 아닌데 혼자 정리해 보려고 하면 그 생각을 왜 못할까 하게 되는 겁니다.

제 20강 • 己일간의 실관 Ⅵ

己가 亥를 볼 때

돼지 亥字를 믿어야 될지 말아야 될지, 己土日柱가 이 세상에 정확하게 正財로서 짝 지을만한 것이 잘 갖추어지지 않은 이유가 亥水의 변색 때문에 그래요.

己 - 亥 / 六親

六親상으로는 분명히 正財에 해당하는데, 이것이 戊 다음에 陰운동으로 넘어와 버렸죠. 그 다음에 亥水는 六陰. 陰의 자리에 와 있으니 이것이 원천적으로 완벽한 짝이 되지 못하는 결함이 있는 결합이다.

결함이 있는 결합인데 이 돼지 亥자는 항상 卯나 未를 따라가고 싶어 한다. 未때문에 골병도 많이 든다고 했잖아요. 그런데 未가 메롱 해 가지고 꾀면 亥水가 작동중지. 卯로 가는 것은 보통 자식을 얻잖아요. 자식을 얻으면서 壬水의 기운이 死地로 들어가죠.

그래서 자식을 얻는 과정에서 배우자와 멀어져 버리는 경우가 다발하고 또, 자식이 장성할 때쯤 부인이 病이 깊어져서 결국 인연이 멀어지는 이런 식의 환경이 잘 만들어진다.

질문

언제쯤 되어야 되는데요?

답변

이 모양은 희한하게도 애가 아주 어릴 때 보통 다 이런 작용이 많이 이루어져요. 水에서 木으로 튕겨져 나가는 것이 이것이 아주 피하기 어려운 보통 水木의 食傷 하고, 土金 食傷이 있죠. 大陰陽이잖아요.

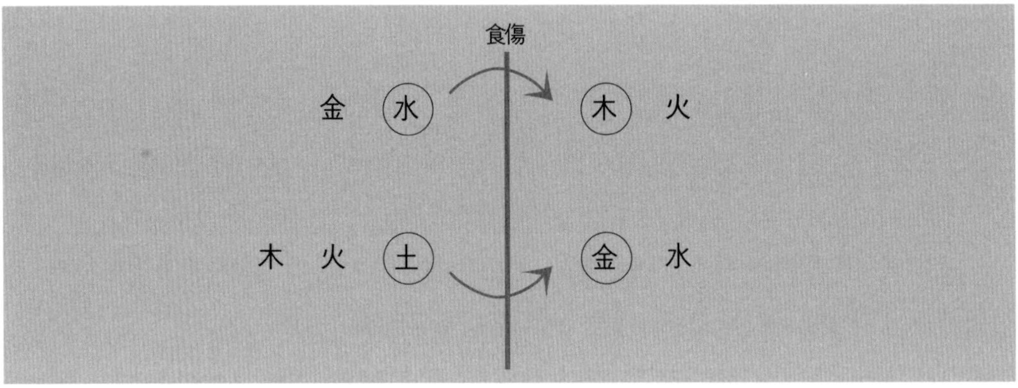

그림 1

왼쪽은 金水에 무리 짓고, 오른쪽은 木火에 무리 짓고, 아래는 木火土의 결과에서 陽운동의 결과물이고 金水가 무리잖아요. 이게 大陰陽이다.

이 때 어느 날 한번 쫙 빨려 들어가기 시작하면 말 그대로 우리 인체에서 봇물이 터진다. 水운동, 木운동이 봇물 터진다는 것이죠. 요때 봄처녀 무서운 것이 이 작용이잖아요.

몸이 陰에 속하고 또 계절적으로 陰운동에 의해서 몸 안에 陰壓이 많이 발생해 있는데 陽氣가 와서 陰을 꼬셔 내는 것이니, 내부적으로 힘이 꽉 장축되어 있다가 어느 한 쪽으로 틈과 균열을 따라서 밀고 나가는 것이 木운동이라는 것이에요.

그런 작용이니 봇물은 수습이 안 되잖아요. 처녀 중에 제일 무서운 처녀는 봄처녀다. 그게 큰 大陰陽이 교차하는 어떤 작용이 이루어지기 때문에 그렇죠.

남자는 역시 가을 남자인데 내도록 설치고 뛰고 다니다가 밖으로 더 이상 부풀어짐이 없으면서 이제는 陰운동을 할 수밖에 없다. 그래서 土金傷官하고 水木傷官의 작용이 사실은 큰 물결과 에너지를 가지는데, 이 경우에 그 작용력이 자식을 얻으면서 배우자 덕을 순간적으로 잃어버리는 작용이 잘 발생하는 것이니까 배우자 관계에 있어서 잘 볼 필요가 있죠.

특히, 이런 경우에는 다른 글자에 의해서 남자일 경우에 土-金을 財星으로 쓴다고 한다면 甲이나 乙인데 거기에 정확하게 걸려드는 모양은 없고 단지 戊이 酉를 보는 것, 乙巳가 酉를 보는 것들은 물론 乙巳는 火金의 모양이지만 실제로 土金이 소진되어 가는 것이다. 이런 경우(亥卯)와 흡사한데, 다른 干支와의 비교를 할 때 이 작용이 가장 활발하게 이루어지는 작용이 있더라는 것이죠.

보통 애가 한 살, 두 살, 다섯 살 안쪽으로 바로 그냥 가 버리는 경우가 많죠.

질문

亥水의 작용으로 애를 낳다가 죽을 수도 있네요.

답변

그렇죠.

질문

두 번째 부인이 왔을 때, 둘째를 낳았는데 부인이 또 갈 수도 있습니까?

답변

그렇죠. 제가 두 번이나 그대로 가 버리는 사람을 많이 봤어요. 그래서 결국은 六陰之處의 모양이라는 것을 그대로 지키지 못하고 결국 손상되어 버린다는 것이죠.

그래서 그 작용이 있다는 것을 기본적으로 亥水로 己土 日柱가 남자일 경우에 처궁이 좀 편안한 사람이 별로 없어요. 뭐라도 아쉬움이, 갈등 양상이 따른다.

己 - 亥 / 12運星

12運星상으로 자체로 胎地가 되죠. 기본적인 天干地支 陰陽작용이 되고.

己 - 亥 / 他 六親 12運星

他 六親의 12運星은 偏財 癸水가 旺이 되고, 正財 壬水가 祿地에 와서 모양은 그럴싸하다. 財星의 모양으로 그럴싸한데 저렇게 변색될 수 있는 인자를 크게 가지고 있다는 것이죠.

그 다음에 偏官 乙木이 死地에 들어가고, 正官 甲木이 生地에 들어가고, 正官 甲木이 生地이다. 그 다음에 財星이 祿旺地에 이름으로써 기본적으로 財官이 그래도 이쪽이든 저쪽이든 쉽게 써 먹는 모양이기 때문에, 보통 이제 사회활동이 이렇게 寅木이 되어 있든, 卯가 와 있는 식으로 財官이 무리지음으로써 직장활동이나 사회활동에는 별 무리 없이 가담이 잘 되더라 하는 것이죠. 보통 이렇게 官星이 땅 바닥에 내려와 있는 경우에는 처하고 직장생활을 조금 하다가 계급장이 조금 올라가면 투출되지 못하는 어려움이 있다.

時	日	月	年
	己		
	卯	亥	寅

그림 2

그래서 일정한 감투까지 유지하고 보통 직장에서 퇴직하고 나와서 처와 무리지어서 장사와 사업을 하는데, 이때 땅 바닥에 떨어진 官은 조직으로도 볼 수 있지만, 멀리 있는 조직이나 중소조직으로도 볼 수 있지만, 손님으로도 볼 수 있다는 것이죠.

배우자와 접객성 사업 이런 것을 해서 '어서 오십시오.' '안녕히 가십시오.' 하는 장사를 많이 하는데 그 때 처의 공이 작지가 않다. 기본적으로 財星이 세력을 가지고 있는 모양인데 결국 폼 좀 잡을 만하고 애들 장성할 만하면 마누라가 보통 고치기 어려운 질병 요소로 눕는다. 그러니까 제일 무서운 것이 여러분, 冲에 의한 파괴 이런 것도 아닙니다. 合에 의한 파괴라는 것이 서서히 갉아 먹어요.

그러니까 陰 日柱가 이런 식으로 어떻게 되요?

時	日	月	年
	辛		
		寅	午

그림 3

이런 식으로 正財가 官星을 따라서 서서히 말라 들어가죠. 이런 모양도 결국은 이 형태를 책에서 〈木作飛灰〉라고 말이 나오죠. 나무가 타서 결국 재가 되는 비유가 나오는데, 이런 식으로 서서히 빨려 나가다 보면 이것이 되돌리기 어려운 질병으로 인해서 부득이하게 가 버리는 것이죠.

그래서 合도 더럽고 冲도 더럽다. 어느 것이 골 때리느냐는 인생관 따라 다른 것이다. 그러니까 실컷 장사해 가지고 자식이 정립되거나 사회적인 위치를 정립할 만한 위치를 가지고 애 대학 졸업할 때 쯤 돼서, 먹고 살만한 행복한 가정이 될 만하니 마누라가 몹쓸 병에 걸려 가지고 에고! 에고! 하면서 가 버리는 것이다.

사회적으로 하는 일에 대해서는 조건이 좋으니까, 사회적인 활동이나 직업분야는 비교적 선택이 많은데 반해서, 상대적으로 가정적으로 이런 어떤 주변 간섭자들이 발생해 버리면 결국 안정이 잘 안 되는 환경이 잘 나온다. 그래서 지금 멀쩡하고 그런데도 저런 식이 올 수 있다. 미리 깔아 놓고 하시면 되는 것이죠. 己土 日柱는 어찌되었든 이상적 배우자는 없다.

뒤에 관계론을 정립해 보겠지만 子가 오면 혼잡이다. 돼지 亥자, 어떤 사람이 있다 치자 이거죠. 正財 혼잡이요. 丑이 오면 隔角이다. 寅이 오면 合去하고 卯가 와도 合去하고 辰이 오면 元嗔 損耗, 巳가 오면 冲의 해로움, 午가 오면 祿의 피해, 未가 오면 羊刃 피해, 申이 오면 貴人과 복잡하게 다투게 되는 모양이 되죠.

그나마 이 申이 오면 이것이 破라고 하는 것이 됨으로써 처가 날뛴다. 날뜀으로서 나는 申에 가서 편안한 申, 나는 말 잘 듣는 申 중의 壬水하고 논란다. 그런데 申은 傷官 旺地로 한 잔 마시는데 말 잘 듣는 그래, 너희들 예쁘다.

그것도 地藏干에 있으니까 천장이 있는 집에서 빨간 불이 슬슬 나온다.

申中의 壬水는 그렇고 亥水는 공식 마누라니까, 팔짱을 끼고 다니는 마누라잖아요. 닭 酉 자 隔角, 개 戌자 劫財 吉凶 그러니까, 글자 하나에 다른 것이 다 들어와도 안정이 안 되잖아요.

질문

申年에 놀아야 되는데 안 놀면 어떤 피해가 있습니까?

답변

안 놀면 마누라하고 뒤지게 한 판 싸우는 것이죠. '너는 왜 말을 잘 안 듣노?' 해서 한방 날아가는 것이죠. 돼지 亥자는 '내가 잘못한 것은 또 뭐가 있냐?' 하고 공격을 하죠.

다른 글자들이 어떤 글자가 오든 돼지 亥자가 오면 亥 自刑, 그 다음에 二地의 해로움이니 어떤 글자가 끼어 들어오더라도 아주 편안하고 안정되게, 이것은 비교적 마누라가 몸이 고달프고 괴로워도 자식 때문에 도망을 안 간다. 자식 사랑에다가 모든 에너지를 쏟는 그 마음으로,

"어서 오십시오. 어서 오십시오!"

설거지 열심히 하는 거죠.

질문

저렇게 봤을 때 庚日柱가 食神을 쓰는데 직업 변동은 많겠지요?

답변

그러니까 관계론으로 여러분이 확장을 해서 쓸 수 있으면, 마음대로 자유롭게 왔다 갔다 할 수 있는 것이죠. 그러니까 亥水 食神에 亥水라는 글자에 어떤 글자가 왔을 때 자기가 훼손되고 변화되는 것이 관계론이잖아요.

이것을 官星으로 쓰는 놈은 다른 조건이 왔을 때 그나마 印星이 있고 官印을 쓰는 경우에는 좀 그 기운을 천천히 받아 가니까, 벼슬 운을 천천히 가져가니 그 사람 현실 속에 어떤

작용이 되겠다는 것을 알 수 있겠죠.

편안할 安은 계집이 집 안에 그 모양을 가만히 지키고 있는 것이죠. 그러니까 이게 편안함의 시작이다 이거죠. 財星은 항상 안정된다. 그런데 돼지 亥자를 쓰는 사람은 다른 글자의 간섭 따라 이렇게 편안하게 쓰기에 어려움이 많다. 어떤 流年을 만나든지 이런 불안함이 상존하고 있다.

그래서 글자와 글자끼리 관계를 여러분이 정리해 보게 되면 그 위에 天干만 바꾸면 되겠죠. 天干만 바꿀 줄 알면 여러분, 저절로 통변이고 뭐고 할 것이 없다니까요. 구조론적으로 八字를 해석할 수 있다는 것이죠. 그런 불안 요소가 쉽게 발생한다.

己 - 亥 / 吉凶

吉凶論에서 보면 형태상으로 보면 吉이 7~8이죠. 그런데 凶은 유한하거나 제한적이다. 그 다음에 외부적 인자에 의해서 자꾸 모양이 동요될 수 있는 것이죠. 그러니까 陰의 운동이 가장 잘 진행되어서, 六陰의 모양은 지킬 때에만 온전한데 다른 글자 간섭을 하면 주머니가 어떻게 돼요?

다른 지지는 손가락을 접으면 다른 손가락을 펴면 되는데 六陰은 꼭 쥐고 있어야 되잖아요. 그러니까 어느 것 하나라도 건드리면 그 모습이 훼손된다는 것이죠. 두 개로 사는 놈은 다른 것 가지고 대체를 하면 돼요.

그래서 그런 작용이 발생하기 때문에 吉凶작용이 있다.

己 - 亥 / 年月日時

年

年에 돼지 亥자가 있다는 말은 말 그대로 寅申巳亥 속성을 쫓아서, 正財라는 것은 경제적 번영이나 안정의 인자이다. 그런 인자로 보고, 조상이 그런 환경을 가졌었다.

보통 지역의 유지라든지 지역에 바탕을 둔 어떤 경제적인 힘이 있는 가문, 조상 환경으로 해석을 하시면 되죠.

月

돼지 亥자가 月에 있으면 말 그대로 月 正財죠. 그런데 손상 인자가 많으니까 기본적인 혜택은 있다. 印星은 絕地에 들어가니까 부모의 인연이 불안하겠다. 기본적인 부모혜택. 그런데 저것이 잘 변색이 되는 것이니 다른 正財格에 비해서 제한적이라는 것이죠.

日

己亥날에 해당하는 경우에는 보통 중년 재물을 의미하죠. 손상이 되면 다시 쥐고, 손상이 되면 다시 쥐고 하는 六陰의 기본 동작은 있으니 중년 재물의 어떤 근거가 명확하다고 보면 되고, 남자인 경우에는 기본적인 처덕이나 처의 역할을 하다가 그것이 세월이 흐르면서 변색이 되는데 아주 극적이다.

여자일 경우에는 亥 중의 甲木을 씀으로써 남편이 변화가 많지 않은 일, 안정적인 일을 도모함으로써 기본적인 혜택을 꾸준히 볼 수 있다. 亥 중의 甲木을 취하는 것은 그나마 안정적인 것이죠. 正財라는 환경을 주면서 亥 중의 甲木을 취하는 것이니까, 남편이 기본적으로 금전 환경이 탄탄한 인연이면서 안정적이며 변화가 적은 일에 활동을 함으로써 남편의 혜택을 입을 수 있다. 시집의 덕을 조금 대체로 본다고 보면 되죠. 이것도 주변에 刑沖破害, 自刑 이런 것에 의한 손상이 별로 없어야 그 작용이 온전하게 지켜진다.

時

時에 이르면 乙亥가 되어서 말년에 돼지를 쥐었다 함은 재산의 형태가 조금 뒤죽박죽이라도 밤중에 두었다는 것이죠. 밤중의 인자 때문에 뒤죽박죽의 인자가 있다 하더라도 기본적으로 경제적인 여유나 힘은 있다, 그렇게 보시면 되겠죠.

그 다음에 時에 偏官을 두었다는 것은 남자의 경우에는 자식의 번영인자로 보지만 대체로 돼지 亥자가 멀리 遠隔되어 있다는 뜻이 되는 것이니 자식들의 객지번영의 인자, 명예 중심의 성공, 이런 뜻이 된다. 여자는 금전 환경을 더 할 수 있는 공간에 偏官이 놓여 있는 것이니까 애정 관계의 왜곡, 이런 것이 時에서 만들어질 수 있는 인자로 보죠.

보통 사업적으로 파트너로서의 어떤 이성이 만들어지는 경우 재물 활동의 장소니까, 단순하게 그냥 인간관계로서의 애정관계나 인간관계로서의 남자, 이런 것들도 되는 것이죠. 亥 중에 있는 甲木이 수시로 '삐꾹' 하죠. 亥 중의 甲木도 놀고 乙木도 놀고 왔다 갔다 하게 되는 것이니까...

己 - 亥 / 운의 해석

돼지 亥자는 흘러 들어오는 구멍 따라 차이가 난다. 개 戌자는 이중성, 복잡성에서 복잡성이 약간 해소될 때, 돼지 亥자가 원래 약간 뒤섞인 이런 것을 의미하거든요. 그러니까 陰운동이 많이 진행이 되어서 범벅이 되었다. 그러나 기본적으로 正財라고 하는 금전 환경, 활동 환경을 제공하기 때문에 되지만 戌자 보다는 안정된 금전 환경이라 보면 되는 것이다. 쥐 子자를 쓰는 것은 이것이 天乙貴人에서 빠져나온 모양이니, 경제적인 보상이 있다 하더라도 天乙貴人처럼 볼륨이 큰 모양이 아니라 안정성이 더 확보된 모양에 불과한 경우가 많다.

그러니까 亥卯未의 속성상 뒤죽박죽으로 未定상태이다. 줄 것도 있고 받을 것도 있는 범벅이 된 상태다. 六陰이라는 것은 딱 뭉쳐서 범벅해 놓은 것이다.

流年에서야 正財의 일반적인 뜻을 그대로 해석하면 되는데, 보통 戊己 日柱들이 五行적인 대세가 강하지 않으면 亥子丑을 正財로 흡족하게 못 쓰게 되는 경우도 많다. 그러니까 오히려 戊가 亥를 꼬셔 내는 것은 陽운동의 끝 부분에 있기 때문에 亥水를 잘 쓰는데, 己土는 陰운동을 넘어와 가지고 다시 陰을 짝짓는 것이죠. 그래도 正財는 正財다.

己 - 亥 / 男女

男女 간에 써 먹는 것은 남자는 亥卯未의 해로움이 따르겠죠. 보통 平한 정도다. 여자는 마찬가지로 六陰의 모양이라서 보통 앞부분은 조금 나쁘다라기보다는 困, 곤란했다가 뒤에 吉해지는 작용으로 주로 작용하게 되는 것이죠.

己 - 亥 / 綜合

종합적으로 봐서 吉작용이 7~8 정도, 凶은 2~3 정도다. 運에 따라서 변색이나 변모가 잘됨으로써 결국 정신적으로 현실적으로 여러 가지 번거로움을 겪게 된다. 그래서 己土는 애석하게도 완벽한 正財의 맛을 자기가 찾지 못하고, 부득이 하늘에 있는 壬水만 正財로 짝지어 쓰는 번거로움이나 고충이 발생을 한다.

질문

壬申月은 좋은 것 아닙니까?

답변

壬申月. 壬申에 대한 것은 끝내 주는 것이죠. 이것이 정확하게 申 중에 있는 壬水가 투출되어 正財格으로서 格을 갖추어 주고 그 놓인 자리가 傷官, 天乙貴人, 壬水 長生 이런 것들이 놓임으로써, 이런 모양을 가진 여자들을 두 세 사람 보고 했었는데 친정이 엄청나게 잘 나가더라는 것이죠.

돈을 버는 과정까지 일일이 못 물어 보았는데 옛날에 세월 험할 때 이렇게 傷官적인 동작이나 행위가 따랐다고 봐야 되겠죠. 밀수도 하늘에서 내리는 천직이거든요. 하여튼 밀수를 했든 빠찡꼬를 했든, 陰의 어떤 인자가 그랬다는 것은 陽적인 공간을 많이 활용하는 것이 아니다라고 기본적으로 전제해 주어야 되는 것이죠. 그것도 자기가 '어떡하겠노? 내 八字인걸.' 이렇게 감당하는 힘으로 작용을 하는 것이죠.

그런데 이 八字에 여자라면 애정에 관한 성취라든지, 가정안정에 여러 가지 갈등이나 애로를 겪는 것이니까 다 안 주는 것이다.

己土는 아예 하나밖에 안 주잖아요. 그림만 그려놓고 살아라. 그래서 己土에 관해서 종합적으로 정리를 해 봤습니다.

제 21강 • 庚일간의 실관 Ⅰ

庚이 子를 볼 때

庚이 子를 만나면 六親상으로 傷官이다. 대부분 金白水淸이라 해서 木火傷官, 金水傷官은 得類가 된다. 대체로 기술성, 전문성으로 陰陽의 조화성을 잃어버렸다. 조화성을 잃어버린 傷官이기 때문에 전문성이 더 많이 부여된다. 편중성 때문에 전문성, 순수성이 더 많이 부여되어 있다. 火가 文昌을 만나고(丙, 丁이 申, 酉를 만나고) 戊, 己가 申, 酉를 만나서 食傷을 구성하고 있는 것은, 기본적으로 陽운동에서 陰운동으로 陰陽이 짝지어져 있다.

그래서 대체로 범용, 이놈 저놈 누구나 다 쓰는 속성이 상당히 강하다면 庚이 子를 보는 것은 편중성을 가지기 때문에 치우쳐 있다. 자기만 한다는 거죠. 木火傷官도 마찬가지로 陰陽의 편중성 속에 있는 것이므로 좋게 얘기하면 전문성, 순수성이고 안 좋게 얘기하면 제 성질 꽉 부리는 거죠. 고집부리면 절대로 양보하지 않고 '나를 죽여라.' 자신의 고집을 잘 바꾸지 않는다. 자기 기질이나 인자를…. 결국 대인관계의 조화력이 떨어진다. 아무리 생각해도 자기한테는 자기 생각이 맞다.

그래서 문학적인 색채가 뚜렷하게 치우친 문학가라든지 엔지니어, 그 분야만 집요하게 파고 들어가서 최고의 전문가를 이루는 사람들을 보면 기본적으로 편중성을 가진 傷官의 특성이 더 많이 발견되고, 丙에서 申, 酉를 보는 것은 財星이지만 食傷과 작용이 비슷하다. 火에서 土, 金을 食傷으로 쓰는 사람들은 아무나 하는 것, 먹는 것을 다룰 줄 안다든지 범용성이 있는 재능이나 기술이다.

庚 - 子 / 12運星

庚이 子를 보면 12運星으로는 死. 死도 편중성이나 고집을 의미합니다. '死' 字라는 게 12運星상으로 病地나 死地다. 病地가 가장 완벽하게 기운을 다음 기운으로 넘겨주는 것이다. 丙이 申을 만나 病地를 만난 것이나, 甲이 巳를 만나 病地를 만나는 것은 다음 계절, 다음 기운으로 완벽하게 자기 기운을 이전시켜 주는 것이다. 그것이 완료된 것이 死, 죽음이라는 것은 완료된 것이다. 病이란 완벽하게 넘겨 줘서 낳은 부산물, 자식이다.

死란 다 준 것이다.

"더 할 말 없나?"

"할 말 다 했습니다." 하는 상태다.

"얼마나 좋아하나?"

"죽도록 사랑합니다."

내 실체가 없어져도 좋다는 것을 전제하고 있는 것이니 열녀도 많고, 사회 운동하는 분 중에도 많죠.

이런 사람들과의 논쟁은 무조건 피해야 한다. 아니라고 우기면 다시 한 번 金水傷官을 만들어 내서 죽을래하고 따지고 든다.

庚 - 子 / 他 六親의 12運星

官星과 財星이 모두 안정성이 부족한 모양이다. 沐浴이란 상승 흐름 속에 발달을 위한 중간 통로에서 다른 기운을 제거하는 것이다.

甲木의 양상을 봤을 때 투기적인 것으로 문학 작품이 대박이 나기도 하고, 쪽박을 차기도 하는 것이다.

土金傷官으로 戊가 酉를 보는 것은 꾸준히 팔리는 것, 큰 陰陽이 짝을 지은 것, 陰陽적인 균형이 잡혀 있는 반면에 庚이 子를 보는 것은 죽기 아니면 까무라치기다. 財星이 이루어지는 모양이나 양상도 偏財가 浴地에 올라와 있다는 것은 대박도 났다가, 거지도 됐다가 그렇게 왕래할 수 있는 직업적인 환경을 만난다는 것이다. 官星은 胎地, 絕地다.

그런데 官星이 드러나 있으면 有情이 된다. 金水傷官의 陰에 속하는 놈이 陽에 속하는 놈을 짝짓는 것이므로 그리워한다. 子水도 기본적으로 쓰면서 丙을 쓰는 형태가 傷官과 官星을 동시에 쓰는 것으로 특수행정, 선출직이다. 평상시 子水는 수사권 등이 된다. 수사에 관련된 권력조직이라든지 자기 마음대로 자기 기질을 드러내면서 하는 일, 선출직의 조직사회나 벼슬을 구하게 된다.

庚 - 子 / 吉凶

吉凶을 따져 보면 대체로 陰陽의 편중성을 가지고 있죠. 자기 직업 분야에서는 전문성, 순수성을 가지고 있으므로 뭐 하나만큼은 똑 소리 나게 잘한다,

그래서 직업적인 성공요소에서는 吉이 7~8이다.

전체를 아울러 볼 때는 직업적 성공은 있다 하더라도 대인관계 측면에서는 스스로 고독을 만들어낸다. 전체를 아울러 볼 때는 吉兆가 5이다. 5도 직업적인 성공을 의미한다. 凶도 5 정도로 본다. 吉凶의 양상이 다른 모양이다. 직업적인 성공은 있지만 대인 관계, 인덕은 매끄럽지 못하다.

이러한 별을 쓰면서(庚이 子를 봄) 먹는 장사를 하는 여자가 간지 구성을 庚이나 子를 가지고 왔다는 것은, 근본적으로 陰이 강화된 인자를 짝으로 쓰는 거니까 고달프게 쓰지만 傷官도 수시로 튀어나간다. 욕쟁이할매 밥집 하는 사람의 명조를 보면 저런 모양이다. 강사 중에서도 욕쟁이 강사로 세 마디하고 욕 한 번 날아가고, 세 마디하고 욕 한 번 날아가고, 마음에 안 들면 나가라 하는 사람이다. 사회적으로 한번씩 물의를 일으키기도 하고, 히트를 치기도 한다.

반대 자리가 되는 巳나 午가 들어오면 官運이 된다. 그런데 근본적으로 조화력이 없으니

문학 작품에서도 법적인 문제로 예술이다, 외설이다 시비가 붙어서 문제가 되고 시끄러워지는 것도 이런 데서 나오는 겁니다. 아주 반사회적인 글을 쓰는 것도 마찬가지고요. 술 먹으면 더하죠. 子 水, 밤중이니 술과 함께 들어가면 완전히 자기 자신이 매몰되어서 '누가 나를 건드리랴!' 하는 것이다. 몇 명 봤는데 어지간하면 연락 안 합니다.

月에 형성된 사람들은 格이 되니 평생 갖고 살아가죠. 교육자로서 살아가는 사람들도 자기 원칙을 꼿꼿하게 가지고 살아가는 사람들 있죠. 대인 관계라든지 사회성은 어차피 문제가 될 수밖에 없으니까 길흉 요소가 섞여 있다.

庚 - 子 / 年月日時

年

쇠락, 쇠몰, 법을 어겨서 깨뜨려 버린 이런 조상 인연으로 보기 때문에 보통 貧한 가문, 세상의 일반적인 삶의 형식을 깨뜨려 버린 그런 가문으로 본다. 간혹 남자들은 쫄딱 망한 집이지만, 촌 동네에 산은 있다는 식의 부모 혜택도 있다.

月

傷官格이 되죠. 强弱에 따라 假傷官으로 처리하기도 하고 眞傷官으로 처리하기도 하지만, 형태상 傷官格으로서의 기질적 인자가 그 사람의 직업이 될 때 직업적 성공은 이루어진다.

金水傷官은 교육적인 것이 가장 많고, 그 다음으로 먹이고 힘을 기르는 것이다. 거기에 재물 번영을 도울 때는 주로 夜中, 밤을 이용한 숙박업이라든지 음성소득이 많이 발생하는 일들이고, 주간이라면 고부가가치의 기술, 예술 등이 해당된다.

日

男子라면 財星이 偏財도 浴地, 正財도 病地에 와 있으니 男女 共히 배우자 불안인데, 男子가 그 해로움이 좀 적겠죠. 여자는 官星이 胎地 아니면 絕地죠. 正官이 絕地에 있다는 말은 서방 덕을 절대로 편안하게 볼 수 없다. 단지, 子 傷官의 설계도면에 따른 자식 인연, 자식 하나만큼은 내 마음에 쏙 드는 놈이 하나씩 태어난다.

時

朝子時라면 丙子時가 되고 夜子時라면 戊子時가 된다. 戊子時는 埋光이 되어서 陰陽의 조화력이 좀 떨어지는 모양이지만 子의 일반적인 뜻만 해석해 주면 되고, 子 傷官은 결국 혼자 잘난 척하다가 외롭게 살고, 결국은 법 없이 이 곳 저 곳을 헤매며 산다.

丙子는 天干에 官制가 있다. 官의 제어가 있으니 보통 선출직, 봉사직, 실제로 자신의 컨디션이 좋으면 헌신이나 봉사를 굉장히 많이 해요. 죽도록 열심히 해 준다. 하지만 죽도록 해주고 그만큼 못 받으니까 결국은 갈등이나 불안이 발생하죠.

庚 - 子 / 운의 해석

運의 해석에 있어서는 子의 일반적인 해석인데 불안한 것은 官星의 손상이죠. 大運에서 쓸 때는 부귀빈천을 완벽하게 바꾸기 어려운 모양이다.

子는 주로 생식, 연애, 교제의 동작이나 기운을 의미하지만 官을 손상할 수 있어 명예의 손상, 실추인데 명예에 관련된 일을 하지 않는 사람은 큰 해당 사항이 없겠다. 男女 共히 이러한 子水의 해로움은 어차피 따르게 된다. 경제적인 실속 면에서는 偏財를 沐浴하는 기운이 있으면 돈이 크게 붙었다가, 떨어졌다가 하는 과정을 만나면서 결국 작은 보상은 이루어진다.

庚 - 子 / 男女

男子는 대체로 긍정적으로 쓰고 女子는 특이한 방법으로 경제적인 보상을 찾는데 실제로 印星의 제화가 없으면 학문이나 자격을 통해 이룬 것이 아니기 때문에, 보통 유흥이라든지 기호식품(커피, 술, 아이스크림, 빵) 등을 다루어서 경제적으로는 항상 돈을 벌 수 있는 환경은 되지만, 짝을 제대로 짓지 못하니 축적은 많지 않은 모양이죠.

실제로 여인들이 유흥 쪽에 활동하고 있는 사람들을 보면 10명 중 3~4명이 子나 丑 大

運에 갇혀서 그 기운 때문에 그 쪽 분야의 일을 하고 있는 경우가 많죠. 유흥 인자로 가서 경제적인 번영을 이룬다. 그러니까 돈은 매일 잘 벌고 손님들의 수준도 으리으리하죠. 偏官이 胎地, 正官이 絕地죠. 이 모양이 손님들의 모양새이거든요. 그러니까 맛이 갔다는 거죠. 술 들어가서 정신 나간 놈들한테 돈 뺏는 거죠. 子水로 탁탁 치니까 술 취한 손님들이 교주님~, 하면서. 그때는 술집 주인들이 교주가 되는 거죠.

"술 좀 더 주세요." 하면,

"돈 가져왔어?" 하는 거죠.

고함지르면서 술장사를 하는 형태는 이처럼 官星이 무력화되는 모양을 같이 끼고 있을 경우가 된다. 마음에 안 들면 손님 보내버리고 하죠. 아무튼 金水傷官 기질이 대단하고 아주 강해요.

歲運에서는 당연히 傷官이나 傷官 속성의 작용력이 이루어진다고 보면 된다. 사고를 쳐도 傷官이라는 자체가 범법이나 법적인 문제가 많이 발생할 수 있지만, 庚이 子를 보는 이런 모양은 丑을 껴안고 있어 丑이 六合자로 숨어 있다. 六合자 天乙貴人을 껴안고 있으니까 이상하게도 범법을 해서 파출소에 잡혀갔는데, '어! 누구누구 아는 사이~' 하게 되더라. 傷官과 正印이 貴人을 만나 官印소통을 기본적으로 열어주는 작용을 해서 결국은 심각한 관재나 구설까지 몰고 가지는 않더라는 거죠. 이번에 들어가면 못 나온다 했는데 이상하게 또 빠져나오고 하는 경우가 이런 경우죠.

실제로 無見官하면 아예 법치가 이르지 않는 동네에 가서 살아요. 골방에 처박혀서 하루 종일 살든지…. 만날 나쁜 놈 나쁜 놈 하면서, 화장실에서 낙서하는 행위 자체가 庚이 子水를 쓰는 것이다. 子라고 하는 것이 배설행위니 水를 배설하는 거니깐 화장실 벽에 누구누구 나쁜 놈하고 쓰는 것이다. 또 화장실은 컴컴하다. 낮에도 컴컴하고 비좁은 공간이다. 子라고 하는 것이 작다, 비좁다하는 것이기 때문에 그 곳에 傷官 행위를 해 놓는 것이다. 화장실 벽에 낙서를 해 놓고도 잡혀가지는 않는다는 거죠. 治外法圈에서 傷官의 행위를 주로 많이 하게 되는 거죠.

庚 - 子 / 男女

男子는 小吉(△), 女子는 大凶은 아니고 小凶인데(▽), 금전적인 활동에서는 작은 득을 보는 인자로 보고 인간관계나 배우자의 덕을 구하는 데에는 고달프다고 본다. 男女가 쓰는 게 좀 틀린데 둘 다 좋아 봤자 △, 나빠도 ▽의 모양새를 가지죠.

庚 - 子 / 綜合

종합적으로 판단하면 직업, 기술, 능력 면에서는 상승 작용을 주지만 사회성, 인덕 면에서는 못 하다. 좋고 나쁨의 好不好가 너무도 뚜렷해서 결국 갈등 국면이 많다.

庚 日柱가 子가 五行적인 대세를 가질 때 웬만하면 시비를 안 거는 것이 낫다. 보통 교육적 행위로 해소가 되는데, 거기서도 노조 활동 등으로 가버리는 것들이 기존의 법질서와 상관없는 뭔가 새로운 것을 創新하려고 하는 에너지 때문에 그러하다.

庚이 丑을 볼 때

형태상 正印인데 100% 五行적 대세를 가진 正印이 아니니 결국 正印으로서 아주 강한 세력을 갖지는 못한다고 보시면 된다. 아까 子 뒤에 丑이 숨어 있듯이 丑 뒤에 子가 숨어 있으니(子가 餘氣로 넘어와 있죠), 순간적으로 조건이나 상황이 바뀌면 丑이 傷官처럼 작용도 하는 것이 丑의 한계점이죠. 거기다 天乙貴人이 있으니 이것 저것 좋은 것, 번거로운 것이 섞여 있는 모양이다.

庚 - 丑 / 12運星

12運星상으로는 墓가 되죠. 庚이 丑을 만나면 『궁통보감』에 보면 損耗라고 하는 말이 나오죠. 그 모양이 손상되니 庚이 에워싸서 단단하게 굳어지는 기운을 상징한다. 그리고 子水를 만나서 死하고 丑을 만나서 墓의 자리에 들어간다는 것이, 예를 들어 수도파이프를 생각

해 보면 동짓달의 기운을 만나서 결국 金의 고유의 속성(수도 파이프관)이 서서히 손상되어 가기 시작하고, 씨앗을 이루는 껍질의 기운이 약화되어 가기 시작하는 거죠. 丑에 이르면 동파가 돼 버리죠. 그러니까 金이 물에 죽는다는 것은(金死於水) 결국은 자기가 좋아라 하면서 따라가는 거죠. 丑에 이르면 차가운 기운을 만나면서 水의 확장성에 의해 金이 결국은 파괴되는 것이죠. 보통 자연의 모양새에서 보면 섣달에 눈비를 맞으면, 씨앗을 보면 약간씩 주름이 있죠. 그 주름 사이에 물기가 있다가 얼면서 물기가 팽창하죠.

팽창하면서 깨져 버리죠. 사실은 싹이 껍질을 깨고 올라오는 것이 아니고 金자체가 墓를 만나서 깨져버리는 거죠. 金의 작용을 못하게 되는 것이죠. 그러니까 통조림 안에 있는 것이 밖으로 삐져나오는 것이 자기 스스로의 압력에 의한 것도 있겠지만 통조림 자체에 균열이 생겨서이기도 하다. 통조림 안에서 기어 나오는 것이 木운동이죠. 木과 金 운동이 절묘하게 교차되는 자리가 丑입니다. 金운동을 완전히 거두어줌으로써 결국 木운동이 일어나는 환경을 부여하게 된다는 것이, 庚이 丑을 만남으로써 墓地에 들어가는 運氣를 말하는 것이다. 그래서 해를 넘겨서 씨앗을 보관할 때 습기가 닿지 않는 곳, 겨울에 얼지 않는 곳에 두죠.

대신에 또 따뜻한 곳에 두지 않는 이유는 안에서 움터서 싹이 나오지 않게 하기 위한 것이다. 마늘 같은 것은 껍질 다 까서 냉장고에 넣어 둬도 제 스스로 싹이 나오죠. 庚이 丑을 만나는 것은 에워싸려고 하는 기운이 해체되어 버리는 것이다.

庚 – 丑 / 他 六親의 12運星

그래서 가장 두드러지게 활동성이 활발하게 준비되어 있는 것이 偏財죠. 偏官 丙은 養地에 이르러 地支에 세력을 조금씩 확보하고 있는 상태라는 거죠. 직업적으로 보면 庚이 丑을 만난다고 하는 것은 偏財 쪽이 더 가깝죠. 偏財 속성을 더 많이 따르는 조건 속에 있다. 물론 官印소통이 있으면 官을 따르겠죠. 다른 地支에 官이 드러나 있으면 官印소통을 따르는 인자로 보나, 기본적으로는 조건만 부여되면 偏財를 따라간다.

庚 – 丑 / 吉凶

吉凶론을 보면 天乙貴人이 있으면서 官印소통을 도와주는 면에서 吉은 7~8로 보고, 五行세력을 꺾어 버리고 子水의 餘氣가 넘어와서 正印으로서의 역할을 제대로 다하지 못 하는 점에서 凶은 2~3으로 본다. 그래도 天乙貴人이 格의 역량을 크게 키워 주는 작용을 하니 길조가 좀 더 많기는 많다. 이상하게도 子하고 비교해서 사는 게 많이 다르다. 丑은 비교적 안정된 모양으로 산다. 일단 밖으로 正印의 모양으로 버티는 모양새를 가지고 있다.

庚 - 丑 / 年月日時

年

天乙貴人의 속성을 그대로 따져서 대체로 貴人 조상으로 보면 되죠. 印星의 모양을 취하고 있으니까 주로 학문적 성취가 있는 조상이거나 인격적 고매성이 있는 조상…. 단, 그 혜택은 辰戌丑未의 속성상 제한적이다. 잘 나갔다 해도 나에게 현실적 혜택은 제한적이다. 全無하다는 것은 아니겠죠. 印星의 모양과 貴人의 모양을 안고 있기 때문에 학문적, 인격적 고매성을 가지고 있는 거죠.

月

月도 마찬가지로 雜氣財官의 印綬格으로 대체로 책에 나와 있는데 貴人으로서의 작용, 부모의 정신적 후덕함이나 아니면 경제적 후덕이다. 옛날에는 정신적 후덕이 더 많았고 요즈음처럼 의식주 환경이 좋아졌을 때는 경제적 후덕이다. 후덕이라는 것이 금전의 많음을 의미하는 것이 아니라 원만하게 뒷받침이 되는 정도의 개념으로 보시면 됩니다.

그 다음에 月墓, 月 자체에 墓가 있다는 것은 墓라는 것이 많이 해석을 가해주는 부분인데, 墓가 어느 자리에 있건 亥子丑 道門이죠. 道門에 빠져 있다는 자체가 전생에 수행자로서의 삶, 이런 것들이 많다고 보면 됩니다. 다른 干支도 亥子丑 月에 대해서 논리를 적용하기도 하는데, 전형적으로 丑이 印星에 해당하기 때문에 그러한 인자가 더 많다고 보는 거죠.

丙日柱의 戌月같은 경우도 대체로 月墓의 속성을 조금 더 크게 해석해 준다는 거죠. 그러니까 해가 져 버린 자리에서 도로 해를 띄우는 모양이 되죠. 완전히 모습을 은둔해 있다가 자신을 드러내는 모양으로 봐서, 戌이라는 자연 운동에서 陽 운동을 완전히 마감하는 자리거든요. 戌亥子丑에 걸려 있을 때 기본적으로 道門 인연에 걸리기 쉽다고 보는데, 庚이 丑을 만났을 경우에 그런 작용이 활발하다.

時

時는 丁丑時에 해당이 되죠. 丁火는 결국 자식의 번영 인자로 보통 보게 되고, 본인의 선출직 형태의 감투, 이 두 가지로 쓸 수 있는데, 丁이 丑에 自墓가 되어 있다. 庚 日柱 중심에서 보면 時墓格도 되므로 성취되는 범위나 모양이 어느 한 쪽으로, 명예 중심으로만 치우친다는 것을 많이 의미하죠. 현실적인 성취보다는 명분적인 성취를 말하는 거죠. 또 이 자체로 白虎大殺이니까, 대체로 末年에 호랑이를 만난다는 것은 건강이나 질병 요소를 조심해야 하는 인자로도 봅니다.

庚 – 丑 / 운의 해석

大運 丑에서 陰의 기운이 많이 펼쳐져서 陽이 대적하기 어렵다. 陽이 두 단계 나아갔지만 陰이 두텁게 펼쳐져 있는 모양이죠. 그럼으로써 둘 다 子나 丑 大運은 기본적 해석을 가할 때 天地暗昧, 하늘과 땅이 어둡다. 속도 저하로 역동적 변화가 어렵다는 것을 부여하고 있는 것인데, 대체로 남자들은 丑을 좀 잘 쓰고 여자들은 丑을 고달프게 쓰지만 사회 활동이 별로 없고 변화가 없는 일을 꾸준히 하는 경우에는 큰 탈은 없다. 丑에서 寅으로 넘어갈 때가 변화 양상이 가장 많이 커지니 丑運에 어떤 일들이 진행이 되어 긍정적인 모양을 취해 내는지, 寅運에 반전될지를 항상 염두에 두고 봐야 되겠죠.

庚이 丑을 만났다는 것은 印星을 만났다고 볼 수도 있겠지만 크게 이러한 변화가 많지 않은 분야의 일에 가담함으로써, 印星 자체가 많이 움직이는 것은 아니다. 寅은 대체로 사회적인 활동성이나 역동성이 강화되는 곳이기는 한데, 남자들은 만날 바삐 뛰어다니는 공간으로 쓰고, 偏財를 다 쥐지 못한다. 금전 활동은 활발하게 하지만 오히려 丑運에 그냥 별 변화 없이 무난했다는 식의 활동 환경이 더 많이 만들어지죠.

干支의 强弱에 따라 쓰는 정도는 五行적인 대세에 따라 가려 쓰기도 하지만 丑運을 남자들은 좀 더 편하게 쓰고, 여자들은 寅을 만나면 자신의 활동력이 아니라 주변 환경에 따른 혜택을 통해서라도 경제적인 보상이나 혜택을 입는 식으로, 남녀가 쓰는 모양이 다르다고 보는 거죠. 보통 公職에 있는 사람들이 똑같은 일을 하면서 그대로 쭉 흘러가는 모양으로 지낼 때 무탈하더라. 장사를 해도 거의 똑같은 일을 해요. 소 丑자처럼 느릿느릿하게. 天乙貴人이 붙어 있다는 말은 천천히 가더라도 경제적인 보상이나 현실적인 보상은 제법 규모가 있는 형태가 많다고 보면 됩니다.

歲運에서는 말 그대로 貴人 작용이죠. 正印의 일반적인 뜻을 그대로 해석해 주면 되죠. 正印은 주로 문서에 관한 변동, 그 다음에 貴人은 장차 오랫동안 활용할 수 있는 일, 이권, 문서들이 잘 이루어지는 모양이 되죠. 그 다음은 自墓의 기운 때문에 건강, 丑이 지상에 있는 기운 중에 亥를 隔角시키죠. 亥水가 文昌인데 隔角시킴으로써 불안한 기운을 조성한다. 그래서 건강 불안, 이러한 것들이 잘 발생하죠.

庚 - 丑 / 男女

男子는 陰이 대체로 두텁게 드러나 있는 것이 丑이므로 긍정적(△)이거나 평탄한(○) 정도로 쓰고, 女子들도 대체로 貴人의 보호를 받기는 받지만 고달프게 받기 때문에 답답하거나(▽), 그리고 正官이 入庫해 버리죠(○). 남자 덕이나 남편 덕이 매우 불안해지죠. 그래서 어떻게 살았느냐고 물어 보면, 丑 大運을 女人이 지나왔다는 것은 꾸물꾸물하면서 소처럼 살았다는 거죠.

庚 - 丑 / 종합

종합적으로 봐서 庚이 다른 干支에 비해서 丑을 만났다는 것은 대체로 긍정적인 요소가 조금 더 많다. 비율을 따진다면 긍정 요소 70, 나머지 불안, 정체 이러한 것들을 30정도로 본다. 正印은 正印이라도 세속적인 正印이거나, 印星 작용이 아주 활발한 모양이 아니므로 한계를 가지고 있는 거죠.

제 22강 • 庚일간의 실관 Ⅱ

庚이 寅을 볼 때

그래서 庚 日柱는 陰陽의 편중성이 잘 만들어지기 때문에 子나 丑을 봤을 때 子水의 간섭을 그대로 받는 모양이라서, 사회적인 번영이 있다 해도 하나가 이루어지면 하나가 좀 고달픈 한계성을 가진다고 보면 됩니다.

예를 들어 여자가 子나 丑을 봐서 교육사업, 학원사업을 해서 잘 버는데 서방은 만날 노름하고 있든지 풍류를 즐기고 있든지 이런 식이 됨으로써, 傷官을 만나서 쓰더라도 그러한 편중성의 삶이 많이 발생하는 거죠. 경제적으로 자유를 가질 만하면 몸이 안 좋아서 꼬랑꼬랑하다. 그래서 좋은 八字는 大陰陽의 밸런스가 맞아야 된다. 큰 陰陽의 밸런스가 있는 八字는 특이한 기술이나 능력을 발휘하는 데는 한계가 있지만 사는 것은 훨씬 평탄하게 산다는 거죠.

庚 – 寅 /

六親상 偏財이고, 庚이 寅을 올라탔다 함은 陰에서 陽으로 이제 넘어온 거죠. 기본적으로 陰陽을 짝을 맞추어 놓은 것이기 때문에 사회적인 발전이나 보상을 얻을 수 있는 기회가 많다고 보면 되죠. 그리고 庚이 돌도끼잖아요. 사물에 비유하자면 돌멩이를 들고 범을 만났다. 이건 죽기 아니면 까무러치기로 한 판 뭔가 크게 승부를 크게 낼만한 인자가 있다는 것이다. 좋게 말하면 큰 성공의 인자로 보지만, 나쁘게 말하면 대형 사고를 낼 인자도 다분히 있다고 보시면 됩니다. 범 위에 잘 올라타면 권력이 되겠죠.

庚 - 寅 / 12運星

12運星으로 보면 絕地에 이르고, 絕處逢生의 작용을 가짐으로써 金의 運氣가 다시 태동하는 자리가 되죠.

庚 - 寅 / 他六親 12運星

財星도 득세해 있는 모양이고, 偏官은 長生地에 와 있음으로써 財官을 다 어느 쪽으로든 짝으로 쓸 수 있는 모양이죠. 寅중 丙火가 투출이 된다면 官星이 長生地에 앉음으로써 官도 세력이 있는 모양이고, 財星도 세력이 있는 모양이죠. 그래서 財官을 다 섞어 쓸 수 있는데 그래도 기본 골격은 財星을 더 위주로 쓰는 모양을 갖추고 있죠. 어쨌든 庚이 寅을 바라보는 모양이라 運을 만나면 상당히 크게 써 먹어요. 사고도 크게 치고 보통 토목, 건축 이러한 분야 있죠? 木이라는 것이 지어 올리는 모양이잖아요. 주로 건축 같은 것을 해서 대박도 났다가, 골병 들어서 자빠져 쫓겨 다니기도 하죠.

庚 - 寅 / 吉凶

다른 여러 가지 干支 요소보다 삶의 성취라는 측면에서, 기회가 많다는 점에서 대체로 吉 8~9이고, 偏財 득세에 의한 고충으로 보면 凶 1~2 정도로 본다. 다 地上에 쓸 만한 놈이거든요.

干支 출현을 볼 때 쓸 만한 것이 天干에 甲, 丙, 戊, 庚 이러한 것들이 대체로 역동적인 변화를 많이 만들어 내는 인자로 보고 지상에는 寅, 巳, 申, 戌이 干支 내에 많이 들어나 있다는 자체가 쌈박질을 잘 해낼 수 있는 인자를 타고나는 것이죠. 戊가 戌을 만났다, 戊가 申을 만났다, 戊가 寅을 만났다 이런 것은 자기가 가지고 있는 역동적인 힘이 많은 거죠. 天干 중 壬자는 운동 자체가 水운동으로 가죠. 그러니까 쭉쭉 빨아 당긴다. 삼킨 다음에는 표도 안 낸다. 이런 것이 壬이거든요. 임신한다….

계집 女자잖아요. 여인이 壬 字의 뜻을 계승하면 배 볼록하도록 딱 붙들고 있는 거죠. 그래서 壬은 역동적인 변화를 이끌어 내는 에너지나 힘이 내부적으로, 그러니까 재물 성공에는 많죠. 일단 접수하고 본다는 식이다.

엊그제도 손님이 여자가 자꾸 붙는데 어떻게 해야 하느냐고 묻기에, 일단 접수해라! 접수해 놓고 자기하고 맞는지 안 맞는지 따져 보라 했는데, 이러한 속성을 그대로 실천하는 것이 壬이에요. 甲, 丙, 戊, 庚은 제 성질대로 팍팍 밀고나가는 힘을 가지고 있죠. 그래야 인생살이에 대형 사고를 내죠. 대형 사고를 내는데 寅, 巳, 申, 戌 자까지 가지고 있으면 성질 팍팍 부리지, 성질 나 죽겠는데 탱크하고 대포까지 있으니 일단 올라타서 앞으로 돌격해 버린다. '돌격 앞으로!' 를 할 수 있는 무기들이 치장되어 있는 八字들은 대형 사고를 많이 치는데, 다행이 庚 - 寅은 大陰陽이 짝지어져 있고 財官과 짝을 지으면서 대체로 사회적인 성공의 기회가 많다고 보시면 됩니다.

庚 - 寅 / 年月日時

年

年에 偏財를 띠고 있다는 것은 보통 선대 번영과 쇠락, 偏財의 기운을 한 번 크게 써 먹었다가 쇠락해 버리는 거죠. 그 혜택은 제한적이다. 그리고 본인이 寅, 申, 巳, 亥의 속성상 옛 터를, 그 뜻을 다 계승하지 못하고 범하고 놀았던 흔적을 들었다더라 하는 정도로 보시면 되죠.

月

月은 기본적으로 偏財得勢다. 이것은 부모 혜택이 쇠락성을 가진다고 하는 것이죠. 금전적으로 기본적인 혜택을 받을 수 있는 환경은 가지고 있지만 들쑥날쑥하다. 그리고 財星이 得氣하고 있으면 印星이 불안해지죠. 그래서 부친과 모친의 인연불안으로도 본다. 印星이 지나치게 강화되어 있거나 財星이 강화되어 있는 八字들은 대부분 財印이 불안, 인연 불안이 드러난다. 그래도 일단 어려서 범을 바라보고 자랐다는 말은 대형 사고를 칠 자세가 상당히 많이 되어 있다는 뜻이다.

日

庚寅日柱, 기본적으로 他干支에 비해서는 財星이나 官星을 쓰고 있죠. 배우자 덕을 못 보는 것은 아니고 배우자 덕이 있으나 편중성 고통이다. 남자의 경우 偏財를 쓰는 고충이고, 여자의 경우 寅 중 丙火를 쓰죠. 그런데 한번씩 물어뜯으면 호랑이 우는 소리가 나겠죠. 으르렁~ 건드리면 죽는다는 식으로, 서로 으르렁거리면서 같이 사는 불편함이 발생하죠. 보통 떨어져 살면 많이 해소가 되고, 한집에 살면 결국은 한쪽이 깨물리더라. 깨물려서 한 사람이 크게 건강 쪽으로 손상이 발생한다든지 정리를 하는 일도 잘 발생하는 거죠. 대체로 偏財星이 금전의 소통을 의미하기 때문에 금전 활동에 크게 어려움이 없는 정도의 번영은 있다. 결국 '偏' 字 때문에 굴곡이 많아요.

時

戊寅時가 되죠. 말년에 범을 봤다 함은 고단함, 말년에도 활동이 있다는 거죠. 말년에 활동은 많이 한다. 대체로 건강이 부실하게 되는 건데 天干에 偏印이 힌트를 주고 있죠. 건강 불안. 범하고 놀다가 결국 범한테 깨물린다. 사는 게 어떻게 보면 모순이에요. 가장 보상이나 기회가 많은 것은 내 목숨을 요구하고 있다. 고래 잡으러 가다가 결국은 가장 큰 자기 목숨을 거는 거와 똑 같은 거죠. 정말로 잡아서 폼 날만 한 것이 寅, 巳, 申, 戌 중에 승리를 거두었을 때 가장 박수를 많이 받는 게 범이에요. 이것을 財星으로 쓴다는 것은 결국 이것을 극복하지 않으면 안 되는데, 범은 함부로 이길 수 있는 게 아니니까 재물 쪽으로 쇠락성이 크게 발생하는 것이죠.

부부관계도 마찬가지로 좋을 때는 숨 넘어갈 듯이 좋아하다가, 서로 적이 되면 물어 죽일 듯이 간다는 거죠.

庚－寅 / 운의 해석

大運에서 庚이 寅을 쓸 때에는 아주 기국이 잘 짜인 모양이다. 身旺財旺의 모양을 갖추고 있다든지 하는 사람들은 이 運에 재물 번영을 제법 이루는데 대부분 다 호랑이하고 피 터지게 싸우다가 결국은 세월만큼의 실속이 없는 경우가 대부분이죠. 소수 그릇이 잘 짜인 사람들은 寅을 잘 쓰는 게 10명 중 1명이고, 힘들게 쓰는 사람이 10명 중 9명이다. 그렇다고 영망조가 나는 것도 아니에요.

일종의 對戰料라고 하죠. 마이크 타이슨하고 영구하고 철수하고 한 판 붙는데, 마이클 타이슨이 對戰料 100만 불을 받는다 하면 아무리 영구가 촌놈이라도 10만 불은 받죠. 그런 것처럼 범하고 승부를 하기 때문에 항상 돈은 돌아간다, 은행 돈도 내 돈이고 하는데, 그 승부는 좋게 끝나는 게 아니고 고달프게 끝나는 경우가 10명중 9명이다. 보통 무역 유통, 건축 이 두 가지가 가장 많아요.

범이라고 하는 것은 멀리 뛰고 나는 것을 의미하니까 무역 유통, 그 다음에 솟구쳐 올라오는 것을 의미하니 건축을 뜻한다. 그런데 잘 쓰는 예가 별로 없다. 이런 모양을 가지고 건설을 하는 경우에 한 때는 계산상으로 어마무시하게 남았는데 실제로 호주머니에 남는 것은 허덕이는 것과 같죠. 왜나면 어차피 은행 돈을 내 돈이다 하고 가져 왔잖아요.

내 돈을 가지고 집을 지은 게 아니고 은행 돈으로 집을 지은 거니 사실은 은행이 주인이죠. 그런데 판은 큰 판이 벌어져 있다.

庚－寅 / 男女

男子들은 정말 고달프게 쓰고, 女子들은 뭐냐 하면 자기가 범의 등에 올라타지 않더라도 주변에 陽의 혜택, 범 같은 서방이 있다든지 범 같은 오빠가 있어 경제적 혜택을 10중 6~7 정도는 비교적 잘 쓰면서 가고, 3~4는 남자와 마찬가지로 偏財의 들쑥날쑥함을 겪으면서 이래저래 吉凶을 겪더라.

재물을 쥐는 경우도 봤는데 대부분 골병이 들어 있더라는 거죠. 여자가 호랑이 등에 올라타니까 호랑이가 여자를 등에 업은 건지 여자가 호랑이를 잡은 건지 구분이 안 되는 거죠. 일단은 잘 나가는 것처럼은 보이죠.

그림 1

극단적 비유를 들자면, 개미가 코끼리 등에 올라간 거예요. 밑에 다른 개미는 코끼리 발 옆에 살짝 다리가 낀 거라. 그러니 밑에 개미가 등에 올라 탄 개미 보고,

"야, 야! 코끼리 목을 졸라라." 하고,

"우리 둘이서 거의 완벽하게 잡았으니, 너는 목 조르고 나는 다리 거둘게."

하는 것처럼 어쨌든 남이 보면 코끼리하고 한판 붙으면서 코끼리 등에 올라탔으니 코끼리한테 이긴 것처럼 보이지만, 결국은 자기도 위태롭게 살고 있는 거예요. 그리고 여인이 호랑이를 잘 쓴다 함은 분명히 혼자 힘만은 아닐 것이다. 실제로 혼자서 하는 것도 봤는데 돈은 정말 많이 벌었더라고요. 건설을 하는데 부산, 울산, 창원 세 군데에 모텔을 열 개를 하고, 해운대 신도시에 원룸을 하려 하는데 제가 그만큼 말려도 "선생님은 사업을 모르잖아요?!" 하면서 하는 거예요. 호랑이 다리 하나 떼 왔을 때 그만 둬야 하는데, 아예 호랑이를 다 잡아먹자고 일을 벌여가지고 IMF 때 찬스를 잡은 거죠. 戊寅, 己卯, 庚辰, 辛巳, 壬午 이때까지 좋았어요. 巳午年에는 주로 官인 금융의 힘으로 돈을 빌려 가지고 했겠죠. 午年 쯤인가 브레이크를 걸었죠. 癸未, 甲申, 乙酉, 丙戌로 오면서 癸未年쯤 문제가 생기겠죠. 이 때 偏財가 入庫하잖아요. 분양이 안 되니 골병이 들기 시작해서 할 수 없이 甲申年에 모텔 열 개 중에 절반을 정리했다고요. 이 무렵은 소식만 들었는데, 정리하면서 寅, 巳, 申 三刑이 되잖아요.

이미 辛巳年 무렵에 병은 좀 들었겠죠. 食神이 세력이 약해지니까, 申年에 寅木을 꺾어서 冲을 해서 절반 정도는 팔아버리고, 이때 癌이 와 가지고 酉年에 羊刃이 뜨죠. 酉年에 대수술을 하고, 재작년쯤에(丙戌年) 거의 빈털터리가 되었대요. 제가 다시는 찾아오지 말라고 하거든요. 예전에도 한 번 힘들었을 때, 그러니까 16~17년 정도 되니까 한 사이클을 하고 오는 거예요. 벌써 16~17년 전에 앞으로 당신이 일어날 건데 지금은 절대로 벌이지 말라고 했는데, 친정에서 받은 것 가지고 홀랑 다 까먹는 거죠.

다 까먹고 나서 오리야 기리야 하다가 丁丑년, 丙子년 쯤 조금 힘을 쓰다가 己卯年에 우뚝 한번 일어선 거죠. 부동산 같은 것을 잘 사고 팔고 해서요. 그러다가 이제 욕심 그만 부려라 했는데 결국은 범표…! 범을 올라타니까 간이 커져서 안 돼요. 乙酉年에 수술하고 산에 들어가서 산 생활하다가 전화가 와서는,

"선생님, 산 생활 해 보니까 딱 체질인데 제가 여기서 교주를 하면 안 되겠느냐?"고 하더라고요.

하여튼 여인들은 잘 쓰더라도 반드시 혼자의 힘으로는 안 되더라. 그 전에 부부관계는 정리를 하고 이때부터(戊寅年) 거들어 주는 남자가 있었다. 왜냐면 寅중에 偏官이 있으니 내가 사업하고 있는 무대에 징그러운 놈이 하나씩 붙어 다니면서 만날 '우리 집 상무입니다.' 하는데 상무는 무슨 상무, 애인이지. 돈 가방 들고 다니면서 문 열어 주더라.

훗날에는 그 상무가 더러워서 그만두고 나니까,

"선생님, 상무할 사람 하나 구해 주세요." 라고 하기에,

"고마, 애인을 구해달라고 해라."

분명한 것은 굴곡을 많이 만나면서 파란만장까지는 아니지만, 자기가 코끼리를 잡았는지 코끼리한테 자기가 잡혔는지 모르고 가더라.

少年에 범 寅자를 만난다는 것은 보통 身傷, 몸에 고통을 당한다는 거고, 中年에는 그것을 이기려고 하거든요. 그것 때문에 고통이 많더라.

歲運에서는 일반적인 偏財의 뜻을 좇아 대체로 금전 융통, 채무 이행들이 이루어진다. 돈 융통할 수 있는 에너지와 힘이 있으니 줄 것 주고, 받을 것 받는 이런 작용이 잘 따른다.

노인들이 다시 범을 만난다는 말은 12運星상 運氣가 絕地가 되죠. 亥水 食神이 病地가 되죠. 亥水가 寅木을 만나면 12運星으로 따지면 壬水가 寅에 病地에 들어가죠. 나이 든 사람들은 건강이 불안한 모양, 食神이 病地에 빨려 들어가면서 쇠락이 빨리 발생하는 거죠.

여인들은 원국 자체에 남편 덕을 편안하게 보는 八字가 아니면 寅中 丙火의 기운을 따라서 애정사, 이성교제들이 잘 발생한다. 남자도 偏財가 잘 노는 자리니 애정사나 이성 교제의 환경들이 발생하죠.

庚 - 寅 / 男女

남자는 다른 것에 비해 좋기는 한데 그래도 굴곡이 좀 섞여 있어서, 아주 좋은 점수는 아니고 무난하다하는 정도로 쓰고(△), 여인들은 그래도 남자보다는 좀 더 잘 쓴다고 보면 되죠(△, ○). 남자들은 이 때 도깨비처럼 잘 돌아다녀요.

庚 - 寅 / 綜合

종합적으로 봐서 여하튼 기회는 많다. 돈을 벌 수 있는 기회나 환경은 잘 짜여지는데 성취도는 弱하다. 財中有殺이다. 大運에서 걸리면 寅중 丙火가 財中有殺이 되니 寅木의 모양새를 다 갖추면 저절로 偏官이 長生을 한다. 그래서 꼭 돈이 좀 쌓일 만하면 세무조사나 관재 등으로 골병이 든다.

최근에 통화를 했는데, 이 양반도 庚寅 日柱를 쓰는데 戊子年에 子의 傷官이 더 활발히 움직여 子가 寅 隔角을 하죠. 부부인연이 고르지 못해서 혼인이 한 번 깨지고 다시 경제적으로 성공을 해서 건설 쪽으로 힘을 받게 되었는데, 결혼을 하려는데 여자는 처녀고 남자가 경제적으로 안정되어 있으니 여자 쪽에서도 좋다고 결혼을 하려니까, 戊子年 초여름쯤인가 와서 올해 결혼이 되겠느냐? 묻는 거예요.

글쎄올시다. 배우자 자리를 올해는 隔角으로 꺾어 버리잖아요. 子가 寅木을 밟잖아요. 그런데 그 자리에 들어가려고 하니 안 될 꺼다, 안 될 테니 최소한 丑年에 가서 해라. 丑이 寅년의 발판이 되는 거니까 丑年에 가서 결혼을 하든지, 예비 단계의 가정 형식을 갖추어도 좋다고 말했는데, 戊子年 甲子月이 되니까 子 두 마리가 범의 목을 쪼고 있으니 여자에게 연락을 해도 연락이 안 된다는 거예요. 그래서 3일째 계속 연락을 해 보고 있는데 연락이 안 되는 거죠. 그 이유는 힌트를 주자면 건설로써 성공했지만, 丁亥年 말까지는 좋았는데 戊子年에 들어오면서 펀드로 작살나고, 기존 사업에서 돈 받을 것 못 받고 해서 극심한 현금 유동성 위기에 내몰리니, 그 전에는 여자한테 큰 소리 빵빵 쳤겠죠. 寅木이 얼마나 큰 줄 알아? 하면서, 이것도 내 거고 저것도 내 거 된다 했는데 알고 보니 다 은행 것이라…. 큰 소리 다 쳐 놨는데 결국은 子年 子月에 몰리니까 오히려 庚寅이 쫓겨 다니는 거죠. 여러 가지 환경이 좋지 못하니 여자 쪽에서 잠수를 탄 것 같아요.

隔角이 그만큼 무섭다니까요.

아무튼 寅木은 이렇게 큰 것을 이루기도 하지만 골병도 한정 없이 들 수 있는 인자다. 영판 될 것 같거든요. 金水, 木火 大陰陽이니까 될 것 같은데 절대 쉽지 않더라.

제 23강 • 庚일간의 실관 Ⅲ

庚이 卯를 볼 때

죽이 되든 밥이 되든 잘 나갈 때는 진짜 잘 나가는 사람 많이 봤습니다. 庚이 바닥에 떨어지니까 乞人 생활을 7年, 8年 하더라. 여러 偏財가 있지만 寅 偏財가 굴곡이 많은 삶을 살더라.

庚 - 卯 / 六親

庚日柱가 卯를 보면 만만하죠. 돌멩이와 토끼. 六親상으로는 기본적으로 正財인데 神殺 飛刃이 붙죠. 飛刃이 붙음으로써 羊刃과는 역량이 좀 다르지만 일단 쾌속성, 섬세한 기술 정도로 붙여서 飛刃을 해석해 주면 되죠.

庚 - 卯 / 12運星

12運星상으로 胎地죠. 運氣상으로는 庚이 卯를 만나면 胎의 모양을 갖춘다. 아직은 봄의 기운 때문에, 에워싸는 기운이 약간은 형성되어 있어도 제대로 에워싸는 에너지는 아니라는 거죠.

庚 – 卯 / 他 六親 12運星

그래서 대체로 財星이 두드러져서 조직사회 중심의 사회 활동보다는 자기 사업의 속성이 강화되어 있는데 正財 속성 때문에 官星이 두드러져 있다. 아니면 財多身弱의 모양일 때는 富家貧人으로 부잣집에 머슴 格으로 움직이는 걸로 봐서, 木이 왕성하고 庚金이 세력이 없으면 호랑이, 토끼 다 있는 산에서 돌멩이 조그마한 것을 가지고 힘이 없는 모양이니 富家貧人格으로 본다. 庚이나 辛 日柱가 태어난 달에 寅卯 木이 있는 경우에 물론 작용력이나 해석은 여러 가지가 나올 수 있지만 건달처럼 지내는 경우도 많아요. 庚이나 辛은 에워싸서 결실하는 것이 궁극적인 운동성인데, 木氣로 확 펼쳐져 있으니까 거둬들이지를 못하는 거죠. 거둬들이는 게 안 되니까 세상살이의 주인으로서 크게 역할을 못 하는 모양이 많기 때문에, 보통 富家貧人格으로 지내는 경우도 많다.

庚 – 卯 / 吉凶

吉凶요소는 일단 財星이 세력을 가지고 있다는 점에서 吉은 8~9 정도로 보고, 凶은 1~2 정도다. 木旺하고 金이 약할 경우에 本人의 自力보다는, 男子의 경우는 배우자의 힘을 빌려서 사회적인 성취나 보상을 받는 것이나 처 동업의 장사나 사업을 해서 사회적 보상을 잘 이루더라.

庚 – 卯 / 年月日時

年

年에 卯 正財를 가지고 있다는 것은 경제적 번영 조상인데 다른 글자들의 正財를 바라본 모양보다는 卯 자체가 결실의 모양이 아니기 때문에 학문적인 성공이나 사회적으로 지도적인 역할을 많이 했던 조상의 혜택, 그리고 그 계승자의 역할은 많지만, 실제로 경제적인 혜택은 다른 干支의 正財를 본 것에 비해서는 부족하다.

토끼라는 자체가 벌어져 버리는 것이죠. 陽이 4단계 진행되어 이미 陽 有餘가 되어 있는 모양을 가지고 있기 때문에, 金이라는 것은 가장 작은 부피에 가치 있는 것을 넣어둔 모양으로 그 자체가 금전이죠. 통상적으로 금전이라고 하는 것과는 뜻이 반대 방향에 가 있는 것이니 주로 교육, 건설, 디자인 등 꾸며서 올리는 것을 통해서 경제적 보상을 받는 것이다. 겉은 화려하나 外華內貧의 환경이 잘 만들어진다. 하루를 생각해 보더라도 卯時에는 승부가 잘 안 나잖아요.

月

말 그대로 正財格인데, 正財格 중에서도 그 부모나 조상의 혜택이 가장 품격이 떨어지는 正財格이다. 받기는 받았는데 현찰은 못 받고 현물을 받았다. 부동산을 받았다, 이런 식으로 그 혜택을 입는 것이고, 木자체가 구부러지는 것, 유동성을 의미하기 때문에 실제로 학교 다닐 때는 멀쩡하게 환경적으로 부모덕을 볼 것처럼 환경이 좋았다가 정작 사회활동을 시작하려고 할 때가 되면 별로 혜택을 많이 못 보고…, 받기는 받아요. 그런데 활용도가 떨어지는 형태의 부모 혜택을 보는, 보통 이런 경우 가업 가담이 많죠.

엊그제도 가업에 가담하는 사람이 왔는데 섬유업을 해요. 부모 자리에 財星이 得氣해 있는데, 빛 좋은 살구격으로 돈이 안 되는 것도 아니고 큰돈이 되는 것도 아니고, 그렇다고 가업 가담을 안 할 수도 없는 이런 형태의 혜택이 많더라는 거죠.

日

구조적으로 없고….

時

己卯時가 되죠. 노인이 正財를 바라본다 함은 말년에 고정적인 소득, 금전 활동이 있는 거죠.

대체로 건강 부분이 불안한 인자인 亥水가 食神인 卯를 따라가죠. 卯년의 끝부분쯤에 亥水가, 그러니까 壬水가 卯를 만나 死地에 들어가죠. 食神이 기력이 소진했다고 봐서 결국 卯의 중반이나 후반에 食神 소진의 상황이 잘 발생하기 때문에, 건강 불안이 잘 발생하죠. 실제로 이 패턴을 옛날에 제산선생님 간명지에서 한번 본 적이 있는데 돼지 亥자가 이런 식이 되어 있어요.

時	日	月	年
	庚		
		卯	亥

그림 1

옛날에는 산업 환경이 많지가 않았잖아요. 주로 농업 생산의 환경이 많았는데, 卯자가 현금화, 재물을 만드는 시장이고 亥자는 재물을 만드는 바탕이 되는 것이니까, 이 소스가 결국 자신의 직업분야와 맞물리는데 실제로 양돈업을 하고 있어요. 卯年에 이르렀을 때 大運이 아주 좋은 것도 아니고 나쁜 것도 아닌 運으로 흘러가고 있었는데, 상담을 온 것은 丑年쯤이었어요. 丑年에 이 사람이 養豚을 하는 것을 알고 있었다면, 돼지 亥자가 隔角되고 卯도 隔角되죠. 五行적 대세는 이걸 완전히 꺾는 것은 아니잖아요. 이럴 때는 일종의 차용, 꾸어놓은 것을 말한다. 丑年 전까지는 申에 亥水가 長生을 하죠. 비록 돈은 별로 없지만 돼지를 몇 마리 키우기 시작했는데 돼지 숫자가 불어나고 酉에 돼지 몇 마리 죽고 戌, 亥年에 가축 수가 확 늘어난 거죠. 그리고 현금화도 활발하게 되었고, 亥水가 卯를 붙들어 감으로써 正財 속성을 버리고 偏財 속성을 만들고 밥그릇이 커졌잖아요. 잘 됐다가 丑年에 다시 빌려서 뭔가 용도를 채웠다 함은 돈도 빌리고 개체 수도 늘린다는 거죠.

丑年에 문점을 한 거예요. '卯년에 이르면 축사에 불이 나거나 아니면 전염병이 돌아서 크게 사업적으로 손실이나 쇠퇴가 발생할 것이다.' 라고 감명을 했고 실제로 卯年에 病이 돌아서 돼지가 몰살을 하다시피 되었다는 거죠. 亥水가 卯에 死하잖아요. 감명지에는 결론만 쓰여 있으니, 왜 그렇게 되느냐 하며 아무리 봐도 財星이 와서 더 좋을 것 같은데 왜 그런 현상이 오느냐 해서, 제가 이 작용 때문이다 하고 설명을 해 준 거죠.

合이라고 하는 것은 결국은 있는 것을 마지막으로 꽃 피워서 소진시키는 것이다. 이 양반이 제조가 아니라 유통이라면 卯運이 좋지만 양돈이고 제조, 뭔가를 만드는 것이기 때문에, 제조를 해 내는 공간이나 소스에 문제가 발생하게 되어 있다라고 설명을 해 주었죠. 저보고 대단하십니다! 그런 논리를 쓸 수가 있느냐면서 자기도 다 알았다고 하면서 그 뒤로는 연락을 안 하더라고요.

卯라고 하는 것이 결국은 食神을 소진한다. 돈 잘 벌어놓고 몸에 손상이 와 가지고, 보통 먹고 살만하니까 가더라 하는 것이 다 이런 작용 때문이죠. 寅이 財中有殺이었죠. 수많은 재물 속에는 결국은 殺氣가 동반하고, 正財라고 하는 이 보기 좋은 놈(卯)은 食神을 병들게 하니, 몹쓸 이 세상이 되는 거죠. 庚 日柱 같은 것은 두드러지게 그런 작용이 확 잡혀 있죠.

질문

그럼 卯에는 財星의 역할을 전혀 안 하나요?

답변

財星의 역할을 하죠. 돈은 많이 벌어 놨다니까요. 돈은 많이 벌어놨는데 몸이 안 좋아서, 병원에 누워 가지고 침대 시트 밑에 돈을 재워 놓고, 전화기 들고 '둘째는 왜 안 오냐' 하면서, 오면 돈 빼 준다….

질문

양돈하시는 분은 어떻게 되었습니까?

답변

당장 탈은 안 나는 거죠. 양돈을 해서 돼지는 몰살을 했지만 그 동안 장사를 해서 돈은 있는 거예요. 그러고 나서 辰年에 데미지를 입죠. 辰年에 食神入庫를 하잖아요. 할 일이 없어서 양돈을 못 하고 있다가 다시 巳亥 相沖을 하면서 병에 강한 새 돼지가 나왔습니다. 이 때 새 돼지 도입이에요.

이 분이 돌고 돌아서 저한테 왔단 말입니다. 이 명조를 십 수 년 전에 어느 역술가가 저한테 가지고 와서 도무지 이 이치를 모르겠다. 제산선생님이 왜 이렇게 설명했을까? 결론만 '토끼해에 기르는 농사(양돈) 몰락' 이라고 써 놨는데 正財가 왔는데 왜 이렇게 써 놓았느냐고 해서 제가 설명을 해 준 거죠. 돼지 농사로 돈 벌고 辰 大運인가 巳 大運인가 바뀐 거예요. 충청도 어딘가에서 미꾸라지는 아니고 무슨 물고기를 키워요. 돼지는 한 번 쓰라린 맛을 봤으니까 물고기, 亥중에 甲이죠. 辰巳 大運을 지나가니 공간적으로 물이잖아요.

그림 2

뭍에다 가둬 놓고 亥水를 써 먹는 거예요. 亥中에 甲木이 물고기예요. 메기인지 미꾸라지인지는 정확하게 몰라도 아무튼 물고기였어요. 또 돈을 잘 벌더라고요.

그 당시 IMF 때인데, 乙亥, 丙子, 丁丑 년 중간 쯤 왔을 때였을 거예요. 돼지를 안 키우면 돼지 亥자와 관련된 모양새대로 갈 거라 했는데, 돈을 잘 벌더라고요. 庚寅日柱이었어요. 그런데 마누라가 뼈 빠지게 약 주고 사료 주고 있다. 그래서 쓰고 있는 업종을 봐야 돼요. 제조나 생산업이기 때문에 亥水의 손상이 문제가 된다.

庚 – 卯 / 운의 해석

大運에서 사용할 때, 토끼 卯자라고 하는 것이 飛刃이라고 하는 인자를 가짐으로써 他人이 가지지 못하는 재능, 능력을 터득하는 것이긴 하지만, 財星이라고 하는 금전의 뜻을 제대로 계승하고 있지를 못하고 펼쳐져 있는 것이잖아요. 돈은 돈인데, 재산은 재산인데, 펼쳐져 있는 것이니까 결국 그만큼 실속 인자가 약한 모양이다. 대체로 正財라 하더라도 名高利薄, 소문난 잔치에 먹을 것이 없는 것이다.

여자들은 그래도 陽 운동의 득을 봄으로써 긍정적이고, 남자들은 열심히 하고 돈도 벌고 하는데 만날 허덕이고 바쁘다. 토끼 자체의 運 때문이기도 하죠. 亥卯未는 未定 요소, 토끼는 끝까지 뛰는 요소죠. 토끼 잡으러 뛰어다니다가 개인적인 이익이나 실리를 취하는 데는 한계가 발생하는 거죠. 歲運에서는 보통 현금 소통인데 보통 八字에 亥, 未자 들어있는 사람은 건축 행위를 해요. 亥卯未라고 하는 것이 건축 행위, 지어 올리는 것 시멘트(未), 물(亥), 철근(卯), 철근이라도 曲直의 성질을 얻으면 木으로 본다는 거죠. 구부러졌다 펼쳐졌다 하는 것이다. 이 안경도 마찬가지죠. 소재적으로 철근, 물, 시멘트 비벼가지고 木 운동을 만드는 거죠. 건축 행위 같은 것을 해서 분양 다 하고 빨리 하는 모양이죠. 그런데 그 끝 부분에 문제가 생겨나기 시작하죠. 왜냐면 亥水가 入墓를 하기 시작하니까….

庚 - 卯 / 男女

男女 吉凶을 보면, 男子는 名高, 이름만 높되 실속은 박하다(▽), 富貴貧賤이 애매하다. 부자도 아니고 거지도 아니고, 돈은 있다. 하지만 자신의 돈은 아니다.

여인은 반타작은 써 먹죠(△). 기본적으로 그런 운동의 속성을 만나면서 써 먹는다. 여인은 벌어진 것도 잘 주워 담잖아요. 주워 담아서 짝으로 잘 삼잖아요.

庚 - 卯 / 綜合

종합적으로 봐서 금전에 대해서는 상승효과는 주지만 결과는 未定 상태다. 그래서 庚 日柱는 寅이나 卯를 이론적으로 보면 財星으로 쓰는 것이지만 '돈이 어디 있니?' 하면 '저기 있네, 건물!' 하는 거죠.

재산의 형태 자체가 밖으로 활짝 펼쳐져 있음으로써, 껍데기는 좋아 보이더라도 알맹이는 부족한 그런 속성을 기본적으로 가진다. 남들이 보면 더 크게 볼 수가 있겠죠. 하지만 사실은 은행에 들어올 때 제일 무서운 사람은 점퍼 입고 오는 사람 있죠?

꼬질꼬질하게 오는 영감들. 金이나 水를 財로 쓰는 사람들이 점퍼 입고 꼬질꼬질하게 와서 '내가 돈이 좀 있는데 이자를 더 줄 수 있을까요?' 하면서. 영감이 많으면 얼마나 많을까 싶어서 '1% 더 드릴게요.' '그래요, 그럼 내일 돈 가지고 올게요.' 하더니 100억을 들고 와서 결국 담당자가 잘렸잖아요. 우리 지점 영업해서 나오는 마진이 이것밖에 안 되는데 1%를 더 준다고 약속을 하면 어쩌느냐 이거죠. 점퍼를 조심해야 됩니다.

그런데 애석하게도 庚 日柱가 은행에 오면 '저 건물 저것이요, 내 명의로 되어 있는데 좀 잡혀 주세요.' 그런 모양이니까 영양가 있는 모양이 별로 없더라. 그러나 어쨌든 큰 사업이나 재벌들 八字 보면 실제로 庚 日柱가 많아요. 많은 이유는 사고 치고 다니니까…. 庚 일주 자체가 주먹이잖아요. 손가락 하나가 두 개로 짝 펼쳐지는 것이 木이고, 火운동은 확 펼쳐진 거죠. 土운동은 더 이상 펼쳐지지 않고 수그러듦이다. 金은 다 쥐는 거예요. 믿는 것은 주먹 하나밖에 없다 하면서 사고 치고 다니는 거예요. 庚 日柱들이 木을 기본적으로 財星으로 쓰기 때문에 윽박지르고 밀어붙이고…. 財星을 木으로 두고 있다는 것은 폼 나는 것을 좋아하는 것이지만 사실은 점퍼보다 못하다.

庚이 辰을 볼 때

辰을 만나면 六親으로는 偏印, 일간으로 겹치면 魁罡, 그리고 食神 入庫, 그 다음 龍은 발도 없는 놈이 허공을 짚고 올라가잖아요. 허공을 짚고 막 올라가면서 온갖 龍의 비늘을 뽐내는 모양이 되기 때문에 庚이 辰을 쓰고 있을 때에는 가장 화려하거나 신통력이 있는 능력을 발휘하게 된다. 태어난 날에 그것이 이르게 되면 魁罡….

"죽인다! 다 덤벼라!"

庚 - 辰 / 12運星

12運星상으로는 養인데, 『四柱捷徑』 같은 데 보면 養金之土라고 해서 辰에 대한 속성을

가지는데, 辰이라고 하는 것이 사실은 다 속성을 파악하기가 어렵다.

어떤 때는 帶木之土라고도 하고, 養金이라고도 한다. 그 다음으로는 天羅地網이 머무르는 곳이기도 하고…. 辰이라고 하는 자리가 木과 金이 절묘하게 서로 기운이 교환되고 있어 표리부동이죠. 조건에 따라서, 그 때 그 때마다 달라요. 이놈을 주먹이 올라탄다고 하는 것은 뭔가 새로운 신통력을 만들 수밖에 없는 조건을 얻게 되는 것이다.

庚 - 辰 / 他六親 12運星

偏財 甲은 衰地로 陽干 衰地는 기운이 많이 밖으로 남아 있는 거죠. 正財 乙은 帶地 乙木의 羊刃, 乙木의 기운이 많이 남아 있죠. 辰을 해석하실 때, 甲木이 辰을 봤을 때 이것을 財星으로 볼 것이냐, 아니면 羊刃의 餘氣가 들어와 있는 것으로 볼 것이냐 할 때, 반드시 羊刃의 餘氣가 들어와 있는 것을 같이 해석해 줘야 합니다.

그 다음에 偏官 丙-帶地이고, 正官 丁-衰地다.

그래서 偏官이 조금 세력을 가질 수 있는 조건을 갖추고 있고 正財가 세력이 있죠. 偏官이 득세해 있고, 正財가 세력이 활발하게 남아 있다는 말은 보통 권력성 조직, 이렇게 보면 되죠.

庚 - 辰 / 吉凶

吉凶을 따져 본다면 財星과 官星이 어느 정도 손쉽게 구축될 수 있는 조건을 부여하고 있기 때문에, 吉은 6~7. 凶兆는 뭐냐 하면 偏印이면서 食神入庫를 유도하므로 고충이나 번거로움, 활동성의 방해 이런 것들을 같이 주게 되는 것이죠. 凶은 3~4 정도다.

제 24강 • 庚일간의 실관 Ⅳ

庚 – 辰 / 年月日時

年

年에 偏印이 들어 와 있는 것.

辰이라는 것 자체가 다양성을 의미하기 때문에 실제로 조상 코드로 보면 다양한 각종 동물이 다 모여 있죠. 원래 복잡한 가계를 의미해요. 용띠라는 띠 자체가 안 얽힌 동물이 없다는 뜻이에요. 복잡 가계인데, 그 의미를 좀 확대하는 이유는 한때 가세가 대단해야지 1번 마누라, 2번 마누라, 3번 마누라 쭉 가겠죠. 그렇게 해서 그 후손에게 뿌려진 것, 용은 잡종이란 뜻이에요. 11가지 동물, 잡종이잖아요. 가계 구성의 복잡성을 의미하는 거죠.

이 집, 저 집 피가 안 섞인 데가 없다. 그런데 그것이 偏印으로 작용한다는 말은, 복잡성이 나에게 偏印의 작용을 일으킨다. 집구석이 좀 복잡한 데서 흘러 들어왔기 때문에 내가 운신의 폭이 없거나 답답함을 감당해야 한다. 조상 자리에 있기 때문에 직접적인 피해가 작기는 하지만 업의 논리로 확장한다면 복잡 가계 구조에 따른다.

아무튼 庚日柱가 辰을 年에 가지고 있으면 복잡하구나. 복잡하면서 화려하면 좋은데 偏印이잖아요. 조상의 묘를 쳐다보니까 답답하다. 족보가 복잡하다. 그래서 결국은 이중성을 가지는 거죠. 밖으로 잘 드러내지 못하고 조상 이야기만 나오면 조용해야 하는 답답함이 발생하는 거죠.

月

年의 논리를 그대로 적용하면 결국 偏印을 모성으로서 쓴다는 것 자체와 財星과 뒤죽박죽이 되어 있죠. 偏財와도 복잡하고 印星과도 복잡한 모양을 가지고 있기 때문에 보통 부모 혜택은 食神入庫다. 없는 것은 아니죠. 없는 집은 복잡한 가계가 될 수가 없죠. 경제적인 혜택은 있더라도 父나 母의 인연이 불안한 모양이다. 그래서 편모에게서 덕을 입으며 자라는 환경이 조성되는 것이죠.

日

태어난 날에 이르면 당연히 괴강이 되고 괴강의 여러 가지 흉폭성이 발생된다. 어느 TV 프로에서 봤는데 庚辰 괴강 日柱를 너무 비약해서 어느 방송인의 運命을 가지고 몇 군데('믿거나 말거나' 코너 비슷한 프로예요.) 역술원에 물으니 '庚辰일에 태어났기 때문에 부부인연이 매우 불안하다.' 이렇게 그 방송인의 특성을 이야기해 주면서(남자예요), 실제로는 별 무탈하게 살고 있는데 괴강성이 끼어 부부 인연이 안 좋다는 말이 웬 말이냐? 믿거나 말거나…. 이렇게 끝나거든요. 그런데 실제로는 正財가 꽉 뿌리를 심고 있잖아요. 不視, 밖으로는 드러나지 않았지만 실제로는 세력이 굉장히 강해서 현실적으로 처덕을 보는 데는 별 문제 없죠. 『四柱捷徑』에서 보면 '규방지녀'라는 말이 나오는데 財星이 숨어 있는 것은 오히려 좋은 것이다. 그러니까 편안할 '安' 字 자체가 여인이 규방을 지키고 있으면 그것이 만 가지 편안함의 근본이다 하는 거죠.

이 경우는 財星의 뿌리가 그대로 남아 있기 때문에 쉽게 처덕이 꺾이거나 허물어지지 않는 모양이죠. 그런데 대외적으로 주먹질을 하고 다니니 이것이 문제다. 食神을 안 쓰면서 꿀꺽. 대외적으로 그런 능력을 발휘하면서 괴강의 문제점이 드러나는 것이지 안방에 문제가 드러나는 것은 아니다. 辰 중에 乙木으로 財星은 방긋방긋하고 있잖아요.

괴강성을 해석하면서 너무 확장 해석을 한 오류다…. 그러나 여인은 조금은 발생하죠. 食神이 入庫해 있다는 것은 자식을 내가 편안하게 껴안고 있지 못한다는 말이 되므로, 남편

덕 어느 한 쪽을 위주로 따르게 되는 인자가 발생하는 것이다. 또 地藏干에서 合이 되어 정신적으로 내면적으로 자기가 관심을 두고 매몰되어 있는 것은 財星이죠. 그러니까 주제는 남편도 자식도 아니다. 골통 기질을 가질 수 있는 거죠.

여자들은 많이 봤어요. 서방 멀쩡하고 자식 대충 괜찮은데 자식들 장성하면 객지로 나가죠. 그런데 서방님하고 정리할 때가 되니 본색이 드러나는데, 辰 중의 乙木을 꽉 껴안고 있는 거예요.

"못 줘! 10원도 못 줘!" 하면서.

午 正官이 남편이잖아요. 正官 남편하고 어느 날 갈등 국면이 와 버리니까 午가 드러났든, 드러나지 않았든 현실 속에서 여러 가지 유능한 실력을 행사하는 남편이 온다. 그런데 午하고 隔角 상태가 되어 버리니까,

"내 본심이 뭔 줄 알아? 나는 이때까지 당신을 한번도 짝이라고 생각해 본 적은 없어. 辰 중 乙木이 내 짝이야!"라고 하는 거죠.

남편 보고 '포기하시죠.' 하면서 싸움을 말렸습니다.

그러니까 地藏干에 있는 것은 결국은 남들에게 대외적으로 드러내지 않는 공간 속에서 이루어지는 행위, 습성 이런 것을 말하는 거죠. 子년에 결국 아무리 생각해도 辰 중 乙木이 자기 짝이니까, 바람을 피우든지 외국에 나가 뒈지든지 나하고는 별 상관없다, 이렇게 되는 거죠.

子년이 되니 辰中 乙木도 결국은 돈의 가치를 많이 발휘하지 못하고 있으니까 여자는 미친다. 金이 아니고 木이니까 현금이 아니라 사업장이겠죠. 펼쳐 놓은 거잖아요. 펼쳐 놓은 게 허덕허덕하는 거예요. 서로 밀고 당기면서 네 꺼다, 내 꺼다, 아니다, 반 가르자 이렇게 서로 싸우는 사이 결국은 子는 午를 꺾어버리는 식의 갈등 국면이 만들어지더라.

그래서 庚辰 日柱 여인을 아내로 맞이할 때는 주의하라! 서방한테 잘 할 때는 庚辰 日柱의 속성상 食神入庫로 굉장히 잘한다. 食神入庫란 食神을 드러내는 행위가 자식을 만들려고 하는 동작이나 행위로 봐서, 생식력을 드러내는 것이다. 일종의 섹스어필을 드러내는 행위인데 옷도 안 벗고 남자를 쫙 빨아 당긴다는 거죠. 원래 주먹 잘 쥐는데다가 남자를 그대로 쥐어서 쫙 빨아 당긴다. 그러니까 남자들이 뽕 가는 거죠. 보통 거기에 코 걸려서 가정을 이루게 되는데 결국 뒤판에 깨질 때는 처절하게 밑천이 드러나더라. 그래서 마음만 먹으면 능소

능대죠. 손을 안 대고 코를 풀 수 있다, 그런 능력을 가지는 것이 食神入庫의 능력, 그리고 辰은 버라이어티죠.

화려한 비늘로써 여러 가지를 발휘할 수 있는 것이니 남자를 마음대로 쥐었다, 놨다 할 수 있는 힘을 가지고 있는 거죠. 여기에 정신 못 차리고 한 사람 빨려 들어간 사람 봤어요. 가정 다 버리고 이 사람 따라가더라.

결론은 단물만 쫙 취하고 그럼 안녕! 구미호 작용이 오더라. 남자가 있는 거 다 주고 빈털터리 돼서 거의 노숙자 생활을 하는데, 그것 보고도 안 돌봐 주더라….

남자는 괴강성이 있다 해도 財星의 폐해가 작고, 사회적인 일을 할 때 야비하게 하는 거예요. 은근히 사게 해 놓고 죽여 버리고 쓰리쿠션을 만들어 버리죠. 하여튼 食神 없이 뭔가 목적을 달성한다는 것이 초능력이 있다. 주먹을 뻗지 않고 상대방을 자빠뜨린다는 것은 남의 눈에 안 띄게 빨리 나왔다 들어가든지, 발로 차버린다든지 다른 능력이 있다는 거죠. 첨단 기능을 탑재한 전사급 로봇처럼 적군의 포로가 되면 기밀 누설되니까, 아예 자폭으로 가죠.

時

時는 庚辰時가 되죠. 마찬가지로 魁罡이 되죠. 늙은 사람이 손 안 대고 코푼다 함은 뭔가 처절하게 말년에도 여러 가지 재능을 발휘하면서 살아간다는 뜻이다. 그러나 근본적으로 食神入庫의 해로움인 불편함이 생기죠. 삶의 다양한 도구로 보면 되거든요. 庚도 그렇고 辰도 그렇다.

결국은 비상한 활동은 하더라도 불편함을 겪으면서…. 運氣의 흐름이 좋다면 앞과 같이 빨대만 쪽쪽 빨면 되는 비상한 활동 요소가 되겠지만, 그래도 食神入庫의 해로움은 당하는 것이니 행동이나 건강에 불편함은 발생한다. 그 다음에 比肩이 출현해 있다는 것은 재물에 대한 강한 집착도 의미합니다. 자식하고도 재물을 다툰다. 결국 뺏긴다. 그런데 거기서 자폭 기능을 발휘하게 되면 '에이, 자식에게 주느니 사회에 환원해 버린다' 하는 거죠.

庚 – 辰 / 운의 해석

大運에서 辰을 만났다 함은 食神入庫의 고단함이나 불편함이 발생하기 때문에 수하인,

시설 등을 많이 두거나 제조의 환경에서는 방해와 압박을 받는다. 이 시기는 業態를 잘 봐야 합니다. 辰자체가 陰陽이 뒤섞여 있잖아요.

그래서 비교적 긍정적으로 쓰는 사람은 임대, 자격 중심입니다. 뭔가 만들고 꾸며내고 있다면 소프트(설계, 디자인, 교육)다. 이런 것들에 관한 기술을 발휘하는 것은 경제적 번영이나 성공으로 잘 연결되지만 실제로 하드웨어적으로 구체성을 가지는 시설, 제조 이런 것들은 무조건 방해를 받는다.

流年에서 食神入庫를 만난다는 것은 여인이 가장 답답하죠. 여인이 食神을 제대로 못 쓴다는 것은 자식 애로, 물론 大運에서 걸리면 자식의 애로, 자식의 병고 등 여러 가지를 동반하겠지만 개인적인 건강, 남자도 마찬가지로 정체나 갑갑증이 발생하는 거죠. 그런데 辰은 시작과 끝이 陰陽 관계가 다른 관계로 위치는 五陽이면서 운동은 水운동으로 가 버림으로써, 처음에는 고달팠다가 풀리는 국면이 되든지, 아니면 처음에 잘 나가다가 뒤에 힘들어지든지 이런 식의 양상이 발생한다. 庚이 辰大運 지나면서 잘 되는 경우는 이 분야, 소프트(설계, 디자인, 교육) 밖에 별로 없었어요.

그 다음 유통을 하더라도 주로 기술에 관련된 유통, 기술 영업을 해서 돈을 벌더라. 영업도 하드가 아니라 소프트죠. 원국 내에도 원천적으로 癸丑日柱같이 食傷을 잘 못 쓰게 되어 있는 八字들이다. 그러면서 偏印같은 게 들어와 있으면 전부 소프트에요. 소프트 사업 중심 또는 부동산, 문서재산 쪽으로는 일을 계속 키워 나가도 아무 상관 없이 확장되더라는 거죠. 그런데 하드웨어(제조)를 하니 실제로 시설을 갖추어 놓고 그 때부터 골머리 터지더라는 거죠. 많이 봤습니다. 그러니까 설계 사무소 할 때는 잘 되었는데, 직접 건축하다가는 쫄딱 망하더라는 거죠.

庚 - 辰 / 男女

男子는 처음에는 고달프다가 후에는 吉 내지는 平, 여인들은 처음에는 平하다가 후에 凶이 발생하죠.

男 : 初凶後吉

女 : 初平後凶

先이라고 안 쓴 이유는 전반부라는 개념이라기보다는 시작, 들어갈 때 龍을 구경하면서부터 일어나는 현상이 보통 이런 식으로 잘 발생하기 때문이죠. 巳 大運에서 辰으로 넘어올 때도 뱀만 쳐다보던 놈이 龍 쳐다보고, 토끼만 쳐다보던 놈이 龍 쳐다보고 해서 바로 초입 부분에 활발한 변화가 발생해요.

庚 - 辰 / 綜合

종합적으로 봐서 초능력이다, 마술이다, 자폭이다. 여러 가지 첨단 기술을 장착한 세월이기 때문에 죽다가 살아나든지, 잘 나가다가 자폭하든지, 그러한 변화가 굉장히 많이 발생하더라. 저도 辰 大運 지나 봐서 알죠. 딱 한마디로 '성냥 사세요~.'

食神이 入庫해 있으니 밥그릇을 밥상 위에 놓으면 안 되고, 땅 바닥에 밥을 놓고 먹으면 먹을 수 있게는 해 주는데, 거기서 조금만 폼을 잡으려고 하면 '대가리 박아! 또 성냥 팔래?' 하는 식이다. 그러는 동안 초능력은 생기더라는 거죠. 食神入庫 세월 10년만 한 번 살아 보세요. 힘들어요…. 마술을 부릴 줄 알든지 초능력이 생기든지 안 그러면 자폭 기능을 장착하고 다니면서 걸리기만 걸려라, 죽여 버린다 하는 전투력이 만들어지더라는 거죠.

실제로 運을 관찰할 때 이런 辰運을 한 번 지났느냐 안 지났느냐 하는 것도 運의 해석에서 보는 논리가 있어요. 甲 日柱든, 乙 日柱든 龍을 한 번 보고 왔다는 말은, 보통 辰, 戌, 丑, 未 天殺 그룹이잖아요. 임금님의 행렬을 한번 봤다는 거죠. 임금님의 행렬을 본 사람은 자기가 어떤 목적을 이루어 나갈 때 항상 그것을 모델로 해서 화려하게 꾸며내는 능력을 가진다.

龍이 원래 인간이 범접하기 어려운 아주 신성한 존재로 보는 것이니 龍 大運을 지나온 사람은 뭔가를 꾸며 내는 능력, 옷을 입는 능력들이 최고 좋은 모양을 본뜨려고 하는 힘이 생겨나는 것이고, 龍을 못 본 사람은 '임금님이 어딨노?' 하면서 대충 입고 챙기고 하는 그런 해석의 논리도 있어요. 행동적 경향성을 보는 논리이기 때문에 그렇습니다.

예를 들어 大運 桃花는 상당히 유념해서 봐야 됩니다. 大運에서 桃花를 맛 봤다는 것도 그래요. 일간에 상관없이 누구나 龍을 맛 봤다는 것은 최고 잘난 놈을 봤다는 거죠. 龍꿈 꿨다 하는 것이거든요. 桃花는 타인의 시선을 모을 수 있는 깨춤, 남의 시선을 모을 수 있는 여러 가지 능력, 에너지, 기술들인데, 자기 띠를 기준으로 桃花를 지나왔다는 것은 이미 프로가 되었다는 거죠. 桃花運에 보통 자타가 공인하는 프로페셔널이 된다고 보시면 됩니다.

질문

띠하고 대조해서 보면 됩니까?

답변

日支를 중심으로도 桃花에 해당하는 大運을 지났다면 자기가 어느 분야의 프로페셔널이다. 이런 것과 똑 같은 거예요. 나이트클럽에 가서 스트립쇼를 한번 봤다. 굉장히 인상적이고 기분이 좋다. 내가 언젠가 위기에 몰리면 나도 핫팬츠를 입고 무대에 올라가리라 하는 식으로 본대로 능력이 터득되는 것이거든요. 그런 작용으로 인해서 桃花를 만났다는 자체가 남의 시선을 모을 만큼의 능력이든, 고함이든, 노래든, 능력을 터득하게 된다는 거죠.

桃花, 龍들이 세속적인 유능함을 터득하게 하는 여러 가지 조건을 부여하게 하는 것이다. 예를 들어 己丑年 運을 볼 때, 남자가 왔을 때 己丑 干支가 갖는 운동성이 戊는 陽이고 己는 陰이죠. 陰年을 만났기 때문에 남자는 1점 먹고 들어가고, 丑의 운동성이 巳, 酉, 丑 金으로 들어간다. 金운동을 열고 닫고 하는 작용이 활발하므로 남자는 결국 2점 먹고 들어간다(○○).

여자는 陽이 끝나고 陰으로 왔으니 巳, 酉, 丑, 金운동으로 짝짓지 못 한다(××). 다른 해에는 이런 吉凶 작용이 교차할 수도 있는데 己丑年 같은 경우는 남자들은 어떻게든 득 볼 일이 많이 생기고, 여자들은 어떻게든 눈탱이 맞을 일이 많이 생긴다.

이 비중을 어떻게 적용하느냐 하면 여자는 30점에서 50점 까고 들어간다고 본다. 여자들은 기본적으로 사회적 성취나 생활환경이 힘들다, 고달프다는 것을 전제해 두고 들어간다. 다른 해에는 10점, 20점 +, - 하면 되거든요. 그런데 己丑年 같은 경우는 그런 기운이 몰려 있기 때문에 여자들이 오면 '힘들죠?' 하면 됩니다. 남자들은 '힘들어 죽겠다' 해도 '괜찮다' 하면 돼요.

"왜 괜찮다는 말이요?" 하면,

"주변을 한번 둘러 봐라!"

주변이 다 陰으로 에워싸여 있으니 결국 은행에 가서 돈을 빌리든, 마누라 지갑을 훔치든, 여동생 적금 통장을 훔치든, 陰의 환경을 이용해서 자기 것을 채울 수 있는 인자가 최소 30%에서 최대 50% 정도로 깔리는 걸로 본다는 거죠.

감명을 할 때 그것을 전제로 해 놓고 보셔야 되죠. 실제로 여러분, 日辰 가지고 잘 안 쓰죠? 오늘 日辰이 戊申이죠. 남자가 물으러 오면(戊가 始이고 頭죠. 申이 終이요 末이죠.) 始頭는 짝짓지 못해 불만스러워도, 終末은 절반을 채워 가는 거죠. 여인은 웃다가(戊), 찡그리고(申), 완전히 우는 것은 아니죠. 전체가 陽이니 남자는 처음에는 불만스러웠다가, 반쯤은 충족하고 간다고 하는 것이 그 날의 日辰상에서 이미 부여되어 있는 거예요.

여인이 만약에 좋은 運氣를 가지고 이 날 출현했다면 짧게 있다가 가 버리는 거죠. 잠시 머무르고 가 버린다. 금세 묻고, 금세 가 버리는 거죠. 名을 묻고 實을 물었다. 추상성, 현실성이다.

戊 – 名 (추상)
申 – 實 (현실)

추상성과 현실성을 다 물어 보면 시간이 걸리잖아요. 하나만 묻고 간다. 이럴 때는 여인이 보상을 받고 가는 거죠. 한 마디만 물으러 온다면 추상적인 것만 채워 나간다고 보시면 됩니다. 이런 작용이 한 치도 예외가 없다.

각각 사연만 다를 뿐이지 결국은 吉凶論이나, 자기가 정신적으로 채우고 못 채우고는 그 날 日辰에 걸려 있는 거예요. 己丑年은 무조건 30점 까고 들어간다. 己丑年 중반부터는 그 폐해, 고통을 겪고 있다는 거죠. 그것을 무조건 말해 주면 되는 거예요.

年初에는 단정을 짓기보다 '안 좋을 수도 있으니 조심해라.' 아무리 장사를 잘 해서 돈을 벌어다 놔도 결국은 남자가 들고 나가는 格이라 이거죠. 서방이 가져가든 남동생이 가져가든 분탈을 만날 수밖에 없는 환경이니까.

이러한 간단한 陰陽 원리를 여러분 나름대로 구축을 해서 적용하고 훈련을 해 보세요.

그러면 뭐라 말할 것도 없거든요.

“됐다, 가라. 알거든!”

“왜 가라는 말입니까?”

“너 힘들다는 말 아니냐?”

“예….”

도로 앉으려 하면,

“앞으로 내년에 괜찮다.”

큰 틀 속에 바탕을 이미 깔아 놓고 할 수 있는 거죠.

제 25강 • 庚일간의 실관 V

庚이 巳를 볼 때

기본적으로 六親에서 偏官이면서 申의 暗祿, 暗祿도 貴人으로 취급하는 데가 있죠.

이것이 필요한 이유는 弱強, 身弱이나 身強의 弱強論을 따질 때 다른 干支들의 弱強과 조금 다른 이유가 庚이 巳를 만나는 것은 기본적으로 五行에서 火, 金에 의한 五行적인 상극 요소가 깔려 있는 것이고, 다른 暗祿들은 甲木이 亥를 봐서 寅이 暗祿이 되는데 亥가 長生지로 五行적인 상생이 되어 있죠.

丙이 申을 보더라도 극을 당하는 것이 아니라 내가 극을 하고 있는 거죠.

甲　　丙

＼　　＼

亥　　申

庚이 巳를 만나서 暗祿을 이루는 것은 형태상 庚金이 五行적으로 세력이 약함에도 불구하고 暗祿이 있음으로써 다른 干支와 차이가 나는 거죠. 己土도 未를 만나서 午祿을 가지고 있고, 丁 日柱도 午가 祿인데 未에서 五行 대세를 가지고 있죠.

```
己          丁
 ＼          ＼
  未－午       未
```

그래서 暗祿이라는 명칭을 특별히 두지 않아도 일간의 強弱을 보는 데 별 무리가 없는데, 庚이 巳를 본 모양만큼은 五行적으로 약한 모양을 가진 것 같지만 사실은 暗祿이 놓여 있어서 身旺 身弱을 따져나갈 때, 火가 金을 녹이는 火金消鎔의 인자가 아주 활발하거나 강한 것은 아니다.

보통 格用論 한참 공부할 때 暗祿이 있으면 어떻게 해석하고 하면서 많이 고민하게 되는데, 세월이 지나고 보니 強弱論이 전체를 설명하는 방법이 아니니까, 지금은 그 비중을 많이 두지는 않습니다.

庚金이 巳를 만나서 이런 형태를 가질 때 強弱을 한 번 처리해야 된다면 暗祿을 동반하고 있다는 것을 챙길 필요가 있죠.

時	日	月	年
戊	庚		
寅	午	巳	

그림 1

干支 구성이 이렇게 되어 있으면 身弱이냐 身強이냐 따질 때 五行적으로 火가 몰려 있어서 金의 역량이 아주 약한 것으로 볼 수가 있는데, 暗祿의 개념으로 봐서 金의 五行적인 세력이 없는 것이 아니더라.

훗날 저런 논리를 버리기 시작한 것이, 도둑도 가장 힘 있는 도둑이 그 동네에 살아야(八字 안에 있어야) 좋은 八字가 된다는 거죠. 악명 높은 도둑이 사는 마을에서 내가 뭔가 일을 하고 있다면 보통 사람들보다 훨씬 더 많은 큰일을 감당하고 있다. 五行적인 强弱에서 身弱이 되더라도 상대방이 힘이 있고 세력이 좋아야 된다는 거죠. 冲맞고, 刑맞고, 空亡 맞고 이렇게 해서 세력이 약해져 있는 인자가 八字 내에서 많이 간섭하는 것보다, 庚金에 官星 이러한 것들이 세력을 가지고 火가 아주 치열해야 죽이 되든지 밥이 되든지 큰 승부를 낸다.

時	日	月	年
	庚		
寅	午	巳	巳

그림 2

그러니까 官이 될 수도 있고, 財가 될 수도 있고, 劫財가 될 수도 있는데 劫財가 놓여 있다 하더라도, 이런 식으로 강력한 놈이 옆에 간섭하고 있어야 상대가 총을 뽑으면 나는 기관총을 뽑는다는 거죠.

상대방이 강력하게 권리든 기운을 행사할 때, 나도 거기에 대응하기 위해서 피나는 노력을 하게 되어 있다. 그래서 빅 매치가 되는 거죠. 빅 매치가 되려면 나쁜 놈도 잘 생겨야 한다. 힘이 좋아야 한다.

時	日	月	年
	庚	辛	
寅	午	酉	

그림 3

여기서 冲을 맞으면 어떤 때는 제대로 놀다가 어떤 때는 그 역량을 제대로 발휘하지 못하다가 하는 식으로 되죠. 劫財의 기운을 삭감해 버리는 거죠. 고전 명리서에는 劫財를 삭감하여 오히려 吉兆로 많이 설명하고 있거든요. 또 책에 보면 凶神이 空亡하여, 또는 忌神이 空亡해서 오히려 吉兆가 되었다라고 되어 있는데, 무탈, 無事가 좋았던 시대의 기준으로 하면 吉兆가 되겠죠. 나쁜 놈이 동작을 못하는 것을 좋은 것으로 삼았는데, 현대 사회는 그렇게 해서는 안 된다는 거죠. 도둑놈이 내 목숨을 빼앗을 정도가 되어야, 나도 도둑놈을 죽일 수 있는 에너지가 생기는 거예요.

時	日	月	年
戊	庚		
寅	午	巳	

그림 4

庚 - 巳 / 六親

六親은 偏官이죠. 예를 들어 干支 구성이 이런 식으로 놓여 있다. 이 때 庚이 제대로 세력을 가지고 있는 것이냐, 세력이 없는 것으로 볼 것이냐 할 때, 辰은 뭐예요?

時	日	月	年
	丁	庚	
	巳	辰	

그림 5

기본적으로 책에는 養金之土라 해서 金의 세력을 돕는다고 설명을 하고 있는데, 辰이 寅卯辰으로 무리 짓죠. 寅卯辰으로 무리 지으면서 五行적으로 庚金이 세력이 없죠. 그런데 巳를 바라봤을 때 巳는 申을 숨겨 놓고, 辰도 사실은 酉를 숨겨 놓고 있는 것이거든요. 그래서 이면에 이러한 기운을 숨겨 놓고 있는 것으로 봐서 庚의 세력이 약한 것은 아니라는 거죠.

이럴 때에 남자 八字라면 庚金을 부인으로 취한다고 했을 때, 안방에 들어 앉아 있으면 庚金이 巳와의 작용력을 일으키기 시작하죠. 싸움을 할 때 마누라가 자기 고집을 부리는 이유는 暗祿이라는 인자가 있으니까 싸우면 피 터지게 싸우는 거죠.

이 패턴과 반대의 모양으로서 丙이 五陽之處에 들어와서 세력이 無勢한 것은 아니지만 亥자리에서 絕지에 떨어지죠. 부부싸움을 하면 거의 일방적인 게임을 하든지 아니면 부인이 아파서 꼬랑꼬랑하는 식으로 엎어져 있는 모양이라. 똑같이 日支에 劫財가 놓여 있음에도 불구하고 이 경우는 마누라를 확실하게 밟아 주잖아요. 아까 모양은 틈만 나면 庚金이 프라이팬 들고 설치는 거죠. 庚金이 巳에 暗祿을 두고 자체 長生을 가짐으로써 五行적인 세력이 절대 없는 것이 아니다.

庚 - 巳 / 12運星

12運星으로는 長生이다.

庚 - 巳 / 他六親 12運星

뚜렷하게 官득세의 모양을 가지고 있죠. 그리고 이 자체가 寅巳申戌의 초능력의 인자를 가지고 있으니, 보통 조직 사회 중심의 활동에 성공 번영이 기본적으로 이루어진다는 뜻인데, 다루는 물건이나 분야가 강력한 무기를 붙들고 있는 모양이다. 반대로 여자의 경우에는 남편이 놓여 있는 모양이 뱀이고 본인이 庚金이고 하니까, 남편의 偏官 작용이 주는 스트레스는 받더라도 庚金이 잘 버티는 속성을 가지게 되겠죠. 아무튼 丙, 丁 官星이 뚜렷하게 세력을 가지고 있으면 주로 조직 사회 중심의 성공 번영이 많다.

庚 - 巳 / 吉凶

吉凶에서는 대체로 직업 분야에서는 吉兆가 많고, 재물에서는 굴곡이 있죠. 平하거나 조금 나쁘다.

직업 -吉, 재물 -平, 少凶. 종합적으로 봐서 吉작용 6~7, 凶작용은 3~4 정도로 본다.

庚 - 巳 / 年月日時

年

年에 巳 偏官을 가졌다는 것은 年地에 偏官과 같은 역할과 힘을 가졌던 조상, 五行적으로 火에 속하죠. 권력이나 시선을 모았던 조상 인연이죠. 官星의 속성을 띄었기 때문에 대체로 명예 중심의 성공, 폼을 많이 잡을 수 있었던 인자로 보시면 되고, 개인적으로는 조상의 혜택이 제한적이다. 제한적이라도 강력한 것의 제한이기 때문에 긍정적 작용이 많다 보시면 되죠.

月

月에 巳가 와 있다는 것은 말 그대로 偏官格 속성을 많이 가지게 되겠죠. 그리고 驛馬의 인자, 그 자체로서 驛馬의 인자를 가지는 것이 巳나 午들이죠.

午도 잘 달리는 말을 의미하죠. 巳는 六陽으로 발이 없이도 날아다닌다. 보통 직업적으로 보면 偏官格 속성 그대로, 驛馬 속성 그대로 조직 사회에 참여 가담하는 경우가 대부분이고, 옆에 申이나 寅이 간섭해서 刑의 요소가 가세되면 이런 경우는 뚜렷하게 형벌이나 수술…. 왜냐하면 초강력 무기로 깎고 바꾼다는 뜻이거든요. 다른 三刑살하고 또 다른 거죠. 寅巳申 三刑이라고 하는 것은 가장 刑의 작용이나 압력이 아주 많이 가해지는 것이다. 그래서 刑을 만나면 형벌, 수술, 가공, 제조 이런 것들이 압력이 아주 많이 가해지는 형태로 이루어진다.

時

辛巳時가 되죠. 말년에도 권력성이 있는 일이나 사회 활동이 많이 발생한다고 보면 되죠. 그 다음에 劫財가 놓여 있다는 것은 자식 조화력이 불량하다. 여자도 마찬가지로 食神이 絕地에 떨어져 있죠. 뱀이 食神을 絕地에 떨어뜨렸다는 것은 말년에 다루기 어려운 질병에 지속적으로 노출된다고 볼 수 있습니다. 刑이 붙으면 확실하게 자르고 붙여야 되는 환경을 만나게 되니까, 수술 같은 것을 통해서 수명이 늘어나는 것으로 보면 되죠.

庚 – 巳 / 운의 해석

運의 해석에 있어서 大運 巳는 정말 名高利薄입니다. 그게 고통인 이유는 食神이 絕地

라, 天干의 壬水가 食神이 되는데 絕地에 이름으로써, 물론 絕處逢生의 작용은 있겠죠. 없어질 만하면 생기고, 없어질 만하면 생기고 하는데 大運이라는 게 10년 동안 작용하게 되니까 밥그릇을 안정되게 만들 수가 없더라.

歲運에서의 巳는 말 그대로 偏官 七殺의 해로움이 주로 많이 발생합니다. 낙상, 수술, 관재 등 偏官은 偏官이라도 독이 묻어 있는 偏官이니까, 부정적인 작용을 상당히 많이 안고 있는 偏官 작용이 오더라.

食神 絕地의 작용도 그대로 작용되면서 힘들었다가 풀리고, 힘들었다가 풀리고 하는 것이 왔다 갔다 하게 되는 것이죠. 단지 官職을 구하는 사람은 巳나 午에서 상승 인자를 만남으로써 감투 성취나 발전, 이런 것이 이루어진다. 혼기에 있는 여자들은 官星의 작용이 나타나는데, 뱀이 官星을 나타낸다는 말은 한 번 물면 자기를 놓지 않는 남자와의 만남으로 偏官의 피곤함을 그대로 감당하면서 짝을 짓더라.

庚 - 巳 / 男女

男子는 六陽之處의 해로움이 먼저 오죠. 처음에는 凶하고 뒤에는 대체로 巳酉丑 三合의 결론을 줌으로써 吉한 형태로 잘 쓰고, 여자는 先吉은 아니고 처음에는 平하다가 後에는 오히려 凶한 모양으로 더 많이 쓰이게 됩니다.

男女 共히 巳運은 富貴貧賤의 교환이 제한적이다. 안과 밖이 좀 다른 거죠. 첫 작용은 陽의 기운으로 작용했다가 뒤의 작용은 도리어 陰으로 돌아가 버리는 모양이니까 앞부분, 뒷부분 運의 결과물이 좀 다른 그런 모양이 되는 거죠.

庚 - 巳 / 綜合

종합적으로 봐서 巳는 껍데기는 화려하고 알맹이는 피곤하다. 여인들은 사회 활동을 하더라도 재물 쪽으로 偏財 病地, 正財 沐浴地가 되므로 뭔가 열심히 벌기도 벌고, 활동도 하고 하더라도 개인적인 보상과 발전은 어차피 한계가 발생하더라.

남자 덕에 있어서도 巳가 분명히 남자 덕을 주고 있는 것 같지만 결과적으로 巳酉丑으로 따라가 버림으로써, 결국은 남편 덕이나 남자 덕도 중간에 만들어졌다가 사라져버리는 과정이 오니 정말로 안 좋습니다. 저도 巳 大運 지나봤는데, 계산상으로 내일이면 大運 바뀝니다.

정밀하게 보면 大運이 교차되는 것도 있죠?

계산하는 방법은 3을 버리고 반올림 한다. 大運이 바뀌는 게 정확하게 3으로 떨어지는 게 있고, 3과 $\frac{1}{3}$이 있을 것이고 2와 $\frac{2}{3}$가 있겠죠. 이렇게 세 가지로 구성되죠. 모두 표현상으로는 3이 되는데 실제로는 $2\frac{2}{3}$에 해당하는 사람들은 빨리 오는 거죠. 1년 하면 4개월이죠. 4개월 마이너스로 미리 들어오는 거죠.

$3\frac{1}{3}$은 버린 거죠. 실제 많이 남았는데도 버린 거니까 4개월 플러스되는 거죠. 정확하게 3으로 떨어지면 생일을 전후하여 이론적으로 바뀐다고 본다.

더 정밀하게 계산하려면 태어난 날짜와 절입, 시간과의 차이점을 계산해 줘야 해요.

예를 들어 11일 밤 11시30분에 태어났는데, 절입 시간이 7일 새벽 00시 30분이라 했을 때, 태어난 날인 11일까지 날짜 상으로는 3일 떨어진 거죠.

편의상 계산해 보니까 11일이 $3\frac{1}{3}$이 되잖아요. 태어난 시간이 밤11시 30분이니까 날짜 상으로 계산하면 $3\frac{1}{3}$이지만 $\frac{1}{3}$을 버리고 大運 3이라 보지만 실제로는 꼬박 하루가 더 차이가 나는 거죠. 大運 1이 아니라 大運 2인거죠. 이런 편차가 발생한다는 거죠.

$2\frac{2}{3}$		−4개월
3	'3'으로 표현	생일 전후
$3\frac{1}{3}$		+4개월

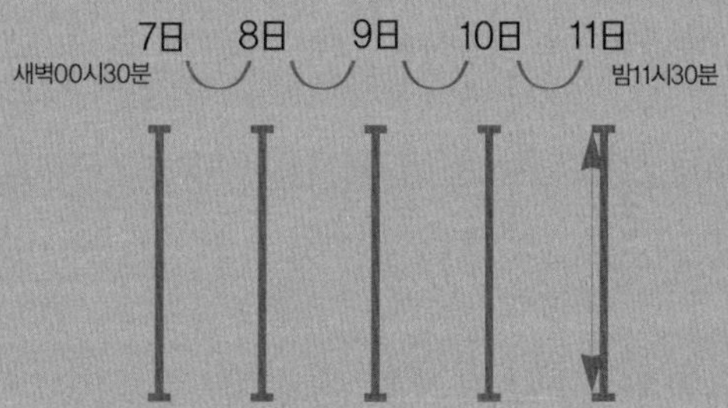

그림 6

여러분들이 정밀하게 상대방의 大運의 교차점을 봐 줄 필요성이 생겼을 때 이러한 것을 감안해서 계산해 줘야 합니다. 이 사람이 大運 1運부터 바뀐다 했는데 실제는 2와 같죠.

여러분들이 流年을 적어 줄 때 大運은 분명히 이쯤에 가늠되어 있는데 실제로 그 사람의 좋은 변동이 이루어지는 게 그 다음 해가 아니고, 그 다음 다음 해에 좋은 변화가 일어나더라. 이런 왜곡이 발생하는 것은 편의상 숫자를 줄여서 쓰다 보니까 생기는 거죠. 정밀하게 계산할 필요가 있는 八字들이 간혹 '지금 바뀌어야 되는데 왜 아니냐?' 할 때 한 번 점검해 보세요. 그 날 아침에 태어난 사람하고 밤에 태어난 사람이 하루 차이가 나잖아요. 이 왜곡을 절입 시간과 계산해서 완벽하게 만들어 볼까 생각도 했는데 워낙 작업이 번거롭고, 표현할 수 있는 공간 이런 게 번거로워서….

여러분들은 이 왜곡을 알고 있어야 합니다. 巳 大運 지나 보니까 정말 재미없어요. 특히 남자에게 있어서 官보다 財가 기본적인 짝인데 財가 붙어나질 않으니까요. 아무튼 巳운은 피곤하다. 이 정도로 정리해 두십시오.

제 26강 • 庚일간의 실관 Ⅵ

庚이 午를 볼 때

庚 - 午 / 六親

기본적으로 正官에 속한다.

庚 - 午 / 12運星

자체 沐浴地가 되며, 대체로 沐浴이라는 것은 어떤 목적을 향하여 밑을 닦아 두는 행위로 그러니까 선출직 명예를 얻기 위해서 선심을 쓰고 하는 행위부터, 사업적으로 뭔가 목적을 달성하기 위해서 이곳저곳에 투자를 벌여 놓는 행위 모두 沐浴에 들어간다고 본다.

庚日柱에 있어서 午의 장점은 午가 乙木의 長生지가 되는 것이다.

庚 - 午 / 他 六親 12運星

그래서 官旺에다 正財 乙이 長生하므로, 財官이 같이 펼쳐지기 좋은 환경을 만나고 있는 거죠. 대체로 午라고 하는 것이 그 성격이 寅巳申戌에 걸려드는 것도 아니고 子午卯酉의 자기의 기운을 그대로 쭉 쓰는 것으로서 역동성은 떨어지죠. 午未 大運의 속성상 보통 역동성은 떨어지는데, 남자들이 보통 관직이나 직장 생활을 꾸준하게 해 나간다 했을 때 재물의 번영도 대체로 꾸준하고, 사회적 역할이나 감투도 비교적 원만하게 잘 지켜져 나가더라.

庚 - 午 / 吉凶

財官이 비교적 온전하게 채워짐으로써 吉兆가 8~9, 凶兆가 1~2 정도밖에 채워지지 않는다. 남자들도 보통 변화가 많지 않은 생활에 가담함으로써 평탄하고 무난한 삶을 이룩하게 되고, 여자들은 이 자체가 陽物에 속하는 거죠. 寅午戌, 亥卯未 중에서 제일 꽃이 될 만한 것이 午죠.

陽운동의 가장 가운데 중심에 있으면서 그대로 구현해 놓은 거니까, 남편 덕을 편안하게 잘 보는 모양새가 庚午입니다. 실제 庚午 日柱 자체도 배우자 자리에 자기는 陰이고 배우자는 陽이니, 陰이 陰답고 陽이 陽다운 모양이다. 陰이 위로 올라가 있는 게 좋고 陽이 밑으로 깔려 있는 게 좋죠. 주역에서도 〈지천태〉라든지 水火旣濟 모두 陰이 위로 올라와 있는 모양이죠. 庚午 日柱를 가진 여자분들 八字 중에 별로 좋지 않은 八字들이 오히려 例가 드물다 할 정도다. 단지 자식이 戌亥가 空亡이 됨으로써, 食神 空亡이 됨으로써 자식 덕이나, 조화력이나 덕이 좋지 못해서 오히려 고통을 겪는 경우는 제법 봤다. 배우자와의 조화력은 10명에 9명은 대부분 좋고 1~2명은 주변 간섭자에 의해서 冲 맞든지 合에 의해 제한적인 작용을 할 때 문제가 발생하는 경우는 봤어도, 비교적 배우자 덕을 원만하게 잘 보더라는 거죠.

庚 - 午 / 年月日時

年

年에 午 正官이죠. 계통이 적통이라는 개념과 비슷한데 계통이 잘 연결된 부모, 조상이다. 조상이 명예 중심의 성공 인자는 당연히 있는 거죠.

月

말 그대로 正官格이죠. 正官格이면서 正財 長生의 조건도 가지고 있다는 것은 경제적인 부모 혜택도 비교적 잘 볼 수 있는 환경을 가지는 것이다.

日

庚午 자체도 일종의 殺印相生格이라고 하는 官印相生이 이루어진 모양이죠. 보통 배우자 덕이 비교적 원만하다.

時

壬午시로 食神과 官星이 다 같이 드러나죠. 天干에 食神이 드러나 있다는 것은 여자를 중심으로 보면 명예 중심의 성공한 자식이지만, 그 숫자는 많지 않다. 壬이 午에 세력이 약한 모양이라 그 숫자는 많지 않다. 官星이 어지러운 모양이면 또 다시 늦게 자식과 배우자를 얻는다는 뜻이 되어 부부 인연의 불안으로 보죠. 남자도 마찬가지로 자식 인연, 天干에 食神의 인자로 봐서 교육적인 행위든 사회활동, 선출 속성의 감투 등이 食神과 官星을 아울러서 그대로 써먹을 수 있다고 보는 거죠. 이런 八字들은 절대 숫자는 어느 정도 되는데 별로 물을 일이 없어요. 그래서 여러분들에게 많이 오지는 않을 것이다. 자식을 봐 주면서 엄마 생일을 불러 봐라 했을 때 엄마 八字에 남편 덕을 편안하게 보고 있는 例로서 볼 수 있는데, 자기는 물을 일이 없어요. 나는 왜 부부들이 싸우는지 이해를 못 하겠다. 참고 살면 될 텐데 하죠. 그런데 참을 만한 조건을 만들어 주잖아요.

자기가 참을 수 있는 인자를 어느 정도 가지고 있고 상대방이 正財 長生이든 正官 祿의 역할을 잘 해 주고 있으니까, 특별히 인내하면서 참아야 될 것도 별로 없는 거죠.

사람들이 자기 입장과 처지에서 세상을 바라보니까 한번씩 속 터지죠. 자기는 남편 덕을 편안하게 보고 살았는데 자식들이 결혼을 해서 못 살겠다 하면, '도저히 이해가 안 된다. 그냥 맞추어 살면 되는 거지. 왜 못 사냐?' 하는 거죠. 八字가 다르다는 것은 서로를 이해하지 못하고 사는 거예요.

庚 - 午 / 운의 해석

午 大運은 午 자체의 속성상 역동성 저하, 변화가 작은 직장이나 일에 가담하여 지속적인 발전을 이루고, 비교적 다른 日柱들이 午 大運을 힘들게 쓴다면 庚은 비교적 긍정적으로 많이 써요. 물론 답답하고 지루한 건 당연히 있겠죠.

午 歲運에는 대체로 가장 바람직한 구도나 조건이 이런 데서 갖춰져 있는 거죠. 陰이 위에 있고 陽이 땅에 와 있음으로써, 陰陽이 서로를 잘 채우려는 동작이 있음으로써 명예, 재물에 둘 다 상승 작용을 일으키더라.

庚 - 午 / 男女

男子는 짝짓지 못하는 陽이니까, 활발한 활동을 통해서 활동량에 따른 부담이 있겠죠. 그 다음에 女子는 본인이 활동하지 않더라도 주변 혜택을 여러 가지로 입을 수 있는 환경을 만남으로써 별로 물을 일이 없다. 木, 火가 많이 地支 내에 구성되어 있을 때 食神이 무력화되는 고통이 있으니, 調候가 많이 쏠려 있어 자식의 근심거리나 자식을 얻기 어려운 걱정거리는 생기나, 다른 걱정거리는 잘 안 생기죠.

庚 - 午 / 綜合

종합적으로 봐서 正官의 좋은 작용이 그대로 잘 반영되어 吉 8~9, 凶 1~2 정도다.

午와 隔角이 되는 命內의 인자가 있는 사람들 있죠? 辰年生이 午 大運을 만나고 있다 할 때 그대로 驛馬나 隔角을 써서 원래 午, 未 大運이 변화 없는 공간으로 많이 간다는 뜻인데 요즘은 더더욱 이런 작용이 많죠.

태어난 날이 申날이라면 午를 만나서 驛馬로서 많이 써 먹지만 변화 없는 공간을 추구하는 행위가 되거든요. 그러니 공간적으로 보면 子를 가장 웅크린 공간으로 봐서 땅 밑으로 들어가는 것이 亥子丑 정도라면, 寅卯辰은 건물들이 서 있는 공간, 巳는 사람들이 많이 모였다 흩어지는 공간, 역세권 등이다. 午는 정말로 높은 건물, 아니면 고갯마루, 산꼭대기, 산 너머의 공간으로 봅니다. 未가 뭐냐면 산 頂上 밑의 고개쯤으로 봅니다. 산의 제일 낮은 부분을 이용해서 넘나드는 것이 未거든요. 산꼭대기가 午, 발사대죠. 아파트 옥상에 안 가 보셨죠.

헬기 착륙하는 지점 표시 있죠. 헬기가 결국 먼 곳으로 가 버린다는 뜻이거든요. 그래서 外界나 밖으로 접선되는, 주로 외계라도 공간적인 외계이기 때문에 午와 隔角이 되는 인자를 八字 내에 가진 사람이 午運을 만나면 보통 外界로 튀려고 하는데, 外界 또는 外國이죠. 外國으로 날아간다.

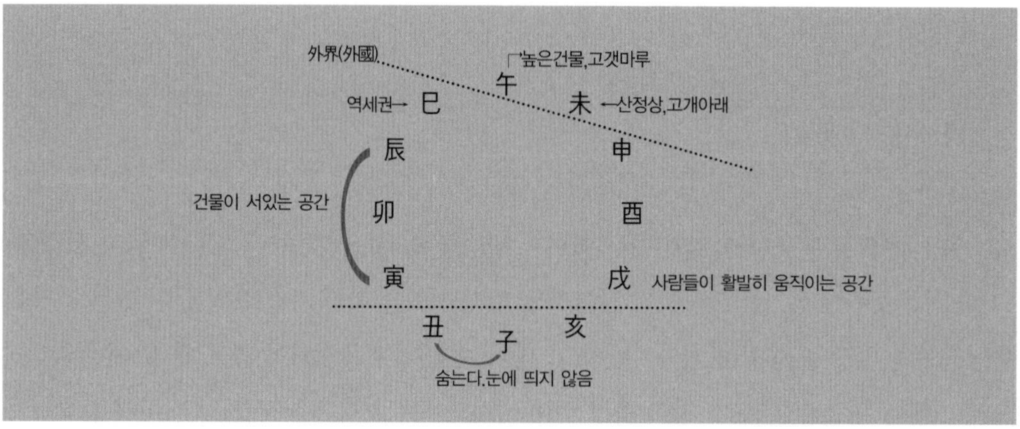

그림 2

子나 丑도 숨는다, 눈에 띄지 않는 공간 이런 작용으로 인해서 隔角이나 驛馬로 쓸 때 해외로 가서 거의 변화 없는 생활을 쭉 하다가, 그 운이 끝날 때나 보통 20년 있으면(子~丑大運) 그 중간 지점 있죠. 子에서 10년 보내고 丑 들어오려고 할 때쯤 되면, 서서히 다시 왔다 갔다 하는 양상으로 들썩이기 시작해요. 그리고 丑 大運 중간 지점에서 왔다 갔다 하다가 丑 大運 끝나면서 다시 돌아오는 방식이 많죠.

午 大運도 마찬가지로 午 大運에 들어가면 10년쯤 해외에서 살다가, 10년부터는 서서히 왔다 갔다 하다가, 다시 未의 후반부나 申 바뀔 때 다시 돌아오는 방식이다.

'어디 갔다 왔나?' 하면 '등산하고 왔다.' 이거죠. 공간적으로 사람들이 활발하게 움직이면서 인간적인 교류, 사람들이 많이 모여 있는 곳을 이용하는 공간은 寅卯辰巳申酉戌亥 공간이죠. 그런데 亥水는 이 자체가 陰의 자리에 꺼져 있으니까 그 중에서도 가장 지구의 한구석, 제일 모퉁이죠. 모퉁이에 주저앉아 있는 모양이죠. 亥時에 이르면 인간들이 활동하기에 불리한 환경이 조성되어 있으니 各散하는 작용이 많이 이루어지죠.

이 내부에서 이루어지는 驛馬(寅卯辰巳申酉戌亥)는 해외로 가는 것보다는 왕래를 하든지, 아니면 국내에서 옮기는 양상이 주로 많이 발생하죠. 外國에 가는 것을 물으면 이 원리를 쭉 생각해 보세요. 이 공간 내에서는 완벽하게 나가버리는 것보다는 왕래하는 작용이 더 많이 이루어진다.

가서 제일 연락이 안 되는 사람들이 이 大運(子~丑)에 걸려 있는 때에요. 寅 大運에서 丑으로 싹 빨려 들어갈 때 이럴 때 있죠. 해가 뜨다가 도로 지는 쪽으로 가잖아요. 이런 경우가 정말로 잠수 타 버리는 거죠. 요즘 다들 해외에 가는 문제 때문에 방향을 결정하는 경우가 많으니까, 이런 원리를 가지고 보세요.

얼마 전 손님도 大運이 午運에 걸리니까 午 大運 동안 그대로 캐나다에 가 있더라고요. 캐나다에 가 있다가 午 大運 풀리자마자 들어와서 지금 未운 5년차 쯤 되는데, 이것저것 벌려 가지고 맛이 간 상태로 지금 있어요. 午運의 거의 10년을 캐나다에 가 있다가 未 大運에 괜히 들어와서, 丁이 未를 보면 羊刃格이죠. 羊刃을 써 먹으면서 그냥 가만히 앉아서 있는 돈 떡 사먹으면서….

時	日	月	年
庚	丁		
戌	卯		辰

그림 2

庚 日柱가 午 大運 잘 써 먹는 경우에는 정말로 公職에서 최고 좋은 자리에 가 있어요. 午라는 공간이 깃발, 이 자리니까 깃발이 엄청나게 높게 올라가는 거죠. 올림픽 할 때 보면 금메달, 은메달, 동메달 있죠. 午가 가장 높은 곳에 걸려 있는 깃발이기 때문에 어떤 조직에 가더라도 제일 상징적으로 높은 위치에 있는 그런 자리에서 公職생활을 하더라.

庚이 未를 볼 때

未는 기본적으로 正印이면서 天乙貴人이 놓죠.

庚 - 未 / 12運星

12運星은 冠帶지죠.

庚 - 未 / 他六親 12運星

財星이나 官星의 모양이 뭔가 선명하게 빠지지는 않았죠? 甲木은 入庫해 버렸고 乙木은 養地인데, 陰干 養地는 밖으로 많이 흐트러져 있는 모양이죠. 丙은 쇠락, 기운은 남아 있되 서서히 외부적인 힘이 떨어지고 있는 상태, 丁(午)은 그나마 正官하고 무리 짓고 있는 거죠. 六合자로 午가 따라와 있으니까 正官에 대해서는 비교적 잘 쓰고 있는 모양이다. 天乙貴人이 붙어 있다 보니까 직업이 보통 글과 학문 자격을 떠나지 않는데 조금만 좋은 조건을 갖춰 줘도 직업적으로 성공이 쉽게 이루어지는 八字예요. 未가 年에 있든, 月에 있든 말이죠.

地上에서 正印으로서의 작용이 제대로 이루어져 있죠. 이런 사람들은 자기는 직장도 뚜렷하게 없고 사업도 크게 안 하고 있는데 잘 산다 이거에요. 뭐냐 하면 부동산업이라든지 받은 부동산이 있다, 임대 사업을 하고 있다. 그렇지만 貴人 작용 때문에 그 규모가 작지 않다. 그렇기 때문에 편안하게 산다.

건드리고 훼손되면 문제가 발생하지만 안정적으로 사용하고 있는 八字들은 예를 들어, 財星이 예쁘게 正財와 무리지어 있는 경우, '만날 놀아요' 해도 임대 사업을 해서 수입을 크게 올리고 있다든지 하는 경우가 庚이 未를 만나고 있는 경우예요.

地上에서 땅 같은 땅, 남들 눈에 띄는 땅, 이런 뜻이거든요. 산 頂上 아래 고개 지역이다. 훼손이 되어 있으면 산 고개인데, 잘생긴 모양이거나 잘 쓰는 모양은 많은 사람들이 쳐다보는 자리, 평지로 치면 빌딩이다.

時	日	月	年
	庚	乙	
		卯	未

그림 3

庚 - 未 / 吉凶

그래서 똑같은 正印이라 하더라도 다른 干支에 비해서 吉이 7~8 정도고, 凶이 2~3 밖에 안 된다.

庚 - 未 / 年月日時

年

학문성이 높았던 조상이죠. 오래도록 지역의 유지를 했다든지, 未자체가 五行적으로 土에 속하고 卯하고 무리 지을 수 있죠. 卯하고 무리 지을 수 있다는 것은 건축 가능으로도 봅니다. 未에 대해서 卯가 붙으면 흙(未)을 헐어서 木운동을 일으킬 수 있다는 뜻도 되고, 시멘트 광산, 돌멩이 광산, 아니면 그 자체에서 卯의 동작이 이루어질 수 있는 땅을 조상이 밟고 살았다는 뜻도 된다. 그리고 신분적으로 貴人의 인자를 가지고 있다. 그 혜택은 辰戌丑未의 속성상 제한적이다.

月

月에 未가 있으면 말 그대로 正印, 正印이 될 수도 있고 未중의 丁火 官星이 투출할 수도 있겠죠. 투출해서 正官格을 만들면 아까 그 午와 비슷한 작용이 있는데, 未 중에 丁火가 투출이 된 八字들은 굉장히 좋아요. 굉장히 안정되고 편안하고 좋은 자리에서 조직 생활을 하고 있더라. 보통 어지간하면 거의 차관 자리에 가까울 정도로 좋은 자리, 안 풀려서는 부시장 정도이다. 그런 정도로 格 자체를 좋게 만드는 거죠. 刑이 붙거나 하면 형벌이나 수술에 관련된 직업 분야를 가짐으로써 직업적으로 연결이 되겠죠.

日

구조적으로 없는 것이고….

時

癸未時가 되죠. 未 天乙貴人의 작용을 써서 자식이 貴人이라는 뜻인데 여자는 傷官의 入庫處로서 편중성이 생기겠죠. 아들이 잘 되거나 딸이 잘 되는 식으로, 어느 한 쪽의 편중성이 생기는 양상으로 간다. 時의 傷官이 印星에 의해 제화가 되었다는 것은 傷官의 부정적인 작용보다 긍정적인 작용도 같이 있는 걸로 봐서 보통 봉사성 감투로 보죠. 格이 좀 복잡해서…. 설사 이 분이 여러 사람을 먹이는 장사나 일을 하더라도 未라고 하는 공간에 펼친다고 하는 말은, 요식업도 급수가 있죠? 스카이라운지를 차지해서 멋있게 인테리어 꾸며서 하는 게 있고, 지하에 '불나비', '불나방'이라고 조그마한 간판에 입구도 비좁은 곳에서 하는 가게. 그 중 未는 스카이라운지를 이용해서 남들 눈에 확 띄는 장사를 하고 있는 모양새를 조성하게 되는 거죠. 대충 좋다 보시면 됩니다.

庚 - 未 / 운의 해석

大運적으로 영 亡兆 나는 것도 아니고 대박 나는 것도 아니고 반복적인 행위와 보상, 대박은 잘 나지 않고 보통 계단식 발전이 일반적이다. 남자는 자기가 일을 직접 함으로써 많이 쓰고, 여자는 주변 환경만으로도 꾸준하게 성공 보상이 이루어진다. 이 자체가 印星의 작용이 많으니까 대체로 부동산이나 문서 재산 중심의 금전 관리, 歲運에서 만났을 때는 말뚝 효과가 가장 뚜렷하게 나타난다. 正印이면서 天乙貴人이죠. 그 다음에 祿前, 祿의 바로 앞 단계죠. 天乙貴人이 머물러도 祿의 앞 단계라는 거죠. 祿은 독립성, 무대의 발전 이런 것들이 이루어지는데, 祿이 오기 전에 말뚝을 쳤다는 것은 祿이 올 때 뭔가 대형의 변동, 일을 도모하기 위해서 사전에 예비로 일을 벌여 놓는 것이다.

오늘 본 패턴 중 戊 日柱가 未를 만나면 天乙貴人이고, 申이 食神이 되잖아요. 食神이 들어오기 전에 貴人이 걸리더라도 예비 단계의 뭔가 새로운 일을 위한 사전 布石이 이루어지는 거죠. 말뚝 효과가 거기에 해당하는 것이죠. 大運, 歲運에서 아무튼 작용력의 차이를 두시면 됩니다.

庚 – 未 / 男女

男子는 未는 말 그대로 富貴貧賤이 빨리 바뀌지 않고 未定 상태가 계속 남아 있는 거죠. 大凶은 아니라도 小凶~平 정도로 해석할 수 있다. 노력에 비해 성과가 더디게 나오는 식이 되는 거죠. 女子는 未운에 대체로 역동성은 좀 떨어지더라도 小吉~, 최소 平이다.

庚 – 未 / 綜合

종합적으로 봐서 吉작용이 훨씬 더 많아 吉이 7~8, 凶이 2~3 정도로 본다. 이런 運에 남자들이 많이 물으러 와요. 실제로 偏財를 財星으로 쓰는 사람들은 그릇 자체가 財星을 크게 반긴다는 格 자체가 身旺官旺이다. 이런 식으로 가서 대체로 사회적으로 큰일을 벌이려고 하는 경향성이 많은 庚 日柱 자체가 원래 조건만 주어지면 사고 치거든요. 믿는 구석만 있으면 어디 가서든 들이댑니다. 그런 조건을 가진 사람들은 未運에 가장 답답함을 느끼고, 박정희 대통령도 未年에 偏財 入庫하던 해에 결국은 무대를 잃어버린 거죠. 그래서 偏財 入庫의 아픔이 굉장히 크다. 욕심이 많든지, 활동력이 강하든지 큰일을 떠안고 가려는 사람들은 이런 運에 제법 많이 와요. 甲木이 入庫되면서 답답해 죽는 거죠. 일이 안 되는 것도 아니고, 그렇다고 결과가 나오는 것도 아니고, 빨리 망하는 것도 아닌 이런 식이니까 앓느니 죽는다고 이런 운에 극단적으로 가 버리는 일도 있는 거죠.

오히려 格이 욕심을 많이 부릴 수 없는 格일 때는 未運에, 아주 높은 건물은 아니더라도 '앞 건물 말고 뒤쪽 건물 있죠. 이게 제가 받은 겁니다.' 하는 식으로 한 쪽에서는 뭔가 폼이 잡히는 그런 부동산이나 문서 재산을 통해서, 큰 발전도 없고 크게 쇠락하지도 않는 그런 모양으로 살더라는 거죠.

제 27강 • 庚일간의 실관 Ⅷ

庚이 申을 볼 때

六親상으로 比肩이고 동시에 食神 長生을 하고 있으니, 재물 인자를 따져 나갈 때 庚金이다. 辛金은 그 자체가 金이에요. 재물을 장악하는 에너지가 좀 더 강한데, 比劫이 투성이라고만 생각하지 말고 그 자체가 재물을 장악하는 힘이나 에너지가 좀 더 많다고 생각하시면 됩니다.

조금만 조건이 부여되면 食神이 세력을 잘 가질 수 있는 환경까지 갖추어 있기 때문에 대체로 재물 환경과 인연이 원만하게 연결된다고 보시면 되죠.

庚 – 申 / 12運星

12運星상으로 建祿이 된다.

庚 – 申 / 他 六親 12運星

偏財 甲– 絕地(絕處逢生의 효과도 있겠죠.)

正財 乙– 胎地

이러한 왜곡을 잘 생각해 봐야 하는 것이, 사업이나 재물에 대해서는 비교적 번영의 과정을 잘 연출하면서도 배우자와 조화력이 떨어지는 경우가 이런 케이스입니다, 돈은 잘 버는데 이상하게 財星은 불안한 모양을 하고 있죠. 마누라가 계속 아프든지, 도망을 가든지 하는 상황이 正財, 偏財 絕地의 해로움의 모양을 당하고, 甲, 乙이라는 자체가 가만히 그 자리에 있지 않고 튕겨져 나가는 거죠. 할 수 없이 그것을 財로 쓰고 있으니 갑갑하다. 즉, 쥐는 것은 잘 하는데, 실질적인 경제 활동을 통한 보상을 잘 만들어 내는데, 財星을 甲, 乙로 쓰고 있으니 마누라가 자꾸 튕겨져 나가는 이중성이 잘 발생하는 八字로 보시면 됩니다.

偏官 丙– 病池

正官 丁– 浴地에 들어가죠.

官星도 그렇고 財星도 絕, 胎地로, 드러나는 형태로 볼 때는 財, 官이 불안한 모양인데 , 이때는 이빨이 없으면 잇몸으로 산다.

"나는 金이다, 나는 金이다."

나는 金이니 무조건 쥔다는 거죠. 그 쥐는 단위가 상당히 커요. 庚이나 辛金이 八字에 드러나 있는 숫자만큼 쥔다고 하는 동작으로 봐서 건설을 하든지, 사업을 벌여서 재물을 크게 장악하는 걸로 성공의 횟수로도 세어준다. 이상하게 이렇게 일반적인 조건은 나쁜데도 재물을 쥐는 힘 때문에 성공의 인자로 보죠. 대신에 六親이나 사회성, 인덕 면에서는…. 官星이라는 것이 타인과의 조화력이에요. 조정력도 되고 사회성도 되고 하는데 그것이 상당히 떨어진다. 그럴 때는 우악스러움으로 극복한다.

잘 사는 길은 여러 가지가 있죠. 財星이 잘 생겨서 잘 사는 경우도 있고 자기가 우악스러워서 잘 사는 경우도 있다.

인덕이라든지 처덕이 아니라 우악스러움을 부려서 목적을 달성할 수 있어야 하는데, 땅바닥에 金이 있는 사람들은 술집에서도 굉장히 우악스러워요. 술 한 잔 먹다 보면 엄청나게 패악을 부리거든요. 그 중에서 나쁜 놈 하나 걸어서 집중적으로 쪼는 거죠. 어느 순간 술 취해서 가고 없어요. 그게 金의 기운만을 가지고 목적을 달성하는 패턴이라는 거죠. 어쨌든 八

字 내에 金이 많이 드러나 있는 것은 세상의 중요한 것을 장악할 기회가 많다….

庚 - 申 / 吉凶

재물을 장악할 수 있는 에너지가 있음으로써 긍정적인 면이 많지만 六親적인 조화력, 인덕, 사회성 이런 점에서 여러 가지 고충을 안고 살기 때문에 吉 5, 凶 5 정도로 봅니다.

대체로 祿으로 써서 우악스러움을 발휘해야 하는 국가 공직(수사기관, 강제 집행의 인자가 있는 공직의 분야 등)에서는 긍정적이지만, 대부분 일반적인 배우자 조화력, 사회성, 특히 여자 八字에서는 거꾸로 官이 남편 조화력이므로 남편 조화력이 약한 해로움을 결국 당하기 때문에 凶도 작지 않다. 이런 경우는, 나는 잘 했는데 세상이 왜 이러냐 하지만 사실은 자기도 똑같은 거예요. 쌍방이 같이 자기가 가진 八字 인자와 맞물려 그대로 가는 거죠.

庚 - 申 / 年月日時

年

이 자체로 祿과 金의 속성을 두 가지로 다 해석을 해 주고, 申子辰 三合이죠. 申子라고 하는 것이 애정 다발의 요소죠. 애정사를 많이 만들어 주는 인자로서의 조상 六親, 금전이 많았던 조상 六親, 그 다음에 벼슬을 하더라도 융통성과 조화력이 있는 벼슬이 아니고 곧이곧대로 하는 업무 자체가 융통성이 많지 않은 그런 쪽의 벼슬과 인연이 있었던 조상 인연…. 젊은 날에 이런 환경이 많이 조성되는데, 보통 젊은 날에는 애정사의 다발 인자로 가고 그것이 하나만 이루어지는 것이 아니기 때문에 고충이나 번거로움을 겪게 된다.

月

말 그대로 建祿格의 속성을 가짐으로써 보통 국가 공직 중에서 변화가 많지 않은 분야의 조직 사회, 아니면 결국은 일반 조직 사회에 참여를 하지 못하고 자기 사업을 구하기도 하는데, 財星의 모양새가 자연스럽지 않으므로 보통 기술이죠. 또는 자격, 이런 것을 쓰는 분야고, 食神 長生의 힘을 이용하여 교육이죠. 부모덕은 당연히 쪼개지겠죠. 食神 長生만 있었다라고 보면 되죠. 겨우 밥만 먹고 살았다.

日

庚申일이 되고, 배우자 인연 불안 인자로 작용하죠. 財星도 안정되지 못하고 官星도 잘 안정되지 못하기 때문에, 대부분 직업이나 일로 인해서 떨어져 지내는 남편일 때에 그나마 배우자 인연을 지키더라.

時

甲申時, 時上偏財一位貴가 되죠. 대문 밖에 偏財를 쳐다보거나. 그리고 金이 우악스럽게 쥐는 행위를 한다는 말은 대체로 末年까지 사업성 발휘로 보고, 時祿에다 時 天干 偏財의 기운을 써 먹음으로써 납속공명, 재물을 희사하고 벼슬을 얻는 것으로 보는데 요즘 추세로 보니 그 벼슬이 보통 국가 공직의 경우는 좀 드물고, 모임이나 단체의 벼슬들은 많이 하더라는 거죠.

이런 패턴들이 사회성, 조화력의 부족으로 상당히 인간관계의 고충을 많이 겪습니다. 그런데도 중앙을 차지할 확률이 상당히 높더라는 거죠. 申자체로 보면 중앙이라는 뜻이죠.

"어험~ 내가 누군데!"

"나는 쥐면 안 놓아." 하는 힘이죠.

庚 - 申 / 운의 해석

大運에서 만났을 때 금전 발전의 계기는 많으나 승부가 크게 뒤바뀌는 요소는 그렇게 많지 않다. 승부나 富貴貧賤의 교환이 크지 않다. 그래도 금전 발전의 기회가 많겠죠. 그 다음에 뺏고 뺏기는 比肩과 경쟁, 경합을 심하게 다뤄야 하는 과정, 그 다음에 애정사가 多發하죠. 계절적으로 시간적으로는 좋은 시간이죠. 파란만장했다 해도 재미난 것도 많이 봤고, 골병이 들어도 신나게 골병이 드는 양상이다. 신나게라는 뜻은 食神 長生이 깔려 있기 때문이다. 싸우면서도 즐겁다. 계속 움직일 수 있는 에너지가 있으니까 싸우는 자체도 즐겁다.

歲運에서는 대체로 比肩의 해로움이 두드러져서 인간관계에서의 배신, 금전 갈등, 금전 시비, 인간관계의 갈등 등…. 보통 어느 한 쪽에서 돈을 벌면서 희생을 당하는 比肩의 해를 당하더라도 동시에 食神 長生의 보상이 있다. 보통 申 大運에 제조업 하는 사람들은 이때에 새로운 사업을 주로 만들겠죠.

호주머니에 돈은 없는데 새로운 사업을 만들어 나간다. 돈이 생기는 대로 또 食神 長生의 행위를 한다. 사업을 계속 키운다. 특히 庚 日柱가 申 歲運을 만나서, 조직 생활을 하던 사람이(어차피 官星이 깨져 있으니까) 사업을 벌이기 전에 찾아오면 대번에 알죠.

"독립하려고 왔구먼, 벌써 발은 반 쯤 담갔네…!"

공장만 만들면 되는 줄 알았는데 공장 만들고 나니 또, 돈 들어갈 일이 생기고, 다음 歲運이 酉, 戌이어서 大運에서 특별한 보조가 없는 한 보통 이때 손드는 경우가 거의 10에 7~8이에요. 이 유혹이 다른 日干이 祿을 만나서 유혹을 만나는 것보다 좀 더 강력한 것 같다는 거죠.

木火傷官과 金水傷官은 동일한 방향성을 나타내는 거니까 주체할 수 없는 거죠.

떨어지는 낙엽을 위에서 더 밟아 준다. 나르는 놈을 더 때린다, 走馬加鞭주마가편! 달리는 말에 채찍을 더 보탠다, 그러니까 손쉬운 거죠. 결국은 자기가 자기 무덤 파는 줄 모르고 '됐다!' 하면서 申을 보자마자 달리는 거죠.

하여튼 歲運에서 食神長生의 힘이라든지 이런 것에 의해서 파생되는 것을 정리를 해 두실 필요가 있습니다.

庚 - 申 / 男女

男子는 비교적 陰을 만나서 힘을 쓰나 그 자체로서 比肩, 劫財의 훼손이 있으니 아주 좋다고 볼 수는 없지만 조금 좋다고 할 수 있고(△), 女子는 이래저래 답답함과 고달픔이 있다(▽~×).

庚 - 申 / 綜合

종합적으로 봐서 吉 5, 凶 5 정도로 대체로 독립성, 망할지라도 혼자 해 보겠다 이러한 기운이나 작용이 있음으로써 어떤 형태로든 보상을 이루어 보려는 환경이다. 죽어도 좋다 하는 게 이런 겁니다.

보통 祿을 세울 때, 祿이 性的인 발기상태와 같은 거죠. 주체 못할 기운을 뭔가 밖으로 드러내기 시작하는 것이기 때문에 특히, 水의 長生을 쫓아서 이런 金운동이 일어날 때는 주변에서 말해도 잘 안 듣죠. 최근에도 이런 패턴으로 大運에서 申 접어드니까 일을 벌이려고 하는 거예요. 歲運도 지금 亥子丑 지나가고 있잖아요. 그래서 그동안 많이 참았다 하면서 일을 벌이려고 하는데, 심하게 농담해서 그 돈 절반만 빨리 가져와라. 금고에 보관했다가 3년 뒤에 되돌려 드리겠다고…. 옛날에 그런 얘기 많이 했어요. 모두들 왜 그 말을 안 들었을까 해요. 알아도 안 되더라고요. 빤히 보이는데. 아무튼 申을 보면 우격다짐을 하고 싶더라.

庚이 酉를 볼 때

劫財이면서, 땅 바닥의 亥水와 隔角이죠. 이런 隔角의 무리들이 예를 들면 아래와 같이 辰이 劫財는 아니지만, 食神 午를 隔角하죠. 辰 자체는 해로움이 없어 보이죠. 그런데 羊刃의 속임수가 들어 있고…. 食神 隔角을 같이 보셔야 해요. 분명히 正財인 줄 알았는데 왜 이리 고통을 당하는가?

時	日	月	年
	乙		
		辰	午

그림 1

食神 隔角의 인자들을 잘 생각해 보실 필요가 있습니다. 乙 日柱가 申을 만나면 食神 隔角 때문에 天乙貴人이면서 正官이면서도, 의식의 애로나 고달픔이 한번씩 지나가더라.

時	日	月	年
	乙		
		午	申

그림 2

食神 隔角이 주로 많이 쓰이는 게 남자들은 의식주, 여자들은 자식의 근심, 나이 들어서는 男女 共히 건강 쪽이 흔들리는데, 乙日柱의 경우 辰만 隔角으로서 나쁜 것이 아니다. 申은 뒷발로 차는 게 더 무섭다니까요. 辰입장에서 午는 다가올 놈이니 못 오게 앞차기를 하고 있는 것인데 무형의 상태로 기운으로 누르는 것이고, 申은 아예 빠져나와서 되돌려차기를 하는 것이니까 食神 훼손이 크게 되는 거죠. 뒷발로 차는 것을 조심해야 되죠.

庚 日柱가 亥를 만나는 것, 金水 食神은 그 방향성이 동일하기 때문에 상당히 그 힘이 몰려 있다고 보는 거죠. 木火도 마찬가지겠죠. 그런데 그 힘을 꺾어버린다는 거죠. 다른 干支들이 당하는 모양보다 더 강하다고 봅니다.

庚 - 酉 / 12運星

12運星 旺地이고 神殺상으로 羊刃이 내려와 있죠.

庚 - 酉 / 他 六親의 12運星

正官 丁- 長生地에 들어감으로써 正官 정도는 써 먹을 수 있다. 기본 조건이 財星은 써먹기 어렵고 官星 중 正官 일부만 써 먹고 있는 모양이다.

그리고 그 자체로서 金운동이죠. 申은 초능력 인자이기 때문에 굉장히 강력하죠. 酉는 강력해지는 동작은 있지만 申처럼 신통력이 많은 것은 아니다. 亥水 隔角을 함으로써 여차하면 깡통을 찬다. 食神을 隔角시킨다 하는 말은 말 그대로 깡통을 차게 하는 거예요.

庚 - 酉 / 吉凶

吉작용은, 깡통을 차 본 사람이 다시 일어날 때 깡통이 새지 않게 굉장한 힘을 주죠. 직업적인 성공, 이 악물고 자기 노력을 할 수 있는 에너지, 羊刃의 힘을 빌려서 프로로서 잘 살 수 있는 에너지를 발휘한다는 거죠.

凶은 말 그대로 劫財의 고통, 食神 隔角의 해로움을 그대로 노출시킴으로써, 凶작용도 만만치가 않다.

吉이 4~5이고, 凶이 5~6이다.

고집이 엄청납니다. '네' 대답해 놓고는 절대로 안 들어요. 그냥 안 듣는 게 아니고 '분명히 안 들을 거야' 까지 써 줍니다. 결국은 근성, 기질, 체질들이 대부분 地支적인 조건에 따라 가죠. 정신적인 경향성, 어떤 것을 좋아한다는 취향적인 특성만 天干, 그 중에서도 주로 日干이 주로 활발하겠죠. 닭 '酉' 字 대단합니다.

庚 - 酉 /　年月日時

年

六親적으로 劫財인데, 劫財도 재물이라고 했죠. 겁나는 재물, 겁나게 많은 재물. 재물의 성공과 쇠퇴의 굴곡이 있었던 조상 인연이다. 少年에 羊刃을 보았다는 말은 본인이 어렸을 때 실제로 의식주의 어려움이 있었다. 소년에 젖병을 빼앗겼다는 말은 젖병을 빼앗겨 본 놈만이 안다. 대신에 子午卯酉의 속성상 가계의 정신적, 현실적 계승자의 역할을 하죠. 실제로 좋건 싫건 장남 역할을 해야 하든지, 아니면 치다꺼리를 많이 하는 걸 볼 수가 있죠.

月

羊刃格의 일반적인 속성을 그대로 갖기에 말 그대로 羊刃格이죠.

日

日은 없는 것이고….

時

乙酉時가 되죠. 時 羊刃도 일종의 時 羊刃格으로 처리해도 됩니다. 時의 正財는 남자 같은 경우는 外情이죠. 바깥에 情을 두는 모양인데 그게 劫財에 에워싸여 있다는 것은 가정을 가졌던 흔적이 있는 사람, 즉 유부녀 조건의 여자를 말하겠죠. 男女 共히 時에 劫財가 있다는 것은 자식과의 조화력 부족, 자식에게 상속이나 증여를 주고 그로 인한 희생이 발생하는 과정을 뜻하죠.

時에 劫財가 있는 사람들은 재물에 대한 집착이 굉장히 있는 거죠. 주니까 소용없더라 이거죠. 악착같이 쥐는 재물의 집착인데 그게 金운동이니까 '못 줘!' 하면서 더하는 거죠.

최근에 庚 日柱에 乙酉時를 가진 아버지를 둔 아들 3형제가 있었는데 그 중에서 셋째 아들이 찾아 왔어요. '아직도 영감은 그렇게 있느냐?' 했는데, 이제는 영감이 기진맥진해서 80이 넘어가는 거예요.

"너희들은 내가 죽거들랑 그때부터 자기 몫을 생각하고 내가 죽기 전까지는 절대로 꿈도 꾸지 마라."

아직도 그렇게 하고 있대요. 金이 金의 성질을 얻으면 다른 사람들이 그것을 조절해 주기 참으로 어렵다.

제 28강 · 庚일간의 실관 Ⅷ

그나마 正官 丁이, 長生하는 인자가 있으니 투출해 있는 사람들은 사회성이 좀 발휘가 되는데 官星 제화가 없으면 고집불통이다. 그러니까 金 日柱는 庚이든 申이든『궁통보감』에 보면 丁을 치열한 지상의 불로 봐서 용광로로서의 작용을 해서 金을 녹여 주고(製鍊-실제로는 水도 포함되어야 하지만), 모양을 바꾸는 작용(鍾革)을 하고. 丙이 有光, 빛이 나는 모양으로 다듬는 작용으로 丙, 丁이 다 필요한 모양으로 나온다. 水는 壬水든 亥水든 子水든 水, 火가 동시에 命안에 있는 것을 굉장히 좋게 쳐 준다. 대장간에서 불에 달구어 두들기듯이 두드려서 형태를 바꾸기 위해서 丁火의 열이 필요하고, 형태를 바꾼 다음에 그냥 식히는 것이 아니라 물에 순간적으로 집어 넣어 식혀서 담금질을 하죠. 그렇게 하면 탄소의 숫자가 늘어나서 단단해 지는 거죠. 천하 보검을 만들 때 그런 식으로 하죠.

실제로 金 日柱를 볼 때 간단히 보는 방법이 八字에 丁이나 丙이 있는지 보고 이 둘 중 하나가 빠지면 格濁으로 보면 돼요. 무조건 格이 하나 떨어진다. 그 다음에 둘 다 없으면 정말로 그 때부터 메롱메롱해지는 거죠. 고집불통의 대표가 바로 이 金이 五行적인 세력을 얻어서 身旺한 모양을 가지고 있는 거예요.

그런데 불도 없고 물도 없으면 분명히 돌부처 아니면 고집불통 아니면 거의 편집증이에요. 꽉 쥐어서 안 놓는 거죠. 내놓을 줄 모르는 것. 金운동만 그대로 실현하는 거죠. 여자들은 보통 재물을 이루고 病이 걸려서 빨리 가더라는 거죠. 남자들은 몸이 陽에 속하니까 똥고집 부리면서도 오래 사는 것이다.

'이게 맛있는 거야.' 하고 우기면,

'네, 맛있습니다.' 하고 먹어야 돼요.

'맛이 없어' 하면 바로 숟가락 날아가죠.

그런 영감들 있죠? 그나마 불 있고 물 있으면 융통성이 많이 발생되는 金이기 때문에 실제로 사회적인 성공도, 사회적 성공을 말하는 거죠. 경제적 성공은 金이 이러한 것 없이도 말 그대로 껌 팔아서 은행 갈 때 점퍼에 넣어 가죠. 쫙 열면 전부 돈이다. 이게 金이죠. 丙, 丁의 기운이 약하면 有光하지 못 하니까 옷을 잘 입어도 태가 안 나죠.

庚 - 酉 / 운의 해석

酉를 大運에서 만나면 큰 재물을 쥐락펴락한다. 쥐는 것은, 한 번 金의 運을 자기가 잘 올라 탄다는 거죠. 큰 파도가 불어 주는 건데, 陰曆으로 8월에는 온 평야에 황금물결이 만들어지는데 그 황금물결의 흐름을 한 번 타고 간다니까요. '와, 다 내 꺼다' 하고 한 번 잡아들였는데 결국 劫財죠. 그러니까 인간관계로 인한 여러 가지 고통이나 애로를 당하는 거죠. 그래도 남자들은 좀 낫고, 여자들은 재물은 쥐는데 끙끙 앓는 질병으로 가더라. 재물은 있어도 身上有病하더라는 거죠.

歲運에서는 단순하게 봐서, 劫財의 작용이 활발한 걸로 봐서 재물 고통, 일순간에 재물을 이루었다 하더라도 결국 그것이 여러 가지 희생, 소모로 연결이 되더라. 건강 쪽으로는 결국 食神을 隔角시켜서 불안하게 하더라.

庚 - 酉 / 男女

男子는 그대로 갈 때 가더라도 한 번 쥐었다 가는 거니까, 대체로 조금 吉하게 쓰거나 平으로 쓴다. 한 때 잘 나갔다 이거죠. 그것도 못 나가는 것보다 훨씬 나아요. 여자는 재물에 대해서 대체로 小吉하더라도 개인적으로는 凶이 많다. 인간관계로 인한 고통도 따르게 되고,

본인이 몸이 좋지 못한 상태로 인해서 여러 가지 희생이 잘 발생하는 거죠.

庚 - 酉 / 綜合

종합적으로 봐서, 재물을 크게 한번 장악할 수 있는 것으로 봐서 吉이 4~5, 凶 5~6으로 본다. 食神 隔角의 아픔이 大運 같은 데서 걸리면 밥 먹는 것도 아껴서 모았다는 것이다. 그렇게 악착같은 기운과 에너지를 주는 것이 닭 酉 字고, 庚 日柱가 사방을 둘러보니 순 도둑놈밖에 없더라. 자기가 만난 환경이 酉니까. 십 몇 년 전쯤 이야기인데 중국에 가면 옆에 살짝 지나만 가도 소매치기들이 여권을 훔쳐 간다고, 공항에서부터 소매치기를 조심해야 된다고 해서 미리부터 안 뺏기려고 움켜쥐잖아요. 그렇게 쥐는 힘이 가장 강하게 만들어지는 것이 庚이 酉를 만났을 때입니다. 다른 日柱에 비해서 훨씬 더 강하다. 결국은 하늘이 재물을 허락하지 않으니 자기 것이 안 된다.

어느 역사서에 보면 천하일색의 여인이 자기한테 러브콜을 보내는 남자들이 몇 명 있는데 일부러 테스트를 한 것은 아니고 자연스럽게 관찰을 했는데, A나라의 장차 왕이 될 사람을 보니 완전히 겹겹이 호위를 세워 놓고 가운데서 자고 있었다. 반면 B나라의 왕이 될 사람은 호위병도 없이 혼자서 자빠져 자고 있었다. 그래서 B나라의 왕이 될 사람에게 앞으로 왕이 될 신분에 있는 사람이 왜 이리 허수룩하게 자고 있는지 물었죠.

B나라 왕이 말하기를,

"이미 내가 이 자리를 지키고 있는 한 나의 목숨은 내 것이 아니다. 내 목숨은 하늘이 정했노라. 내가 호위병을 천 명을 세운다 한들 내 목숨을 내 마음대로 지키지 못함을 이미 깨달았노라."

그래서 이 여인이 정말 이 사람은 일내겠다고 B 왕에게 시집을 갔는데 결국은 황제에 등극했다고 합니다. A는 결국 小國의 왕이 되었고 B는 황제가 되었다는 것인데, 四柱 八字가 따지고 보면 작은 재물, 작은 이익, 작은 성공은 자신의 근면함이나 지키려는 노력이 有用하지만, 큰 거나 사회적으로 의미 있는 것들은 이 원리와 같거든요. 결국 하늘이 허락해야 자기 것이 되는데, 庚이 酉가 있으면 자기 고집과 의지만으로 꼭 해낸다고 생각하는 거예요.

그런데 자기가 자기를 관찰했을 때 아무리 생각해도 남들보다 정말로 쥐는 것, 밀어붙이는 것을 잘한다. 잘 하니까 자기 기분을 안 믿을 수 없는데, 결국은 끝에 가 보니까 실컷 만들어서 한방에 눈탱이 맞고 손발 다 털고 이렇게 되더라는 거죠. 그것을 모르는 것이죠. 자기가 가진 에너지는 봤는데 이걸 몰랐다는 거죠. 삶의 원리는 결국 하늘이 허락하지 않으면 내 목숨은 결국 파리 목숨이다. 큰 성공을 도모하는 과정은 결국 큰 흐름이 허락해 줘야 한다는 거죠. 사람의 성공이라는 것이 참 우스운 것이다.

IMF 전후에, 이 분이 己卯 日柱에요. 時는 정확하게 기억이 잘 안 나고요. 丑寅卯가 출현했죠. 떠도 최고로 뜨고, 갈 때도 가장 높은 곳에서 스카이다이빙을 한다. 그러나 보통사람은 그렇게 높은 곳까지 갈 수가 없잖아요. 코스닥에 상장된 법인을 2개를 가지고 있는데 큰 돈을 가지고 시작한 것도 아니고, 아예 0부터 시작했어요.

주로 금융을 했는데 年, 月에 財星과 官星이 무리지어 있잖아요. 時에는 아마 印星이 소통되어 있을 거예요. 인 · 허가나 국가에서 주는 정책을 이용해서 금융을 해서 기업을 사고 팔기도 하고, 순간적으로 돈을 많이 벌었어요.

時	日	月	年
	己	癸	壬
	卯	丑	寅

그림 4

2001년인가 2002, 2003년 경 자주 만나서 여러 방향 설정도 하고 했는데, 절대로 손을 대서는 안 된다고 강조한 것이 製造였어요. 八字 내에 食傷 자체가 드러나지 않았잖아요.

食傷을 매끄럽게 써 먹기 어려운 인자를 이미 가지고 있는데다가 己卯 日柱 자체가 申酉 空亡이죠. 특히 製造 쪽은 조심해야 되는데, 그 전에도 이미 한 번 중공업에 손을 대서 떡 사 먹고, 다시 이번에 2005년쯤 空亡 운에 食神의 유혹이 오는 거예요. 造船 쪽에 600억을 집어넣고 빚을 한 1,000억 내서 인수를 했는데, 최근 분위기가 아시다시피 워크아웃 기업 19개를 추려내는데 거기서 1위 정도가 된 거죠. 제가 만날 때마다 製造는 안 된다. 15번 만나면 13번은 얘기했는데, 말 할 틈이 없어서 두 번은 얘기 못했죠. 그런데 꿈이 항상 그쪽으로, 空亡이라는 게 마음이 항상 그쪽으로 쏠려 있는 거죠. 空亡의 유혹이라는 것이 그만큼 화려합니다.

그러니까 돈은 많이 벌었지만 食傷이 空亡이 되어 있으니 자신은 보람을 못 느낀다. 뭔가 새로 만들어 내는 일반적인 보편적 사업이 아니라, 계산기를 두드려서 저건 얼마짜리인데 얼마 당겨놓고 팔아먹는 일이다. 그런데 運命적으로 이런 인자를 가진 사람은 그 길로 가야하는 거라. 丑寅卯 일등짜리가 붙어 있으니까 단위 큰 거 잡아서 팔아먹고 하는 게 되는 거예요.

여러분들은 八字 감정을 해 주실 때 流年을 해석하는 것도 중요하지만 항상 제가 강조하는 것은 원래 八字 안에 무엇이 제한적으로 가능하며, 또 안 되는지를 봐야 한다는 거죠. 이건 甲이 와도 소용없고 乙이 와도 소용없고 어떤 글자가 오더라도 안 된다는, 그릇의 分을 벗어나는 패턴은 流年을 떠나서 안 된다. 그릇의 分을 항상 보라는 거죠.

庚日柱가 申酉戌 인자를 八字 내에 드러내고 있으면 가장 지상에서 고집스러움이 많은 인자예요. 고집이라는 것이 굳을 固이고 잡을 執이거든요. 굳고 잡는 기운이 원래 金에 속하는 거예요. 仁義禮智信 중 義理잖아요. 木=仁하고 木은 仁의 성질을 대표하고, 仁의 기운을 가지고 있는 것이 木의 기운을 말하기도 하죠. 거꾸로 金의 성질은 義를 주관하고 義의 성질이 드러난 것은 金의 성질이 있는 것이다.

春 木 = 仁 → 仁이란 세상과 對하여 자기를 조절하는 것!
秋 金 = 義

儒學에서 仁義를 그만큼 중요시하는 거죠. 仁이란 세상과 對하여 자기를 조절하는 것이다. 싹이 났는데 바위가 있으면 포기하는 것이 아니고 둘러가는 거죠. 이렇게 돌아서라도 방향성을 끝까지 밀고 갈 수 있는 융통성이 仁의 성질이다.

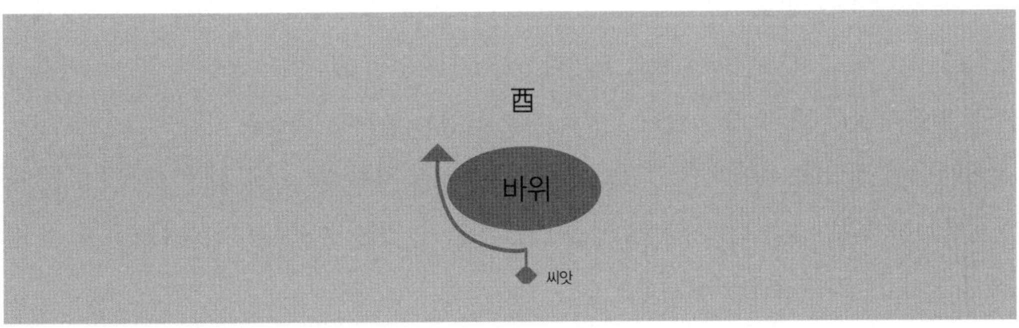

그림 2

그 다음에 金은 한 번 맹세를 하면, 서로 이루기로 한 바가 있으면 바꾸지 않는다.

새길 '銘' 字를 보면 쇠 金에다 새긴다는 모양이죠? 義理의 대표 성질을 가지고 있는 것이 기본적으로 庚에 속하고 땅바닥에 환경까지 얻으면 義理에 살고 義理에 죽는다. 四柱 텍스트에 金이 많거나 강하면 용맹성, 투쟁성이 다발하고 직업적으로 군인이라든지 경찰 이런 쪽으로, 그나마 格이 좀 갖춰졌을 때 이야기고 格이 좀 시원찮으면 조직원이죠.

성공도, 비록 運에 의해 굴곡을 많이 겪더라도 성공의 기회도 많다. 세상은 윽박지르는 기운이 있어야 뭔가 오히려 더 변화를 크게 이룩할 수 있는 것이죠.

從革之物은 여자들 속옷 광고에도 나오는데 '메모리와이어' 라고 한번 새겼다 하면(銘) 그대로 간다는 거죠.

질문

辛 日柱가 申, 酉 ,戌을 가지고 있으면…?

답변

辛日柱는 더 대단하게 나오죠. 庚 日柱는 우악스러움이고, 辛 日柱는 이미 火운동을 마쳤다고 보기 때문에 庚이 丙, 丁을 만나서 火克金을 한 다음의 金운동으로 보거든요. 그 때는 더욱 정교하고 예리한, 庚이 쇳덩어리라면 辛은 총으로 보죠. 어떤 특수한 용도를 위해 從革된 걸로 본다. 더 치명상을 입힐 수 있죠. 한 방에 베어버리는 거죠. 庚金이 덩치 큰 조폭처럼 우악스럽다면, 辛은 예리한 칼을 가지고 그대로 포를 뜨잖아요. 승부를 띄우면 金이 旺하면 굉장히 피곤해요.

庚, 辛 둘 다 정말로 만만찮죠. 庚은 우악스러움이다. 辛은 반드시 목적을 달성하는 예리함이다. 그런데 그렇게 살아야 돈이 모인다. 우리가 자연의 원리에서 보면 자연이 金운동을 가장 많이 만들어 낼 때 가장 작은 곳에다 가치를 집어 넣는다. 결실의 원리란 그런 것이다. 돈이란 그런 것이다. 돈이란 90억 있는 사람이 10억 더 채워 넣으려고 혈안이 되어 있는 게 돈이다. 10억 있는 놈을 만나서 어떻게 좀 뺏을까 할 수 있는 것도 돈이다. '내 90억에 네 10억 좀 뭉치자.' 그게 金운동이다.

제 29강 • 庚일간의 실관 Ⅸ

庚이 戊을 볼 때

六親상 偏印에 해당되는데, 偏印이라도 庚金의 印星이라는 게(辰戌丑未) 사실은 내용과 의미가 다 다르죠.

戊은 偏印의 속성과 함께 酉의 기운이 넘어와 있는 걸로 봐서 羊刃의 기운이 그대로 뻗쳐 있는 작용이 활발하다. 진짜 五行적인 土의 성질을 많이 계승해서 印星의 역할을 하는 것은 未죠. 나머지는 약간 짝퉁이다. 짝퉁인데 수시로 변색을 할 수 있는 印星이 라고 보시면 되죠.

庚 – 戌 / 12運星

12運星으로 旺地 지나서 衰地.

庚 – 戌 / 他六親의 12運星

기본적으로 養地. 墓地로 五行적 세력이 드러나지 못해서 財星과 官星이 세력을 가지고 있지 못한 모양이어서, 조직 사회라든지 장사나 사업에 가담할 때도 결국은 偏印의 특성을 살리는 것 외에는 손쉽게 번영이나 발전을 구하기가 어렵다.

庚이 戌을 보면 무조건 기술성이라 보시면 돼요. 財, 官의 모양새가 왜곡된 것을 전부 기술성으로 극복해 낸다. 실제로 사업 중에서도 기술에 관련된 사업이면 대부분 다 그 직업 자체로서 성공한다. 일반적으로 가장 많은 것이 工學에 관련된 기술 분야, 그 다음으로 醫術. 財, 官을 떠나 있는 敎育적인 일이나 宗敎, 이러한 분야에 관련해서 성공하거나 직업 분야로 많이 삼더라. 戌이 두 개 거듭 나와 버리면 財, 官 쪽의 인연은 박하고, 대부분 다 기술 쪽에 매달리는데 실제 사업은 잘 돼요. 기술 사업을 하면 기술이 좋으니, 財, 官이 오히려 멀리 떨어져 있으니, 財, 官이 떨어져 있다는 자체가 한 쪽으로 집중할 수밖에 없는 환경을 만들어 주는 거죠.

庚 - 戌 / 吉凶

일반적으로 재물과 사회적 번영의 吉凶을 따진다면 직업 분야, 기술 분야에서는 긍정적으로 吉 8~9, 인덕이나 재물 차원의 보상에서는 吉 2~3으로 보니 吉兆가 그리 크지 않은 거죠. 전체를 보면 吉 4~5, 凶 5~6 정도로 본다.

吉 : 직업, 기술 8~9, 인덕, 재물 2~3, 종합 4~5,

凶 : 5~6

직업 분야에서도 이러한 기술 분야를 통해서 재물을 보전하는 수단이 이 경우는 부동산이죠. 결코 작은 단위가 아니에요. 가을이니 기본적으로 돈과 인연이 깊다. 戌 字라고 하는 것이 偏印으로서의 속성도 있고, 초능력이잖아요. 그 다음에 金과 무리지어 있는 가을이잖아요. 기술은 기술인데 가을 기술이다. 그러니까 돈이 될 만한 有用性 있는 가치가 집약된 기술이란 의미를 갖는다. 金의 무리를 다루는 기술이니 한 개를 팔아도 단위가 큰 것을 팔든지, 부가가치가 높은 것을 팔아서 현금은 거의 없는데,

"땅하고 공장하고 하면 거의 50억~100억은 될 겁니다."

개 '戌' 字 하나가 반듯하게만 놓여 있어도 재산이 최소 50억~100억 이런 단위로 가요. "땅값만 30억 줬지 않습니까, 공장은 빚으로 지었어도." 하면서….

庚 – 戌 / 年月日時

年

年에 개 '戌' 字가 있다는 것은 말 그대로 偏印의 일반적인 속성을 그대로 따 주면 되겠죠. 祖父 번영인데, 주로 경제적인 번영이죠. 祖父 번영의 과정이 있었고 결국 辰戌丑未의 속성상 제한적인 혜택으로 이어진다.

보통, 남자들이 개띠 해에 태어나면 참 머리 아픈 거죠. 年의 근거가 제한적으로, 고향을 떠나도 고생을 많이 하고, 크게 陰陽論으로 봐서 남자가 寅, 午, 戌, 亥, 卯, 未 生으로 태어났다는 것 자체가 비극이거든요. 원천적으로 짝지을 수 없는 대표 주자가 寅午戌이에요. 그 중에서도 더 대표 주자라 할 수 있는 게 寅, 戌 그리고 午는 陰陽적인 것이 섞여 있죠. 次序에 의해서는 陽이었다가 六親 관계에서는 陰으로 오락가락하죠.

寅이나 戌은 다른 인자를 만나더라도 陰陽적인 요소를 쉽게 바꾸지 못하는 거죠. 그 중에서 가장 짝짓기 어려운 것이 '戌' 字예요. 그러니까 결국은 辰戌丑未의 속성에 의해서 뿌리의 혜택이 제한적이다.

태어난 月을 가지(枝)로 보고, 책에는 苗라고 되어 있죠. 태어난 날을 꽃(花)으로 본다면 年은 根이죠. 뿌리에서 줄기나 가지가 나와서 꽃을 피우고 꽃 핀 자리에 열매를 맺는다. 최종적으로 날과 時의 조화에 의해 이루어지는 결과물이다. 가지를 꺾어서 다른 나무에 접을 붙여도 붙기만 한다면 원래 노란 꽃이 피는 가지는 뿌리가 바뀌어도 결국 자기는 노란 꽃이다.

태어난 날의 고유의 기질은 그대로 닮으나, 기왕이면 자기가 능력을 발휘할 수 있는 환경이 잘 연결되는 것이 바람직한 것으로 보는데, 戌生으로 태어났다는 것 자체가 벌써 토양적으로 척박한, 조건이 한계성을 가지고 있는 것을 의미하기 때문에, 이러한 환경이 잘 갖추어져 있는 것과 잘 안 갖추어져 있는 것과의 차이는 실제로 평생 작용한다.

그림 2

〈龍飛御天歌〉 앞 구절에 '뿌리 깊은 나무는 바람에 아니 뮐세.' 가 나온다.

남자 개띠, 양띠는 근거지가 부실해서 고향 땅이나 초기에 이룩한 것들의 부실함을 원천적으로 안고 있다. 고향에 근거가 없는 것이 아니고 먹을 게 있긴 있는 거예요. 먹을 게 있긴 있는데 안정된 것이 아니다. 최근에 어느 개띠 분이 인생을 한번 되돌아 봤는데, 세월 좋을 때 객지로 나와서 조직생활을 하면서, 대체로 짝짓지 못했기 때문에 개인적인 사업보다는 조직생활이 기본적으로 더 안정된 모양으로 보았다. 조직생활을 하다가 그 무렵은 그런대로 잘 나갔어요. 결국 개인적인 사업을 구하면서 오리야 기리야 하면서 10년 동안 망하는 것도 아니고 계속 고생을 하다가 결국 고향으로 가더라. 고향에서 크게 번영하느냐 하면 그것도 아니더라. 거기서도 상당한 시간이 흘러야만 돌아오거든요. 최근에 또 양띠 남자는 일어서서 성공했는데 역학적으로 코드를 잘 따른 거죠.

실제로 장남이 아닌데 장남 역할 비슷하게 집안 치다꺼리하다가(辰 戌 丑 未生이 고향에 머무르면 반드시 그 번영이 제한적이다. 안 되는 게 아니고 반드시 되는데 그 번영이 제한적이에요.) 가업에 가담하면서 결국은 父親의 運의 흐름에 따라서 세몰이 오고 객지로 나와서 이것저것 해 보려고 고생을 하다가 한 3~4년 전쯤에 있는 것 거의 다 떨어져 갈 무렵 '어떻게 하면 좋으냐?' 해서 本家로 들어가라 했더니 本家로 들어갔다.

한 1년 반만 한번 지내 봐라. 고향 땅에는 반드시 불씨가 있으니까 지내보라 했는데, 약

7~8개월 만에 조금씩 뭔가 運身할 수 있는 것을 찾아서 작년 봄부터 좋아졌죠. 작년 가을부터 더 좋아진 게 뭐냐면 환율이 좋아졌죠. 일본에 魚類, 갯장어인가를 수출하는데…. 아무튼 쇠몰이 왔을 때 고향 땅에 들어가니까 보통 경험적으로 1년 반 정도, 이 분은 8개월 만에 좋아지기 시작하더라는 거죠. 다시 슬슬 객지로 나오려고 하는데, 戌生보다는 조금 낫다.

庚이 戌을 보면 羊刃을 무리 짓고 있는 거죠. 제한적인 혜택이고 실제로 六親 관계가 복잡다단하다.

月

月에서는 말 그대로 偏印 속성의 직업이라 보시면 되죠. 보통 기술로써 이룩하는 분야는 어느 분야든 프로페셔널이라고 보시면 됩니다.

日

魁剛이 되는 것이고, 배우자 자리에 財官의 모양이 먹고 사는 수단, 기술, 부동산은 지탱할 수 있지만, 財官이 안정된 모양이 아니므로 배우자 인연에 굴곡이 따르게 된다. 正財가 墓地에 들어 있다는 말은 처가 몸이 안 좋든지 건강이 불안한 과정을 많이 겪게 되고, 실제로 내용을 보면 떨어져 살거나 갈등을 상당히 많이 겪어요.

여자 八字도 마찬가지로 正官 養地라고 하는 것은 남편이 거의 변화 없는 직장 생활을 할 때는 기본적으로 남편과의 조화력이나 역할을 하지만, 대부분 다 별 재미없이 지내는 경우가 많죠.

時

丙戌時가 되죠. 官星入庫도 있고 官星이 드러나 있죠. 이런 경우는 자식이 적으면 보통 하나쯤 출세한다. 나머지는 官星 入庫에 걸려드니까 자식 걱정, 官星이 무리지어 세력이 있을 때는 본인의 선출직 명예가 따른다. 女子의 경우도 마찬가지로 偏印의 속성을 그대로 따르게 되죠. 運 따라서 자식의 걱정사가 따르죠. 戌이 극단적으로 나쁜 모양으로 가는 것은 아니죠. 戌 자체가 印星을 거둬들이는 자리이기 때문에 亥水를 열어 주잖아요.

만년에 건강 불안 등은 설명을 안 드려도 아시겠죠. 만년에 사업 형태도 임대 사업의 속성을 갖는다면, '戊' 字는 단위가 크거나 경제적으로 보상이 많은 것을 의미하죠.

庚 – 戊 / 운의 해석

大運에서는 기술업을 하는 사람들은 그 사업 자체가 그런대로 기술을 쓰는 사업을 해서 경제적으로 보상을 받아요. 보통 직업적으로는 성공이 잘 따르는데 酉에서 밀고 들어오느냐, 亥에서 戌로 올라오느냐에 따라 强弱의 차이는 좀 있지만 六親, 인간관계, 재산 관리 등, 돈은 신나게 벌었는데 이곳저곳에 엮이고 묶이고 하면서 남들과 갈등을 수없이 겪더라.

실제로 그릇에 따라서 戌運에 꽁꽁 묶여서 아무 것도 안 되는 경우도 볼 수 있습니다. 결과물이 고달프잖아요.

歲運에서는 酉 羊刃의 남은 기운이 그대로 뿌려져 있는 것으로 보고, 결국은 亥를 열어주죠. 戌이 일종의 産痛하고 비슷하죠. '戊' 字는 八字 원국에 있든 없든 食神을 入庫시키는 자리를 열어주는 작용을 한다. 여는 행위 자체가 여러 가지 고충이나 번거로움을 주는 거죠. 그 産痛을 겪고 나니까 亥水가 나타남으로써 장차 여러 가지 경제적인 보상을 위한 갈등, 조정 이러한 것들이 출현하죠. 이것을 무조건 나쁘다 해석하면 안 되겠죠. 기본적으로 고달프다. 갈등 국면이다. 그러나 결국 이것은 亥를 낳기 위한 과정이라고 보면 됩니다.

辰
↑
酉 ~ 戌 ~ 亥
↓
産痛

그림 2

庚 – 戊 / 男女

남자는 옛날에 영화 제목에 있었는데 '개 같은 내 인생'…. 하여튼 八字 안에 개 한 마리가 들어있다는 건 뭔가 그 동네가 시끌벅적한 동네가 된다는 말인데, 庚 日柱는 羊刃을 안고 있는 놈이니까 결국 내가 물어뜯길 수 있는 인자를 가지고 있기 때문에 개띠든, 개달이든, 개날이든, 정말로 개 같은 일이 살면서 생긴다. 진짜예요. 이게 완전히 나를 죽이는 게 아니고, 돼지를 낳는 인자이다 보니까 피해갈 수도 없는 거죠. 보통 어떤 업종을 많이 하느냐 하면 주로 공학 중에서 건축, 辰 戌의 경우는 醫學과도 많이 소통되고, 기본적으로 刑을 따라서 정비에 관련된, 고치는 것과 관계된 일 안에 분포되어 있는데, 직업을 꼭 맞히고 싶다 하면 간섭자를 보세요. 간섭자를 봐서 분야를 쪼개면 자연적으로 이 사람은 이 2~3개 안에 거의 인연이 되겠구나 하고 제한적으로 나타나겠죠. 남자는 완전히 ×는 아니나, 뼈 빠지게 일해서 기술 좋고 재주 좋다는 말을 듣지만, 재주는 곰이 넘고 재미는 주변에서 보고 하는 식으로 가죠. 이 세상에 자동차를 고쳐야 한다 할 때 고칠 줄 아는 사람은 자기밖에 없는 거예요. 고쳐놓고 나면 고치는 동안 다른 사람들은 자기들 재미 보고, 고쳐 놓으면 자기가 타는 게 아니고 남이 타죠. 내용은 ×인데 너무 심하게 하면 해당되는 사람들이 싫어할 테니 ▽ 정도로 하죠. 프로는 아름답다.

여자는 辰戌丑未 자체의 속성도 따르지만 그래도 수시로 寅午戌을 따르죠. 그러므로 평범하기 보다는 조금 나은 △, 그러나 본인도 콩쥐처럼 열심히 살아야 하는 과정을 六親 관계에서 기본적으로 겪는다.

庚 - 戌 / 綜合

종합적으로 본다면 직업적 프로는 ↑(긍정적)이나, 六親, 애정, 인간관계 등에는 왜곡이 많이 발생합니다. 인생살이 자체가 고르지 않은 거죠. 어떤 사람에게는 유능함을 주고, 인간적인 혜택이나 보상은 제대로 못 받게 해 놓았으니까요.

제 30강 • 庚일간의 실관 X

어디에 있든 초능력 인자는 沖이나 刑을 맞더라도 그것을 대체로 유능으로 많이 쓴다고 전제해 두시면 됩니다. 개가 길을 가다가 발목을 다쳤다(沖맞고 刑맞고 해서) 해도 개는 역시 개다. 성질 건드리면 물어뜯죠. 최소한의 자기 기질을 발휘함으로써 직업적인 프로 의식을 도와준다는 거죠.

그릇 따라 조금씩 차이는 있지만 진짜 기술은 끝내준다. 인간성은 별로다. 財官이 약하다는 말은 융통성이 약하다는 거죠. 金, 木자체가 수단, 도구적인 능력을 의미하는 것이고, 火, 水는 융통성과 역동적 변화를 나타내죠. 庚戌이라는 자체가 수단, 도구 중에서도 가장 경직성을 갖는다. 戌도 가을이고 庚도 가을이다. 자기 일에서는 확실하다, 한결같다. 저기만 갔다 하면 고쳐 온다는 식으로 수단적으로 고정되어 있는 것도 되고, 해결 능력으로도 봅니다.

해결 능력이 돌멩이 들고 가서 찍어버리는 식이죠. 상대적으로 水나 火를 보면 八字에 庚 日柱가 水가 있으면서 다른 글자 未같은 것이 있고(辰戌丑未가 항상 골 때리는 건데), 水나 火가 잘 드러나 있지 못하면 이런 사람들은 정말 어느 전문 분야의 기술 한 방향으로 가면 그것 하나만큼은 기차게 하는 거예요.

그런데 세상살이와의 조화력과 역동적으로 삶을 뒤바꾸는 힘은 약하다. 평생 앉아서 기술 쪽 사업을 해요.(표a)

時	日	月	年
	庚		
		午	申

표 a

이런 패턴들 있죠. 놀러도 안 가고 하루 종일 눈 뜨면 그거만 들여다 보고도 실제로 재산은 많이 모으더라는 거죠. 여러분들이 함정에 잘 걸려드는 게 실제로 이런 패턴들이 財가 없잖아요.

財가 없으니까 이 八字 돈 될까 싶지만 그게 아니에요. 辛酉戌 글자 자체가 재산 창고, 거기다 刑까지 붙음으로써 유능, 무리지어 金을 이룸으로써 金의 운동을 활발하게 잡아당기고 모으는 것을 잘하는 거예요. 그리고 資産의 형태가 기술 사업의 형태이면서 印星의 속성으로 부동산 같은 걸 잡으면,

"공장 땅만 해도 200억입니다."

이런 식으로 가죠. 점 보러 가면,

"財가 없어. 마누라가 아프지?"

실제로 마누라 아픈 건 맞아요. 財가 없으면 마누라가 없어야 되는데 마누라는 있다니까요. 잡혀서 사는 거죠. (표b)

時	日	月	年
辛	癸		
酉	丑	戌	

표 b

庚 日柱의 경우에도 수단이나 도구적인 측면에서 말 안 들으면 매 가져와서 매로 때려 버린다는 거죠. 해결 능력이 있는 거죠. (표c)

時	日	月	年
乙	庚		
酉	戌	未	

표 c

여러분들이 八字를 보아 나갈 때, 이 사람이 재물 쪽으로 큰 성공 번영이 있다. 무기와 도구로써 채워져 있고 동작 자체가 金 운동의 쥐고 장악하는 행위를 세 번이나(庚申酉) 한다. 말도 안 되는 무당식 해석이다, 말도 안 되는 해석이다라고 할지라도 실제로 이 사람의 戌하고 未가 흙을 뒤집는 거잖아요.

건설 쪽으로 세 번 정도 크게 대박을 터뜨리더라는 거죠. 결국은 그게 부동산에 묶이든, 이곳저곳에 현금화되지 않은 형태로 있을 뿐이지 사실은 財星보다는 印星이 훨씬 더 좋은 거예요. (표d)

時	日	月	年
乙	庚		
酉	戌	未	申

표 d

여러분이 돈이 되겠다, 안 되겠다 따져 나갈 때 제일 먼저 기본적으로 財星을 보죠. 財하고 印은 반드시 무리지어 봐야 한다고 했죠. 財가 많은데 印星이 없으면 말짱 꽝의 세월도 겪는다. 印星은 금고를 지키는 열쇠와 같고, 財는 융통의 능력이거든요. 財나 印 중에 초강력 에너지가 모여 있는가를 봐야 합니다. 예를 들어 공사를 해도 1억짜리 공사가 아니라 몇 십억짜리 공사를 한다는 것을 이러한 인자를 통해서 봐 둬야 하는 거죠. 그리고 金과 木이 발달되어 있다는 것은 수단이나 도구로서의 인자, 火, 水만 발달되어 있다면 잔머리나 융통성은 있는데 결국은 자기 꾀에 골병 들어요. 가만히 있질 못 하는 거예요.

年에 金과 木이 있는 사람은 문제 해결 능력이 강한 사람이다. 대신에 융통성이 부족하다. 火, 水가 강한 사람은 예를 들어 官星이라면 사람과의 관계가 될 것이고, 財星이라면 남의 돈을 끌어다가 돌리는 능력이 될 것이고, 食傷이라면 주로 교육적인 행위가 된다.

上記 八字(표d)를 봤을 때 먼저 감각적으로 느껴져야 하거든요. 보는 순간에,

"사고 치겠네!"

이게 눈에 보여야 해요. 사고를 칠 만하다는 것은 뭐냐 하면 경제적으로 큰 장악을 할 수 있다. 그걸 바로 연결시켜야 하는데,

"財도 없고요. 食傷도 없고요. 안 빌어먹으면 다행입니다."

라는 식의 해석을 가하면 큰일이죠. 이런 八字를 봤을 때

"아! 슈퍼파워다, 일단 보통 인간이 아니다. 도둑이 되더라도 준 一流 도둑이 될 것이다."

결국은 뭐냐 하면 에너지를 읽는다. 八字를 본다고 하는 것이 그 사람이 가진 에너지(파워)를 봐서 그 사람이 움직일 수 있고 소화해 낼 수 있는 범위를 설정해 주는 거죠. 그게 그릇이라고 봐도 되죠. 상리를 하든지 풍수를 보든 역학을 하든, 뭘 하든 간에 에너지를 읽어야 한다.

六爻라고 하는 것이 채택하는 방식이 스틸 사진이에요. 순간적으로 그 사람이 가진 기운, 에너지, 파워의 흐름을 스틸로 찍은 거예요. 물건이 낙하하는 속도라면 이 정도 속도로 떨어지고 있다면 이 물건은 3층에서 떨어진 물건이다. 이 정도로 빨리 떨어져서 닿자마자 터진다면 15층에서 떨어졌다는 것을 알 수 있죠. 그 스틸 사진을 읽어나가는 방식이 六爻고 그 궁극은 에너지죠. 지금 이 순간에 왜 하필 이런 기운으로 비쳐져 나왔을까? 스틸 사진이 좀 더 보기 쉽겠죠.

상리도 마찬가지에요. 상리도 생긴 꼴을 읽어 나가는 것이 에너지의 증거이다. 꼴 만화책 보면 쌍둥이 동생은 병원을 운영하고 있고, 쌍둥이 兄은 법대를 졸업해서(둘 다 刑에 관련된 거죠. 한 사람은 醫療, 한 사람은 法務) 결국 물건이나 날라다 주고 말이 원무실장이지 온갖 잡무를 다 처리하는 일을 하고 있는데 꼴을 봐서는 차이가 없잖아요. 왜 저렇게 다르게 사느냐 했을 때, 꼴에서 이렇게 얘기하잖아요.

"눈빛이 갔잖아. 눈빛이 맛이 갔잖아."

눈빛이 맛이 갔다는 게 무슨 말이냐 하면 에너지, 궁극은 에너지 파워를 읽어 주는 것이에요. 풍수도 마찬가지에요. 저렇게, 산이 저렇게 달려온다면 이건 정말로 힘이 있구나. 주름이 질 정도로 쏟아진다는 말은 주름치마에 천이 많이 들어가듯 잉여 에너지가 있다는 뜻이

다. 얼굴에도 주름이 진다는 말은 잉여 에너지 때문에 사용했다. 그리고 그 사용했던 증거다 ,이런 뜻이에요. 그리고 그게 너무 고착화 되어서 보기 싫은 상태가 되면 살성이 되어버리죠. 풍수에서도 험준한 산의 형태는 너무 깊어져서 소통이 원활하지 못한 것을 의미하죠. 결국은 에너지를 읽어 내는 것이다.

命理도 그 사람의 干支에 부여된 파워의 총량을 들여다 보는 것이다. (표d)의 八字가 물으러 왔다면 속으로 '와~' 해 놓고 '그런데 이 사람 말 듣겠나' 생각하는 거예요. 八字에 水, 火 모두 없잖아요. 자기 고집피우다가도 한 번 말을 듣기 시작하면 딴 데 안 쳐다보고 선생이 시키는 대로 하는 스타일로 바로 가 버리잖아요.

질문

甲辰日柱가 丑 寅 卯를 다 깔고 있을 때와 차이점은?

답변

甲辰 日柱도 마찬가지죠. 수단이나 도구, 土를 財星으로 씀으로써, 결국은 地支의 생긴 모양이 어떠하냐가 key예요.

예를 들어서 이러한 모양일 때, 전부 比劫 투성이에 共祿格이죠. 日과 時 사이에 祿을 두고 있죠. 순전히 比劫 투성이인데도 땅바닥에 巳,午,未가 잘 무리 짓고 수시로 火氣를 열었다 닫았다 하죠.

이 八字를 못 쓸 八字로 보지 말라는 거죠. 比肩이 잘 생겼죠. 이 경우는 친구를 찾아가서 친구 회사에서 常務를 하고 있습니다. 官星도 제대로 안정되어 있지 않은데 그나마 방향성을 제어하고 있는 모양이지만, 比劫을 잘 쓰는 거죠.

그 다음에 官星도 없다 하면 同業 作事, 同業을 해서 교육 사업이나 傷官을 이용해서 고부가 기술, 아니면 영업이겠죠. 財星도 없는 놈이 돈을 벌어들이는 모양이 되죠. 이러한 것을 해서 한 때 運의 흐름이 잘 맞을 때 벌어 들이는데, 그게 친구도 힘이 세기 때문에 큰 걸 당긴다는 것이죠.

時	日	月	年
丁	丁	壬	
未	巳	午	戌

표 e

甲 日柱가 중요한 것이 아니고, 이 경우는 무리지어 木旺에 土를 희용하게 되고 財官이 안정되어 있지 않기 때문에, 한판 食傷 없이 財를 쓴다는 말은 한번 기회가 왔을 때 크게 잡는다는 거죠. 그때 甲 日柱, 庚 日柱를 기준으로 하기보다는 地支를 차지하고 있는 인자가 무엇인가, 안정되어 있는가, 안정되어 있지 않은 조건은 뭔가 하는 것을 기준으로 하는 거죠.

예를 들어 이 八字에 辰戌 相冲이 있다면, 이 두 글자를 써 먹는 조건은 地支환경이 잘생긴 모양이 甲 日柱든, 乙 日柱든 하다못해 이 八字(표e)가 친구 회사에 수위가 되더라도…. 친구가 놀이동산을 하고 있는 거예요. 그 놀이동산은 세팅이 잘 되어 있다는 거죠. 그렇기 때문에 놀이터가 다른 거죠. 제가 '중앙청 수위' 비유를 들곤 했지만 地支 환경이 결국 큰 걸 장악하게도 하고, 아무리 格이 반듯하게 갖춰져 있어도 별 볼일 없이 촌 동네 正官格이라…. 도시락 들고 출퇴근하죠. 그런 걸 보고 좋다고 해석을 하는 거죠. 格用論적인 해석에 치중을 하다 보면 그런 해석을 많이 하게 되죠.

이 八字(표f)도 量的인 측면에서 비교를 한다면 결국은 地支에서 寅이 슈퍼맨이잖아요. 辰은 dream이죠. 이런 사람들이 건설을 한다면 龍 잡으러 가니까 완전히 꿈의 궁전을 만들죠. 辰이 比劫과 무리 지으면 완전히 거덜나 버리고, 巳午未 구간에서는 한때 대박 나는 환경이 만들어지죠. 힘으로 치면 (표d)에 비해서 이 八字(표f)가 더 높은 모양이죠. 높낮이로 치면 이 八字(표f)가 높은 모양이고, (표d)八字는 기능성이 충분히 부여된다.

時	日	月	年
	甲		
	辰	卯	寅

표 f

아파트 백날 지어봐라 돈 되나 하면서, 공장을 토목으로 해서 크게 땅을 사서 구획 정리 같은 것을 해서 한방에 분양을 해 버리는 식이죠. 그런데 運이 안 좋으면 큰 판을 벌여놨는데, 돈 되는 건데 안 팔리는 거죠.

그래서 八字를 봐 나갈 때 日柱 없이 地支만 가지고 트레이닝을 해 나가라는 거죠. 트레이닝을 해 나가다 보면 보는 순간에 그 八字의 원천적 한계가 보여요.

아래와 같이 日柱를 모른다 해도 申은 파워풀한 인자인데 토끼가 하나 끼어들어서 元嗔하니 申을 쓰자니 卯가 거추장스럽고, 卯를 쓰자니 申이 거추장스럽고 조건이 제한되어 버리잖아요.

卯입장에서 '에라! 모르겠다! 日(戌) 따라가자' 해서 따라가면 자기의 本體를 잃어버리고, 고개를 내밀면 申에 의해 元嗔 맞고 하죠. 그렇다면 이것이 官星이라면 높은 벼슬을 못할 것이고, 財星이라면 마누라가 수시로 골병 들 것이고 하는 게 보인다. 地支 네 글자만 적어 놓고 어떤 동산인가, 청룡열차가 있다 없다를 판단할 수 있어요.

時	日	月	年
酉	戌	卯	申

표 g

그래서 地支를 관찰하시라. 노무현 대통령 八字를 보고 실제로 이 八字가 대통령이라는 것을 전제해 두지 않으면 사실은 노무자 八字하고 똑같아요. 그 분하고 時만 다른데, 오는 손님이 있어요.(표h)

이 분은 나이트클럽을 해서 재물을 많이 모았는데, 기업 수준의 큰 재물이 아니고 장사치고는 상당히 큰 재물을 모았어요. 얼핏 봐서는 格用論적으로 보면 月 空亡이잖아요. 食身冲에 偏官 七殺이 日支에 드러나 있어서 골 때리는 모양이죠. 그 다음 天干 偏印, 偏印, 陽八通…. 이런 八字는 잘 풀리면 무슨 기술자로서 성공하고, 안 풀리면 거의 노무자 수준이다. 텍스트의 기준으로 본다면 이렇게 八字가 봐진다는 거죠. 그런데 전부 슈퍼파워다(寅申戌).

올 스타즈에요. 연말에 가요무대도 올스타전이 있잖아요. 전부 올스타 출현이다. 그 다음에 合中冲이죠.

과연 時 없는 상태에서 이 글자만 가지고 어떻게 이 사람의 에너지를 읽을 것인가? 결국 신통력 인자를 항상 봐라. 그 다음에 冲 있는 놈 일 낸다. 忠은 冲이 있음으로써 그 사람의 레인저는 이 만큼이에요. 보통 사람의 레이저가 이 정도라면 冲 있는 사람은 이만큼 크게 인생이 뒤바뀔 수 있는 거죠.

時	日	月	年
	戊	丙	丙
	寅	申	戌

표 h

참고로 말씀드리면 요새 좀 답답하데요. 申, 戌 자체가 金이니 돈 걱정은 없다. 돈 걱정은 없는데 食神入庫 작용의 영향을 서서히 받아, 엮이고 마음대로 좀 안 되고 해서 답답하다. 戊子年에 子水에 食神이 세력이 흐려지는 인자가 발생하고, 丑에 入墓하는 작용이 오니 답답하다. 그러나 어쨌든 파워풀한 삶의 내용을 연출하는 것은 이런 글자의 작용 때문이다.

간혹 우리가 八字 해석에 있어서 놓치는 것이 龍이에요. 龍이 들어있는 사람이 해석이 잘 안 되는 경우가 많다니까요. 엄청나게 잘 나가는 집안의 패밀리라 하더라. 그것이 龍의 흔적이거든요. 龍하고 사는 흔적인데 과연 이 龍이 정말로 너무너무 잘 나가는 龍과 무리지어 있든지, 안 그러면 강물에 자빠져 있는 이무기보다 못한 龍인지 이게 구별하기 상당히 어려워요. 龍이 진짜 출현하면 관상 한번 보는 거죠. 나머지는 상리적으로 안 봐도 되요. 寅巳申戌만 가지고도 이 사람은 주먹이 아주 파워풀하다, 사고를 칠거다 아는 거죠.

제 31강 • 庚일간의 실관 XI

庚이 亥를 볼 때

기본적으로 六親상 食神이다.

庚 – 亥 / 12運星

12運星으로 病地인데 陽干의 病地는 자기 기운을 그대로 가장 완벽하게 지상에 다음 五行 인자로 유도를 하는, 봄이 여름을 낳고 여름이 가을을 낳고 하는 자리죠.

庚 – 亥 / 他六親 12運星

기본적으로 財官의 12運星을 따져 보더라도 偏財 환경이 長生地로서 강하게 펼쳐져 있죠. 다른 인자의 간섭 따라 차이는 좀 있지만 뚜렷하게 사업성 인자로 연결되는 인자다.

食神이면서 文昌이죠. 丙 日柱 빼고 陽干의 食神은 다 文昌에 다 걸려드는 거죠.

庚 - 亥 / 吉凶

"食神有氣면 勝財官이다."

옛글에 나오죠. 食神이 세력이 있고 명랑하면 財官보다 훨씬 좋은 거다. 그러니까 이 세상에서 가장 좋은 것이 食神이다. 食神의 다른 명칭이 壽星이죠. 偏印의 다른 말은 盜食이다. 그러니까 食神이 매우 중요한 별인데 그것을 오히려 도둑맞게 하는 도식 작용을 함으로써 결국 偏印의 부정적인 인자, 이런 것을 해석하는 만큼 食神이 중요한 별이라는 거죠. 이러한 말이 잘 정리된 책이 박재완 옹의 『명리요강』이에요.

고전 명리의 중요한 키워드, 해석의 키워드가 잘 정리가 되어 있죠. 이런 문구 하나 있고 샘플 하나 있고 해서 四柱를 해석하고 적용하는 논리가 잘 되어 있어요. 甲 日柱가 巳를 보는 것은 合에 의해 조화를 부릴 수 있는 공간이 官으로 많이 쏠려 있죠.

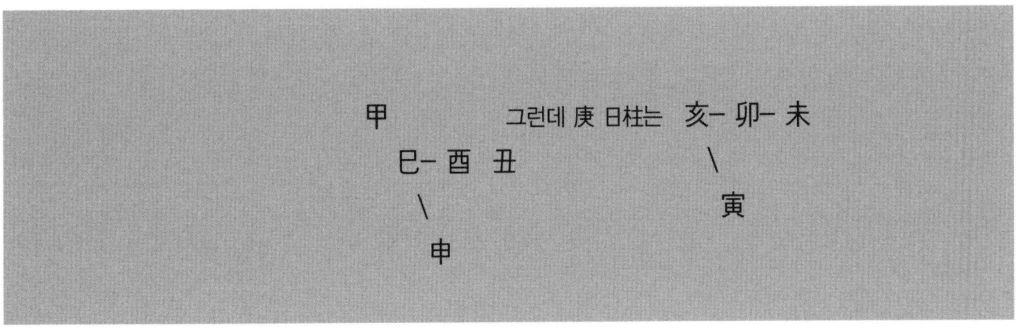

그림 1

과거사회에서는 貴賤을 따진다면 食神이 官星과 잘 무리지어 있는 것을 貴로 보죠. 貧富를 따질 때는 庚 日柱가 亥를 만나는 모양이 富가 되죠. 甲 日柱 食神보다 庚 日柱 亥水 食神이 자본주의 사회에서는 훨씬 더 바람직한 인자로서 조화가 되는 것이다.

대체로 吉 작용이 8~9 , 凶작용은 1~2(官星이 絕, 胎地에 떨어지므로) 정도로 봅니다.

재물은 이루어지는데 남자들은 자신의 사회적인 활동이나 삶, 주변 활동이나 환경이, 食神이 재물을 잘 형성시키는 인자는 가지고 있지만, 여자에게는 남편의 번영이나 활동에 따른 보상이 제한적이다.

제가 실제로 경험을 해 보니까 亥가 八字 명조 안에 드러나 있는 사람들은 運에서 亥가 들어오잖아요. 自刑 작용이 있어요. 차를 바꾸게 되는데, 있는 차가 자꾸 고장이 난다. 고장이 나서 기존에 있는 것을 결국 리메이크시켜야 될 상황, 대체해야 할 상황이 생겨요. 돼지 '亥' 字만 적용되는 것이 아니라 다른 글자들도 마찬가지로 동일 干支라도 적용되는 것이긴 하지만 기존의 것을 대체, 보완, 확장, 주로 의식주의 확장성을 가지게 되고, 주로 돈을 벌어들이기 위한 사업 변모가 되죠.

사업 변모가 확장 국면이거나 좋아지는 국면으로 간다. 현대 사회에서는 주로 탈것(車馬), 사업 변모는 주로 製造, 만드는 속성이 발생하는 거죠. 작년 亥年에 개인적으로는 저는 大運의 번거로움 때문에 꼼짝 않고 있는데 그래도 기존의 하고 있는 일에 사람의 인력 구조의 변화 이러한 것들이 원치 않아도 오게 되더라고요.

그리고 보통 의식주 확장이 이루어지는데, 주로 부동산이라든지 문서 재산도 같이 포함되는 거죠. 刑작용이 생겨서 돈을 못 받고 있는데 '이 땅이라도 받아가라' 하면서. 해발 700m 산꼭대기 땅, 상업적 용도로 전혀 쓸모없는 땅인데 줄 거 받을 거 정리를 하면서 유일하게 이때까지 제 앞으로 재산을 등록해 봤어요.

산꼭대기에 1,000평이 넘는 땅인데, 돼지 亥자 속성을 닮았죠. 亥水가 사람의 인적이 끊긴 곳, 적막한 곳이죠. 해발 1,000m 쯤 되는 산에 해발 700m 정도 올라타서 그것도 국유지 마지막 자리예요. 유일성…. 안 가 볼 수는 없고 해서 가 봤는데, 서류상 받아 놓고 8개월 지나서 가 봤어요.

돼지 亥 字의 기운 작용으로 온 거니까 문서 속성에 亥의 속성이 드러나 있겠죠. 예를 들어 그 땅만 집을 지을 수 있다든지, 그 땅만 뭔가를 할 수 있는 유일성이 부여된 것들이 실제로 亥年에 이르니까 이루어지더라는 거죠. 실제로 계곡이 양 쪽으로 있어요. 양쪽에서 그 땅만 에워싸고 있고 그 땅만 국유지의 마지막으로 포함되는 속성을 가지고 있어요. 인연이 된다는 것이 언젠가는 활용도가 생기겠죠.

아무튼 제 기억에 첫째 亥年은 고등학교 시절인데 학교를 때려치우더라는 거죠. 그 때가 癸亥年, 年干에 傷官 속성이 드러나죠. 傷官 속성에 돼지 亥字가 들어오니 官星 絕地의 害를 그대로 당하더라는 거죠. 그래서 아예 고등학교를 때려 치워버리고, 그 다음 乙亥年은 95年이죠. 95年도에 제가 이 業을 안 하려고 도망 다니고, 도망 다니고 하다가 결국은 다시 시작하게 되더라고요. 乙亥年 4월인가, 5월부터 할 수 없이 밥을 굶을 판이에요. 굶는 것도 亥 自刑 작용 때문에 돈이 다 떨어지고 밥을 굶을 판이니까, 할 수 없이 다시 새로운 亥로 대체를 시켜서 이 때 業을 시작했어요. 다음 돼지 亥年에는 산꼭대기 땅만 생기고 하는 이런 작용이 생겨요.

사업적인 흐름으로 간다면 새 사업을 만들고 하죠. 아무 것도 안한다 하고 있어도 그런 작용이 온다….

2000년~2002년 사이에 공부를 한 분이 있어요. 엊그제 전화 통화를 했는데, 자기는 辛日柱인데도 亥水가 좋더라 하는 거죠. 戊申年 생인데 결혼은 2007年도 丁亥年에 했거든요. 그 전까지는 결혼에 관심도 없고 세상살이에 대해 애착도 없고, 한번씩 가출해서 들어앉았다 하면 절간이거든요.

일반 직장 생활 좀 하다가 치워 버리고, 戊申年 甲子月 辛酉日인데 官星 자체가 숨어 있잖아요. 배우자 인연을 쉽게 열기가 어렵죠. 도망가면 申, 酉로 가요. 절에 가서 한 1년 반 일만 해 주고 살았는데, 辛酉 大運에 공부를 했었어요. 지금 庚申 大運쯤 와 있어요. 辛酉 大運에 한 번씩 물으러 오곤 했었는데,

"이 大運에 답 없다. 정말 답이 없으니 답 없는 대로 살아라."

했는데 일하다가도,

"못 참겠다."

하면서 떠나버리고는 하는 거죠.

"庚申 大運의 중반쯤 되면 마음의 변화가 올 것이다."

라고 하니

"턱도 없는 소리 아니에요?"

라고 하는 거죠.

지금 생각으로는 있을 수도 없는 이야기라는 거죠. 두고 보면, 기운이 한참 뒤 大運인 戊午 大運부터 기운이 비쳐 나오는 거예요. 봄이 오기 전에 반드시 겨울에도 봄바람이 일어난다. 運이라는 건 아날로그하다. 아날로그하게 연결되는데 庚申 大運 중반부에 丁亥 歲運이 걸린 거죠. 아마 丙戌年에 사람을 만나서 丁亥年에 결혼을 했는데 자식은 空亡星 때문에 손쉽게 얻는 모양은 아니죠. 아이는 들어섰다가 놓친 것 같아요.

亥年이 되니까, 물론 이 경우는 大運 교차의 작용하고 그 다음에 歲運의 작용인데, 그 전에 지나온 歲運이 庚辰, 辛巳, 壬午, 癸未 ~ 丙戌까지 食傷도 무력하고 財星도 무력하잖아요. 그러니까 절간에서 아무리 일을 거들어줘도 봉급은 당연히 받지만 돈이 안 되는 거예요. 比肩, 劫財가 눈덩이를 때렸다.

그러니까 언니가, 정확히 말하면 형부가 사고를 쳐서 수습이 안 되니 내가 그 동안 모아놓은 이 · 삼천 만원을 날려버렸다. 사실 절에서는 쓸 일도 없잖아요.

또 앉아서 일 · 이천 벌어서 홀랑 하는 식으로 比肩, 劫財의 작용이 오다가 일순간에 大運의 상승작용과 歲運의 작용이 함께 오면서, 이 八字의 경우 甲木의 長生 작용으로 돈 십 원도 없이 시집가서 대박이 난거라. 부조금도 들어오고 나이가 있으니까 부조금 단위가 다르잖아요. 상속, 증여도 받고 배우자의 혜택도 같이 덩달아 들어와서 正財 長生, 金旺에 食傷을 바라보니 아무튼 길조가 많죠.

巳에 庚金이 長生하잖아요. 巳에서 戌까지가 金의 長生地부터 旺, 衰地가 되니까 계속 比劫의 분탈을 당한다고 봐야죠. 그게 일순간에 해소가 되는 작용이 오는 것이 돼지 亥자 작용이다. 歲運이 흘러가는 것을 보면 상당히 많은 해로움이 따르게 된다.

時	日	月	年
	辛	甲	戊
	酉	子	申

그림 2

戊	己	庚	辛	壬	癸
午	未	申	酉	戌	亥
53	43	33	23	13	3

그 때 刑작용이 이런 거예요. 평상시 무릎이 안 좋았는데 만날 딛고 다니다가 병원에 가서 수술을 하게 되더라. 수술을 하니 편안하게 걷게 되었다. 刑은 刑대로 있으면서 이런 보상이 오는 거죠.

庚 – 亥 / 年月日時

年

食神이 豊隆하다. 祖父 또는 本人이 소년에 써 먹는 거니까 어려서 의식주 豊隆의 환경을 만나는 것이고, 年의 속성상 지반 자체에 수시로 먹을 것을 두는 것이니 일평생 살아가면서 食祿과 인연이 많은 것을 의미한다.

月

말 그대로 食神이 月에 있으므로 부모 혜택, 물론 훼손됨이 없는 것이 바람직한 것이고 空亡되면 꽝, 冲되면 꽝이다. 삭감이죠.

日

날에는 없는 것이고….

時

食神과 正官을 안고 있으니까 末年 의식주 豊隆, 時 正官의 속성상 선출직이나 봉사성 감투, 자식은 官星 絕地이니 자식을 많이 두지는 않고 자식이 드물더라도 주로 명예, 성공의 자식 인연을 가진다. 자식 자리에 食神이 있다고 하는 것은 자식의 기본적인 번영이나 의식주 환경이…. 그대로 해석해 주면 됩니다.

돼지는 먹을 게 많다. 돼지도 버리는 것은 별로 없죠. 파워풀은 떨어져도 의식주라든지 금전적인 속성에서 긍정적이고, 대외적인 힘은 좀 약한 모양이죠.

庚 – 亥 / 운의 해석

運의 해석에서 돼지 '亥' 字는 아까 파워풀이 떨어진다고 했죠. 파워가 떨어지기 때문에 점진성을 의미해요. 대체로 食神의 긍정적인 작용을 주지만 점진성을 가지기 때문에 비약적인 번영이나 발전을 이루는 환경은 아니다.

여자들은 財物 번영의 인자를 뜻하지만 배우자 덕은 부족하다. '亥' 字는 天干에 丁, 地支에 午를 멀리서 끌어당기는 작용을 해요. 그래서 남자나 남편 덕이 아주 없는 것도 아닌데, 내가 제대로 활동하지 않고 기대서 제대로 덕을 보려고 하면 세력이 약한 모양이 그대로 드러나겠죠. 남편 덕이 제한적이다.

남자들은 큰 승부를 내는 사람들은 답답하죠. 卯, 未와 무리이기 때문에 뭔가 이룩하고 있는 과정으로 보시면 되죠. 일반적으로 업종을 보면 교육사업, 먹는 것과 관련된 사업, 그래서 꾸준히 돈은 들어 오는데, 인생에 빨리빨리 큰 변화가 오는 것은 아니죠. 장사를 해서 그간 일도 키워 왔고 의식주도 풍요로워졌는데, 그렇다고 손을 떼고 편안하게 살 수 있는 삶의 선택적 상황은 안 된다.

그 다음에 歲運에서는 巳에서부터 시작해서 戌, 亥까지 比肩이나 劫財 득세의 해로움을 당하다가 일단 완화되는 것만으로도 편하고 수월하게 살 수 있는 환경을 가진다. 해석할 때 꼭 보셔야 될 것이 亥子丑 들어갈 때 正財 乙木이 死地에 들어감으로써, 正財를 위주로 쓰는 사람들이 현금 유동성, 하는 일은 뭔가 새로 만들어 나가고, 활동영역은 넓어져 나가는데 돈은 쫙 빨려 들어가요.

그 다음에 배우자가 亥子丑을 지나가면서 乙木의 모양새가 굉장히 위축되어 있는 모양이죠. 사업이나 일은 어느 정도 소통이 되는데 배우자가 몸이 좋지 못하든지, 배우자와의 조화력이 좋지 못해서 갈등을 겪는 과정이 잘 발생한다. 이미 申酉戌부터 별로 안 좋겠죠.

申酉戌에는 財星 자체가 絕地에 들어가 있으니까 여러 가지 해로움을 당하다가 그 분위기가 완화되었지만, 妻는 보통 건강 요소가 좋지 못해서 여러 가지로 어려움이 있다. 간혹 喪妻를 하고 이때에 대체를 하는 경우도 있어요. 乙木이 亥 子에 病 死地에 걸려들잖아요. 제가 이 케이스를 몇 케이스 봤는데, 진짜 희한한 것은 결론적으로 마누라가 빼빼 말라 죽어요. 물론 암에 걸려서 그렇게 되기도 하고 여러 가지지만, 乙木이 晩春의 흐드러지게 벌어지는 기운인데 살아 있는 나무가 겨울이 되면 완전히 쪼그라들듯이 말라서 죽더라. 암이라도 폐암, 위암 등으로 못 먹어서 말라 죽는다.

庚 – 亥 / 男女

男子는 비교적 안정적으로, 최고로 잘 쓰는 것은 아니고(○), 女子는 금전적 측면에서 더 잘 쓰고(◎), 남자 덕은 체면유지로 본다. 이럴 때 여자들은 장사를 하면 교육 사업, 먹는 장사 같은 것을 해서 재미를 봐요.

그런데 '노력하면 다 된다.' 라고 이야기를 해서 어이가 없어서 亥運에 들어 와 있으니 運이 좋아서 잘 되는 것이라 하면 '아니다. 노력하면 다 된다.' 라고 하는 거죠. 돼지 亥자는 주워 모으는 것이니 아껴 쓴다. '노력하고 아껴 쓰면 된다. 이 세상에 運이 어디 있나?' 한다니까요.

아무튼 남자나 여자나 금전 활동이나 사회 활동에서 긍정적인데 官絕, 胎地의 고충은 따른다.

庚 - 亥 / 綜合

종합적으로 보더라도 금전, 의식주에 대해서는 비교적 긍정적으로 발전, 번영이 많다.

제 32강 • 辛일간의 실관 I

辛이 子를 볼 때

辛 - 子 /

이 경우는 金水傷官의 전형적인 패턴이긴 한데 庚 日柱가 보는 것과 패턴이 또 다르다. 이 경우는 申子辰과 무리 짓는다. 그 자체로 食傷을 대표만 할 뿐 그것이 財星과 잘 소통되어 있지 않다.

地上에 正財가 되는 寅과 隔角되어 있다. 庚 日柱가 亥水를 본 것은 正財 卯를 그대로 껴안는다. 껴안아서 견인을 해주는데 辛 日柱의 경우는 隔角이 된다. 庚 日柱가 일반적인 세속적인 번영을 상징해 준다고 한다면 辛이 子를 보는 것은 세속적인 번영이나 보상은 좀 약하고, 대체로 순수성을 가지는데 주로 교육이라든지 문학이라든지 이런 것이다. 먹는 것을 다루더라도 庚 日柱가 亥水를 본 것은 자기가 먹는장사를 바로 해도 된다. 만들어서 바로 換金 가능한데, 辛 日柱의 경우는 제조만, 그러니까 밀가루만 빻아 준다. 그리고 그걸로 유통은 잘 안 하는 거죠. 食神이라고 하더라도 庚 日柱가 亥水를 본 食神과는 좀 다르다.

辛 - 子 / 12運星

12運星은 長生地로 동짓달의 기상을 만났으니, 辛金이란 빳빳하고 굳어서 형태를 잘 바꾸지 않는 것이죠. 여러분, 음력 11월쯤에 산에 가서 솔방울을 밟아 보시면 빳빳하죠. 적당하게 건조되어서, 辛金이라는 것이 자기 형태를 從革, 변화시킨 것에서도 가장 빳빳하게 버티는 것이 辛金이다.

동짓달에 눈이 자기 모양을 밖으로 많이 드러내는 것도 辛金이 長生한다고 볼 수 있다. 대체로 陰干은 長의 개념이 좀 더 강하긴 한데, 아무튼 辛金이 뭐냐 하면 동짓달에 동짓달 솔방울 맞으면 피 난다. 결국 辛을 庚이 못 이긴다. 庚金도 거의 귀신인데 辛金은 귀신 잡는 해병대이다. 庚金이 가장 이길 수 없는 六親이 辛金이다. 辛金이 가장 맥을 못 추는 것이 丙이다. 庚金은 오히려 乙을 짝지어서 庚으로 에워싼다. 에워싼다고 하는 인자가 강하다면 辛金은 에워싼 이후에 건조된 상태, 그래서 빳빳한 상태다.

```
        丙
        /
    庚〈辛
    /
   乙
```

그림 1

그런데 丙火의 陽光을 만나면 이상하게 힘없이 자기 역할을 상실하죠. 金의 성질이라는 것이 한 번 우기면 자기 성질이나 기질을 잘 바꾸지 않는다.

辛 - 子 / 他 六親 12運星

官星 絕地에 財는 沐浴, 病地로 財官의 모양새가 편안하지 못하다. 辛金이 子水를 본다는 것 자체가 가장 金水傷官의 대표성을 갖는 것으로 본다. 직업적으로 연결되는 걸 보면 교

육, 문학, 종교, 자격증, 가장 현실적인 것이 食品 製造인데 자기가 완전히 하는 형태가 아니라 중간 단계의 제품을 만드는 경우가 많죠. 밀가루를 빻아서 준다든지, 製糖 같은 식이다. 엄청나게 크게 하는 경우가 많다. 나의 꿈은 正財에 隔角되어 있고, 偏財의 의미도 제한적이다. 돈 생기면 더 좋은 것을 만들기 위해 시설 투자에 힘쓴다. 꿈이 食神 자체에 응결되어 있다. 보통 사업을 정리해서 개인적으로 돈을 많이 취하고 있느냐 하면 개인적인 재물을 많이 취하고 있지 않은 경우가 대부분이다.

辛 - 子 / 吉凶

金水傷官의 대표성을 가짐으로써 上記분야에 있어서 吉하고, 도덕적 근거를 둔 직업 분야 쪽으로 뭔가를 키우거나 기르거나 만들거나 하는 면은 吉로 본다. 財官이 부족하다는 것은 인덕이라든지 재물 번영 쪽은 제한적이라고 볼 수가 있겠죠.

기본적으로 食神이니까 吉兆가 많기는 많겠지만 다른 食神에 비해 吉兆가 7~8정도, 凶兆는 2~3으로 본다. 자기 것을, 財를 취하는 형태라기보다 일에 대한 욕심 이런 것들이 훨씬 더 많은 모양이죠.

辛 - 子 / 年月日時

年

文昌 속성을 좇아서 벼슬보다는 學問이겠죠. 學問的 번영의 조상, 學問的으로 기상이 드높았던 조상 인연, 그리고 本人이 가계의 계승자로서 말 그대로 가장 핵심적인 것을 자기가 취해 오는 것으로 본다.

月

말 그대로 食神格을 그대로 취해 쓰죠. 格의 훼손됨이 없으면 보통 가업적인 것을 많이 받는데 주로 제조라든지 생산 수단, 학교 법인, 이런 식으로 가업의 속성이 上記 속성을 많이 따른다. 몇 사람 봤는데 절반 정도가 이 패턴에 다 걸려 있다.

時

戊子時로 末年에 보통 부동산, 문서재산, 현금 재산으로 隔角이 되어 있는 것을 떠올려야 되겠죠. 그 다음에 자식 번영, 보통 時에 食神이 있으면 남자가 아들을 두더라도 자식과의 관계나 소통이 비교적 원활하다.

辛 - 子 / 운의 해석

子 大運의 경우에 크게 봐서 子丑의 역동성 저하가 있죠. 발전이나 변화의 속도는 점진성을 갖는다. 오늘 하루의 벌이가 크게 바뀔 것도 없고 올해 들어오는 거나 내년에 들어오는 거나 큰 차이 없이 점진적으로 꾸준하게 발전 보상이 이루어지고, 역동적으로 다른 변화를 일으키기 어렵다.

男女 共히 대체로 금전 활동에 대해서는 긍정적인데, 여자는 子丑의 해로움을 좀 더 많이 겪으므로 정신적인 고충이 따른다. 물론 조후 실조, 八字 원국 자체에 불기운이 별로 없고 조후 실조가 심한 경우에는 무식하게 표현하면 장님처럼 산다. 金水傷官의 형태에서 조후가 기울어져 있으면 장님처럼 산다. 눈을 떠도 되고, 안 떠도 된다. 그 말은 무슨 말인가 하면 하는 일 별로 뚜렷하지 않은 일에 세월만 쭉 흘러가 버리는, 누워 자나 아침에 출근하나 특별히 내가 유용하게 역할을 할 것도 없고…. 다른 글자에 傷官이 거듭해 있고 다른 글자가 조화가 맞지 않는 경우 獄中 생활을 하는 사람도 있어요.

들어오는 量(먹을 것)은 정해져 있잖아요. 법무부에서 내 먹을 것을 정해 놓죠. 그릇 따라서 해석의 융통성을 발휘해야 되는데 아무튼 역동적인 변화가 어렵다. 장님처럼 꾸물렁하게 지내는 세월도 많다. 기본 의식주 환경은 좋다.

歲運에서는 亥를 지나서 子, 丑으로 가는 가운데 있으므로 대체로 의식주의 번영, 부동산이나 문서재산의 확장이나 발전이 이루어진다.

辛 - 子 / 男女

男子는 子라고 하는 것이 융통성은 떨어지더라도 점진적인 발전으로 보고, 女子는 子 大運 자체의 속성도 그렇지만 대체로 애정에 관한 왜곡이죠. 의식주는 별로 문제가 없는데 애정의 왜곡이 있다. 남자라고 하는 것들이 여자를 골병만 들이고 남자가 없어질 만하면 또 생기고 하는 식으로, 애정사를 많이 조장해 주면서 그러한 갈등이 많이 생긴다. 대체로 女子는 애정적인 측면에서 오히려 피해자의 입장이 더 많고, 男子는 애정적인 면에서 약간의 득은 보는 방향으로 간다.

辛 - 子 / 綜合

종합적으로 본다면 의식주 豊隆의 조건은 이루어지지만 인간관계라든지 역동적 변화의 측면에서는 번거로움이나 고충이 남아 있는 그런 이중적인 요소가 있는 거죠. 女子는 조금 더 힘들고, 번거롭게 쓰게 되고 男子들은 수월하게 쓰게 된다.

	己丑年	戊子年
女子	陰	陽
三合	陰	陰
五行	陰	陰

그림 2

戊子年 己丑年 비교해 보면 女子들은 戊子年을 만나서 그래도 순서에 의한 陰陽을 따지면 陽이죠. 三合에 의한 것을 보면 둘 다 陰이고, 五行적인 陰陽도 둘 다 陰이고, 陰이 많이 중첩해 있는 자리로 넘어옴으로써 누구든지 여자들은 점수 30점에서 최대 50점 까고 시작해야 돼요. 己丑年이라는 해에 女子들이 30점~50점 까고 들어간다는 말은 男子들은 30점 프리미엄을 안고 들어간다고 보면 된다.

결국 陰氣가 많이 발생해 있다는 것은 陰陽의 이동량이 많다고 보세요. 2009년에는 女子들이 그동안 陽의 보조로써 잘 지탱을 하고 있던 것이, 陰壓에 의해서 밖으로 삐져 나가버린다는 뜻이죠. 몸이 陰에 속해서 잘 잡아당겨 놨는데 陰의 운동이 더 강화됨으로써 밖으로 삐져나가니까, 올해 2009년도에는 女子들의 쌈짓돈이 많이 털린다. 쌈짓돈뿐만 아니라 숨겨 놓은 여러 가지 것, 보통 부부간에도 올해 일어나는 일들은 뭐예요?

서방님이 힘들어가지고 오리야 기리야 하고 있을 때 마누라가 자기 것 털어서 밀어주더라….

陰운동을 地上에서 가장 구체적으로 진행시키는 것이 庚이거든요. 甲~戊까지 가서 己에서 서서히 陰운동으로 돌아서잖아요. 庚이 地上에서 가을을 열어서 확실하게 陰운동을 시작시키는 작용이 되는 것인데, 丑에 가면 허물어지잖아요. 그러니까 뭔가를 쥐고 있지 못하게 만들면서 털리게 되는데 결국 남자도 쥐고 있지 못하게 만들고 女子들은 더더욱 쥐지 못하게…. 그러니까 陰壓을 더 강조했으니까 꾹꾹 다지려고 하는 동작이나 기운이 가세되어 陰極則陽生 하고 陰의 운동 끝에 가면 결국은 밖으로 삐져나온다.

그럼으로써 보편적으로 陰운동을 쥐고 있는 것, 즉 작은 공간에 가치를 많이 담는 것이 金인데 이게 전부 다 2008년도 하반기부터 허물어지는 거죠. 庚金이 子水를 만나서 死하고 丑에 入墓를 해 버림으로써 껍질이 완전히 제 기능을 상실하기 시작해 버리니까, 그 다음 해 寅年에 이르면 絕處逢生이 이루어지면서 껍질이 없어지고 새로 남으로써 庚金이 여기서 다시 스타트를 하는 거죠.

丑, 寅에 보편적으로 사람들의 현금 유동성, 金운동 이러한 것이 허결해질 수밖에 없는데 봄만 되면 사람들이 감기에 잘 걸리고, 이러한 것들이 봄이 되면 寅卯辰의 작용에서 주로 寅卯의 작용이 활발해질 때 辰부터는 陽이 5단계로 벌써 陽氣가 많이 펼쳐져 있음으로써 木氣가 남아 있는 것이고, 木旺함으로써 土의 조절력이 약해짐으로써 주로 소화기의 조절력이 허물어진다.

火金交易, 몸 안에 있는 더운 기운(심장)이 호흡(폐)과의 소통을 제대로 못 함으로써 안 그래도 金이 약해져 있는 상태에 火가 金을 건드리게 된다. 그럼으로써 주로 인체의 폐, 호흡기 쪽으로 탈이 나는 일이 발생하듯이 보편적으로 金의 기운이 허결해져서 사람들이 공통으로 겪게 되는 고충이 발생한다. 丑年에 여자들이 많이 눈덩이 맞고 寅年에는 남자들이 더 눈덩이 맞겠죠. 己丑년에는 조신하게 무리한 일을 만들지 않고 가는 것이 생존의 방법이다.

제가 2003년도 여름부터 무조건 부동산 다 팔라고 했어요. 2006년도 10월부터 축제는 끝났다. 甲 日柱가 와도 똑같고 乙 日柱가 와도 똑같아요. 그러한 대세적인 흐름을 전제해 두라는 거죠.

어느 남자가 己丑年 봄에 자금이 어려워서 점을 보러 와서 어디로 가서 빌리면 되겠느냐? 하고 물으면 물론 개인적인 運은 체크해야 되겠지만, '여자한테 가라' 하면 되죠. 陰을 이용하라.

여인이 庚寅年에 돈을 융통하고자 한다. '오빠를 찾든지, 삼촌을 찾든지, 아빠를 찾아라.' 답이 딱 나와 있잖아요. 그것을 활용함으로써 결국은 문제 해결 능력이 생긴다.

제 33강 • 辛일간의 실관 Ⅱ

時	日	月	年
庚	癸	辛	辛
申	亥	丑	丑

그림 1

乙	丙	丁	戊	己	庚
未	申	酉	戌	亥	子

지금 丙申 大運의 초입 부분에 와 있다. 기본적으로 왜 벼슬에 그토록 갈구하는가 하면 官 부족 때문이다. 調候적으로 火가 반갑고 그것을 보상하는 것이 土가 되는 것인데 벼슬자리가 계속 비어서 흔들려 있으니까, 그것이 空亡의 유혹이다. 그 다음에 기본적으로 겨울에 물 기운이 水木 傷官(亥중甲木)을 쫓으니 필설, 교육이다. 官의 무늬를 띄었으니 언론방송, 광고 이러한 것들이 되는데, 광고는 상업 광고가 아니고 水木傷官은 주로 필설, 문학이 해당되겠다.

亥中甲木에 대한 추구, 그 다음에 官星에 대한 추구, 傷官, 偏官 이게 선출직이잖아요. 아무리 생각해도 내가 이것을 좋아하고 열심히 하고 하니까 될 것 같지만 문제는 자연스러운

官運을 타고나지 못했다는 것이다. 丙申 丁酉大運이라고 하는 것이 官印소통, 그러니까 약속을 받아내는 것이라 밀어 준다 하고…. 印星이라고 하는 것은 남자 입장에서 보면 사회적으로 인덕이 소통하는 자리, 그 다음에 결재권인데, 여인들은 남자들과 소통하는 자리잖아요. 남자들이 잘 해 줄게 하면 만날 속는 것이다. 水木傷官의 모양이 자식을 新出하는 것으로, 이 八字가 여인이라면 만날 남자한테 배신당하는 모양이다. 그나마 正印을 가지고 있어서 나는 약속을 지킬게! 해도 상대가 배신을 한다는 것이다.

이 八字가 公職에 잠깐 몸담았다가, 잠깐인 이유는? 官 空亡이죠. 고시합격의 인자가 뭐냐면 羊刃, 羊刃, 正印 이러한 게 있음으로써 글공부를 통해서 흐름 따라서 벼슬도 이룩할 수 있고 학위, 라이선스도 이룩할 수 있다.

그런데 결국은 자연스러운 官運을 타고 나지 못하고, 이 八字의 허결한 것이 뭐냐면 정치인으로 가려고 하면,

1. 甲이 地藏干에 있지만 약한 모양은 아니나, 傷官이 좀 드러나서 내 마음대로 하려는 기질이 있어야 하는데 없다.

2. 이 八字는 비교적 경쟁요소는, 比, 劫이 에워싸고 있으니 경쟁심은 있으나 투쟁심은 없다.

3. 財星에 따른 사회적 융통성이죠. 사회적 융통성에서 財星이 빠져 있다는 말은 더러운 거래를 할 줄 모른다는 거죠.

일종의 상거래거든요. 상거래를 잘 못하잖아요. 財星이 있는 사람들은 상거래를 잘 한다는 거죠. 내가 이만큼 해 주마. 대신 해 내라. 아니면 유들유들한 장사꾼으로서의 기질 이러한 게 있어야 하는데, 上記의 요소들이 정치인으로서는 허결하다.

나는 똑바로 사는데 세상은 왜 이 모양이냐? 이 분이 社說을 쓴다면 반드시 세상에 대한 비판적 입장, 비판과 대안의 구도로 보면 비판 9할, 대안이 1할 밖에 차지하고 있지 못하기 때문에 사람들에게 자유를 주지 못한다. 대안이 뭐냐 하면, 대안이 지나치면 뻥이 된다. 잘 해 줄게, 잘 해 드릴게 이게 다 거짓말이다.

그런데 정치적으로 하려면 비판을 조금하면서, 그 비판이란 자기에게 지극히 유리한 입지나 구도를 얻어내기 위한 비판이어야 되고, 대안적인 면에서는 아름다운 거짓말을 할 줄 알아야 한다는 거죠.

논술에서도 가치 판단, 문제 해결 이러한 것이 나오죠. 가치 판단형 논술, 문제 제시형 논술. 가치 판단에서 이게 옳으냐, 저게 옳으냐 한 번 떠들어 봐라. 그런 것도 역학적으로 접근할 수 있어야 한다는 거죠. 이 분은 가치 판단 요소는 매우 엄격하다. 겨울에 얼어 있는 얼음과 같으니 얼음의 장점이 뭐예요? 투명성이죠. 투명성을 기준으로 하여, 그러니까 물이 뭐가 되죠? 거울이 되죠. 거울에 비추어 볼 때에 다 비틀려 있으니 그에 대한 가치 판단은 지나치게 엄격할 수 있다.

그 다음에 문제 제시나 문제 해결의 관점에서 볼 때는 지나치게 도덕적으로 타이트한, 마무리(時)가 뭐로 되어 있어요? 印星으로 되어 있어서 똑바로 살아라. 이런 식으로 하니까 사람들이 좋은 글이라고 하면서도 친근감이 없다고 느끼죠. 왜? 인간적이지 않으니까.

질문

건강은 괜찮습니까?

답변

문제가 생기죠. 뒷날에. 未 大運에 오히려 조후 실조는 이미 되어 있는데, 남자들은 申, 酉를 잘 쓰잖아요. 잘 쓰고 있으니까 먹고 사는 것은 글을 써서 먹고 살든, 마누라를 고생시켜서 먹고 살든, 먹고 사는 수단은 뭐예요?

거지도 가을 거지는 어때요? 그리고 주변에 보면 잘 난 놈들 많거든. 잘난 놈들 힘을 좀 빌리면 뭔가 되겠다는 건데, 결국 남의 돈만 까먹고 있는 것이라. 내 돈 까먹는 게 아니잖아요. 장사꾼으로서의 거래 심리가 있다면 내 돈 써야지. 왜 아버지 돈이든 가족 돈이든 주변 사람들 돈을 투자해서 골병을 들이냐고요. 그러면서도 나의 삶은 정당하다 하는 입장에 서 있는 거죠. 그러니까 가치 판단, 문제 제시도 너무 엄격하죠.

클린턴이 여자 문제를 일으켰을 때에도 왜 용서받을 수 있는가 하면 피해를 한 명 밖에 안 줬기 때문이다. 전 국민은 피해 본 것 없거든요. 그리고 섹스에 관한 문제는 누구에게나 運命적인 굴레다. 오히려 인간적인 코드가 통한다. 이 八字는 이런 휴먼 코드가 잘 안 통하는 성격이니까, 좋은 선생님으로서 정신적인 좋은 역할을 해 줄 수 있을지는 몰라도, 동료 의식을 이끌어 내 줘야만 정치적인 인기도를 잘 이끌어나갈 수 있는데 그런 면에서 틀린 것은

loser고 옳은 것은 당연하게 winner가 되어야 한다고 생각하는 것이다.

八字를 보면 딱 보이잖아요. 교수님을 한 분 부르는 게 낫다. 교수님은 이 생각이 맞는다는 거죠. 易學의 세계는 뭐냐? 易學의 세계에서는 옳은 것이 loser가 될 때도 수없이 많고 틀린 것이 winner가 될 때도 수없이 많다. 그럼 그게 뭐냐면 不公平이잖아요. 不公平한 것으로 보이지만 自然이 이것을 왜 허락하고 있는가 하면 易이에요. 옳은 것이 이길 때도 있고 틀린 놈이 이길 때도 있고, 결국 옳고 그르다고 하는 것은 立場의 차이다.

내가 어느 立場에 서 있느냐 하는 거죠. 햇볕을 봐야만 꽃을 피우는 나팔꽃의 삶이라면 해가 옳은 것이고, 해를 통해서 내가 winner가 된다. 달빛이 비치면 결국 나팔꽃을 지게 하니 틀린 것이고 loser가 된다. 결국은 옳고 그름의 대상이 아니라는 것이다.

여기에 나팔꽃이 있다. 이것을 옳은 것이라 할 것이냐 틀린 것이라 할 것이냐, 사람의 행위적인 측면에서 보면 善惡論인데 易學에서는 사실은 善惡이 없어요. 이런 善惡論적인 입장에서 역학을 하는 사람은 지나치게 보통 사람들이 善惡論적인 입장에서 말을 할 때 정서적 동조는 해 주더라도 완전히 동의를 해서는 안 됩니다. 와서 하소연을 한단 말이에요.

"저 새끼는 진짜로 인간 아닙니다. 이것도 해먹고 저것도 해먹고, 그 지랄하면서도 작은 마누라 또 두고 있어요."

"그래, 나쁜 놈 맞구나."

나쁜 놈이라고 하는 것이 도덕적인 善惡論에서 봤을 때 비난의 대상도 되고, 그것을 통해 자기 삶을 정당화시키기도 하는데, 사실은 생명이 있는 것은 모두 선악으로써 판단되어야 되는 것이 아니라, 자기 持分이 있는 것이다.

이 세상에 독극물(독초)이 있다. 독초를 틀린 것이나 나쁜 것이라 할 수는 없다. 독초는 독초 나름대로 대자연 속에서 자기의 持分이 있다. 단지 자기도 한 때 빛 본다는 거죠. 24시간 중에 2분만 자기 몫이다. 자기 持分이 작을 뿐이지 이것을 나쁜 것이라 말할 수 있는 것이 아니라는 거죠.

이 八字가 매몰되어 있는 여러 가지 가치는 이러한 기준에서 결국 많은 사람들을 끌어안을 수 없을 것이다. 원래 나쁜 놈, 나쁜 놈 말하는 사람은 자기가 나쁜 놈이거든요. 善惡이 아니라 사실은 파워예요. 그 파워는 영원히 부여되는 것이 아니고 끝없이 순환한다. 오늘은 내 몫이요, 내일은 네 몫이다.

그렇게 대자연은 질서정연하게 해 둔 것이라, 도둑도 하늘이 내는 직업이다. 하늘이 내는 직업이라고 하는 것은 선악론적으로 보지 말라는 것이죠. 도둑놈도, 신불자도 유권자잖아요. 교회에도 써 놨잖아요. 주님은 당신을 사랑합니다. 이 八字는 아우르고 껴안는 이런 융통성이 없죠.

질문

八字가 편고해서?

답변

그렇죠. 이 분은 '그래, 내가 그게 문제인 줄은 알아.' 하면서 밤새도록 고민하다가 결국 하는 소리가 또 이 소리예요. 그래도 똑바로 살아야 된다 하면서. 똑바로 살겠다고 밖으로 주창을 하면 사람이 많이 모일 것 같은데 천만의 말씀…. 밖으로는 동조를 하지만 저 사람하고는 파트너 되면 피곤하겠다 하고 생각하죠.

결국은 정치적인 힘이나 표라고 하는 것은 그런 것과 상관없는 거죠. 이런 八字들 보면 정말로 그런 게 한 눈에 보이는 거죠. 한마디로 써 놓으면 도덕 샘! 정치인은 안 됨!

출처는 잘 모릅니다만 어느 글 속에 누가 인용한 글인데, 누군가 자기 얼굴에 침을 뱉을 때 그걸 닦으면서 바로 주먹이 날아가는 것을 凡夫라 한다. 누군가 내 얼굴에 침을 뱉을 때 그 침을 닦으면서 괜찮습니다고 하는 사람은 商人으로 성공한다. 그 다음에 누군가 내 얼굴에 침을 뱉을 때 그 침이 마를 때까지 웃고 다니는 사람은 정치인으로 성공한다. 정치란 그런 것이다

그래서 그릇 자체에서 한계성이 많은 모양이고 未 大運에 오히려 좋은 일, 궂은 일 많이 뒤섞일 거라고 봐요. 원래 八字의 格에 너무 편고성이 있는데다가 세속적인 보상을 구하는 데는 너무 어설픈 거죠.

편고성을 가진 사람들이 갑자기 학교 열심히 다니면서 모범생으로 있다가, 어쩌다 나이트클럽 한 번 가면 불심검문에 걸려서 미성년자로 잡혀간다. 바람도 마찬가지로 맨 날 바람 피우는 놈은 이상하게 다 비켜나가고, 어쩌다 한 번 바람 피운 놈은 그대로 걸린다. 이렇게 반대의 운동을 힘들게 써 먹거든요.

辛이 丑을 볼 때

辛 - 丑 / 六親

六親적으로 偏印, 食神의 餘氣가 넘어들어 와 있다는 것을 생각하고, 巳酉丑과 잘 무리지어 있어서 수시로 金局으로 돌아간다. 偏印의 속성을 다 가진 것은 아니다. 食神 子의 餘氣가 넘어와 있고 五行적으로 土의 작용보다는 水의 작용이 많이 남아 있는 걸로 전제해 두고, 대신에 형태상 偏印을 그대로 취한다.

辛 - 丑 / 12運星

12운성으로는 養地이다.

辛 - 丑 / 他 六親 12運星

財官이 다 강한 모양이 아닌데 단지 甲木이 冠帶를 이루고 있는 것이 五行적인 대세 상승의 인자를 보여 주고 있다. 기본적으로 偏印 속성이나 食神 속성을 그대로 써서 교육적인 일이나 자격증 분야 또는, 전문 기술을 통해서 성공 번영이 이루어질 수 있는 모양이다. 그 다음에 경제적인 보상을 이루는 패턴도 甲木이 주도한다는 것은 변화가 많지 않은 일, 官星이 드러나 있다면 대체로 직장 또는 변화가 작은 일의 사회 활동을 주로 삼는 것이 바람직하다. 소는 반복성을 의미한다.

어제 같은 오늘, 오늘 같은 내일. 꾸준히 변화가 작은 활동을 한다.

辛 - 丑 / 吉凶

길흉을 따져 보면, 형태상 偏印의 해로움이 있긴 하지만 正財가 꾸준하게 자기 모양을 갖출 수 있는 흐름으로 간다는 것에 吉 6~7 정도, 凶 3~4 정도로 본다.

辛 - 丑 / 年月日時

年

食神의 餘氣지만 부모나 조상 혜택이 제한적이고, 偏印의 속성을 띠고 있다는 것은 경제적인 혜택이, 빈한한 가문의 경제 혜택이다. 辰戌丑未 속성 자체에 다시 偏印이 들어와 있는 것이다.

月

月에 丑이 있으면 마찬가지로 食神이 많이 훼손된 모양이다. 부모 혜택이 대체로 일반적인 수준의 혜택 정도밖에 되지 않는다는 뜻인데, 보통 偏印이 있으면 父와 母의 인연의 不調和로 본다.

日

여자 八字의 경우는 偏官이 入庫, 正官이 養地에 있음으로써 배우자덕의 불안, 남자는 덜 하죠. 남자는 甲이 冠帶지죠. 冠帶는 비교적 안정되고 좋은 조직사회라고 보면 됩니다. 正財가 冠帶를 하고 있다는 말은 부인이 보통 공직이라든지, 교직이라든지, 안정되고 좋은 직장 위주의 사회 활동을 통해서 기본적인 처의 역할을 이룩한다고 보시면 됩니다.

기본적으로 소의 운기 자체는 그대로 해석해 주면 되죠. 소처럼 일한다는 말은 반복적인 일을 하든지, 꾸물렁거리든지, 꾸물렁거리면서도 牛步千里다. 소걸음으로 천리를 꾸준하게 가는 거죠.

時

己丑時로 偏印이 많이 들어 있다는 것은 그 규모와 단위가 크지는 않으나 부동산, 임대, 대체로 偏印 속성을 그대로 따라가서 食神 合濁을 만들죠. 地上에 좋은 食神을 合濁을 시키니까 만성 건강, 食神이 아닌 것도 아닌 것이 食神을 묶어버리기도 하는 작용을 동시에 한다.

食神의 餘氣가 남아있음으로써 食神을 흐리게 한다. 그러면서 보통 조후 실조가 잘 발생하기 때문에 온 삭신이 쑤시고 머리부터 발끝까지 안 아픈 데가 없지만 아픈 데를 물어보면 없는 조후 실조의 病이 대부분 다 그렇다. 안 아픈 데가 없으면서 특정한 어느 곳이 아프냐 하면 그것도 아니다.

그런 모양의 배우자의 八字를 보면 그게 더 명확해진다. 부인이 아픈 모양이 되어 있는 경우가 많다. 특히 여자들은 辛에 丑 자체가 次序에 의해서, 三合에 의해서 큰 五行적인 陰陽에 의해서 천지가 陰物이 강화되어 있죠. 보통 재물을 어느 정도 이루고 있다고 하더라도 삭신이 쑤시는 것이다.

어떻게 보면 큰 大陰陽論으로 보면 남자는 결국 陽태과의 해로움이다. 여자는 陰태과라고 해도 되고 陽부족이라 해도 되죠. 여인들은 뭐예요? 몸 구조 자체가 속앓이다. 저 인간 저거 때문에 안 되고, 이거 때문에 안 되고 다 맞추고 살려니까 미치겠다는 것이다. 天下名醫는 사실 이거밖에 없거든요.

陽 태과하면 피로(overwork)다. 陰부족이다. 하다못해 一呼一吸에서도 陽 태과다. 남자의 질병은 대부분 쉬면 낫는 것이다. overwork, 過熱이죠. 過熱이니까 탄다, 타서 굳는 것이다. 하지만 속앓이는 무엇인가? 엉긴다. 엉겨서 결국은 굳는다. 범벅, 우울, 울체되어 있는 것이 결국은 여자들 병의 근본이다.

나이트클럽 가서 미친 듯이 흔들고, 수다 떠는 것 이게 살풀이다. 가벼운 살풀이는 鬱氣 때문이다. 鬱滯된 기운 때문에 대부분 속앓이, 엉긴다, 범벅 이런 것을 풀어내는 작업을 해야 한다. 그런 대표적인 인자가 辛丑이다. 여인들이 陰이 과다하고 陽이 부족해서 이런 질병으로 잘 가는 것은 干支 중에 영향을 많이 받는 것으로 辛이다. 辛은 陰이 이미 많이 진행되어 버린 것이다. 己부터 己庚辛으로 이미 陰이 많이 깊어진 것이다. 癸水처럼 다시 뭔가 틈이 생겨 발산을 하는 것도 못 한다. 그러니까 끙끙 앓는다. 그래서 부르는 노래도 있어요. '아, 어쩌란 말이냐, 이 아픈 가슴을.'

대안도 없다. 가슴앓이를 만들어주고 조장해주는 데 상당히 강하게 작용하는 글자가 辛하고 丑이다. 두 개 다 결합되어 있으니까.

질문

유방암 같은 것도 그런 것...?

답변

다죠. 암도 거의 타서 죽은 것은 재생 불량이다. 그 다음 여자들이 쉽게 만들어 내는 것이 엉긴다, 범벅된다, 범벅이 되면 농해버린다. 女子들은 干支上으로 陽에 속하는 놈이 많아야 병이 별로 없다. 남자처럼 설치고 다니는 이런 사람이 오히려 병이 없다. 간혹 陽 태과로서 陽 태과로 인한 질병을 겪는 경우도 있지만 거의 다 陽 부족으로 인한 병으로 보면 된다. 만병을 다스리는 큰 원리는 이 두 가지밖에 없다. 男子는 丙이나 午 이런 인자들이 陽 태과의 인자가 많다.

辛 - 丑 / 운의 해석

丑 大運은 丑자체의 역동성 인자로 보시면 되고 甲木 正財가 꾸준하게 帶를 이루고 있다는 자체가 지속적인 번영을 의미하는데, 보통 子에서 丑으로 들어갈 때, 寅에서 丑으로 올라올 때 변화가 많다.

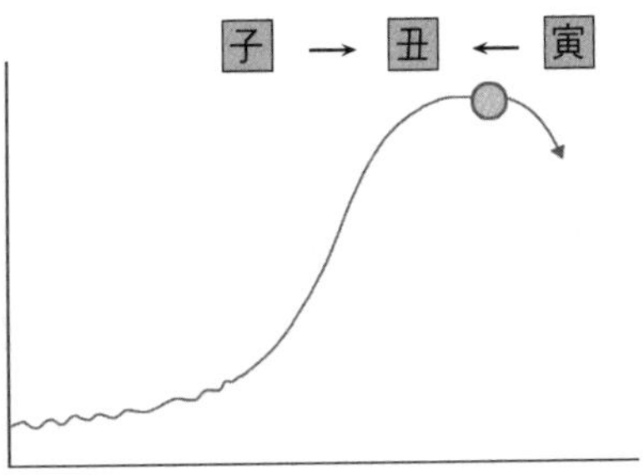

그림 2

寅에서 丑 大運 들어올 때 丑의 속성을 그대로 따르는 사업, 예를 들어 기술 사업, 임대 사업 같은 것을 할 때 빅히트를 칠 수 있는 에너지가 있다. 子에서 丑 大運 들어갈 때는 천천히 가다가 가속도가 붙는 방식으로 운세가 변화하기 때문에 大運이 교차되는 지점에서 잘 보라는 것이다.

子운을 그런대로 무난하게 써먹어온 食神 속성을 아직 가지고 천천히, 천천히 해 왔던 사람은 丑운에 갑자기 가속도가 붙는다. 그리고 丑의 끝부분이나 寅의 시초 부분에 가서 이 패턴을 바꿀만한 사건들을 저지르게 되고 그에 따른 보상이 이루어진다.

大運일 때에는 正財라고 하는 인자로 보기보다는 正財, 天乙貴人 인자가 많다. 正財, 天乙貴人으로 봐주더라도 陰陽 환경이 바뀐 것이다. 陰陽환경이 바뀐 걸로 봐서 丑에 저질러 놓는 것이 오히려 陽 大運으로 흘러가서 서서히 소문난 잔치에 먹을 것 없는 격으로 이끌어 나간다. 이렇게 運의 변화가 있을 것으로 보면 된다.

거꾸로 寅運에 소문난 잔치에 먹을 것 없는 모양으로 지낸 사람은 丑運이 들어오면서 비약적으로 실속을 차리는 모양으로 간다. 그래서 大運의 교차점에서 丑 大運은 어떤 쪽으로 상승이나 하강을 많이 유도하게 되는데 대체로 財星과 친한 모양이다. 주로 사업이나 재물 환경이 가속도나 긍정을 주는 인자로 작용한다. 조후 실조의 경우는 財物이나 의식주 환경은 괜찮은데 건강이라든지 六親 관계에서 고충이 많이 따른다.

丑 歲運은 寅을 열기 위한 과정이기 때문에 지지부진, 지겨움, 역동성 부족 이런 것들을 끌고 가다가, 경제적인 보상을 寅이나 卯에 크게 받기 위한 사건이나 계기가 발생한다.

辛 - 丑 / 男女

男子는 丑이라고 하는 것이 陰이 많이 에워싸여 있기 때문에 비교적 잘 쓰고, 女人은 잘 써야 보통 정도이고 오히려 부정적으로 쓰는 경우가 많다. 올해 己丑年이 서서히 전개되기 시작하면 모든 여자들은 기본 10점씩 삭감, 사회활동이나 대외활동이 있으면 20점 더 삭감, 30점 까고 시작하면 된다.

丑中에서도 뭐가 나와요? 辛金의 투출이 있다. 辛金이 陰의 기운을 지상에 확연하게 확 뿌리는 작용을 하기 때문에 여자들이 밤새 눈물 흘릴 일이 많을 것이다. 丑時에 잠 못 든다 함은 여인들은 丑時에 잠 못 들고, 남자들은 잘 잔다는 것이다.

辛 - 丑 / 綜合

종합적으로 봐서 의식주, 재물의 기본 소통에 큰 발전은 아니고 소통은 이루어 주지만 대체로 건강, 인간관계에 불리한 기운이 많이 발생한다.

辛丑이 두 개 있는 사람을 한 번 봤는데, 여자인데 밤새 우니까 눈에서 피눈물이 나더란다. 눈물이 안 나오고 피가 나온단다. 피눈물을 흘릴 수 있다는 것도 성질이 있어서 그런 것이다. 辛日柱 속성이 한 번 칼을 빼면 피가 날 때까지 쫙 밀고나간다. 그런 기질이 세상의 문제 해결에는 좋은데, 결국 그 해로움을 자기가 당하게 되는 것이다. 辛日柱가 丑을 만나면 마음에, 현실에 고단함이 많다.

제 34강 • 辛일간의 실관 Ⅲ

辛이 寅을 볼 때

辛 – 寅 /

寅을 보면 기분이 확연하게 陰陽이란 논법에서 차이가 많이 난다.

辛 – 寅 / 六親

기본적으로 正財, 天乙貴人이다. 굉장히 多福한 경우를 많이 볼 수 있다. 특히 여자들이 예를 들어 月에 있을 경우 寅월에 辛 日柱는 格을 심하게 훼손하지 않으면 대부분 다 친정 덕만 가지고도 40년, 50년을 편안하게 산다. 다른 것에 비해서 유독 똑같은 正財를 쓰더라도 天乙貴人 프리미엄이 대단하더라는 것이다. 天乙貴人프리미엄이 있으면서 正財가 되는 것은 癸가 巳를 보는 것도 좋은 패턴인데, 辛 日柱의 패턴도 상당히 좋은 패턴이다. 제가 본 八字 중에 구체적으로 모든 개별 사항을 다 안 물어보지만 진짜 태어나서 한 번도 흙을 안 밟은 사람, 여자 분인데 지금 70 다 됐는데 흙 땅을 밟은 적이 없다. 최소한 아스팔트다. 포장된 카펫길…. 태어날 때부터 계속이다. 寅이 빳빳하니 올라서 있어 카펫처럼 생겼다.

辛 - 寅 / 12運星

12運星상으로 보면 胎地가 되죠.

辛 - 寅 / 他 六親 12運星

기본적으로 財星이 祿旺地를 무리 짓고 있고 丙火가 長生한다.

누가 전화상으로 간단하게 묻는데(그림1) '나는 세상 사람들이 왜 힘들다고 하는지 이해할 수가 없다.' 고 하기에 아무 해 줄 말이 없었다.

時	日	月	年
	辛	丙	
	未	寅	

그림 1

정신적으로 예를 들면 철학적, 종교적으로 어디 가서 기도하고 하는 것을 이해 못하고, 차라리 기도할 시간에 일을 하라고 한다. 官印 소통(丙-未)이 이루어져 있고 그 다음에 正官이 투출해서 格을 이루고 있고, 月에는 正財가 놓여져 格을 이루고 있고, 食神이 年인가 時에 天干에쯤 놓여 있었을 것이다. 새벽 기도갈 시간 있으면 그 때 공부를 하라고 한다.

아직도 기도하러 가는 사람의 진심을 이해 못 하는 것이다. 60이 넘어가면 寅木을 떠나기 때문에, 아마 당신이 60쯤 넘어가면 이해할 것이다라고 얘기했습니다. 格을 떠날 때쯤 되면 그걸 이해할 것이다.

이렇게 기본적인 환경이 地上에 채워져 있다. 正財도 채워져 있고, 이 패턴은 전형적으로 正官까지 채워져 있으니까, 陰陽이 될 만한 것이 다 충족되어 버린 것이다. 그럼으로써 삶의 안정성, 삶의 보상이 자연스러운 인자를 많이 가지고 있다.

辛 - 寅 / 吉凶

吉 9~10까지, 10점 만점이 나온다.

凶 0~1

但, 八字 환경의 주변에 財星이 태과해서 財星의 혼잡이나, 財官이 무리지어서 몸이 너무 五行적인 요소에서 쇠약하지 않을 때, 약간의 쇠약은 상관 없습니다. 그러니까 일도 못하는 것이다.

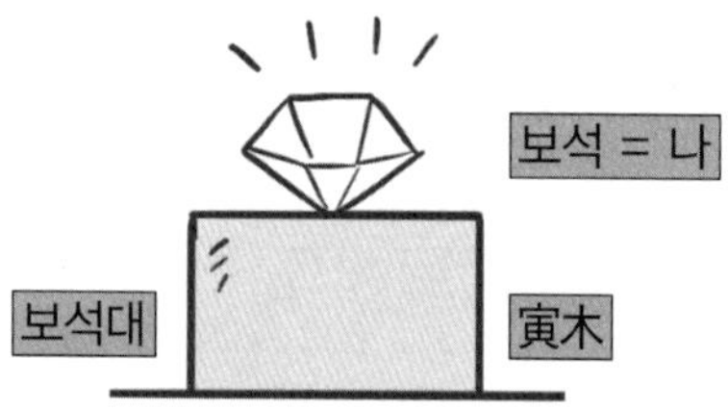

그림 2

자기 자신을 볼 때 地上의 보석이란 뜻이다. 보석이 어디에 올라와 있는 모양인가? 물상으로 보면 寶石臺다. 보석 집에 가면 특별하고 자랑할 만한 보석을 보석대(寅) 위에 둔다. 이것이 寅木이다. 寅木 위에 걸려 있는 번쩍번쩍한 보석. 여자들은 일종의 공주병으로 갈 수도 있다. 남자들은 잘못하면 건달쯤, 돈이 없어서 힘들게 사는 건달이 아니고 주변 환경이, 원래 아버지는 부자고 처갓집도 부자고 해서 특별히 뭘 안 해도 먹고 사는데 지장이 없는 그런 패턴이 많다.

辛 - 寅 / 年月日時

年

天乙貴人의 해석을 확대해 주면 된다. 貴人 집안이라는 것이다. 즉, 경제적으로 유력했거나 신분적으로 좋았던 집안 사람이다. 그러나 寅申巳亥의 속성상 그 혜택이 제한적이다. 그래도 우리 할아버지가 물려주신 땅이, 祖孫 상속의 인자가 있는 것이다. 실제로 祖孫상속받는 몇 케이스를 봤습니다. 할아버지가 물려 주신 건물이나 땅인데, 땅이라 하면 넓은 땅이다. 왜냐하면 범의 영역이 크잖아요. 산 같으면 넓은 터를 받는다.

부동산을 쪼갤 때도 寅을 印星으로 쓰거나 食神으로 쓰거나 財星으로 쓰고 있을 때 삼거리 이상으로 보세요. 보통 삼거리가 가장 많아요. 寅이 3, 8이라 주로 삼거리에 코너를 물고 있어서, 삼거리 이상이면 아무리 허접한 동네라도 부동산의 활용도가 높은 거니까. 그리고 寅申巳亥의 속성상 대부분 역세권이에요. 지하철 몇 번역 출구, 뭐 이러한 건물 등을 가지고 있다.

범을 보고 우리가 '아이고, 무시버라(무서워라)!' 하잖아요. 감히 꿈꾸기 어려운 조건의 모양새를 무섭다고 하죠. 범이 자리를 차지할 만한 정도의 좋은 것을 의미하죠. 그런데 그런 것이 格으로 따라온 사람들은 평생 팔 생각도 안 해요. 팔 생각도 안하고 그대로 쭉 가지고 가는 거죠. 단, 冲 맞고 刑 맞고 하는 것은 다 아시죠? 그리고 조금은 튀어 오는 케이스가 많은 게 月에 貴人이 오면 볼륨을 키운다. 규모를 크게 키우니까 祖孫상속이 생기더라.

月

부모혜택이다. 正官 출현을 하면 보통 부모가 유도해 주는, 부모가 너는 이거 해라 하는 직장이나 직업을 가진다는 것이다. 가업 승계도 비교적 많은 편이에요.

時

庚寅 時죠. 寅木이 天乙貴人으로 자식 貴人, 末年 안정적인 재산, 庚金 때문에 문제죠. 時 劫財의 해로움은 따른다. 내가 어느 정도 잘 활용했다 하더라도 결국은 도로 자식들에게 공여를 하고, 내가 쓰고 다 누리지는 않는 속성을 갖는 것이다. 貴人이 어디에 출현하든 긍정적 작용이 많다.

辛 – 寅 / 운의 해석

寅 大運에 최소한 名高利薄이라도 外形발전, 왕성한 활동, 男子들은 개인적인 실속을 취하는데 방해가 좀 따르고 여자들은 더 실속 있는 모양이 된다. 보통 고정적인 거래처, 큰 조직과의 좋은 관계로 꾸준하게 잘 되는데 남자들은 자기가 발을 뺄 수 있는 처지가 아니고, 여자들은 그것과 아무 상관 없이 주변의 혜택을 입는 거니까, 아무튼 대체로 좋은 작용이 많은 거죠.

歲運에서는 경제적 번영, 발전 그 다음으로 말뚝 효과다. 부동산을 잡는다든지 오래도록 활용할 일이나 문서 같은 것들이 따르게 되는 것이다.

辛 – 寅 / 男女

男女 共히 배우자 인연을 열어주는 효과가, 女子는 正官 長生이고, 男子는 그 자체가 正財가 祿을 띄우니까 배우자 인연이 이루어지는 효과를 가진다.

男 – △ · ○

女 – ◎

辛 – 寅 / 綜合

종합적으로 봐서 男女 共히 비교적 좋다.

질문

남자는 陽의 해로움을 받나요?

답변

그렇죠. 남자는 陽이 무리 짓는 해로움이 발생한다. 부지런히 움직이고 일을 해서 경제적인 보상을 받지만, 할 수 없이 총대를 메고 가는 고달픔이 발생한다. 寅, 午가 같이 출현하면 天乙貴人의 중복, 天乙貴人의 중복은 거꾸로 왕족 기질로 인해서 오히려 세상살이에서 좀 능력이 제한적으로 가는 것이다.

일반적으로 주어진 일이 10개 같으면 그냥 2~3개만 해결해 버리는 방식이다. 女子들은 적당히 왕족 기질을 가져도 상관없다. 기본적으로 天乙貴人의 중복, 그 다음에 陽의 유리함을 그대로 만나는 거니까. 공주님이 많다. 寅月 正財를 잘 쓰는 사람들은 공주처럼 산다.

格이 떨어지는 경우는 공주병으로 간다. 格이 잘 갖추어져 있으면, 正財가 손상됨이 없고 貴人으로서 안정되어 있으면 진짜 공주다. 옆에서 冲 맞고 破 맞고 해서, 삭감이 많이 되어 있으면 자기가 추구하는 이상적인 구도는 공주인데, 현실은 공주를 다 안 받쳐 주니까 병으로 가는 것이다.

제 35강 • 辛일간의 실관 Ⅳ

辛이 卯를 볼 때

辛 – 卯 /

六親상으로 偏財, 무리 짓는 것들이 食傷하고 偏印(亥- 未)이다. 偏財라고 하는 것이 양보할 수 없는 인자가 중앙에 있다고 보면 된다.

辛 – 卯 / 12運星

12運星으로는 絕地.

辛 – 卯 / 他 六親 12運星

官星을 좀 애매하게 써 먹는다. 이 모양에 財多身弱으로 가 버리면 감투 발전이 천천히 이루어지는 조직으로 가 버린다. 묘하게도 官을 쉽게 쓰지 못한다. 辛卯일에 거듭하여 寅이나 卯, 辰 이런 것들이 있을 때 官星을 잘못 쓴다. 財星은 그대로 써서 자기 사업은 못 하더라도 큰 조직, 단위가 큰 살림살이를 운영하는 직장으로 간다. 財星이 태과한 경우는 남자의 경우 일정 세월 직장 생활을 하다가 보통 배우자 동업을 한다. 그러니까 설치고 움직이는 기운은 辛이 더 강한 게 아니라 木이 더 강하다. 財旺한 경우에는 여자들이 더 설치고 활동한다.

辛 - 卯 / 吉凶

吉凶에서 형태상으로 보면 財星이 세력이 있어 길조인데 삶의 내용을 보면 그렇게 길조가 아니다. 이상하게 잘못 쓰더라는 것이다. 辛金이 木의 번지려는 성질을 제어를 잘 못한다. 좋기는 한데 번거로움이나 복잡성이 있더라. 토끼라고 하는 것이 잘 뛰고 흩어져 버리는 것이다. 四陽, 陽이 유여해서 밖으로 쫙 뻗어져 나가는 단계에 있는 것이니까 결국은 辛金이 그걸 갈무리를 해 줘야 하는데 잘못하는 경우가 많다. 寅木은 正財로서 陰陽의 짝이 딱 맞으니까 쉽게 짝을 짓는데 卯는 잘 못 쓰더라.

남자들은 건축 쪽으로 많이 간다. 그 다음에 섬유, 의류의 가공, 주로 솟아오르는 것이다. 나무의 유통, 의류 유통, 꾸며서 세워 올리는 거니까…. 유통을 통해서 재물 번영을 하기는 하는데 運 따라서 기복이 좀 많더라. 토끼처럼 왔다 갔다 해 버리니까. 여인들은 주로 업종이 장식, 디자인, 의류 유통 아니면 亥水와 무리 지으면 기호식품, 단품목 요식을 해서 금전 활동은 비교적 잘 하는데 비해서 지상에 있는 巳를 隔角한다.

巳隔角에 偏官은 病地요, 正官은 浴地로 서방이라고 있는 게, 浴이라고 하는 것이 꿈을 찾는 소년으로 가는 것이다. 그러니까 자기가 옷 장사해서 잘 해 놓으면 서방이 건설한다 해가지고 몇 억만 빌려 봐라 해서, 보증 서고 빌려서 당겨 주면 '사업은 이런 것이다.' 하면서 다 갖다 버리고 만다.

吉: 7~8, 凶: 2~3

질문

辛卯日柱에서 午未가 空亡 아닙니까?

답변

午未 空亡이죠. 午未는 못 써도 상관없는데 巳 隔角이 되죠. 巳 隔角이 된다는 말은 땅에 안정된 직장인 正官을 못 쓴다는 말이죠. 그래서 보통 남자들 중에는 巳 正官을 쓰지 못함으로써 부잣집에 머슴, 富家貧人 格인데 계급장 발전이 없는 것은 괜찮다. 운송업계에 차를 가지고 들어가서 四海萬里를 토끼처럼 달린다 함은 토끼 위에 놀고 있는 辛金이 되는 거니까. 아니면 수많은 상품의 검수, 財는 財인데 내 것이 아니다.

그런 식으로 부잣집에서 남의 살림 거들어 주는 것, 그게 식품이 되기도 하고 의류가 되기도 하는데, 결국은 富家貧人 패턴이라는 것이다. 그 패턴을 벗어나서 자기 사업을 하면 또 안 된다. 이상하게 굴곡을 많이 겪는다는 거죠. 토끼처럼 뛰어 올랐다가 토끼처럼 수그러들었다가 乙丁辛癸와 똑같잖아요. 굴곡이 많이 발생해서 잘 되다가도 눈덩이 맞고…. 건설 쪽으로 가도 마찬가지. 한 참 돈 벌었다가 눈덩이 맞고 이런 식으로….

질문

올해 엿 됐죠?

답변

그렇죠. 올해 丑이 와서 丑이 卯를 隔角해 버리니까 토끼몰이를 하러 가는 건데, 토끼를 그나마 財로 쓰는데 토끼몰이를 하러 가 버리는 모양으로 乙木이 丑에 衰地에 들어가 있는 모양이다. 그러면서 丑中에 子水의 餘氣를 좀 취해 가지고 밥은 겨우 먹고 살아 가는데, 사회활동에 따른 보상은 재미없는 모양이다. 뭔가를 추진하면 억지로 빌려서 해야 되고.

辛 - 卯 / 年月日時

年

年에 토끼가 있다는 것은 말 그대로 가계의 계승자로 偏財의 꿈이 지나갔다는 것이다. 盛衰浮沈이 심했던 조상, 그러나 어쨌든 본인이 재생 복귀하기 위한 여러 가지 삶의 역정이 만들어지는 것이다. 남자는 소년 풍융을 얻을 것이고, 여인은 대체로 애정의 왜곡, 申子辰처럼 들러붙어서 생기는 게 아니고 자꾸 깨지는 것이다.

月

말 그대로 偏財格의 속성인데 보통 이런 경우에 금융으로 가는 경우가 가장 일반적인 패턴이지만, 금융이 아니라면 財貨의 이동이 많은 모양이죠. 建設, 貿易, 廣告, 通信 분야의 직장 활동 중심으로 하다가 직업 전변해서 배우자 동업을 한다. 그나마 안정이 되어 있는 八字는 관리자 최고직, 금융 기관의 최고 관리자 정도는 가더라.

日

辛卯日로 사업성 발휘, 그에 따른 파생적 굴곡이죠. 돈을 벌었다 놨다, 토끼는 머무르지 않는다. 男女 共히 배우자 덕이 제한적이죠. 배우자 덕의 왜곡. 보통 이 패턴이 남자 같은 경우 부부 다 같이 오죠. 고함은 남자가 막 지르고 있고 여자가 찍 소리 못하고 있는 것 같은데, 알고 보면 여자가 싹 다 살림을 주관하고 있다니까요. 偏財의 고충도 여러 가지 형태인데, 토끼는 그 근본 속성이 뭐예요? 집이 없잖아요. 어디로 튈지 모르잖아요. 어디로 튈지 모르는 것을 財로 취하고 있는 모양이니까 남자가 고함을 자주 지를 수밖에 없고, 으악 소리라도 낼 수밖에 없는데 실제로 주도권은 토끼가 쥐고 있다. 토끼 마음이다 이거죠.

時

時도 똑같이 辛卯時죠. 말년에도 부지런히 움직여야 한다는 것은 말년 활동에 따른 고단함을 의미한다. 토끼처럼 이리저리 오고 간다는 말은, 그것이 財星이기 때문에 이리저리 움직이게 된다.

여자들은 좀 낫다. 陽의 기운을 많이 쓰기 때문에 결국은 末年에 여인이 활동이 있다는 말은 陰氣에 의해 갇히지 않는다는 말이다. 그러니까 누구나 다 乙丁辛癸의 연령적인 방해를 받기 때문에 젊어서는 陽운동이 활발하고 나이 들어서는 陰운동이 활발해지는데, 여자가 末年에 토끼를 쓰고 있다는 말은 末年에도 움직일 만한, 물론 고단함이 발생하지만 비교적 긍정적으로 쓴다는 것이다. 남자들이 늙어서까지 일을 많이 하고 다녀야 한다는 것은 경제적 보상은 일정 수준 이룬다는 것이다. 그렇지만 여러 가지 삶의 고단함, 건강도 마찬가지다. 노인이 토끼처럼 뛰면 건강에 문제가 생긴다. 자식도 대체로 正官을 잘못 쓰고 있기 때문에, 자식 無德의 형태로 보통 객지로 많이 나가 버린다.

辛 - 卯 / 운의 해석

大運에서 卯는 未와 무리 지으므로 富貴貧賤을 모두 뒤바꾸기 어렵고 한 때 벌었다가 쇠퇴하고 하는 盛衰起伏이 多發한다. 여인은 남자보다는 그 해로움이 적고, 왜냐하면 수시로 陰운동을 일으켜서 토끼처럼 벌어지기 쉬운 것들을 자꾸 수렴을 해 나가니까. 남자들은 정말로 왔다갔다 홍길동처럼 뛰는데 실질적인 축적이나 보상은 별로 크지 않다.

建設 같은 것을 해서 대박이 나든지, 아니면 제품 디자인을 해서 한번 대박이 나든지, 이런 식으로 대박이 한번 난다. 그러나 그 대박은 곧 재투자된다. 재투자 하고 그로 인한 희생이 또 발생한다. 하여튼 못 믿을 놈이다. 토끼를 믿지 마라.

歲運에 가서는 丑寅卯를 지나 왔다. 丑寅卯 두 해 중에 한 번은 경제적으로 환경이 좋아지는 변환이 발생한다. 그리고 그것이 토끼 해에 정점을 순간적으로 이루었다가, 그 이후가 굉장히 불안해지는 것이다. 금전 융통, 채무 이행, 채무 이행이라는 것은 여러 가지 줄 거 받을 거 정리를 못 했던 것을 교통정리를 시키면서 해 나가는 모양인데, 문제는 새 일이 물음표라…. 토끼 卯는 엎드릴 수가 없게 해 놨잖아요. 산토끼 토끼야, 어디로 가느냐? 깡충깡충 가만히 못 있는 거예요. 깡충깡충 뛰는 걸 좋아하는 기운에 노출이 되어 있으니까 자기가 그 재물을 쥐고 있어도 자꾸 깡충깡충 하게 되는 것이다.

이쪽에도 질러 보고, 저 쪽에도 질러 보고 하는 질러 보는 단계가 만들어지면서 당장에 문제가 생기는 것은 아니지만, 시간이 가면 반드시 문제가 발생하더라. IMF 전후에 이런 일들이 있었다. 그 동안 지지부진하게 힘들었다가 IMF 때 잠깐 데미지를 입었는데 이 때 잘 넘긴 사람들은 건물 사서 리모델링해서 대박 났다. 20억짜리 건물을 불과 6~7억에 접수해서 리모델링해서 25억에 팔아 먹었다. 리모델링 비용 한 3억 해서 실제로 원가는 9~10억인데, 앗싸! 하고 돈 벌어서 자랑하는데….

"그래, 그래 잘 한다."

"올해 운은 어떻습니까?"

"올해 운도 좋아."

그런데 이때 저지르다간 뒷날에 세월 가서 힘들 수 있으니까, 작게 저지르라 했는데 결국 크게 저지르더라.

"선생님은 建設을 몰라서 하는 소리예요."

다시 한 번 배팅을 한 것이죠. 25억을 가지고 잡을 만한 것, 단위가 큰 50억 짜리 있잖아요. 금융 안고 잡아당겨 놨는데 이게 골치 아픈 거죠. 그런 식으로 토끼를 偏財로 쓰는 아픔이 있다.

辛 – 卯 / 男女

男子는 결국 사회 활동을 하는 기회로서는 굉장히 긍정적이지만 결국은 고단하다. 토끼 사냥은 참으로 피곤하다.

女人은 활발한 활동이죠. 활동에 따른 기본 보상. 보통 가장 비율적으로 흔히 많이 볼 수 있는 경우가 백화점이라든지 로드샵 이런 데서 옷 장사 있죠? 옷 장사해서 한 해 두 해 잘 번다. 어지간히 많이 벌고 했는데, 결국은 주변 이곳저곳에 돈을 많이 쓰게 되더라. 흩어지는 성향 때문에 결국은….

보통 옷 매장이 잘 되니까 하나 더 내고, 더 내고 이런 식으로 가다 보니까 잘 될 때는 괜찮은데 힘들어지기 시작하니까 일순간에 다 힘들어지더라.

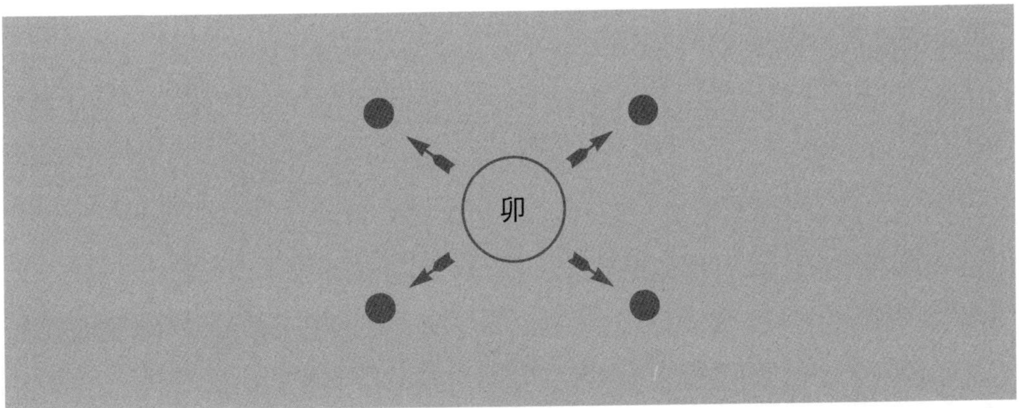

그림 1

토끼 속성이 자꾸 벌어지려 한다. 벌어져서 원래 있던 것에서 계속 벌여 놓은 것이 좋은 결과를 일순간에 만들다가 결국은 또 나자빠지더라. 그러니까 아무렇게나 말해도 맞는 원리에 들어가는 것이다.

"선생님, 올 해 장사도 잘 되고 해서 매장을 두 개 더 내려고 하는데 괜찮습니까?"

괜찮다고 해도 맞고, 안 괜찮다고 해도 맞는 거예요.

"지금은 괜찮지만 세월이 가면 머리 아프다."

"그게 무슨 말입니까?"

한다고요. 결국 벌리고는 다시 오게 된다.

辛 - 卯 / 綜合

종합적으로 봐서 토끼 사냥은 피곤하다. 당신은 財物 창고가 토끼다. 토끼 偏財를 버릴 수가 없다. 偏財처럼 깜찍하고 매력이 가는 것이 없다. 이 세상에 제일 예쁜 여자는 偏財, 토끼, 또 토끼는 잘 갖추어 입고 예쁘게 단장을 한다는 뜻이다. 남자가 토끼를 올라타면 이 동네 저 동네 막 지르고 다니는 것, 플레이보이 마크가 뭐예요? 토끼잖아요.

제 36강 • 辛일간의 실관 V

辛이 辰을 볼 때

辛 – 辰 /

六親상으로 正印, 형태상 印星이라 하더라도 봄의 餘氣가 많이 들어와 있기 때문에 寅卯하고 무리지어 있다. 특히 卯의 餘氣가 들어와 있는 거니까 수시로 왜 餘氣를 생각해야 하느냐 하면, 형태상 土이면서 木의 조화가 이루어졌을 때 당장 배신한다는 것 때문이다. 印星인 줄 알았는데 財星이 된다. 대체로 학문성을 추구하고 하는 데서 문제가 되는 것이다.

飛刃이 들어와 있다. 飛刃星이 따라다닌다. 飛刃이라는 게 대체로 정교한 기술, 솜씨 이런 것이라는 것을 기본적으로 이해해 두고.

辛 – 辰 / 12運星

12運星상 墓地이다.

辛 - 辰 / 他 六親의 12運星

그리고 하나 따라오는 게 傷官의 入庫이다. 傷官이 고개를 수그리고 있다는 게 비교적 긍정적인 기운을 많이 준다. 옛날처럼 벼슬길밖에 출세길이 없었을 때는 傷官의 入庫가 대체로 긍정적인 작용을 많이 일으키는 걸로 본다는 것이다. 대체로 財星이 크게 강조되어 있는 모양이고, 官星은 正官이 冠帶를 할 수 있는 조건이 부여되어 있는데 다른 곳에 그런 인자들이 투출해 있어야 된다.

辛 - 辰 / 吉凶

吉凶적으로 따지면 財星과 印星이 어떻게 보면 함께 어우러져 있다는 것은 긍정적이라고 볼 수도 있는데, 자본주의 사회에서는 官을 따르는 것보다 財를 따르는 것이 좀 더 긍정적인 면이 많다고 봐서 吉 7~8, 凶 2~3으로 본다. 印星이라고 하더라도 변색이 될 수 있는 거니까. 印星이 저렇게 흔들리는 경우는 형태상 도덕심을 가진 모양을 갖추고 있다 하더라도 내용상 도덕적인 행위적 측면에서 이익을 추구함으로써 도덕을 자꾸 허무는 일이 발생하니까, 자기도 왜 그런지 모르겠다! 얘기하지만 결국 문제는 있는 것이다.

辛 - 辰 / 年月日時

年

年에 辰이 놓여 있는 것은 傷官 入庫 그리고 正印星으로 학문성 중심의 계승 인자다. 龍 자체의 출현을 보통 보면 理想性, 理想的 성향의 추구로 본다. 辛日柱가 正印을 안고 무리 짓는 모양이 되기 때문에 모든 것을 도덕적인 근거에서 추구하려는 경향성이 생기는 것이다. 완벽하게 되지 않는 이유는 봄과 무리지어 있기 때문에, 土 正印으로서의 기질이 잘 지켜지지 않는다.

月

月에 辰을 가지고 있는 것은 말 그대로 형태상 正印格이다. 偏財, 주로 자기 사업이 가능한 자격증 중심을 많이 추구하게 되는 것이다.

時

壬辰時로 〈傷官相盡〉으로 傷官이 드러나 있지 못하고 자체 入庫가 되어 있어서 충분히 조절력이 있는 모양이다. 대체로 末年에 자격, 인허가에 관련된 혜택, 활동 이런 것들이 이루어진다.

현대사회에서는 주로 부동산이나 문서가 된다. 부동산이 龍의 자리에 놓여 있다는 것은 일종의 사통팔달의 인자를 가지고 있는 것이고, 龍이라 하는 것이 숫자상으로 5陽으로 실제로 오거리에 가까운 四通八達이다. 四通八達의 도로가 잘 발달된 곳을 의미하는 것이다.

남들이 다 쳐다보는 중앙, 임금이 사는 골목 이런 걸 의미하기 때문에 말년에 임대사업을 하더라도 남들 눈에 화려하게 띄는 자리, 잘 노출된 곳 이런 곳에 부동산을 활용함으로써 말년에 재산 관리가 되고, 그게 偏財와 무리지어 있다는 말은 換金性이 좋다는 것이다. 팔아먹기 쉽다.

男子들은 時 傷官의 해로움이 발생한다. 時 傷官은 대체로 자식과의 조화력에서 자식 無情의 인자가 잘 발생한다. 時에 있는 偏財라고 하는 것이 辰중의 卯라고 하는 것이 숨겨 놓은 여인도 될 수 있다. 婚外의 애정사 등이 잘 발생할 수 있는 것으로도 본다는 것이다. 태어난 달에 辰은 자체로 月墓로 자기 자신이 月에 入墓되는 모양이다. 月墓는 대체로 前生에 수행의 인자, 흔적으로 보는 것이다.

세속적인 활동이나 경향성에서 전생 수행의 인자 때문에 형태상으로는 正印, 偏財 이런 걸 다 하면서도 수시로 뜬금없이 도 닦는 소리를 잘 하는 게 八字 어디에 墓가 있어도 그런 기질이 생기는데, 月에 있으면 그 작용이 좀 더 활발하고 오래 간다고 보면 된다.

가장 세속적이고 화려한 곳에서 道를 말한다. 龍이 있으면 원래 수시로 理想을 꿈꾼다. 구름 잡는 이야기 많이 한다. 龍꿈이다. 띠 자체에서 볼 때 龍띠는 그런 理想的인 성향, 한 방에 뭔가 해결하려는 성향 이런 것이 어느 정도는 깔려 있다. 작용력이 위치에 따라 좀 왜곡된다고 보시면 된다.

辛 – 辰 / 운의 해석

大運에서 辰, 辰은 水 入庫다. 壬水 入庫의 모양을 가지고 있으므로, 개 '戌' 字처럼 약간 이중성이다. 밖으로는 폼을 잡더라도 안으로는 水의 움직임을 수시로 따라가는, 그러면서 木도 수시로 따라간다.

辰 運에는 木이 강화되는 환경이 오면 木을 따라갔다가, 土가 강화되는 때에는 土를 따라간다. 水가 펼쳐질 때는 또, 水를 따라간다. 그래서 이중성 또는 다중성이 잘 발생한다. 그리고 자체가 日干 入墓가 되니까 입장 곤란하면,

"저는 몰랐어요. 걔들이 그런 의도가 있는지 정말 몰랐어요."

"그런데, 거기 있긴 있었잖아."

"맞긴 맞습니다."

대체로 이중성, 다중성을 가지고 금전 활동이나 사회 활동을 많이 한다.

경제적인 보상은 印星도 따라가고 財星도 따라가니까, 경제적으로는 나름대로 발전이나 보상이 이루어진다.

歲運에서는 卯나 辰에서 결국은 財星이 피크를 이루고 巳로 넘어가는 통로가 된다. 이때에 이룩하여 두었다는 것은 두 개를 벌여서 하나가 재미 없어지는 이런 형식이 참 많다. 원래 띠 자체에서도 龍띠든, 龍달이든 그런 게 있으면 보통 이중, 다중을 많이 하려고 하죠. 이것도 하면서 저것도 하고 이런 식으로 하는데, 보통 그 중에 하나는 辰에서 巳로 빠져 나갈 때 壬水가 墓나 絕地로 가 버림으로써 辰中에 숨겨서 추진했던 일들이 결국은 약화되거나 무마되어 버리는 식의 상황이 생기는 건데, 두 개 세 개 벌였다가 결국 하나는 정리를 한다. 당분간은 이중성을 감당하면서 가는 것이다. 형태상으로는 당연히 正印의 속성, 부동산이나 문서, 이권, 그것도 이중성 속에 있겠다. 뭘 위해서 벌였나 하는 것이다.

辛 – 辰 / 男女

男子는 그래도 비교적 申子辰 水局을 따라가서 절반 정도의 긍정적인 요소를 따르고(△), 여자도 영 사회적으로 결과가 나쁜 건 아니지만 여러 가지로 번잡스러운 과정이나 환경

을 잘 만난다(▽). 특히 활동성을 상징하는 食神, 傷官이 세력이 꺾임으로써 활동성이 많이 둔화되는 고충이 발생한다.

辛 - 辰 / 綜合

종합적으로 봐서는 재물이나 문서 등에는 비교적 긍정적인데 辰戌丑未 華蓋 무리의 고충, 번거로움, 自座入墓의 번거로움 등이 있다. 자기가 고개를 숙이고 간다는 말은 자신의 의도보다는 주변 환경이 그렇게 짜여서 할 수 없이 그렇게 되는 것이다.

예를 들어서 사업을 하더라도 자기는 원래 직장생활 하고 있는데 갑자기 아버님이 돌아가시는 바람에 자기가 떠안고 일을 하게 되는, 이런 식의 주변 환경이 조성되는 것이 辰이다. 辰이 복잡하다. 辰의 運을 해석할 때는

"와! 뭐가 이리도 복잡하나?"

한마디만 하면 된다. 돈은 되더라도 복잡한 양상을 떠안고 간다.

辛이 巳를 볼 때

辛 - 巳 /

正官이 되고 寅巳申戌 중 하나를 만난다. 그 다음에 驛馬 그룹이다. 驛馬 그룹에 놓여 있는 속성에 따른 吉凶이 따른다. 그나마 없는 것보다 훨씬 좋다. 地上에 正官이 투출해 있다는 것은 언제든지 자기가 방향성만 정하면 사회 참여를 해서 삶의 여러 가지 문제를 해결할 수 있다는 것이다.

辛 - 巳 / 12運星

12運星상으로는 死地에 해당한다.

辛 - 巳 / 他 六親 12運星

官星이 뚜렷하게 旺 祿地에 이르고 財星은 沐浴과 病地에 됨으로써 세월 따라 많이 왔다 갔다 할 수 있다고 보면 된다.

辛 - 巳 / 吉凶

吉凶 요소를 따진다면 地上에 寅巳申戌 중 하나가 투출했고, 正官이 된다는 것은 吉 8~9, 凶 1~2 정도로 본다.

傷官 絕地에 들어감으로써 활동성을 주도하기는 어렵다. 巳의 대세나 흐름대로 따라야 한다. 官星이 득세해 있다는 것도 되지만 巳는 正官이면서 결국은 酉 丑으로 간다. 比劫을 무리 짓는 쪽으로 가 버린다. 그래서 辛 日柱 여인들이 남편 덕을 입기가 쉽지 않은 것이 원래는 가장 이상적인 남편이 天干에 丙밖에 없는데, 天干 丙이 옷을 입고 땅에 내려오니 뱀인데, 뱀하고 태양하고는 有形無形으로 차이가 크다.

뱀은 징그러운 모양을 하고 있어서 불만스럽지만 丙火의 화끈함을 한 번씩 액션으로 보여줘 正官으로 채택해서 쓰는데, 巳가 조건만 부여되면 比肩을 따라갈 수 있다. 地上의 比肩을 따라가 버리니까 결국은 애정적으로 틈만 나면 이 놈의 뱀이 나한테 짝을 지어 주는 게 아니고 딴 데 가서 사랑을 준다.

이 형태가 두 가지다. 丙 日柱가 酉를 만나서 死하는 모양이다. 三合이라는 것은 결국은 자기 궤도를 벗어나 버린다, 修正해 버린다, 巳로서의 용도를 다 하지 않는다는 것이다. 이런 것으로 봐서 酉에 이르면 결국은 애정적으로 왜곡이 발생하지 않으면 실제로 건강이나 활동성이 크게 나빠져 버린다. 그러니까 짝지어 쓸 만한 남자가 별로 없는 것이다.

天干에 丙 빼고 나면 丁이다. 丁이 내려오면 午고, 그 다음에 未中에 餘氣로서의 丁火, 戌中 丁火, 寅中 丙火 이런 정도인데 다 地藏干에 놓여 있기 때문에 그 역할이나 작용은 제한적이다. 丁午丙巳 중에 마음에 쏙 드는 게 별로 없는 것이다. 그나마 丙을 만나면 좀 낫긴 한데, 丙을 만나면 따라가 버리니까 辛金 고유의 기질을 드러낼 수가 없다. 辛金이 丙을 만나서 자기 고유의 五行적 기질을 발휘하지 못하고 결국 水로 化해 버리니까 갑갑하다. 己土가 원래 甲木을 보는 것도 기본적으로 甲이 己에 딸려 가는 구도가 되는 것이다.

官星이 기본적으로 旺地에 이르러 있지만 女子들은 배우자 덕을 보는 모양에서는 상당히 고충스럽고 번거롭다. 물론 男子들도 사회적인 직장으로 巳를 쓰더라도 직장 활동의 결과물이 比肩, 劫財를 만들어내는 운동성으로 잘 넘어가기 때문에 힘들게 직장 생활하고도, 寅巳申戌의 힘 때문에 한 세월 좋았다는 것이다.

한 세월 좋았는데 결국은 酉로 따라가 버리니까 조직사회에서 벗어날 상황이나 흐름에 들어왔을 때, 직장 떠나자마자 일순간에 재물이 확 소진되어 버리는 이런 것이 작용해 버리기도 하고, 아니면 직장 내부에서 원인이 이미 발생해 있는 거죠. 금전 거래나 일을 벌여 가지고. 그래서 직장이 마무리되면서 돈도 다 날아가 버리고 하는 거죠. 그래서 財星이 沐浴이나 病地에 있는 한계성을 가진다.

사회 활동 국면에서 따진다면 없는 것보다 있는 것이 좋은 것이죠. 결국 좋은 것은 또 오래 가지 않는 속성을 가지게 되는 거죠. 물론 이게 불이기도 하지만 뱀 巳자이기 때문에 그런 작용이 기본적으로 부여된다.

辛 – 巳 / 年月日時

年

年에 뱀이 있다. 正官이 있다는 것은 文明之象이 되는 것이다. 官職이 드높았거나 경제적으로 힘이 있는 사람, 경제적인 힘보다는 사회적으로 有能, 有力한 조상이 인연인데, 그 혜택은 어차피 寅巳申亥의 속성상 제한적이다. 本人이 少年에 官運이 발달했다고도 본다.

月

말 그대로 正官 속성을 따르면서, 원래 官星은 말을 좋아한다고 했다. 말을 좋아한다. 『사주첩경』에도 이 부분에 대해서, 말을 좋아한다는 말이 驛馬殺을 반긴다는 걸로 보는 것이냐? 이때의 말을 財星이라고 볼 것이냐? 해석에서 어느 걸로 볼 거냐에 따라서 설명이나 비교를 해 놓은 부분이 있다. 저는 둘 다 채택해 써도 될 것 같다고 봅니다. 발령 따라 움직이는, 任職을 옮기는 관직은 高官이었다는 뜻이기 때문이다.

자기가 근무하는 곳을 자꾸 옮겨 다니는 것은 현대 사회에도 그렇다. 현대 사회에서도 발령 따라 움직이는 官職은 대체로 高官으로, 높은 벼슬은 발령받으면 실제로 말을 받았다. 암행어사 마패의 말 표시는 官用으로 말을 몇 마리를 내가 쓸 수 있느냐인데, 官用車를 타고 다닌다고 하는 것은 그 자체로서 高官, 신분이 높은 것을 상징하는데, 이 자체가 뱀 巳가 驛馬니까 驛馬 속성의 官이다.

현대 사회에서는 국가 공직이 아니더라도 驛馬殺을 써 먹는 쪽으로 官職이 이를 것이다. 실제로 證驗을 해 보면 公職으로 나가는 경우는 格이 형성된 경우다. 丙火가 투출된 경우 보통 國家 公職으로, 특히 年에 있는 것이, 月에는 구조적으로 있을 수가 없는 것이고, 年에 正官 丙이 투출되어 있는 경우는 비교적 高官, 고시성 시험을 쳐서 빨리 관직에 나서는 경우가 많다.

현대 사회에서는 비율은 그렇게 많지 않은데 대부분 다 月에 뱀 巳字가 있는 기본 형태는 대부분 다 驛馬(航空, 造船, 通信, 自動車, 建設 등)를 써 먹는 官職에서 상당한 지위에 이르는 정도의 관리자 성공이 이루어진다.

日

辛巳일, 辛巳는 그 자체로 官星이 일지에 내려와 있는데 高官은 아니고 안정적인 직장을 주로 의미한다. 女子들은 주로 배우자의 덕인데 뱀 마음대로 하는 인자가 더 많으니까 잘난 배우자이다. 남자는 그렇지 않다.

남자는 正財가 病地에 가 있으니까 病弱하지 않으면 피곤하게 한다. 그런 이유는 비록 正官이긴 하지만 힘이 상당히 强하다. 강하니까 자신을 많이 제어, 통제한다. 正官은 妻의 食傷으로 본다. 妻의 食傷이 세력이 있으면 피곤하고 아니면 正財가 病지에 이르러 病弱하거나 疲困한 마누라다. 그 인연 따라 차이가 난다.

그런데 둘 다 공통적으로 酉가 온다든지 하여 조건만 부여되면 건강이 나빠서 결국 妻의 역할을 제대로 못 하게 된다. 아니면 피곤한 사람이 나에게 떼떼떼 안 하고, 자기가 밖에 일을 벌여 가지고 돈으로 사고를 쳐 놓든지 하여, 결국 내가 감당하고 물어 주는 식이 잘 된다.

여자도 마찬가지다. 잘난 배우자 역할을 해 주다가 比劫으로 가 버리니까 애정의 왜곡이 발생한다. 인연의 왜곡이 발생한다.

時

癸巳時에 이르면 식신이나 정관이 놓여 있으면 말년에도 조직, 명예 중심의 활동이 가능하다. 男女 共히 그 자식 자리에 正官이 올라서 있다는 말은 자식들의 번영을 뜻한다. 주로 日支와의 관계에 의해서 객지 번영이라는 것이 형성된다. 壬辰하고 비슷하게 癸水를 傷官 비슷하게 써 먹어서 선출직으로 가는 사람도 있다.

巳를 六陽之處로 밖으로 크게 펼쳐진 자리로 봐서 末年에 해외 쪽으로 활동 분야를 삼는 경우도 많이 볼 수 있다.

제 37강 • 辛일간의 실관 Ⅵ

辛 – 巳 / 운의 해석

大運에서 巳 大運은 조직 사회로 활동을 할 때 비교적 남들이 봐 줄만 하고 실제로 권력성 있는 조직 사회로 간다. 경제적인 번영은 왔다 갔다 한다. 富貴貧賤이 크게 잘 안 바뀌는 양상이 많다는 것이다. 왜냐하면 수시로 저 巳가 比劫을 억제하는 작용도 하지만 수시로 巳酉丑을 따라가서 比肩이나 劫財와 무리지어 버린다.

巳중의 庚金이 長生해 있으니까 火가 더 강하게 작용할 때는 比劫을 억제해서 보상을 많이 취했다가 도로 또 뺏기기도 하는 이런 환경이 잘 발생함으로써 경제적 번영이 왔다 갔다 한다. 물론 대운이 辰에서 빠져나와 巳로 가는 경우와, 午에서 들어오는 巳하고는 차이가 조금 나기는 하는데 午에 많이 시달렸던 사람들이 巳에서는 좀 안정적인 모양으로 바뀌느냐, 아니면 辰運에 이중성을 취해서 재미도 보고, 묶이기도 했던 사람들은 巳에서 껍데기로 가는 것이고, 대체로 조직사회나 명예중심으로 가는데 八字를 보실 때 조직으로 가야 좋을 사람이 食傷 大運으로 간다면, 그 다음에 食神이나 財星을 잘 써 먹는 사람들이 官印으로 간다든지 하면 둘 다 잘 못 쓴다고 보면 된다.

저런 팔자에 이런 運을 지나갈 때 食傷을 잘 써먹는 사람들은, 財星의 흐름을 쫓아야 하는 사람들은 물론 큰 데하고 손을 잡고 하는 비즈니스를 통해서 부분적인 보상을 받지만, 신나는 것도 아니고 말아 먹는 것도 아닌 오락가락하면서 세월이 흘러간다는 것이다.

歲運에는 말 그대로 傷官絕地 食神이 胎地로 들어가면서 활동성 둔화가 온다. 물론 직장이나 조직 생활하는 사람은 正官 立祿의 작용으로 결재권 발전, 진급들이 잘 이루어진다.

辛 - 巳 / 男女

男子는 기본적으로 陰의 인자를 가지면서 조금 더 긍정적으로 보고(△), 女子는 결국은 陰의 작용으로 六陽之處에서 陰의 작용으로 되돌아가는 것이기 때문에, 처음에는 잘 써먹다가 뒤에는 힘들게 써 먹는 양상으로 돌아가죠(▽). 男子들은 그래도 보상을 받을 만한 陰은 남아 있다.

辛 - 巳 / 綜合

종합적으로 봐서 직업 분야나 사회 활동은 긍정적이지만, 개인적인 보상, 六親(가족)에서는 부정적 작용이 많다. 즉 긍정, 부정이 다 뒤섞여 있는 공간이 뱀 巳다.

巳運이 해석하기가 좀 번거롭다. 運도 그렇고 八字 안에 있어도 하나는 吉작용이면서 하나는 잘 못 써먹게 만드는 인자를 가지고 있기 때문에 시기적인 조건에 따라서 자꾸 변화가 되어 버리는 것이다.

성경에 뱀의 말을 안 들어도 그렇고, 들어도 그렇다. 巳大運을 지나봤지만 巳運은 정말로 껍데기만 좋게 하고, 알맹이는 巳가 지배하고 있는 동안에는 별로 재미가 없는 거다.

巳가 다른 글자를 만나서 결국은 다른 결실을 만들어 줄 때만 되는데, 오히려 丁巳 日柱 같은 경우는, 처음에는 凶이라도 巳가 酉를 따라가니까 比肩, 劫財에 멍들었다가 財星을 결국은 이룩하는 모양이다. 辛 日柱의 경우는 뭐냐면 正官의 모양을 줬다가 결국은 돈까지 빼앗아가는 모양이 되니까 힘 빠지게 일해 줬는데, 그 동안에는 폼 좀 잡았는데 세월이 흐르고 나니까 큰 재미는 없더라. 피곤했지만 그 때가 좋았다. 吉凶작용이 같이 섞여 있다.

특히 辛巳 日柱 사람들은 좀 신사적이다. 왜냐면 正官의 제어를 일지에서 받고 있으니까 사람들은 좀 紳士인데, 개인적인 실속이나 보상을 이룰 때는 번거롭고 힘들게 입더라는 거죠. 다행히 巳중 戊土가 祿地에 앉아 있으니까 부동산이나 문서 재산으로 어느 정도는 재산관리나 보상은 좀 이룩할 수 있더라. 그래도 신사적으로 하면 안 된다. 신사적으로 하면 경제적 실속을 크게 이룩하는 데 한계가 있다. 정 반대가 다음 시간에 나오는 辛亥, 거의 꼼수의, 돼지의 좋은 기운보다도 막 잡아먹어 젖히는 힘, 그 힘을 그대로 쓴다. 辛亥하고 辛巳하고는 상당히 성격적으로 克明하게 다르다. 왜? 둘 다 선명성이다. 거울 같은 투명함을 고집하는데, 그 고집은 巳는 불 밝혀놓은 것이기 때문에 뱀 巳자는 신사적으로 하고, 辛亥는 불 꺼 놓고 조진다. 남들 눈에 띄는 공간이니까 할 수 없이 신사적으로 하는 것이고, 辛亥는 완전히 반칙을 써서라도 간다.

辛이 午를 볼 때

辛 – 午 /

六親상으로 偏官, 거기에 天乙貴人이 붙는다. 寅과 戌을 견인해 와서 대체로 吉 작용이 같이 깔려 있는 인자다. 戌이 羊刃이면서 正印의 형태, 寅이 天乙貴人. 天乙貴人을 무리 짓게 하는 인자를 견인해 옴으로써 六親적으로 긍정적이라는 것이다. 七殺은 七殺이다. 偏官 七殺의 기본적 작용은 있는 거니까.

辛 – 午 / 12運星

12運星으로 病地가 된다. 秋霜이 작열하는 五月 炎天의 기운을 만나서 크게 기운이 쇠퇴해 있는 모양이다.

辛 - 午 / 他 六親 12運星

이 경우에 官星의 세력이 뚜렷하게 드러나 있고, 偏財도 조건 따라서 長生할 수 있는 환경에 와 있기 때문에 조직과 사업성 두 가지를 다 조건부로 추구할 수 있는 모양이다.

辛 - 午 / 吉凶

吉凶을 본다면 天乙貴人의 프리미엄을 봐서 吉 7~8 , 凶 2~3 정도로 본다.

食神 絕地의 고통이 있다. 食神 癸水가 絕地에 있음으로써 여러 가지 현실적 번거로움을 만들어 낸다.

辛 - 午 / 年月日時

年에 午가 있으면 貴人 조상이 되겠죠. 年에서 뿌려진 기운으로 偏官을 가지고 있다는 말은 성격적으로 엄격함, 이런 것이 부여되어 있는 것이다. 그러면서 子午卯酉로서의 계승자의 역할을 갖는 것이고, 午中의 己土 작용을 항상 같이 병행해서 생각해 두자. 엄격함에 의한 불편을 젊어서 많이 감당한다고 보면 된다.

말 그대로 偏官格이죠. 軍조직이라든지 法務, 治安, 조건에 따라서는 外交 이런 쪽의 조직 사회의 속성, 偏官이라는 것이 무시무시한 물건을 다루는 것인데 午는 대단히 무시무시한 것은 아니다. 공업적인 압력이 가해지는 정도의 조직이다. 자존심이 강하다.

辛 日柱에 午의 경우를 많이 봤는데 '내가 할아버지한테 두드려 맞으면서 자랐다' 부터 시작해서, 年, 月에 偏官이 드러나 있는 모양 중에서 이 모양도 굉장히, 원래 辛이 堅剛이잖아요. 나는 안 바뀐다.

그런데 午도 죽어라 하면서, 그러니까 엔진 좋고, 딱 형틀이 짜여 있잖아요. 거기에 안에 뭐가 좋고, 갖다 붓는 기름 좋고 하니 죽자 사자 밀고, 당기고 하는 역동적인 과정이 생기고 하는 것이다. 암만 기름 퍼 부어 봐라, 엔진 켜지나 하면서. 이런 글자 가진 후배가 있는데,

진짜 말 안 들어요.

時	日	月	年
	辛		
	巳	午	未

그림 1

생긴 형태는 매끄럽진 않지만 官印소통이 되어 있는 모양이다. 자기가 실수는 안 하는데 절대로 말 안 듣는다. 이렇게 하는 게 안 좋겠냐 하면 '예, 맞습니다. 형님.' 그래 놓고 일 저지르고…. 그 때가 언제였느냐 하면 2004년 甲申년이었어요. 空亡이잖아요. 한 번 도와 달라 해서 돈으로는 하도 눈탱이를 맞아서 돈으로는 도울 수 없고, 일은 도와 주겠다 해서 걸린 문제를 좀 풀어준 것이다. 돕는 과정에서 요즘은 다치기 싫으니까 위에서 누가 도와주라 해서 도와 준 게 아니라, 내가 도와주는 거다 했는데 뒷날 찾아와서

"형님이 도운 게 아닙니다."

하도 어이가 없어서 그 분이 도왔는가 보다 하고 말았는데, 결국은 甲申年 하반기에 문제를 풀어 놨는데, 乙酉年 丙戌年에 건축 쪽으로 일을 벌여 놓고, 뭘 지어서 분양을 하는 거였는데, 甲, 乙에 속은 거죠. 현실은 酉, 戌로 가고 있는 거예요. 그 전에는 제2금융권에서 일을 하다가 만날 실적 1등 해도 아무 소용없는 것이라. 8~9年 동안 전국 지점 1등 몇 번 했다. 그러다가 영양가 없다, 이 인생이 내 길이 아니다 하고 때려 치우고 나온 거죠. 기본적으로 財星을 매끄럽게 쓰고 있는 모양이 아니잖아요.

"웬만하면 큰 데하고 손잡고 조금만 먹지." 해도,

"아닙니다. 이번엔 내가 다 먹어야 됩니다." 해요.

祿작용 때문에 그 뒤에도 몇 번 코치를 했다. 왜냐하면 지금부터 괘씸죄에 걸렸기 때문에, 도와 줄 때 보통 우리가 윗사람을 통해서 도와주잖아요. A라는 사람이 자기와 좋은 관계가 형성되어서 도와 줬다고 생각을 하는 거예요. 사실은 B한테 도움을 받은 건데. 그래서 B한테 괘씸죄가 박힌 거죠. 결국은 B의 결재를 받으러 올라가야 하잖아요. 괘씸죄 때문에 결국은 재판했잖아요. 그렇게 하지 말고 괘씸죄에 걸렸으니 가서 무조건 빌어라 했는데,

"형님은 모르는 소리 하지 마세요. 법이 말이죠. 원래 이렇게 해 주게 되어 있는 겁니다. 그게 3년 전에 바뀐 건데, 이 사람들이 지금 몰라서 이러는 거 아닙니까?"

이래 가지고 억분을 지르더라니까요.

"그래, 법이 바뀐 줄은 알고 있는데 세상일은 법이 하는 게 아니다."

대한민국에는 헌법에 없는 죄가 두 개가 있다. 괘씸죄하고 不德의 소치가 있다. 이건 이유가 없는 거라. 괘씸죄에 걸린 거죠. 한 마디로, 그래서 여기에 걸렸으니 앞으로 봐라. 진짜 고생할 거다 했는데 결국은 재판까지 해서 이겼어요. 근데 이기는 데 1년 반이 걸린 것이죠. 자기는 돈 빌려 가지고 땅 값 치러 놓고 이자 계속 줘 가면서 썩을 놈, 망할 놈 둘이서 원망하면서 하는데, 절대로 안 고치더라. 땅 값이 11억이면 새빠지게 해서 모은 게 한 1~2억 되는 거죠. 나머지 2~3억 정도 빌리고 5~6억 금융 안고 결국은 7~8억이 빚이잖아요. 이자를 엄청 내고 1년 반 동안 재판하면서 결국 자기가 법에 대해서는 자신 있다는 것이다. 또 아무 잘못 안 해도 부하가 잘못하면 옷 벗어야 하는데 이것이 부덕의 소치다. 이러한 것을 인정을 안 하는 것이다. 내가 잘못한 게 뭐가 있느냐 하는 거죠. 결국 법으로 가서….

재판 이기면 뭐합니까! 자기는 망했는데. 연관된 사람들도 자기들이 다치기 싫잖아요. 업무를 잘못했다 하면 책임 때문에 문책을 당하니까 '재판하라' 하는 것이죠. 법에 나오는 처벌대로 하면 자기들은 문책은 안 당한다 이거죠. 이쪽에서 볼 수도 있고 저 쪽에서 볼 수도 있는 그런 거 있잖아요. 이 양반들은 조직에 있으니 상관 없는데 본인만 애가 타서 죽는 것이다. 거기에 빠른 길을 제시해 줬는데 결국 이런 運 때문이기는 하지만, 고집을 피우는 거죠. 고집을 피우는 힘이 뭐냐, 결국 강한 자존심 인자(辛-午) 때문이다.

戊年에 판결문은 받았어요. 正印, 官印소통해서 '할 수 있음' 판결문은 받았는데 돈은 싹 다 빠지고 亥年에 손 털고 정리하고, 새로운 거 한다고 왔다 갔다 하는데 '이제 나 찾지 말라.' 고 했습니다.

甲午時가 된다. 말 그대로 正財, 偏官으로 보통 자식 貴人이다. 남자를 기준으로 자식 貴人이고, 여자는 食神이 약해져 있으니 그렇지 않다. 그러나 貴人의 식구가 들어오는 건 맞다. 자식이 天乙貴人이 되든, 배우자가 되든 貴人의 흔적이 발생한다. 말년에 선출직, 봉사성 성격의 감투운이 발생한다. 食神 絕地의 해로움은 있으니 보통 만성질병에 노출된다. 여자도 마찬가지다. 食神이 편안하지 않다는 것은 여인에게 있어서도 말년에 팔다리, 소화기 이런 쪽에 탈이 많이 난다.

辛 – 午 / 운의 해석

大運에서 午의 해석은 貴人의 작용이 긍정적으로 오는 것, 그 다음에 偏官의 작용이 따라서 주로 큰 조직과 손을 잡고 하는 일, 조직성이 가해진 곳에는 대체로 긍정적이나 官의 속성을 따르는 것이니까 名高利薄의 과정이 발생한다. 보통 볼륨은 크기 때문에 은행에서 돈을 많이 빌려 준다. 크게 차려서 하라는 것이다. 그 조직과 계약만 되어 있다면 돈 빌려줄게 해서 빚은 내기 싫은데 빚을 내서 폼을 잡게 되는 환경이 만들어지는 것이 大運에서 貴人과 偏官이 같이 조화된 것이다. 여자들은 기본적으로 偏官의 피곤함을 감당하면서 배우자 덕이나 주변 남자 덕, 사회 활동을 추구하게 된다.

歲運에서는 午가 天乙貴人으로서 보통 말뚝작용, 오래도록 써먹을 만한 일, 문서 발생 등이 이루어진다. 歲運에서 偏官을 만나면 피곤하다, 나쁘다 이렇게 보는데 물론 官災, 잡음이라는 일반적인 해석은 두지만 貴人이 따라와 있다. 貴人작용이 온다는 것은 부담스러운 조건일지라도 장차 오래도록 활용될 수 있는 사회적인 이권들이 형성된다는 것이다.

辛 – 午 / 男女

男子는 午運을, 비교적 외형적인 활동이 많아도 내용상 피곤함을 감당하면서 간다(▽).

女人들은 偏官의 해로움은 있으나 陽에 속하고 貴人에 속해서 긍정적으로 쓴다(○).

八字에 壬자나 亥자 들어 있는 사람들은 丁壬 合을 해서 상당히 긍정적인 작용을 많이 한다.

辛亥 日柱가 午 大運을 만났다. 亥와 午 사이에 亥중 戊甲壬, 丁에 丙己丁으로 甲己 合, 丁壬 合이 이루어진다. 서로가 결합에 의한 결과물이 丁壬은 木을 따르고, 甲己는 土를 따른다. 印星, 財星으로 재물과 문서 이런 것들이 상당히 많이 형성되는 게 이런 글자의 작용이

辛		
亥	+	午
日柱		大運
↓		
戊	合	丙
甲	一	己
壬	一	丁

그림 2

올 때다. 돈도 갖다 주고, 수시로 문서도 잡아 주는 서방이 늦게 오는 것만 참으면 된다는 것이다.

辛 - 午 / 綜合

종합적으로 봐서 男女 차이는 있지만 대체로 활동 면에서는 여러 가지로 상승 작용을 갖는데 건강, 개인적인 보상 면에서는 여러 가지로 부담이 많다.

실제로 午年에 이르면 다른 데서 너무 나쁜 소리를 많이 들어서 오는 경우가 많다. 그런데 실제로 관재나 시비가 진행되고 있다고 했을 때, 이 결과가 어떻게 되겠느냐? 물론 偏官 때문에 시달리고 희생은 있다고 봐 주되, 그 결과가 내가 100% 진다거나 그로 인한 극단적 희생은 없다는 것이다.

그게 꼭 고차원적인 해석이 아니고 이러한 작용, 그러니까 극단, 자연의 운동이라는 것이 완전히 극단을 달리게 해 놓은 것은 별로 없다. 보통 일반적인 이론으로 친다면 여기에 吉작용보다 凶작용이 훨씬 많은 걸로 해석을 하는데, 오히려 吉작용이 더 많다.

이 안에 자체로 午중 己土가 비록 偏印이지만 偏官의 해로움을 충분하게 조절할 수 있도록 겉은 시달려도 결과적으로 안정이 되는, 끝에 생긴 일이나 인간관계가 오히려 장기적으로 좋게 쓰인다.

제 38강 · 辛일간의 실관 Ⅶ

제가 아는 분 중에 경제학 전공한 분으로 그 쪽으로 모든 걸 꿰뚫어 보다가 뒤에 의, 약학 쪽으로 공부를 하신 분인데, 이 분은 항상 하는 얘기가 전체적인 國運이라든지 사회 경기 전체가 영향을 주는 인자를 생각한다면, 그걸 50% 이상 생각해야 된다고까지 표현한다.

이 분을 IMF 전후에 몇 번 뵙곤 했는데 '八字 볼 거 없다, 요즘 같은 시절에는 다 안 좋다고 보면 된다.' 이건 누구나 아는 사실인데도 역학적인 기준에 매몰되어서 보면 그래도 좋은 사람 안 좋은 사람 가리게 된다는 것이다. 그런데 그 분도 경제학 박사로 역학 공부를 해봤지만, 역시 세상의 현실적인 고통을 겪는 것은 전체적인 景氣, 國家적인 상황들이 훨씬 크더라는 것이죠. 그러니까 이 분은 간단명료한 것이다. 무조건 안 좋아서 왔지? 하면서….

이 분도 역학적인 지식이 있으니까 사람들을 많이 이끌어 주고 있는데 물론 공식적으로 타이틀을 가지고 활동하는 분은 아니고, 역학적인 답을 주고 보수를 받는 것은 아니니 편하게 말할 수 있는 입장이긴 하지만, 50%라는 것을 참작하시라는 뜻에서 말씀드린다.

특히, 작년 같은 경우에는 새로운 일을 도모하려 했던 사람들은 대부분 다 금융이 막혀버리니까 運命적인 각본대로 못하고, 그렇다고 해서 극단적으로 나빠지고 하는 것은 아닌데 시간적인 왜곡도 많이 발생하는 거다. 작년 8月쯤 준비하려고 했는데 대출이 딱 묶인 것이다. 묶이니 아무것도 못하고 이 시간까지 쭉 그대로 밀고 나와 버렸는데 그런 경우 해 줄 말이 없다. 물론 원래 하고 있던 일이 끝까지 나쁜 모양은 아니니 큰 운세는 있다. 그런데 확장성을 가진 運에도 확장을 못하고 세월이 흘러간다. 그건 해석을 하기 나름인데 어떻게 보면 또 손을 못 대는 게 잘 됐다고 볼 수도 있다.

아무튼 전체적으로 경기라고 하는 환경은 항상 조금은 참작하라는 것이다. 50%까지 이야기하는 분도 계시니까. 偏財, 웃기지 마라. 아무리 금전 융통 運이 와도 國家 경기가 안 되면 안 된다. 촌놈한테 偏財 와 봐야 아무 소용없다. 그게 큰 구조라든지 환경 이런 것들이 더 중요하다. 촌놈 偏財 해 봐야 고스톱 쳐서 그 날 돈 몇 만원 들어오는 날, 그 날이 偏財 날이다. 그것 가지고 무슨 인생에 역동적 변화가 일어나느냐, 의미 없다. 그런 면에서 이 분은 역학을 인정하면서도 이것이 전체를 다 포섭할 수 있는 도구는 될 수 없다는 입장에 서 있는 것이다. 그러면서도 심심하면 전화 해서,

"나 어떻게 될 것 같아?"

요즘 지지부진한데 점 좀 쳐 보라고 그런다.

점이라고 하는 이중 잣대가 결국 자기가 보면 진지하게 삶을 설계하는 것이고, 남이 보면 담 지르기 하는 것이고, 꾀를 부리면서 사는 사람이다 하고 매도를 해 버리기도 한다. 그런 이중 잣대를 가지고 잣대가 두 가지니까, 그걸 바라보는 사람들이 이중적인 행위를 하게 되어 있는 것이다. 아무튼 요새 세월이 안 좋으니까 이럴 때 열심히 하세요. 이 학문이 갖는 폭이죠. 접근할 수 있는 범위를 여러분이 통해서 좀 자유를 얻고 있어야 나머지 영역에 대해서, 자기가 모르는 영역이니까 자유는 아니지만, 이것의 왜곡이 충분히 있을 수 있다는 것을 전제로 하고 상대방에게 코치를 해 줄 수 있다는 것입니다.

辛이 未를 볼 때

偏印이고, 甲木 財星 入庫의 과정이 있다는 것을 염두에 두자.

辛 – 未 / 12運星

12運星상으로는 衰地….

辛 - 未 / 他 六親 12運星

官星이 衰지…. 陽干 衰地는 세력이 남아 있는 것이고 내부적으로 힘이 쇠퇴하고 있는 것을 의미하는 것이니, 偏財는 地藏干 자체에 있으면서 투출의 조건만 갖추면 偏財 인자를 더 많이 쓰고 正財가 入庫하는 이게 고달픔이다. 未를 볼 때에 항상 正財 入庫를 같이 생각해 줘야 한다.

辛 - 未 / 吉凶

그 다음에 길흉을 따진다면 기본적으로 官星이 세력을 가질 수 있는 조건이 많다는 것은 吉-7, 凶-3 정도다.

正財 入庫, 食神 入庫도 같이 맞물린다. 食神 入庫를 가지고 있다는 게 자연스러운 생산 방식이 없이 목적을 달성하는 것이니, 기술이라든지 偏印에 속하는 것이다. 偏印 속성을 가진 技術, 資格 그리고 醫療적인 인자도 큰 범위에서 보면 들어가는데 그러한 분야에 긍정적인 역할을 한다. 官이 세력을 가지고 있다는 것은 조직 사회에서 대체로 상승 인자를 가지고 개인적으로는 正財 入庫, 食神 入庫 때문에 정말로 답답하게 상당한 세월을 감당하면서 살아가는데, 그걸 미련하게 그냥 감당하고 살아가고 있더라. 주로 특수성을 가진 국가 조직이라든지 공학 조직 중에서 기술 분야의 공학 조직, 자격 분야 등에 활동 환경이 많은데 그 미련함을 계속(미련함이란 표현에 좀 어폐가 있지만) 감당하더라.

그 감당하는 힘이 무서운 것이다. 개인적으로는 正財가 入庫해 있기 때문에 이 세상에 완벽한 짝, 地上에 완벽한 짝이 잘 마주쳐지지 않는 모양이다. 옆에서 보면 참 딱한데 끝까지 감당하면서 그걸 잘 한다. 辛이 未를 月에서 쓰거나 하면, 고생 많구나! 열심히 살아라! 하면서 잘 해 드리세요.

辛 - 未 / 年月日時

年

少年 발달의 지연, 少年에 능력 발휘라든지 하는 것이 지연된다는 뜻이고, 조상혜택이 偏印 작용이 많기 때문에 조상 혜택이 제한적이다. 특히 未자가 드러났을 때 調候를 잘 봐야 하는데 上記 사항을 보며 强弱을 정해 줄 때 調候를 참작해서 봐야 합니다.

調候가 특히 炎火土燥라고 있는데 土가 旺하거나 불기운이 旺한 모양에서 未는 上生金의 작용을 제대로 못 한다고 보면 된다. 실제로는 未가 여름의 마지막 끝부분에서 가을을 열어주는 중요한 통로이고, 甲木이라고 하는 木이 치솟아 오르는 것을 거두어 들이는 것이다.

그럼으로써 결실, 수렴을 도와주는 인자인데, 일단 未가 生申, 金을 돕는 작용을 많이 하여 주변의 조건이, 더운 기운이 많이 형성되어 있으면 土生金의 작용이 제대로 이루어지지 않는다.

이게 어디에 적용 되느냐 하면 예를 들어서 甲 日柱에 辛未 이런 구도로 가 있을 때 官星이 세력이 있는 것이냐? 없는 것이냐? 할 때, 형식상 모양을 갖추고 있지만 五行적으로 火나 土의 인자가 官星을 제대로 돕는 걸로 보면 안 된다. 辛이 늦가을에 속하는 놈으로, 여기서 秋霜이라고 하는 것을 떠올릴 필요가 있다. 秋霜이 주변에 炎火土燥의 인자를 가지고 있으면 金의 역할을 제대로 못 하게 된다. 이럴 경우에 時에 正官이 있으면 선출직 명예를 쫓아갈 수 있는데 차라리 庚午가 낫다.

時	日	月	年
辛	甲		
未	午		

그림 1

陽干은 庚이 午를 볼 때, 火金으로 五行이 상극의 모양을 하고 있어도 午中에 있는 己土의 소통을 통해서 庚金이 세력이 있는데, 상대적으로 辛金은 주변 조건이 조금만 가세해 버리면(午, 未), 土生金이 이루어지지 않는다.

이 때 자식의 출세 유무를 따졌을 때 일단 드러나는 것은 有名이 된다. 뭔가 명예 중심의 성공은 있지만 현실적인 실력 행사라든지 자식으로서의 충실한 역할 등은 빠져 있다.

그 다음에 여자 八字에서 이런 구도라면 午 대신 戌자를 쓴다 하더라도 기본적으로 辛이 戌 中 酉金 세력이 있다. 세력이 있다 하더라도 가까이에 있는 未자의 영향을 더 많이 받는다.

형태상은 土生金이지만, 다른 官星이 투출된 모양보다 제대로 원활하지 못한 요소를 가지고 있다고 보면 된다. 辛은 未를 만났을 때 土의 부족으로 五行적인 도움, 扶助가 제대로 이루어지지 않는 경우가 많다. 지금 정리해 보고 있는 것들도 일간에만 걸리는 것이 아니라 전부 다 다른 글자들의 해석에 유용하기 때문에 정리를 해본다고 생각하면 된다.

時	日	月	年
	辛	甲	
	未	戌	

그림 2

月

偏印 속성의 직업이다. 財星이 入庫해 있다는 것은 부모 혜택의 제한도 포함되어 있다.

日

남자 八字의 경우에 辛未일에 태어났다는 것은 妻宮이 불안하다. 여자일 경우에 食神入庫니까 자식 無情, 자식 궁에 조화력이 불안해지는 인자로 보시면 된다. 그리고 팔짱을 끼고 돈을 번다는 것으로 봐서 임대사업의 인자, 전형적으로 五行적인 土의 뜻을 가장 잘 계승하고 天干에 己土가 그대로 내려와 있는 모양이다.

土의 뜻을 그대로 계승하고 있는 것이니까 비록 그것이 활동성을 떨어뜨리는 것이라 하더라도 제대로 된 거라는 것이다. 未는 공간적으로 고갯마루(午가 제일 높은 곳이죠. 陽光이 가장 많이 아침부터 해질 때까지 드러나는 곳이라면), 午 바로 밑을 의미한다. 햇빛이 잠깐 밖에 가리지 않는 빌딩을 의미하기도 한다.

그림 3

그러니까 옆에 건물이 있어서 해가 비칠 때 약간씩은 가릴지라도 상당히 오랜 시간 동안 陽光에 노출되어 있는 그런 부동산을 말하기 때문에, 자식하고는 사이가 안 좋고 마누라도 만날 병원 다니고 있는데, 건물 하나 반반한 거 가지고 임대 사업하면서 만날 뒷짐 지고 다니는 사람이다. 다른 쪽의 보상은 이루어져도 妻子, 六親에 여러 가지 근심이 잘 발생한다고 보면 된다.

時

乙未時가 된다. 時上偏財의 속성이 주로 부동산이나 건축, 임대 사업 속성의 재산 인연이 잘 이루어진다. 末年에 만성 질환이다. 하루 일과가 주로 오전에 치과, 오후에 한의원이다. 未의 혜택을 보면서도 결국은 食神入庫의 아픔을 그대로 감당하면서 지내는 것이다. 또 말년에 女子들은 자식이 머무를 자리가 없는 모양이 된다. 물론 딸들은 영향을 벗어난다고 보지만 아들은 혜택이나 有情이 굉장히 어려운 모양이다. 원국에서 그릇의 조화력이 별로 없는 사람들은 인연도 별로 없다. 만날 재물을 까먹는 자식, 아니면 아예 인연 자체가 멀어져 버린다. 자식을 잃어버리는 형태도 생긴다.

辛 - 未 / 운의 해석

未 大運은 말 그대로 신분적으로 未定한 상태가 많이 발생한다고 본다. 이루는 과정인

데, 사람이 마땅히 未 大運을 지나갈 때는 陰曆 6月에는 기본적으로 의식주나 재물 환경은 쉽게 얻을 수 있는 조건이 되어 있다. 6月에 논밭에 가면 먹을 게 많다는 것이다. 덜 익었지만 설익은 먹을거리라도 재물은 뭔가 이루는 과정 이런 것들이 기회는 많이 부여되지만, 그것이 완성이 아니라 끝없이 이루어가는 과정으로서의 연출이 대부분이다.

男子들은 陽 大運을 가고 있으니 더 고달프고, 女子들은 덜 고달프다.

보통 변화 없는 직장이나 사업이라 하더라도 계단식 성장의 사업에 가담해서 대박은 아니지만 꾸준한 발전, 꾸준한 쇠퇴도 된다. 빨리 까먹는 것이 아니고 천천히 까먹는다, 천천히 벌어들인다고 보면 된다.

물론 잘 쓰는 패턴도 있고 힘들게 쓰는 패턴도 있겠지만, 묘하게도 재물이라든지 사회적 번영에 대해서는 조금 계단식 성장이 많고, 六親에 관한 고충이나 애로가 발생하는 경우가 훨씬 더 많다.

거꾸로 그 말은 상대적으로 가정을 지키려고 뭔가 거기에 에너지를 많이 쓰다 보니 사회적인 번영이나 발전은 천천히 망한다. 망조가 나더라도 완벽하게 망한다. 끝부분에 가서는 매일 10원씩 손해를 본다는 것과 비슷해요. 가랑비 옷 젖는 것과 똑같다.

歲運에서는 보통 正財 入庫의 상황인데 未 다음에 申酉戌이 온다. 未가 甲木 入庫의 상황을 조장하기 때문에 보통 申酉戌이 대체로 현금 유동성이나 금전 거래의 고충을 많이 만들어 내는 인자라면, 보통 未에서 일을 저지른다. 주로 偏印이라고 하는 것은, 물론 사업적인 속성으로 갈 수 있지만 부동산 쪽의 취득, 발전과 현금의 소모, 그 이후의 데미지를 많이 입게 된다. 未年에 저지르는 것은 잘 조절할 필요가 있다.

辛 - 未 / 男女

男子들은 고달프게 쓰는 경우가 10에 7~8이고, 女子들은 食神 入庫, 正財 入庫의 고달픔이 있다. 그러나 어쨌든 얻어먹을 데도 있으니 平정도는 된다. 吉凶 5 : 5 정도로 본다.

이 運에는 돈을 벌어도 고생고생해서 번다.

陰曆 6月에 수박 서리를 하러 가는데 수박 서리를 낮에는 못 하고 밤에 한다. 수박이 다

익었나? 덜 익었다. 그래서 익혀 먹든지 설탕을 찍어 먹든지 이런 식으로 해서 제대로 된 것을 이루는 데 계속 방해가 있듯이, 어떤 사람들은 보니까 재판을 십년 동안 하고 있더라.

이것이 未 중 午, 午運을 지나와서 午가 天乙貴人으로서 吉작용도 많이 있지만 午의 餘氣가 많이 넘어와 있다. 未中 午는 貴人으로서의 작용은 별로 없고 偏官으로서의 작용이 그대로 따라와서 10년 동안 내도록 재판을 한다. 그래서 뭔가를 이루더라도 고생스럽다. 실제로 비약적인 성공에도 방해가 된다.

辛 - 未 / 綜合

종합적으로 본다면 아무튼 正財 入庫의 고통이나 고달픔이 많은 거니까, 吉兆가 재물이나 명예 쪽은 유지나 발전 기회가 많다는 면에서는 긍정적이지만 개인적인 보상, 六親에서는 凶兆가 따라와 있다.

원국 내에 未가 있다는 것 자체는 이런 쪽의 조건을 부여함으로써 직업적인 성취에 대해서는 기본적으로 吉兆가 많지만, 개인적인 보상이나 六親에는 여러 가지 고충이 있다. 실제로 未 大運에 부인이 죽거나 도망가는 경우를 많이 보았다. 요새는 도망을 많이 가는 추세다. 辛 日柱 남자들이, 辛未일에 태어난 사람들한테도 원국 자체에 있으면

"마누라는 잘 계시는가?"

"네~."

"자신 없는 목소린데."

"있긴 있습니다."

大運에서 未에 걸리면,

"마누라는 잘 계시는가."

"글쎄, 제가 살아야 될지, 말아야 될지."

그게 正財 入庫의 고충이 大運에서 그대로 작용하고 있는 것이다. 요새는 도망을 잘 가서 떨어져 살고 있다는 식의 상황이 많다.

일 자체는, 辛 日柱의 속성이 대체로 일을 선명성을 가지고 마무리를 잘 시키는데다가

未라고 하는 것이 도구적으로는, 직업적으로는 대체로 관재시키는데, 보통 사업하고 조직하고 비교하면 조직이 좀 더 많다. 조직이 10에 7, 자기 사업이 3쯤 되는데 자기 사업도 기술이나 자격증 사업으로 야무지게 잘 하는 사람들이다. 그런 사람들이 주변 가족들은 많이 치인다고 봐야 된다.

그래서 辛이 未를 보면 사회적인 술주정 등이 있다. 일을 손 안대고 코 푸는 게 食神 入庫인데, 食神 入庫, 正財 入庫임에도 불구하고 뭔가를 하고 있더라는 것은 대단한 기술이다. 아무튼 병 날 지경도 자기는 감당하면서 하는데, 그걸 좀 풀어 줄 수 있는 환경을 만들어 주면 거의 술 먹고 가출 비슷하게 행동을 한다. 그런 게 심한 사람들을 보면, 그것이 未의 한계 때문에 그렇다고 보면 된다.

제 39강 • 辛일간의 실관 Ⅷ

辛이 申을 볼 때

평상시에는 너무 착해 보인다. 食神入庫를 해 가지고 네, 네 하니까.

이 경우가 진짜 재미있는 케이스가 많은데 申金의 壬水 때문에 그렇다. 劫財이면서도 너무 너무 즐거운 劫財가 乙木이 寅을 보는 것이다. 乙木이 寅을 봐서, 傷官이 여러 가지가 있는데 木火 傷官, 金水 傷官의 방향성, 가속성 등이다.

```
辛/ 申            乙/ 木
    \                 \
     壬                寅
     金水 傷官         木火 傷官
```

그림 1

난 너만 보면 기분이 좋아 하면서 도둑을 꽉 껴안고 있다. 실제로 辛 日柱 남자들이 申生 여자하고 결혼하는 거 보면, 자기 八字에 食傷이 잘 발달되어 있지 않더라도 申生 여자를 만나면 거기에 빨려 들어간다. 申中의 壬水 가까이 가야 地藏干에 있는 게 드러난다. 즉, 상당한 시간을 서로 만들다가 地藏干이라는 것이 계속 있는 게 아니고 하루 중에 조건이 맞는 어느 시간에 피크를 이루기 때문에, 피크를 이루어 주면서 작용을 시켜주는 여기에 그대로 쫙 빨려 들어간다. 물론 당연히 亥水나 子水가 있으면 金水傷官을 소통시켜 주는 작용은 있는 것이지만 申生들한테 가는 거 보면 답이 아닌데 하면서도 빨려 들어가는 것이다.

"재는 분명히 劫財야. 재는 평생 내 등에 도끼를 꽂을 거야!"

申生을 실제 보면 맞지만 그런데도 남녀 관계에서 묘하게 빨려 들어간다. 서방 복 있는 여인의 생존 방식으로, 여인들이 사실은 남자 등짝에 도끼 꽂아서 일단은 종족 보존의 역할을 해 주면서 거기서 흐르는 피를 빨대로 쪽쪽 빨아먹으면서, 새끼는 어떡하라고 하면서 불평한다. 참으로 안타까운 케이스가 이런(辛日柱가 申을 만나는 경우) 케이스다.

申중의 壬水작용으로 申이 띠로서 작용할 때는 여인이 申생으로 태어났다함은 한 번씩 金水傷官을 확 펼쳐내 주는 에너지를 가지고 있고, 궁극적으로 申子辰을 따라간다. 생식적 본능을 잘 만들어 낼 수 있는 에너지가 가득한 것이 申이다. 辛 日柱가 申에 한 번 빨려 들어가면 도끼 맞는다.

아직 살고 있는 몇 사람 봤는데 아직도 자기는 등짝에 도끼 맞은 줄 모르고 있다. 특히 月에 申이 이런 게 들어와 있을 때 배우자 인연은 대체로 巳가 일지에 있는 것 日支 正官이 가장 바람직하고, 아니면 아예 辰 중에 있는 乙木을 취해서 辰生을 만나고 巳生을 만나면 좋지만, 자기 運이 조금 어정쩡할 때는 申生 여인을 만나더라.

時	日	月	年
	辛		
	巳	申	辰

그림 1

月支에 있다는 것 자체는 전생으로부터 실제로는 조상인데, 나와 새로 만난 사람의 엄마

아버지 위로 올라 가다 보면 걸려 있다. 地支 코드 자체가 조상의 중복에서 내려와 있는 것이다.

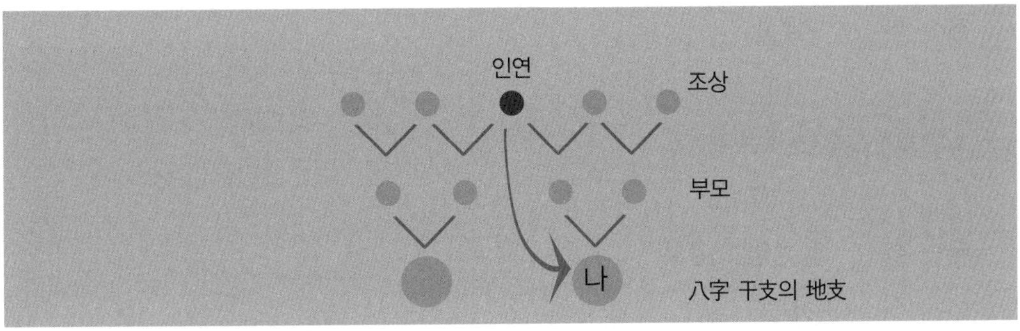

그림 3

조상으로부터 인연이 걸려 있는 것이 八字 干支의 地支로 다 돌아온다. 형태는 劫財니까 친구처럼 좋아라 죽는 거다. 친구처럼 굉장히 편하게 재미나게 지내면서 申중에 壬水의 작용을 받기 때문에 거기 그냥 그대로 빨려 들어가서~, 그것은 말려도 안 된다. 말리면 다 그렇게 살기 위해서 결혼하는 거 아니냐고 한다. 맞다! 열심히 살라고 말해 준다.

이런 패턴인데 마누라 박사까지 다 시켜 주고, 공부 다 시켜주고 그 다음에 자기 돈 벌어서 새빠지게 다 갖다 주고, 그 중에서 일부는 처갓집으로 막 넘어가는데도 자기는 劫財라는 걸 모른다. 도둑이 대문 안에 있는데 자기 옆에 누워 있는데, 누가 도둑인지 모르지? 해도 자기는 그런 느낌을 못 받는다.

이것이 '카르마(Karma)' 다. 역학이라는 것이 이익, 손해의 방향성을 따져 보지만 이것이 정말 업보다. 분명히 저게 한 20年 동안 마누라한테 열심히 쳐 박고 나서야 깨달을 거다 하는데도 그 20年을 채우기 전까지는 아무리 가르쳐 줘도 모른다. 역학이라는 게 답을 알아도 사실은 당할 수밖에 없고 감당할 수밖에 없구나 하는 것을 참 많이 느낀다.

辛 – 申 / 六親

六親적으로는 당연히 劫財이고 숨어 있는 작용 중에 유심히 챙겨야 할 것이 傷官 長生

작용이다. 그래서 사랑과 우정이 구분이 안 된다. 劫財로서는 友情이 되는 것이고, 申中의 壬水는 傷官인데, 傷官이라는 자체가 생식적 행위를 도우는 것이다.

辛 - 申 / 12運星

12運星상으로는 旺地다.

辛 - 申 / 他 六親 12運星

官星은 대체로 세력이 무력화되는 인자 속에 있죠. 浴地라고 하는 것은 조건 따라서 運氣를 强하게 쓰기도 하고 弱하게 쓰기도 하는 속성을 가지고 있다. 財星은 絕, 胎地에 들어감으로써 財星의 모양새가 바람직하지 않은 모양이 된다. 보통 직업적으로 보면 대부분 다 변화가 작은 조직, 교육, 전문 기술 이런 것들이 된다.

그 다음에 기술성 또는 경쟁 요소가 많은 사업 분야다. 劫財의 환경이 있다는 것은 경쟁이 많은 사업, 그 중에는 申中에 壬水를 활용하니까 기술 사업 또는 교육 사업, 전문 기술 쪽에 활동 분야를 삼는다. 물론 저기에 印星이 가세하면 자격증 사업이 된다. 官星이 가세하면 큰 조직과 손을 잡는 사업, 그런 식으로 되겠죠.

辛 - 申 / 吉凶

吉凶을 결과물로 봤을 때는 官星이나 財星이 세력을 가지고 있지 못한다.

吉 3~4 정도. 다행히 申中에 壬水라도 있어서 그렇다.

현실적인 보상의 결과물을 봤을 때 凶 6~7 정도다.

女子는 劫財가 먼저 작용하고, 보통 결혼 환경도 본인이 재처 자리에 시집을 가서 안정을 하는 모양이고, 申중의 壬水는 남의 아이다. 남의 아이를 돌보기 쉬운 것이니 직업적으로 교육이라고 하는 자체가 남의 아이를 길러 주는 것이다. 실제 교육에 관련된 분야에서 많이 일을 하고 있다. 결혼 환경도 재처 자리고, 결혼을 빨리 한 사람은 반드시 애정에 문제가 생긴다.

오늘 같은 경우도 아래와 같은 八字인데, 자식을 얻기 위한 여러 가지 인자와 환경으로 인해서 배우자 인연을 만나게 되었는데 결국은 중간에 굴곡이나 애로가 생겨나기 시작했다. 올해 37살이 되는데 初婚을 再妻 자리에 간 경우가 아니다. 癸亥 중반부쯤 빠져나오기 시작하니까, 다가오는 運이 陰 大運으로 간다. 陽氣의 德을 제대로 보기 어려운 쪽으로 가기 시작하니까 벌써 남편이 도망갈 준비하고 있다. 결국은 나한테도 丙 辛合의 작용이 되지만 결국은 巳가 申을 따라간다.

時	日	月	年
丙	辛	庚	癸
申	巳	申	丑

그림 1

乙	甲	癸	壬	辛
丑	子	亥	戌	酉
49	39	29	19	9

癸未年, 甲申年부터 두 사람 사이에 분란이 발생하기 시작해서 乙酉년인가부터 공식화는 안 했지만 서방님이 다른 여자와 눈이 맞는다. 묘하게 그 남자의 애인의 日柱가 庚申이다. 여인과 남편 애인이 전혀 남이라고 생각하죠? 아까 설명한 조상의 코드에서 결국은 내 것을 찾으러 온 것이다. 애인이 申生이라. 이 여인도 한 많은 여인이다. 隔角의 해로움이다. 가까이서는 두고 보기 어렵고 그 다음에 比肩, 劫財의 해로움인데 이 경우에는 庚하고 辛하고는 근본적으로 劫財 관계로 먼저 자기가 한 방 얻어맞았다. 이번에는 내 차례다 하면서 날아가는데 맛 좀 봐라 하면서….

時	日	月	年
壬	庚	戊	戊
午	申	午	申

그림 5

보면, 코드가 조상끼리 서로 얽혀 있지 않으면 이런 구성이 될 수가 없다. 남편이 癸卯생이다. 일지 偏財의 고달픔이 발생하기 시작하는 건데 年에 劫財가 있다. 이 八字도 마찬가지로 일찍 결혼하면 부부 인연에 굴곡을 겪는 모양인데, 조금 늦게 하기는 했는데 29살에 했다. 辛未年에 결혼이 이루어졌는데, 이 경우에 食傷이 투출되지 못하고 일지 偏財다. 일지 偏財는 결국 뭐냐면 늦바람에 우는 수로 偏財를 年, 月에서 보지 못하고 있다가 갑자기 딱 본 것이다.

그러니까 늦바람에 正財, 偏財가 막 혼란이 오기 시작한다. 여기에 癸水, 癸水가 戊를 끌어당긴다. 그 다음에 未생이나 申생이 띠 그룹으로 봤을 때 배우자 인연으로서 당겨올 수 있다. 癸, 癸, 두 개 있어서 二字合緣이다.

時	日	月	年
	甲	癸	癸
	戌	亥	卯

그림 6

丑生을 만났을 때는 歲運 자체에서 유도되는 財星을 쫓아가서 짝을 이룬 거로 봐야 된다. 丑生과는 '잘 가라, 그럼 안녕!' 이 되는 것이고, 申生과는 공식화가 천천히 될 것이다. 申生이 가진 고유의 隔角 인자, 그 다음 大運의 흐름이 陽 大運으로 陽氣의 德을 편안하게 보는 흐름이 아니기 때문에 공식화를 하지 않고 그냥 살자는 것이다. 잔치도 하지 말고, 혼인 신고도 하지 말고 그냥 살자 해도 '너무 좋아요, 오빠' 라고 한다.

이 답을 물으러 왔지만 결론은 이미 가지고 온 것이다. 앞으로 어떻게 되느냐? 당신들 말한 그대로 된다. 당신들이 꿈꾸고 있는 각본 그대로 된다. 지금도 거의 집안에 담장을 지르고 있는데 丑생은 甲이 3이니까 3억 원만 주면 끝내자. 3억 원 위자료만 주면 굿바이 해 주겠다는 거다. 정말로 八字대로….

그런데 卯생에게는 '三' 字가 比劫이다. 比劫한테 당하는 거니까 이상하게 손해 보는 것 같은 느낌이다. 申이 劫財라고 하는 작용이 그만큼 활발하게 이루어진다. 丑생도 앞으로 어떻게 되는지 보인다.

八字에 申이 空亡이다. 空亡은 결국 좋은 작용은 안 하고, 나쁜 작용은 다 한다. 劫財는 劫財 작용 하고 빼앗아 가고, 앞에는 새끼를 낳기 위한 공간(癸丑)이었고, 새로운 인연(丙)을 만나게 되는데 이것도 空亡 위에 앉아 있다. 그 다음에 劫財의 흔적이 있으니까 가정을 가졌던 다른 남자와 어느 大運에, 子 大運에 애정적인 얽힘이 발생하게 되면서 食神이 내려와서 펼쳐지니까 결국은 장사나 사업을 몸소 해서 활동을 하면서, 내 옛 서방 살던 곳 보고는 침도 안 뱉는다는 것이다.

丑생이 오면 하지 말라 해야 되겠죠?

"하지 말고, 가정 형식을 깨뜨리지 말라. 새로운 인연을 만난다 하더라도 절대 편안하게 덕을 보지 못한다. 그러니까 애들만 데리고라도 가정의 형식을 깨지 말고 서방은 호적만 여기에 두고 몸은 왔다 갔다 그렇게 해라!"

라고 하니 이미 그렇게 하고 있었다.

"선생님, 미안하지만 1년 半 前부터 벌써 그렇게 하고 있습니다."

그게 결국은 가야 될 모양인데 그런 모양을 이미 진행하고 있는 거죠. 3億, 3億 하고 있는 것이다.

질문

남자가 그렇게 주겠습니까?

답변

자기가 손해 보는 것 같잖아요. 숫자 3을 만나면. 결국은 세월이 걸리겠죠. 세월이 걸리는데 庚寅年이나 辛卯年에 가야 甲戌이 卯를 만나서 戌의 대세가 약화되고, 辰에 오면 완전히 서류 정리잖아요. 辰戌 相冲으로 처가 머물러 있는 자리에 완전히 마무리시켜 버리는 모양이 되는 거니까. 좋아질 가능성은 사실 없는데 결국 여자가 잘못 생각하고 있는 거죠. 아무튼 申이 그렇게 괴로움을 많이 주더라.

辛 – 申 / 年月日時

年

劫財와 傷官의 작용력 때문에 조상 혜택이 미미, 물론 寅申巳亥의 속성 때문에 그렇기도 하다. 年에 傷官이 득세해 있다는 것은 자랑하기 어려운 조상의 흠, 결함이다. 年에 傷官이 있어서 잘 되는 경우는 이런 경우다. 독립군으로 활동하셨다는 것은 세상을 뒤바꾸려고 하는 건데 일반적인 기준으로는 자랑하기 어려운 조상 환경이다.

月

月에 申이 가까이 작용하면 계속 劫財와 쟁탈전을 해 왔기 때문에, 劫財 있는 사람들이 싸움을 잘한다. 투쟁성 강한 능력이고 실제로 실력도 된다. 거기에 印星의 간섭이 있느냐, 뭐의 간섭이 있느냐에 따른다. 간섭자가 뭐냐에 따라서 차이는 있지만 아무튼 한 판 붙자는 것은 잘한다.

남의 서방도 잘 빼앗는다. 劫財가 있는 여인들은 잘 뺏기기도 하지만 남의 서방도 잘 뺏는다. 특히 辛이 申을 본 것, 乙木이 寅을 보는 것들이 그러하다. 자체에 있는 傷官도 치고 받으면서 자신도 그런 능력을 터득해 있는 것이다.

時

丙申이 된다. 時 正官은, 대체로 늦게 명예로운 활동 환경을 만난다는 것은 선출직 명예라든지 관직에서도 뒤에 지역의 수장격의 감투를 유지하는 힘으로 본다.

자식에 있어서는 時에 있는 正官의 영향을 받아서 사회적인 번영이 있는 자식이라는 뜻인데, 時 劫財는 또 劫財다.

재산이나 재물에 관한 분배를 해 줘야 하는 자식 인연. 말년까지도 時 傷官, 傷官은 머리를 많이 굴리며 산다. 재능을 피우며 산다. 또 그 운동 자체가 金운동이다. 劫財라는 것은 항상 주변을 돌아 보니 다 도둑놈 밖에 안 보이는 것이다. 자세히 보니까 내 새끼도 도둑이구나! 그때서는 깨우쳐 있는 것이다.

젊었을 때는 도둑을 껴안고 내 맘 알아주는 사람은 너 밖에 없다면서 똑같은 金의 정서를 되돌려 주는데, 영감이 되어서는 劫財를 만나면 자기가 땡보 생각을 하고 넘어가 버린다. 관속에 들어갈 때까지 현금을 등짝에 묻어 놓고 있는 이런 영감들이다.

辛 - 申 / 운의 해석

大運 申은 申안에 있는 壬水의 작용과 부합되는 직업을 갖는다면, 傷官이라는 게 주로 교육, 기술이죠. 여자들은 예술성도 되고 식품, 식품 중에서도 기호성으로 커피, 술, 아이스크림, 빵이다. 실제로 여자들은 官運을 제대로 못 보고 있는 경우에, 官運의 조화가 없는 경우 보통 유흥업계 쪽으로 많이 간다.

印星의 간섭이 있으면 주로 교육, 학원 사업을 하고, 주변에 財星을 큰 걸 바라보고 있다든지, 안 그러면 比劫을 같이 에워싸고 있는 사람들은 주로 주류 유흥업을 많이 한다. 申 자체는 일종의 애정 발생 인자로 사람을 많이 상대하고, 여자들 경우에는 남자를 많이 상대하는 데서 장사를 한다. 그래서 대체로 직업적인 분야에서는 나름대로 상당한 성공을 이루는데 결국은 劫財의 해로움을 당한다. 자식이 가져가든지 내가 새빠지게 장사해서 돈 좀 벌어놓으면 자식한테 주든, 주먹 잘 쓰는 서방이 와서 한 번씩 우겨서 빼앗아 가든지 해서 주변 六親에 의한 희생이 동시에 발생한다.

그 다음에 법적인 송사, 이런 것들이 傷官작용을 한 번씩 수시로 타인과 시비, 분쟁, 송사에 노출되는 것은 당연한 것이다.

歲運에서는 이미 未運부터 불안해지기 시작했다가 申酉戌로 들어가니까, 比肩이나 劫財의 무리 속으로 들어가는 단초니까, 이 시기에도 대체로 未까지 잘 버티던 사람들도 申에 많이 저질러서 현금유동성이나 금전 거래 관계의 복잡성이 발생하기 시작하는 때가 이 때다. 단 두 업종, 교육적인 행위가 가해지는 업종은 壬水가 長生으로 가기 위한 바탕이 되니 학원업 자체는 잘된다. 그리고 돈이 좀 들어오면 그것을 재투자를 위해서 자꾸 쓰게 되고, 벌고 있고 발전하고 있는데 현금 유동성에는 부담이 그대로 깔려 있는 거죠. 기술에 의한 고부가성이 있는 제조, 이런 것들이 지속적인 발전을 이룩하고 있더라는 거죠.

그 다음에 먹는장사, 기호 식품이라도 자기가 재주나 솜씨, 傷官적인 행위를 통해서 부가가치가 만들어져 나가고 있는 경우에는 장사는 그런대로 잘 되고, 수입이 있는 것은 재투자로 들어가면서 밥그릇을 차근차근 이루어가는 과정으로 간다. 그 결과나 보상은 亥子丑 運 지나가면서부터 크게 받게 된다.

辛 – 申 / 男女

男女 간에 쓰는 것도 男子는 기본적으로 劫財니까 吉兆로 쓸 수는 없는데, 陰에 속하는 것으로 주로 구성되어 있으므로 그 해로움이 5다. 吉凶을 따진다면 吉 5, 凶 5 정도다.

女子는 직업적으로 뭔가 일을 해서 돈을 벌어야 되는데, 몸 고생 마음 고생 한다. 그렇게 돈을 벌어들이는 것으로 吉이 3~4, 凶이 6~7 정도가 된다. 여자들은 고생 많이 한다. 돈 좀 모아 놓으면 기둥서방 생겨서 좋은 사업이 있으니 투자하라고 해서 물려 들어가고, 심지어는 이런 運 들어오기 前에 未運 말쯤에 '돈 있는 거 가져와라. 3년 뒤에 그대로 돌려 줄 테니까.' 해도 말을 듣지 않는다.

金이 旺하다는 자체도 어떻게 보면 강한 의지력을 가지고 있는 거니까 自力으로 뭘 해결하려는 인자가 많이 발생해 있다.

辛 – 申 / 綜合

종합적으로 보면 아무튼 직업이나 활동력에 대해서는 긍정적이다. 그러나 보상이나 人德, 六親관계에서는 여러 가지 고충이나 애로를 많이 겪는다.

제 40강 • 辛일간의 실관 Ⅸ

辛이 酉를 볼 때

辛 – 酉 /

時	日	月	年
	辛		
	酉		

그림 1

자! 닭 酉자. 하늘과 땅이 똘똘 뭉쳤다. 辛酉라는 金 운동 작용으로 이제 하늘의 뜻이 땅에 계승된 것이 辛酉죠. 이 辛의 정신이 그대로 내려 온 장소, 그래서 이런 사람들은 이제 말 그대로 天干의 순서로 보세요.

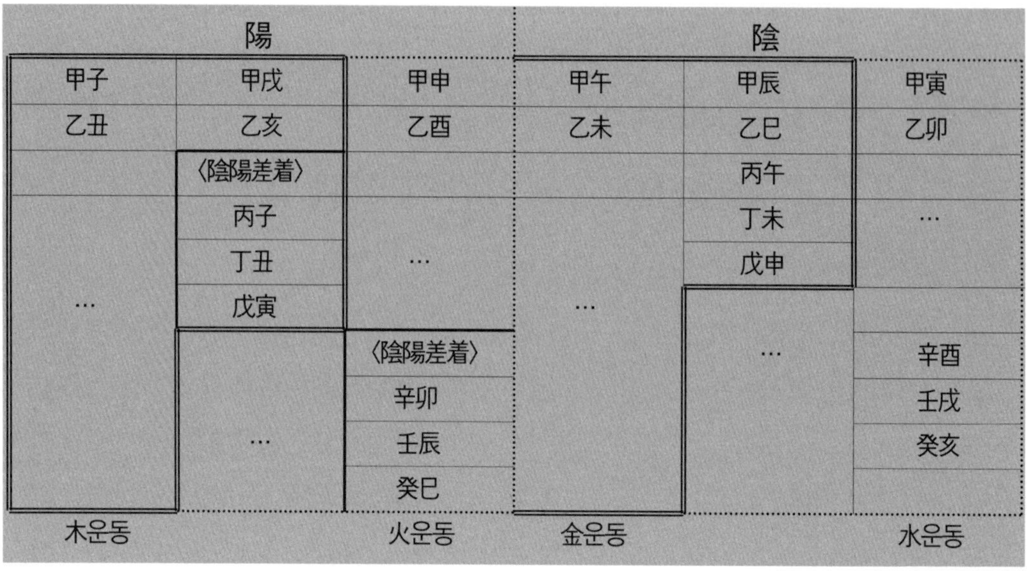

그림 2

이렇게 甲子부터 쭉 나갑니다.

그 다음에 甲戌로 흐른다. 甲戌, 甲申, 甲午, 甲辰, 甲寅. 이렇게 흘러서 60干支가 주욱 내려갑니다. 甲子 다음에 乙丑이고….

여기서 이 큰 자체를 陰陽으로 본다.

그 다음에 여기서 神殺 중에 陰陽差着은 天干의 10개의 순에 의해서 끝나고, 밑에 神殺이 자동으로 배속되어 空亡이 배속된다.

여기에 30개로 15개 중에서 12順 중을 벗어난 것 甲戌, 乙亥 다음부터 丙子, 丁丑, 戊寅을 陰陽差着에 집어 넣는다. 地支의 일순, 子에서부터 亥까지 12개니까 세 칸이 정확하게 30개를 반으로 쪼개면 15개이다. 여기서부터 12개를 세어가지고 마지막 3개가 陰陽差着에 들어간다. 그러면 癸巳, 壬辰, 辛卯가 陰陽差着에 들어간다. 12旬 중에 못 들어갔으니까 여기에 하나의 戊寅이 상당히 중요한 분기점이 된다.

이 15개는 60干支 중에서 (戊寅)크게 봐서 木운동으로 본다. 木운동, 그 다음에 가운데를 火운동, 다음에 쭉 쪼개어 나가면 甲辰에서 丙午, 丁未, 戊申까지가 15개다. (甲午)에서 세어 나가면 그 다음에 여기가 金운동이다. 이 金 운동 마지막 부분이 水운동이다.

여기서 水운동의 맨 마지막 부분에 놓이는 게 辛酉, 壬戌, 癸亥…. 이 辛酉라고 하는 것이 무리 지어 있으면 辛은 이 三奇가 辛, 壬, 癸와 어울린다. 辛壬癸는 霜, 雨, 露이다.

霜은 金에 속해 있으면서도 庚하고 다르다. 庚은 巳부터 먼저 長生地를 받아 나온다. 여름에서부터 그 뿌리를 가져와 가지고(庚) 건강한 기질로 갔다가, 辛에서 완성판을 만들어 놓았지만, 이 완성판은 결국은(辛→壬癸) 金水 운동의 꽃 속에 놀고 있다는 말이다.

그러니까 이 안에 있는 辛酉는 金운동이 굉장히 밖으로 쫙 하고 벌어져 있다. 金운동이 陰의 도움을 준다. 그래서 陰陽이다. 陰의 도움을 받아가지고 이 辛酉라고 하는 것은 陰의 위치에서도 상당하다.

陰陽으로만 생각해 보면 陰의 위치에서도 상당히 강한 陰이 몰려 있는 구간에 와 있는 것이다. 그 다음에 이 戌亥로 亥에 이르러서 결국은 反本, 즉 木운동으로 도리어 돌아온다.

亥에서 甲子로 돌아오는데, (辛酉)이 구간이 陰운동이 굉장히 많이 진행되어 있는 작용이 활발하게…. 물론 그 앞에 庚申이 있지만, 庚申은 뭐에 뿌리를 두고? 水를 만나 金이 뭐에서 死하고? 水에 死한다는 말이다. 水에 死한다. 이 때 金이 水에 死하는 것은 이 庚申을 두고 하는 말이다.

그 다음에 이제 오히려 金이 水에 長生하고 있는 것은 이 辛이다. 그래서 이 辛金은 겨울에 산에 가면, 눈이 내린다고 하면 눈이 나뭇가지 위에 매달려 가지고 빳빳하게 '눈!' 이러면서 딱 힘주고 있는 눈꽃이 핀 모양이다. 반대로 꽃을 피우는 건 乙巳다.

그림 3

乙巳가 陽의 기운이 밖으로 예쁘게 벌어져 있는 것이라면, 辛酉는 꽉 잡았다가 밖으로 그 강한 압력에 의해서 겉이 까칠해져 있는 상태이다.

눈을 보면, 표면의 끝이 까칠하게 생겼다. 白雪. 그 백설이 陰의 기운에 의해서 버티다 버티지 못해, 웅크리다 웅크리지 못해 쫙 벌어져 있는 상태, 얼음이 얼어가지고 쫙 펼쳐져 있는 상태를 보여주는 것이 이 辛이다.

그림 4

그래서 대외적으로 외부적으로 陰운동이 굉장히 강하게 펼쳐질 수 있는, 오히려 癸亥는 환경만 만나면, 자기 자신도 陰의 기운을 많이 가지고 있지만 환경만 만나면 언제든지 변색이 잘된다. (辛酉)는 金 운동의 속성을 안고 있기 때문에 자기 색깔을 바꾸는 것도 시간이 많이 걸린다.

(陰陽의 자체는) 큰 陰陽을 한번 운세적으로 잘라 나갈 때, 가속성을 주느냐, 주지 않느냐이다. 이 사람은 木運을 만나야 좋다는 뜻인데 이미 金운동이 강해진 이 甲午나 甲辰, 이놈이 갖는 甲의 운동성은 큰 단위의 金운동 속에 에워싸여진 甲이기 때문에, 甲 고유의 기능은 하지만 그 역량이 많이 떨어진다.

(甲子)는 陰壓을 거친 水운동을 마치고 木운동으로 들어오기 시작해 가지고 처음으로 삐져나온 것으로 정말로 木운동이 활발하게 양보하지 않는 甲이다.

(甲申)은 상대적으로 火운동 속에 있는 木이니까 융통성이 많은 木이다.

질문

甲子 旬 중에 기본적으로 木운동이 강하다는 말씀이시죠?

답변

그렇죠! 甲子에서 60개 모든 것을 어떤 것이든 木, 火, 金, 水라고 하는 4단계의 운동으로 쪼개어 보는 습성을 가져 보라는 거죠.

그렇다면 큰 단위를 무엇으로 설정하는가. 우리가 정월 초하루부터 일종의 주간운세를 볼 때 1일부터 15일이 陽운동, 그 다음에 16일부터 그믐까지 陰운동이다. 陰운동은 이 안에서 7일까지를 木운동. 陽운동 속에 陰에서 陽으로 전환되어 나가는 운동이고, 그 다음에 일차적인 陽운동의 초입을 마치고 더 펼쳐지는 게 火운동이다.

<table>
<tr><td colspan="2">1일</td><td>7일</td><td>15일</td><td>16일</td><td colspan="2">23일</td><td>그믐</td></tr>
<tr><td colspan="2">木운동</td><td colspan="2">火운동</td><td colspan="2">金운동</td><td colspan="2">水운동</td></tr>
<tr><td colspan="4">陽운동</td><td colspan="4">陰운동</td></tr>
</table>

그림 5

다음에 16일부터 23일까지 7일을 더 하면 23일이고, 그 다음 24일부터 그믐까지 물론 이게 정밀하게는 약간 이게 29.5가 안되지만 4~5일 쯤 한 달이 朔望 주기가 29.몇으로 나오니 정밀하게 하면 7일이 조금 안 된다. 초생부터 7일 조금 안 되는 때까지는 木운동으로 설정을 한다.

그런데 이 때 木운동이 활발하게 이루어졌을 때 우리가 대외적인 환경이 활발해질 수 있는 띠들은 亥卯未 生들이다. 亥卯未 生들이 사회적인 활동이 강화되는, 木운동을 일으키기 좋은 환경 속에 있기 때문에 이런 것과 똑같은 것이다. 좋은 물을 주니까, 똑같은 식물을 두고 자기한테 유리한 물을 주니까 더 많이 자라는 것과 똑같다. 그래서 그 다음에 8일부터 15일까지는 火운동이니까 寅午戌 생들이 활동 환경이 좋아진다.

이렇게 이런 원리로 확장을 해봤을 때 여기에 있는 金운동 속에 甲午나 甲辰의 날짜들은 木운동이 아주 활발하지는 않지만, 가을이라고 해서 나무가 자기 성질을 버리지는 않듯이 고유의 木운동의 성질은 없어지지 않는다.

단지 외부적인 억지력 때문에 자기를 잘 드러내지 않고 활발하지 않다. 뭔가 또 당하고 있는 느낌으로 저건 또 뭐야? 저건 또 뭐야? 하는 당하고 있는 느낌이다.

질문

甲戌이니까 火가 어떠한 기운적으로 몰려가 있다고도 보태어 볼 수 있는 건가요?

답변

어디가요?(지금 이제 己丑年이 甲戌 旬에 들어가 있잖아요.) 아닌데??

丙子, 丁丑, 戊寅, 己卯, 庚辰, 辛巳, 壬午, 癸未, 甲申, 乙酉, 丙戌, 丁亥, 戊子, 己丑. 여기 火운동이 조금 더 활발한 중간 부분에 걸려 있다.

질문

그러면 차후부터 다음? 金운동이 국가적으로 흘러 간다가….

답변

그렇죠! 그렇죠! 국가적으로….

질문

제가 옛날에 어디서 四柱를 보시는 분이 그 甲子 旬 중에 있는 기둥이 있으면, 거기서 木이 四柱에 없더라도 몇 개 있는 것으로 간주하는 것으로 봤었거든요.

답변

그렇죠! 그게 이제 이 논리로 보시면 됩니다. 辛未에 태어난 사람이 사람이라고 하더라도 木운동 속의 干支 속에 있기 때문에, 결국 이게 五行적으로 木이 드러나 있지 않다고 하더라도 木運이 있다. 그러니까 사람을 보자.

그러면 八字에 木이 없다면 肝이 없는 것이냐? 그게 아니다. 그러니까 이제 干支라고 하는 것의 어떤 표현의 한계, 干支라는 표현의 한계성이라는 것이 기본적으로 여러 기준이나 운동 속에 여러 파동이나 기준 속에 우리가 살아가고 영향을 받고 있다.

이 干支(甲子)가 어떤 운동이 두드러져 있다. 아웃스탠딩 내지는 조금 더 유니크한 것이다.

질문

乙, 丁, 辛, 癸처럼 기본적인 어떤 기운을 부여할 수 있다고도 볼 수 있나요?

답변

그렇죠! 당연히 가능합니다.

이것을 설명을 하다 보니까 이제 그것이 강한 개성적인 요소를 완전히 억제하거나 방향성을 완전히 왜곡하는 것은 아니기 때문에 우리가 이 논법을 많이 쓰지 않는 것뿐이지, 기본적으로 평균온도가 낮은 해라 하더라도 여름에 날씨가 더워졌다가 그 다음에 가을에 날씨가 추워졌다가 이러한 주기성은 甲乙丙丁이라고 하는 干支만으로도 충분히 접근해 볼 수 있는 게 가능한 거죠. 평균 온도가 좀 높은 해라고 한다면 겨울이 좀 따뜻한 효과를 볼 수 있을 것이다.

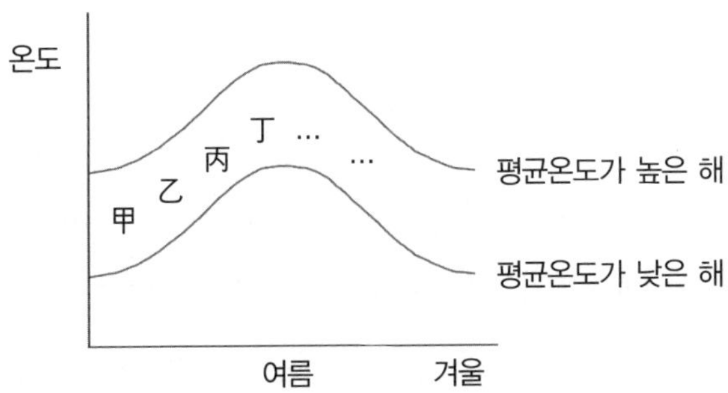

그림 6

우리가 지금 쓰고 있는 것은 이 주기 정도를 보여 주는, 주기차를 보여 주는 정도로써 우리가 干支를 채택해서 쓰는 것이고, 어떤 그 원리나 흐름도 전제를 해 둘 필요가 있다.

이것을 지나치게 비약을 해서 어느 분이 쓰시는 분을 보기는 봤지만 제가 경험한 바로는 이 정도의 효과는 좀 전제해 둘 수 있다는 것이죠. 평균적으로 높다가 낮다가 결국 1도 차, 2도 차이, 사실 어떨 때에는 매우 중요한 그 마지막 1도에 죽었다는 것이다.

그런 것을 볼 때 어느 旬 중에 이렇게 15개의 단위로 끊었을 때 어느 운동 속에 있느냐 하면 甲午 日柱라면 木火가 굉장히 일반적으로 강하다고 보지만 金 운동 속에 있으므로 조화와 조절력이 있는 평균온도가 낮은 여름이다. 그럼으로써 죽지는 않을 것이다.

큰 어떤 환경적으로 좀 더 플러스를 주느냐, 마이너스 환경을 주느냐 그런 정도로 이 논리가 채택될 수가 있는데 이것이 가속화라는 것이다. 가속화가 경상도 말로는 걸리면 얼반 죽는다는 거죠. 그래서 어떤 에너지가 어느 한쪽으로 많이 몰려 있다는 것은 남들이 하지 못하는 일들을 감당할 수 있는 힘을 가지고 태어났다는 것이다. 그렇게 심하게 확장해서 쓰시는 사람들도 있다.

辛 - 酉 / 12運星

12運星 상으로 보면 당연히 祿이 올라와 있는 것이다.

辛 - 酉 / 他 六親 12運星

他 六親에서는 偏財 乙木은 絕地에 와 있고, 그 다음에 正財 甲은 胎地에, 다음에 偏官 丁은 長生地에 있고, 正官 丙은 死地에 와 있다. 여기서 이제 偏官은 長生 환경을 가지고 있다는 것인데, 金운동이 워낙 강하게 펼쳐져 있으니 五行적인 대세가 필요하다. 財星이 꺾여 있고 正官도 꺾여 있다는 말은 결국은 자기가 이 偏官을 쫓아서 능력을 갖다가 만들어 내든지 활동 환경을 만들어내든지, 아니면 자기 자신의 능력이다. 저것이 일종의 편집입니다. 이 편집이라는 것이 에디터라는 말이 아니고, 어떤 기운이 치우쳐 있다. 치우칠 偏자에 잡을 執자라는 것이다.

다른 五行적인 기운이 여러가지로 펼쳐지고 오므라들고 있겠지만, 오므라들어서 꽉 굳히는 기운이 잡을 執, 불굴의 집념 할 때 잡을 執자.

편집성 : 1, 편집성. 2, 기술.

어느 한쪽으로 치우쳐서 꽉 장악하려는 어떤 기운이나 에너지가 깔려 있는 것이 편집성이다. 그래서 편집성을 가지고 있는 이것이 이제 큰 힘이기도 하고, 그것 때문에 여러 가지로 스스로 고통도 받는다. 그래서 이 편집성 때문에 독립성으로 간다. 그 다음에, 기술로 이렇게 남들이 가지지 못한 능력을 주로 技라고 한다면, 주로 기술성으로 봐서 독립성과 기술성을 가지고 있는 것이고, 그 다음에 그 자체로 五行적으로 金에 속한다. 즉, 금전적인 어떤 성취 보상과 인연이 많은 八字이기 때문에 경제적인 기회를 자주 잡는다.

辛 – 酉 / 吉凶

그 다음에 吉兆, 凶兆. 경제적인 결과물로 따졌을 때에는 대체로 그 직업이나 일에 대해서는 긍정적이지만, 사회적인 어떤 보상이나 결과물로 봐서는 또 여러 가지 희생도 당하는 면을 가지고 있으니 길조 5, 흉조 5 정도라고 보면 된다.

辛 – 酉 / 年月日時

年

그 다음에 酉가 年에 있다면, 年에 酉가 있다면 比劫이라고 하는 환경, 祿이라고 하는 환경 주로 이제 명예중심의 성공인데, 祿의 뜻을 봐서 명예 중심의 성공 조상이다. 그 다음에 본인에게는 강한 자아심이다. 소년에 이미 祿을 안고 있다고 함은 강한 자아심을 가지고 존심을 건드리지 마라. 그것을 행위적으로 할 수 있는 것이다.

月

月에 酉가 있는 경우 말 그대로 建祿格이 된다. 建祿格이 됨으로써 祿의 여러가지 運命적인 특성을 가지게 된다. 대체로 이제 지도적인 역할을 하는 직업이다. 官의 보조가 있으면 아주 높은 벼슬까지 갈 수가 있고, 官의 보조가 없어도 작은 명예 중심의 성공은 충분히 이루어진다. 그 다음에 기술이나 자격 이런 것에도 유능합니다. 남에게 지지 않는다는 거죠.

日

그 다음에 日에 辛酉는 결국 어떤 노력이라든지 의지적인 면에서 굉장히 강한 인자를 가지고 사회적인 성취에 도움이 되지만, 六親에 의해서 주로 官星이 死하는 모양, 財星이 絕胎地에 있는 모양이라서 男女 共히 그 六親 즉, 배우자 조화력에 불안이 있다.

時

時에 丁酉, 時上 偏官. 형태가 되어서 말년에 명예 중심의 성공이다. 명예 성공은 물론 金 운동을 봐서는 남보다는 뭘 장악하는 힘이 강하다.

그래서 경제적인 우리 자본주의 사회에서는 경제적인 어떤 성취나 보상도 충분히 보장된다. 고집스러움이라고 하든지 자기가 불굴의 어떤 의지를 가지고 밀어 붙이는 힘으로 봐서는 매우 긍정적이긴 한데 六親이나 사회적인 조화력은 떨어지는 것이다.

辛 - 酉 / 운의 해석

大運 / 歲運

그 다음에 大運 歲運의 작용에서 酉 大運은 酉는 陰의 기운이 꽉 몰려 있다. 몰려 있기 때문에 보통 직업적 어떤 연결이 원만한 사람들은 경제적 성취는 당연히 있다. 성취는 있다. 그러니까 거지가 되더라도 왕창 얻어 먹고 거지가 된다. 그래서 경제적 성취 기회가 많다. 그러나 六親, 금전거래, 인간관계 등에서는 고통이다. 끙끙 앓는다는 뜻이기 때문에 여자들은 실제로 몸도 안 좋은 경우가 많다. 몸이 원래 陰에 속하는데 陰의 기운이 밖으로 응결되어서 드러나는 모양이기 때문에, 大運적인 환경은 이런 것들의 형태가 된다. 身病이라는 것이, 몸에 질병 인자가 많이 앉게 된다. 누구든지 陰氣가 많이 몰려서 생기는 고충이 따르게 되니까 실제로 이 神病도 된다. 여자들은 실제로 이 병들도 많이 앓는다니까요, 神病….

남자들도 이 十자가 위에 올라섰다는 말이 辛자라고도 하는데, 十자가 위에 올라 간 사람들은 십자가에 자기가 순교자적인 어떤 정신이나 이런 기운이 많이 깔려 있는 사람이기 때문에, 실제로 하늘과 땅의 기운을 사실 연결하는 연결자적인 기운이 글자의 어떤 모양에서도 많이 나와 있다. 그러니까 우주에 던져져 있는 빛을 받는 자리가 쫙 辛에 떨어진다. 그래서 우주 통신이 가능한 것이기 때문에, 실제로 남자들 중에 자기가 신들린 것처럼 神이 와 있는 것처럼 한 번씩 멘트를 많이 날린다.

질문

뭐가 보인데요?

답변

그렇죠. 그분이 오셨다고….

질문

아니 정상적인데, 같이 어울리다가도 좀 저 辛이나 저런 글자가 많은 사람인데 뭐가 보인데요.

답변

반사체이기 때문에 본인이 丙火의 기운은 나머지 틱틱한 것들은 다 흡수한다. 햇빛을 흡수해서는 반사가 안 된다. 그런데 辛은 반사를 시킨다.

반사를 시켜 냄으로써 그분이 자주 왔다 갔다 하는 통신을 할 수 있는 능력이 있다. 특히 술을 많이 먹여 보면 그런 게 티가 난다. 일부러 제가 辛 日柱 테스트 몇 번 하면 한 5명 중에 3명은 성공한다. 그 중에 어떤 멘트가 있느냐 하면, 니들이 내 말을 안 들으면 어떻게 되는 줄 알아? 술 먹고 나면, 누군가가 내 뒤에 서 계시기 때문에 네가 나한테 까불다가는 죽을 수도 있다. 이런 식의 표현을 잘 하게 되는 게 이 辛이다. 그래서 이제 자기 뒤에는 뭔가가 있다는 거다. 뭔가가 있다와, 자기가 언제든지 십자가를 메고 뭔가 어떤 순교자적으로 몸을 던질 수 있는 그런 에너지를 가지고 있다, 이렇게도 본다.

그런데 땅바닥에 뭐까지 주어지고 강림하셨으니, 자기 뜻을 순교자적으로 굽히지 않을 거라면서, 순교자적으로 굽히지 않고 나는 나의 길을 간다라는 의미이기도 하다.

그래서 이제 끊음이다. 끊음의 어떤 걸 통해서 이제 구별하는 힘이 되는 건데 여기에 우리가 계율이라고 하는 것도 마찬가지다. 戒라고 하는 것이 못하게 하는 것이다.

戒律은 戒律적인 동작이나 행위거든요. 이게 금지조항이 많은 거죠. 그래서 그런 것들이 몸에 배어 있기 때문에 好, 不好…. 좋고 나쁨이 정신적으로만 있는 것이 아니고, 이제 행동적으로도 이렇게 남과 담장을 지르는 어떤 행위가 조성되는 때가 酉 大運이라는 거죠.

그 다음에 歲運에서 酉年이 오면 본인이 이제 결국은 六親적인 어떤 관계에서나 인간관계에서 고통이나 희생을 당한 것을 결국은 신께 매달려서 해결을 한다는 뜻이거든요.

이게 어떤 책들을 보면, 정리된 보통 글 속에는 집밖에서는 목사님! 집안에서는 머저리! 라는 표현도 있다. 歲運에서 酉를 만난다는 것은 무엇인가?

時	日	月	年
	辛		
申	酉	戌	

그림 7

앞에 劫財고 뒤에 羊刃이다. 오갈 데 없이 내가 답답함을 감당해야 되잖아요. 그러니까 닭이 아침에 하늘을 보고 홰를 치듯이, 그 뜻을 그대로 계승하고 있으니까 하늘을 원망해야만 하는 여러 가지 인간관계에서의 고충으로, 인간관계뿐만 아니라 세상과의 단절도 의미한다. 세상과의 단절도 의미하는 것이기 때문에, 이때 물론 금전이나 인간관계의 고충도 당하지만 남편도 새끼도 다 싫다.

이 辛 日柱가 酉를 만나서 뭔가 독립적으로 도모할 때에는 나는 네가 미운 게 아니야! 나는 세상이 싫어! 하는 심리적인 상황이다. 그런 정도로 이제 현실적인 고충을 많이 겪을 수 있다.

그 다음에 이 자리에 내려와 있는 것이 紅艶이다. 神殺적으로 紅艶이라는 것도 일종의 桃花성 비슷한 것이라서 거기에 돈이 쪽쪽쪽 빨려서 들어온다. 또 거기에 사람들이 당겨져

와서 애정관계라든지 인간관계에 새로운 어떤 형태의 인기성을 조작하기도 하는데, 결국 개인적인 보상 차원에서 보면 그것이 제한성을 가지고 있다. 財星이 세력을 가질 수 없는 모양이기 때문이다.

辛 - 酉 / 男女

남자는 酉라고 하는 환경을 만났을 때 대체로 자기가 陽에 속하면서 陰의 기운을 많이 가지고 있으니 길조가 많고, 여자는 경제적인 어떤 보상이라든지, 여러 가지 사회적인 일을 크게 장악하는 데는 긍정적이지만, 개인적으로는 여러 가지 고충을 인간적인 면에서 많이 겪기 때문에 소모가 된다.

그러니까 여자들끼리 나는 저렇게라도 되어 봤으면 좋겠다! 저렇게라도 되어 봤으면 좋겠다! 하고 생각한다.

결국은 이제 자기 독립성을 가지고 유능함을 갖추어야 된다는 것이 뭔가 또 좋은 것을 가진 것은 맞지만, 그런 인간적으로나 사회적인 보상에서는 어떤 여러 가지 고충이 따른다.

酉, 이것을 이제 또 무엇으로 비유를 해서 해석하느냐 하면 寺鐘사종이다. 그런데 그게 위 아래로 있으니까 오디오가 완전 하이파이로 컴퍼넌트라고 하죠? 이게 두 개가 다 같이 합체되어 있는 모양이니까. 그 소리는 멀리 간다. 반사된 빛도 멀리 간다는 뜻이기 때문에 실제로도 〈고승대덕〉 들 중에서도 이런 日柱를 가진 사람들이 제법 많다.

辛 - 酉 / 綜合

종합적으로 우리가 吉兆는 어떤 사회적인 유능함이나 능력으로 봐서는 5~6, 그 다음으로 凶兆는 인간적인 보상이나 발전 이런 인자를 찾는다는 것에서 4~5 정도에 머무른다.

남자들은 보통 사업적인 어떤 에너지가 상당히 긍정적으로 쓰이는 경우가 많아요. 또 재물을 한번 장악할 때는 크게 장악하죠. 金의 기운을 어떻게 비교적 좀 잘 쓰는 모양이다.

제 41강 • 辛일간의 실관 X

辛이 戌을 볼 때

辛 - 戌 /

時	日	月	年
	辛		
	戌		

그림 1

辛 - 戌 / 六親

六親 상으로 형태상 正印이고 숨어 있는 것은 글자 자체로 羊刃이 바로 깔린다.

辛 - 戌 / 12運星

그 다음에 12運星으로 冠帶가 되죠.

辛 - 戌 / 他 六親 12運星

他 六親의 12運星에서 偏財 乙은 入墓해 버린다. 墓로 들어가고, 그 다음에 正財 甲은 養地로 들어가고, 偏官 丁은 마찬가지로 養이 되죠. 다음에 正官 丙은 入庫가 되죠.

여기서 두드러지는 것은 官星도 세력이 강하지 못하고, 財星도 세력이 갇혀 있는 모양이다. 이런 갇혀 있는 모양에서 그대로 正印이나 羊刃의 힘을 많이 빌려서 직업구성을 한다고 보면 된다. 正印이나 羊刃은 직업이 글과 학문을 떠나지 않는데, 官星이 대체로 세력이 약한 모양이니 주로 전문 자격증이다. 그 다음에 교육적인 일.

正印: 자격

羊刃: 교육

대부분 이쪽으로 직업 구성이 다 이루어집니다. 물론 이제 여기에 다른 인자의 간섭자에 따라서 기술성이 강화된, 그러니까 아주 그 辛金이라는 것이 예리하고 정교함을 의미하는 것이고, 그 다음에 戌이라고 하는 것도 有能이다. 寅巳申戌에 들어가죠.

그것을 무엇으로 쓴다면 辛金을 이빨로도 생각할 수가 있다. 이빨이 잘 발달한 개는 한 번 물어뜯으면 확실하게 물어뜯는다. 그건 프로페셔널이다. 프로라는 글자가 있는 사람치고 기술이나 직업을 똑바로 가지지 못한 사람을 못 봤다. 물론 공망에 걸리면 그게 삭감되고, 冲 맞으면 삭감되고 하는 작용이 있겠지만, 戌을 만나면 굉장히 중요하다.

辛 - 戌 / 吉凶

吉兆로 본다면 마찬가지로 8~9 정도로, 직업적으로는 굉장히 좋다 .

그러나 이제 財星이 이렇게 入墓되어 있고, 官星도 무력하다는 것을 봐서 기본적으로 사회적인 보상 측면에서는 凶兆가 많다.

보상 측면에서 볼 때는 3~4 정도. 실제로는 吉兆로, 전체적으로 길조의 인자를 좀 더 강하게 보시면 됩니다. 개 戌 자가 출연했다고 함은 辛金이 칼이니 칼이 있고, 사냥개도 있으니

험한 등산로도 다니겠다. 그래서 직업적인 유능이라든지 일을 처리해 내는 면에는 굉장히 강한 것이라고 보시면 됩니다.

凶兆라고 하는 것은 인간적인 인간 관계겠죠. 평소에 칼 들고 개 몰고 다니는 놈은 혐오감을 조성하므로 적이 많다. 인간관계에 대해서도 여러 가지로 고충 애로를 겪게 되고, 보통 배우자 덕을 입는 이런 곳에 있어서도 방해나 번거로움이 많겠죠. 이런 凶兆도 많이 따라 다니는 것이죠.

그래도 羊刃이라 하더라도 正印을 덮어 쓰고 있다. 그렇기 때문에 비교적 자기 조절력이 많은 그릇이다.

辛 - 戌 / 年月日時

年

학문적, 정신적 가계, 정통성

年에 戌이 있다는 말은, 正印이라는 것은 학문적으로 또는 정신적으로 가계, 정통성 등을 의미하죠. 일단 正印이 붙으면 정통성 인자로 해석을 해 주면 됩니다.

가계의 정통성은 있다고 하더라도 현실적인 혜택, 즉 경제적인 혜택은 제한적이죠. 그래도 워낙 잘생긴 것이니까 받으면 좋은 것을 받더라는 거죠.

月

月에 戌은 羊刃의 인자와 正印의 직업 인자 영향을 그대로 받아 직업이 똑똑한 경우가 대부분이에요, 戌月 辛金들이 정말로 공부 잘한다니까요. 공부 잘하고 야무지다. 성질 나면 물어 뜯어버리고 하죠. 프로는 아름답다 하는 게 저런 것을 두고 하는 말이죠.

時	日	月	年
	辛		
		戌	午

그림 2

저기에 간섭자만 좋으면, 간섭자가 좋다는 말은 예를 들어서 戌月에 있다고 칩시다. 戌月에 午 이런 게 딱 있잖아요. 그러면 官印 소통이 그대로 이루어지죠. 이루어지면서 正印, 羊刃 다 붙는 경우에 거의 뭐 다방면 플레이가 가능하다. 다방면 직업 플레이가 가능한 그런 八字가 되는 거죠.

時	日	月	年
庚	辛		
寅		戌	午

그림 3

거기에 財星까지 잘 생겼다면 끝내주는 거죠. 時에 庚寅 이렇게 되어 있다. (寅-戌)時에 財星으로 에워싸고 있다는 식이다.

日

그 다음에 日에는 구조적으로 없는 것이고.

時

時에는 戊戌 時가 되죠. 戊戌時가 된다. 그래서 말년에 재산관리의 형태가 문서재산이 된다. 문서재산, 임대사업….

그런데 戌 중에 丁火가 들어 앉아서 養地의 모양을 하고 있다는 것은 똑똑하기보다도 야무진 부모 밑에, 養이라고 하는 것이 뱃속에서 길러지고 보호받고 있는 상태다.

그래서 그 야무진 부모 밑에 애기 같은 자식 인연이 잘 조성되게 되고, 그것으로 인해서 정신적으로 여러 가지 고충을 받는 모양새가 잘 조성되죠. 보통 성공적으로 가는 경우를 실제로 보니까 저런 케이스들도 많이 경험을 했는데, 해외로 나가면 좀 괜찮아요. 이게 戌이라고 하는 자체가 해가 떨어지는 자리잖아요. 그러니까 물을 건너 가 버리고, 해외로 가 버리니까 그 작용이 별로 없어지더라.

辛 - 戌 / 운의 해석

大運은 戌도 富貴貧賤이 많이 뒤바뀌는 자리다. 그런데 기본적으로 羊刃 작용이 놓여 있고, 正印의 긍정적인 작용으로 쓰는 것이 좀 특수성을 가진 조직사회로 가고 있을 때 羊刃을 대동하는 것이죠. 조직사회로 가고 있을 때 가장 무탈하다.

여자는 陽氣의 기운이 흡족하지는 않더라도, 陽氣의 덕을 입는 모양이기 때문에 보통 배우자의 덕을 입는다. 남자는 羊刃의 해로움 때문에 보통 부부 조화력에 문제가 생긴다.

여자도 丙火가 入庫해 버렸기 때문에 흡족하게 보는 건 아니다. 그래서 남편의 직업적 특성이 필요한데 거의 변화가 없는 조직사회 쪽으로 갈 때, 별 무리 없이 남자 덕을 입는 모양이 되더라 하는 거죠.

그래서 보통 직업적 성공은 따르는데, 그 다음에 직업적 성공, 부동산, 문서재산 중심의 번영은 있지만, 이런 부부 조화력이라든지 인간관계의 고충은 있는 거죠.

그 다음에 戌 자체는 이중성이다. 表裏不同. 안과 밖이 고르지 못해서 겪는 여러 가지 고충이나, 돈은 잘 버는데 다른 곳에서 눈덩이를 맞든지, 이런 식의 어떤 이중적인 금전 환경에 잘 갇히게 된다.

그 다음 流年에서는 드디어 申酉를 벗어났으니, 이 戌은 이때에 羊刃의 작용으로 끊어내어 버리는 것이죠. 끊어 내 버리고 나서 亥를 열게 되는 것이니까 경제적인 보상이나 사회발전을 여러모로 이루었다고 하더라도, 희생적 양상을 맞이하게 되고 결국 그것으로 인한 정리, 청산, 그리고 亥年 이후로부터는 보상을 받게 되겠죠.

잘 끊습니다. 辛이나 酉나 원래 자체가 좀 잘 끊는데다가, 酉나 戌을 봤을 때 끊고 맺고 하는 것을 보면 시원하게 정리를 해버립니다.

여자들은 正官 入庫가 이루어지면서 이 戌運의 끝부분쯤에, 중반부나 끝부분쯤에 배우자의 혜택에 여러 가지 갈등 분란이 잘 발생합니다.

또 사회생활하는 사람들은 직장의 正官이 入庫해 버리니, 직장에서 활동하는 변화가 생기고, 亥年부터는 독자적인 인자를 좇아 가는 인자가 많이 발생하게 된다.

辛 - 戌 / 男女

남자는 절반 정도로 직업적인 성공, 인간관계의 고충이고, 여자들도 절반 정도다. 부분적인 陽의 혜택을 입기는 입는다. 직업적으로 활동을 구한다면 기본적인 성공은 있다고 보시면 되죠.

辛 - 戌 / 綜合

종합적으로 봐서 직업적으로는 저 글자가 있으면 90점 이상으로 굉장히 좋은 것으로 본다. 다음에 개인적인 보상, 인간관계의 희생 양상이 발생한다.

옛말에는 〈노자식인〉이라는 말이 있다. 〈노자식인〉은 노동하는 사람은 결국은 사람을 먹여 살린다는 뜻이다. 똑똑하면 고생한다고 그랬다. 군대 갔다 온 사람들은 아는데 일 잘하는 놈들은 고생한다. 일 못하는 사람들은 고문관이다. 고문관은 전부 다 열외다. 작업 나가면 작업하라고 준 삽 부숴 버리는 식으로 일 못하는 모습을 보여 빠지는 건데, 이 辛이 戌을 보면 유능해지더라. 프로로써 직업적 성공이 분명하더라. 이렇게 보시면 되죠.

辛이 亥를 볼 때

辛 - 亥 /

時	日	月	年
	辛		
	亥		

그림 4

그래서 그 亥水를 한번 보자.

辛 - 亥 / 六親

六親상 傷官이고, 여기서 正財 長生, 甲木 長生, 甲 長生을 항상 辛 日柱 亥水가 바라볼 때, 그것을 보고 항상 의식주나 금전적인 것을 이끌어낼 수 있는 에너지가 그 자체로 많이 갖추어져 있는 것으로 본다.

그런데 저게 日柱가 되면 寅卯 空亡이 되어 버려요. 日柱인 경우에는 寅卯 空亡이 되어서 잘 쓰다가 한번씩 자기 꾀에 망한다.

辛 - 亥 / 12運星

12運星 상으로 보면 그 자체로 浴地다.

특히 金水傷官은 그 방향이 가속화가 되어 있기 때문에 잘 논다. 한번 놀아 봤으면 좋겠는데, 이상하게 辛亥 日柱를 못 만난다. 만나 가지고 술을 확 부어가지고….

辛亥 日柱들은 이상하게 보는 순간에 딱 싫다. 이상하게 왜 느낌이 이렇게 안 좋지? 하고 일지를 보면 관상학적으로 그런 것이겠지만, 辛亥 日柱다.

질문

왜 그러죠? 왜 그런가요?

답변

그건 제가 아직도 잘 모르겠는데, 관상학적 특성으로 이 傷官과 沐浴이 같이 결합이 되어 있는 구조는 乙巳도 그렇다. 乙巳는 그 자체로 庚金長生이죠.

官 長生의 자리니, 이제 官 長生의 자리가 되는 것은 官星의 작용이 수시로 자기 조절을 해 준다는 거잖아요. 그러니까 똑같이 떠들던지 좀 내 맘대로 뭔가 항상 새로운 세계를 '웰컴 투 마이 월드' 죠. 자기 세계를 새롭게 뭔가 구축하려고 하는 행위가 이 傷官적인 행위인데, 결국 외부적인 자극이 가든지 환경이 부실해지면 金의 작용을 일으킨다는 것이거든요. 그럼으로써 다시 예쁘게 탁! 갈무리를 하는 거예요. 그래서 乙巳는 보면 우리가 사람이 올 때 꼭

어떤 상의 특성뿐만 아니라, 그 사람의 언행적인 부분을 같이 관찰하게 되는데 좀 긍정적으로 받아들여진다.

辛亥가 결합되어 있는 것이 궁극은 亥로, 亥中에 있는 甲木이 결국은 財星으로 간다. 그러니 財를 취하게 되는 모양이 되니까, 개인적인 보상을 추구하는 어떤 동작이나 행위로 가버리니 官星적인 조화가 없다.

아무튼 辛亥 日柱는 金水가 몰려서 발생하는 傷官적인 가속성들을 가지기 때문에 어떻게 보면 사회적인 관계에서는 얄밉게 놀 수도 있지만, 개인적으로 보면 경제적인 보상들이 많은 기회를 잘 만들더라는 거죠.

질문

선배 부인도 뺏어 오던데요.

답변

남자가요? 역시 선배의 부인까지도 공략하는…. 맞아요.

하여튼 남자 辛亥 日柱들도 대단하다. 화려한 개인기로 보나 일단 '불 꺼!' 다. 일단 돼지 亥자는 불 확 꺼버리는 것 아니면 '물 부어라!' 이러면서 담가라. 물에 담그는 거죠. 물 뿌리고 辛金으로 찔러버리고, 갖가지 테크닉을 다 발휘할 수 있는 것이 亥의 자격 때문이다.

자기는 어떻게 보면 행복하다고 하고 사는 사람이 많습니다. 저 패턴하고 거의 흡사한 패턴을 한 사람 본 적이 있는데, 진짜 돈이 많았다. 돈이 그렇게 많다는 것은 辛 日柱가 亥水가 있다는 것은 굉장히 긍정적이라는 것을 제가 강조하기 위한 것인데, 그 양반은 밥상의 반찬을 무조건 새로 바꾸지 않으면 안 되는 사람이라, 마누라한테 무조건 밥상을 바꾸라고 했습니다. 그러니까 어느 날 마누라가 데모를 했습니다. 마누라가 데모를 하니까 따라와 봐라 해서, 선물 사주고 이런 식으로 하면 24시간만 지나면 마누라가 다시 헤헤헤 거리는 거죠. 그것이 亥中의 甲木의 長生 작용 때문에 가능하다는 거죠. 그러니까 傷官이 궁극적으로 財星을 長生시키기 때문입니다.

乙巳는 傷官이 궁극적으로 官星을 갔다가 長生시킨다는 것이니, 여인이 잔소리를 하더라도 乙巳는 傷官이 잔소리라고 친다면 이게 결국 官星을 도와주기 위한 것이다. 그 서방을 위해서 때때때 하는 거란 말이에요.

辛亥, 이 경우는 서방이 필요 없다. 왜냐 하면 巳 지상에 서방이 뱀이기 때문이다.

지상의 서방을 갖다가 발로 차서라도 亥卯未의 꿈을 달성하고자 해서 돈 가져와라. 돈 가져와라. 그러니까 심보가 하여튼 묘하다. 이것이 陰의 운동 속성이 강하잖아요. 돼지 亥자도 마찬가지고.

그래서 몇 사람 기억이 나는데, 한사람은 피아노 학원을 하다가 傷官 때문에 시집을 갔는데, 자기는 서방에 대해서 너무너무 감사한단다. 왜냐 하면 서방 등 뒤에 수많은 돈이 보인다는 거죠.

서방은 나를 끌어안으면서 다른 여자를 보지만, 자기는 거기에 개의치 않는다라는 거죠. 자기는 서방 등 뒤에 수많은 돈을 봤기에 94년도에 결혼을 해서 지금 올해 98년 한 6년 정도 되었는데도 잘 살아요.

질문

재벌가의 부인이 될 만한 정신력을 가지고 있네요.

답변

그렇다고 볼 수도 있고, 그렇지 않다고 볼 수도 있죠. 재벌 집에 시집을 간 것은 아닌데 또 서방이, 경제적으로 굉장히 힘이 있어 '아버님!' 하면서 무릎 꿇고 친하게 지내는 분이 있어요. 정말 대단한데 결국 그게 속된말로 어느 주둥이로 들어가느냐 하는 거다. 서방이 쌔빠지게 무릎 꿇고 영감님 하면서 명절 때도 찾아가 아버님 하면서 법니다. 그래서 자기가 서방한테 뭐라고 하냐면 아니 당신은 살아있는 생 어머님은 두고 어떻게 만날 남의 아버님을 아버지라 하면서 쫓아다닐 수가 있느냐고 하니까, 자기는 그분들이 아버님처럼 좋다고 하는 거죠. 완전히 돈을 위해 올인 하는 사람이다.

그 뒤에는 서방 등 뒤에 재물만 노리는 마누라가 있는 거죠. 요새 상당히 많은 부동산 가지고 대박도 내고 하면서 얽히고 섞여 있습니다. 申酉戌 때 그랬던 거죠. 그래서 지금은 조금 머리 아프게 지내는가 보던데 그래도 붙들고 쥐는 에너지가 辛金, 亥水 이 두 개 다 있다는 거죠.

辛 - 亥 / 他 六親 12運星

偏財 乙木은 死地에 들어간다. 死地에 드는데 正財 甲木이 長生地, 이게 이제 상당히 에너지가 강하게, 다른 日柱에 비해서도 강하게 작용한다. 偏官 丁은 胎地에 들어가고, 正官 丙은 絕地에 들어간다. 그러니까 그 남편이 정말로 이게 업이 아니면 아니다 할 정도로 이상한 구조가 된다. 다시 일종의 karma….

그 남편의 八字를 보지는 못했지만, 상이 뭐냐 하면 약간 단명상이다. 그러니까 돈 실컷 벌어가지고 이쪽 주둥이에 갖다가 넣어 주고, 결국은 가는 삶의 모양이 되지 않겠느냐? 그런데 절묘하게도 자기 사업 현장 때문에 떨어져 살아요. 그래서 주말부부처럼 지내는데 자기가 運을 지키면서 하고 있겠지만, 완전히 辛, 亥의 구조를 가지고 있는 이 양반도 쌍수를 들고 환영이라.

난 오직 당신 등 뒤의 돈만 보이지 당신은 눈에 안 보인다 이거죠. 그런데 그게 물론 이제 가문과 가문에서의 업이라고 할 수도 있고, 조상 인연의 업도 될 수 있을 것인데 그런 것이 있을 것이라고 보지만, 그것을 그대로 딱 가고 있는 것을 보면 조언을 해줄 말이 없다니까요. 이런 사람은 집념이 확실하기 때문에 착하게 살아라 말할 필요가 없습니다.

그래서 기본적으로 正財 長生의 모양인데, 그게 五行적으로 상당히 五行이 강한 모양이죠. 대부분 다 재물 성취의 어떤 조건을 충족하기 위한 기술, 예술, 그 다음에 교육적인 행위, 기타 여러 가지 재능들이 어디에 깔려 있냐면 亥水 傷官 위, 傷官 속에 甲木 長生의 모양이 그러하더라.

辛 - 亥 / 吉凶

吉凶적으로 볼 때 길조로 본다면 경제적으로 9 이상이다. 흉조로 본다면 인덕 면에서는 불리하다.

그리고 돼지 亥자의 六陰 작용, 6번째 陰 작용도 강하게 작용하는 것처럼 보인다. 남이야 아무 상관없다 이거죠. 그러니까 이런 사람이 남자 중에도 있는데 돈 9억 가진 사람이 1억 가진 사람을 만났다고 했을 때, 9억 가진 사람이 1억을 어떻게 하면 뺏을까 하는 거죠. 웬만하면 자연스러운 방법을 택하는데 나는 꼭 뺏는다, 꼭 뺏는다 해서 뺏는 걸 봤는데 정말 무시무시합니다.

질문

辛亥일주가 寅卯가 空亡이잖습니까? 그러면 寅卯가 財 空亡인데도 처덕을 봅니까?

답변

運의 흐름이 괜찮을 때, 흐름이 좋게 갈 때요. 運의 흐름이 쭉 받쳐 줄 때 그렇게 가더라. 그래서 결국 부인은 옛날에 그렇게 해서 그 모양에 寅卯가 투출된 것은 아니니, 辛亥가 투출된 空亡은 아니다.

時	日	月	年
	辛		
	亥	巳	

午 未 申 酉 戌

그림 5

辛亥에 巳를 가지고 있든지 이렇게 이런 모양이라 하면, 이게 驛馬 속에 결국은 재물 성취, 건설이다. 배우자를 갖다가, 배우자의 흐름은 불리하게 未申酉戌이다.

이 午 運의 말쯤부터 부인과 떨어져 있을 환경을 만들 수 있으면 좋다. 어차피 기왕 巳亥相冲이 된 모양으로 처궁이 조건 따라서 충동, 동요할 수 있는 모양이니 그렇게 하라고 했다. 이 午年 말에 배우자를 미국으로 보낸 거죠. 가족들하고 다 보내버리고 未, 이때부터 한 2年은 참고 지냈는데 도저히 심심해서 안 되니까 이렇게 酉, 심심하고 또 외로웠다. 그러니 이 酉運에 어느 여인을 만나 가지고 잘 지내요. 그런데 酉運의 끝 부분에, 酉가 亥를 隔角해서 안방에 들어와 있는 財星을 발로 꽉 누르는 모양이 된다. 거기에다가 戌, 亥는 피를 내어 버린다. 羊刃으로 뻥 터뜨린다.

이제 본 부인은 미국에 가 있음으로써 결국은 자기하고 잘 지내던 그 사람은 戌年의 마지막 부분이니까 가을쯤에 갑자기 췌장암이 와서, 이게 그때 걸린 건 아니고 진행이 되다가 드러났겠죠? 불과 3개월 정도 밖에 못살고 굿바이 되도록…. 초상은 丁亥年 초에 쳤지만 1,2월 달이니까 거의 戊年이라고 봐야겠죠. 초상을 치고 말았는데 이런 식으로 묘하게 잘 바꾸어 쓰는 것도 잘한다.

잘 바꾸어 쓰는 것에도 돼지 亥자의 작용이 이루어지는 것이 희한하다.

이 寅이 드러나 버리면 空亡을 한번 만들거든요. 그런데 그 八字는 만든 건 아닌데, 불 꺼놓고 작업을 한다. 이 돼지 亥자라고 하는 것은 불 꺼놓고 뺏든지 하는 것이니까, 정말로 요령과 수가 너무 많더라 이거죠.

그래서 저것 하나쯤 있는 건 괜찮겠죠. 저런 것 하나 가져 봤으면 좋겠네. 돼지도 급수가 있다니까요. 辛金이 올라타야 제대로 올라타는 거죠.

辛 - 亥 / 年月日時

年

年에 돼지 亥자가 있으면 甲木 長生이니까 오랫동안 대를 걸친 재물 번영, 물론 여기서는 偏財가 아니고 正財니까 보수성이 강한 그런 재물이겠죠.

그 다음에 그 혜택은 본인에게 寅申巳亥 작용 때문에 제한적이겠죠. 단 傷官적인 행위 때문에 명예롭지는 못하다.

月

月에 돼지 亥자가 있으면 말 그대로 부모의 官星 정립이 없다. 부모의 금전 혜택은 있는데 어떤 신분적 환경은 복잡할 수 있다. 돈이 될 수도 있는 일이었지만 남들에게 자랑 거리로 삼기에는 그런 것... 그런데 신분적 환경에서도 제일 무난한 것이 아주 험한 제조업 중에서도 먼지 많이 날리고 하는 것들이다. 이런 제조업 같은 것을 하는 경우에는 그나마 신분적으로 나쁘다고 할 수는 없는데, 특이한 방법으로 투기 등을 통해서 재물을 이룩하게 되고 그 혜택을 많이 입게 된다. 그래서 실컷 받고도 부모 욕하는 사람 많아요.

日

그 다음에 돼지 亥자가 날짜에 들어오면 辛亥가 된다. 辛亥 日柱. 말 그대로 남자 같은 경우에는 처덕을 어떤 형태로든 입는다. 또 처와의 조화력을 긍정적으로 가지지만 여자는 남편 덕의 불안 인자가 발생한다.

그런데 보통 남자도 보면 傷官이나 沐浴 때문에 자기가 행동적인 실수를 많이 저지름으로써, 결국은 처덕을 보더라도 정신적인 갈등을 겪는 경우가 대부분이다.

時

時에 이르면 己亥 時가 된다. 己亥에 의해서 금전 환경은 좋은데 보통 六親 환경으로 가족환경이 나쁘겠죠. 六親 환경이 대체로 불리하다.

辛 – 亥 / 운의 해석

大運 亥水는 未定의 인자를 가지고 있어도 지속적인 금전 상승을 한다. 보통 男女 共히 누구든 할 것 없이 지속적인 금전상승은 발생하는데, 단지 官星하고는 친하지 않으니 관재구설 다발이다.

그 다음에 남자일 경우에는 좀 힘들게 쓰기 때문에 배우자 미정이 되니, 마누라 두고도 남의 마누라 수시로 챙긴다. 남의 마누라를 챙기든지, 남의 여자를 챙기든지, 亥中에 들어 있다는 자체가 숨겨 놓은 여자로도 된다.

다음에 여자들은 亥水가 남편 덕이 불리하다. 남편 덕이 불리한데 다행히 陽 大運이기 때문에 남편이 변화 없는 일이나 안정적인 일을 할 경우에는 무난하다고 보면 된다. 그 다음에 歲運에서는 申酉戌亥를 빠져 나와 新生 사업, 재물들과 의식주 확장들이 전반적으로 이루어지는 어떤 시기가 되기 때문에, 주로 금전 환경이 여러 가지로 좋아진다. 단지 官을 중요하게 쓰는 사람은 구설이 있다. 심하면 관재까지 넘어갈 것이다.

辛 – 亥 / 남녀

대체로 남자는 길하게 쓰기는 쓰는데, 六親적으로 조금씩은 어떤 갈등이 따르게 된다. 대체로 길조가 더 많다고 보면 된다. 길조가 더 많은데 조금 번거롭게 쓴다.

여자는 그냥 평운 정도 되겠죠. 재물에 대해서는 아주 유리한데, 남편 덕이나 남자 덕은 제한되어 있다.

辛 - 亥 / 綜合

종합적으로 봐서 다른 글자, 즉 辛金 日柱가 다른 글자를 만났을 때보다 이 돼지 亥자는 경제적 환경에 상당히 좋은 작용이 많고, 六親은 남녀 차이만 좀 있고, 남자는 비교적 길조가 많고 여자는 흉조가 많다. 보통 자식은 食傷의 세력을 갖는 모양이니 자식은 유리하다.

그래서 여자들 중에서는 亥水 傷官을 잘 써서 먹는장사 특히, 기호식품 같은 장사를 엄청나게 잘하는 사람을 많이 봤다. 그런데 그게 묘한 게 乙巳 같은 경우에는 장사 같은 걸 하면 당연히 戊가 祿이면서 庚金이 따라온다. 그러니 똑같이 먹는장사를 하더라도 辛亥, 戊申 이 두 케이스가 좀 심한데, 乙巳 이 경우에는 먹는장사를 하면 그 食傷을 보고 좋아라 하는 건 똑같이 작용하는 건데, 戊申 이 경우에는 食神이다.

辛亥, 乙巳는 亥 傷官이고, 巳 傷官이고 그 다음에 물론 뒤에 甲午, 庚子인데 甲午, 庚子 이 두 그룹은 또 조금 양상이 다르기는 하다. 乙巳 이 日柱는 庚金이 따라와 내가 장사나 영업행위를 하는데 남자가 살짝 붙어서 '잘 해드릴게요' 라고 하고, 辛亥는 어쩌다가 마음이 한 번씩 당겨 가지고 자기가 잘 해 볼까 깨어지는 거예요.

戊申 일주는 寅卯 空亡이죠. 寅卯 空亡의 작용, 甲午하고 庚子도 자체 傷官. 戊申 이것은 食神이다.

甲午, 庚子 자체 傷官이 되는데 이상하게 남자 농사가 잘 안된다. 庚子는 무리 짓는 것이다. 申子辰, 애정만 꽉 만들고 자식만 하나 만들고 땡 해버리는 거죠.

甲午 이 자체는 재물만 많이 형성시켜 놓고 결국은 官星을 갖다가 제대로 부리지 못해서 똑같은 傷官이 있다 하더라도…. 나쁘다고 봐도 틀린 건 아니지만 나쁜 것도 등급이 있다.

乙巳 이 日柱는 밥도 사 먹여 주고, 돈도 가져다 주고, 숨어서 사랑도 주고. 그래서 이런

글자 자체의 차이점들을 우리가 면밀하게 생각을 하면서 干支를 붙일 수 있어야 된다는 거죠.

어쨌든 이 자체도 하나의 정보이지만 여러분들이 이걸 비교해 내는 능력을 쭉 갖추게 되면 아주 뒤틀려 있어도 뒤틀린 양상, 그 속에서 되는가 안 되는가 보실 수 있는 능력이 점점 생겨날 겁니다.

그래서 辛 日柱는 대충 정리가 되었는데 총정리는 뒤에 한번 쫙 모아서 하기로 하고 다른 질문 없으시죠? 오늘은 辛 日柱를 꼭 어디서 한번 만나기를…. 그래야 여러분들이 학습을 할 수 있으니까요. 辛亥가 어떤 특성을 가졌는가 학습을 한번 해보십시오.

저는 아주 가까이에서는 못 봤는데, 간접적으로 그 사람의 행위라든지 이런 것을 보고 관찰하게 되었는데, 그런 어떤 특이성을 가지고 있었다.